KB218078

구스타프 슈바브의
그리스 로마 신화

1

구스타프 슈바브의
그리스 로마 신화

Die schönsten Sagen des klassischen Altertums

시간의 흐름과 이야기가 살아 있는
그리스 로마 신화의 고전

1

신과 영웅의 시대

구스타프 슈바브 지음 · 이동희 옮김

Humanist

일러두기

1. 이 책은 구스타프 슈바브(Gustav Schwab)의 《Die schönsten Sagen des klassischen Altertums》 (1838~1840)를 완역한 것이다.

2. 그리스어 고유명사 표기는 앗티케 방언을 따랐다. 앗티케 방언에서 '윕실론(υ)'을 '위'로, 중복되는 같은 자음을 모두 표기했다.(예: 오디세우스 → 오뒷세우스)

3. 원주는 •로, 옮긴이 주는 ◉로 표시했다.

추천사

19세기 독일 시인 구스타프 슈바브가 쓴《구스타프 슈바브의 그리스 로마 신화(Die schönsten Sagen des klassischen Altertums)》는 독일어권에서 지금도 가장 많이 읽히고 있는 그리스 로마 신화집이다.

내가 이 책을 처음 알게 된 것은 대학 1학년 1학기 때다. 책을 구입하자마자 처음 만난 그리스 로마 신화가 재미있고 유명 시인이 쓴 문장이 하도 수려하여 틈나는 대로 시간 가는 줄 모르고 탐독했다. 어떤 이야기는 읽고 또 읽은 탓에 제본이 망가져 나중에 새 책을 다시 구입하기도 했다.

20세기 이후 그리스 로마 신화에 관해 체계적이고 포괄적인 연구가 이루어져 이 분야의 연구자들에게 도움이 될 만한 학술서가 많이 나와 있기는 하지만 아무 부담 없이 그리스 로마 신화 세계를 알고 싶어 하는 독자들에게 나는 이 책을 꼭 권하고 싶다. 그리스 로마 신화가 친숙한 동화처럼 다가올 것이다.

천병희(단국대 명예교수)

왜 그리스 로마 신화를 읽어야 할까? 몇 년 전 가까운 친구 가족들과 유럽 여행을 다녀온 적이 있다. 우리가 처음 찾은 곳은 파리의 루브르 박물관이었다. 박물관에 들어서자 눈에 확 들어오는 조각상이 있었다. 울퉁불퉁한 근육질의 사나이가 한 손으로 커다란 뱀을 내리누르며 몽둥이로 막 내려치려고 하는 조각상이었다. 그 조각상을 보자 아이들은 너나 할 것 없이 반갑게 그곳으로 달려갔다. 그런데 정작 함께 간 어른들은 아이들이 왜 그런 반응을 보이는지 이해하지 못했다. 그 조각상의 인물은 바로 헤라클레스였고, 헤라클레스가 몽둥이로 내려치려는 뱀은 휘드라였다. 아이들은 그 조각상의 인물이 누구인지, 그 조각상에 얽힌 이야기가 무엇인지 잘 알고 있었다. 그래서 조각상이 친근했고 반가웠던 것이다.

이후에도 아이들은 작품들을 낯설어하거나 어려워하지 않았다. 그리스 로마 신화에 나오는 조각이나 그림을 발견하고는 숨은 그림을 찾은 양 기뻐하기까지 했다. 반면에 어른들은 작품들을 보며 난감해

했다. 왜 이런 차이가 났을까? 아이들은 만화로나마 그리스 로마 신화를 읽어 내용을 알고 있었고, 어른들은 그리스 로마 신화를 제대로 몰랐기 때문이다. 아이들처럼 그리스 로마 신화에 친숙하면 유럽 박물관의 그림과 조각을 어느 정도 이해하고 즐길 수 있다. 그리스 로마 신화에 대한 사전 지식이 있으면 이렇게 서양의 예술 작품을 이해하는 데 많은 도움이 된다. 그리스 로마 신화는 헤브라이즘과 더불어 서양 문화를 떠받치는 두 개의 기둥인 동시에 예술적 상상력의 원천이기 때문이다.

영화에도 그리스 로마 신화와 관련된 내용이 자주 등장한다. 영화 〈해리 포터와 마법사의 돌〉을 보면, 주인공이 학교 지하로 들어갈 때 입구를 지키는 머리 셋 달린 개가 나온다. 머리 셋 달린 개의 의미를 아는 사람은 학교 지하가 단순한 장소가 아니라는 것을 알게 된다. 이 개는 그리스 신화에 나오는 하계를 지키는 케르베로스다. 그렇다면 케르베로스가 지키는 학교 지하는 바로 하계와 같은 곳일 것이다. 이렇게 신화를 알면 원작자 조앤 K. 롤링이 해리 포터가 들어가려는 지하를 하계와 같이 으스스하고 무서운 곳으로 설정해두었다는 의도를 짐작할 수 있다.

그리스 로마 신화를 모르면 서양의 예술과 문화뿐만 아니라 사상 또한 이해하기 어렵다. 헤겔의 유명한 《법철학강의》는 안티고네 이야기를 모티브로 인간의 가장 근본적 문제인 양심과 실정법의 충돌을 다뤘다. 니체도 그리스 신화를 이용해 자신의 사상을 펼쳤다. 니체는 아폴론을 부정하고 디오뉘소스를 긍정한다고 말하는데, 여기서 아폴론은 이성을 상징하고 디오뉘소스는 감성과 욕구를 상징한다는 것을 알아야 그의 철학을 이해할 수 있다. 카뮈도 시쉬포스 신화를 통해 인간의 실존적 상황을 알리고자 했다. 호르크하이머와 아도르노는 《계몽의 변증법》을 쓸 때 《오뒷세이아》를 실마리 삼아 현대 산업문명 속 인간 이성과 자연의 문제를 다뤘다. 지금도 그리스 로마 신화는 수많은 서양 사상가에게 영감을 불러일으키고 있다. 이렇듯 그리스 로마 신화에 대한 이해 없이 서양의 문화와 사상을 제대로 이해할 수 없다는 생각이 철학을 전공한 옮긴이가 이 책을 번역하게 된 계기이다.

그러면 어떻게 그리스 로마 신화를 읽어야 할까? 그리스 로마 신화에는 수많은 신과 영웅, 생소한 지명이 나와 신화를 읽고자 하는 사람을 괴롭힌다. 또, 시중에 출간된 그리스 로마 신화 책은 대부분 산발적이고 단편적인 이야기 위주라 그리스 로마 신화를 체계적으로 접근하는 데 어려움을 준다. 우리나라에는 미국의 영향 탓인지 흔히 《그리스 로마 신화》로 통칭하는 토마스 불핀치(Thomas Bullfinch, 1796~1867)의 《신화의 시대(The Age of Fable)》(1855)가 많이 소개되어 있다. 그리고 이 책에 기초해 만화, 영화, 애니메이션 등이 만들어졌다. 그런데 토마스 불핀치의 작품은 단편적인 그리스 로마 신화 이야기를 그대로 소개하고 있어, 이것들이 서로 어떻게 연결되는지 파악하기 어렵다는 단점이 있다. 그래서 토마스 불핀치의 책을 읽은 독자들은 그리스 로마 신화가 사건과 인물이 너무 많고, 이야기가 서로 연결되지 않아 헷갈린다는 말을 많이 한다.

　그리스 로마 신화는 옛날이야기를 읽듯이 재미있게 읽어야 한다. 사실 그리스 로마 신화는 수많은 신과 인물과 사건 들이 얽히며 계속해서 전개되는 극적인 이야기 구조에 그 묘미가 있다. 트로이아 전쟁이 왜 일어났는가? 아무리 절세의 미인이라고 하더라도 헬레네 한 명을 되찾기 위해 그리스의 모든 영웅이 가족과 고국을 뒤로하고 목숨을 건 전쟁을 벌일 수밖에 없었는가? 트로이아 전쟁을 승리로 이끈 아가멤논은 왜 귀국하자마자 아내에게 살해되었는가? 그리고 트로이아가 멸망한 뒤 살아남은 자들은 어디로 갔는가? 이런 물음들에 대해 그리스 로마 신화는 꼬리에 꼬리를 물듯 이야기를 들려준다. 그런데 우리가 이 맛과 묘미를 느끼지 못하는 것은 지금까지 나온 책들이 그리스 로마 신화의 서사시적 구조를 토막 내 이야기를 훼손해버린 탓이 크다.

　나는 토막 난 그리스 로마 신화들이 난무하는 혼란스러운 상황에서 신화의 맛을 제대로 느끼게 해줄 책을 소개하고 싶었다. 그래서 몇 년 전에 《구스타프 슈바브의 그리스 로마 신화》를 번역해 국내에 처음으로 소개했다. 이 책은 독일어권에서는 청소년의 필독서이자 고전이 되었고, 중국과 일본에서도 애독되는 책이다. 지은이 구스타프 슈바브(Gustav Schwab, 1792~1850)는 원전에 충실하면서도 이야기를 자연스럽게 연결시켜 그리스 로마 신화를 흥미진진한 대하소설처럼 풀어냈다. 그러므로 독자들은 이 책을 통해 직접 읽기 어려운 그리스 로마 신화의 원전을 충실하게 읽은 듯한 효과뿐 아니라 그리스 로마 신화의 전체 구조를 쉽게 파악하는 이점을 동시에 얻게 될 것이다.

이번에《구스타브 슈바브의 그리스 로마 신화》를 새롭게 출간하면서 잘못되거나 누락된 부분들을 모두 바로잡았다. 처음 이 책을 번역하는 데만 꼬박 2년의 시간이 걸렸다. 책이 워낙 방대했기 때문이다. 번역하면서 재미를 느끼지 못했다면 그렇게 오랜 시간을 견디지 못했을 것이다. 이 책을 번역하면서 시인이기도 한 구스타프 슈바브가 쓴 옛 독일어 단어와 기교적 문체의 느낌을 살리면서 오늘날 우리말에 맞게 다듬는 데 애를 먹었다. 이번에도 본래 의미에서 벗어나지 않는 한에서 가독성을 높여 독자들이 흥미롭게 읽고 신화적 상상을 마음껏 펼 수 있도록 애를 썼다.

이 책을 새롭게 펴내는 데는 여러 사람의 도움이 있었다. 원고를 입력하고 새롭게 정리해준 이유솔, 책을 편집하는 데 수고와 정성을 다해준 휴머니스트 편집부에 감사를 드린다.

신화는 상상력의 원천이다. 상상력은 일상적인 생각을 뛰어넘어 기발하고 창의적인 생각을 갖게 해준다. 그래서 상상력은 옛날에도, 오늘날에도 문화와 예술의 원천이 되고 있다. 신화는 무한한 상상력을 일깨운다. 이 책은 무한한 상상력으로 출렁이는 신화의 바다를 항해하는 배가 될 것이다. 독자들은 이 배에 올라타 배가 인도하는 대로 몸을 맡기기만 하면 된다. 구스타브 슈바브가 항해하는 동안 지루하지 않도록 여러분의 귓가에 고대의 신들과 인간들의 이야기를 들려줄 것이다. 자, 그러면 흥미진진한 그리스 로마 신화의 바다로 여행을 떠날 준비가 되었는가?

2015년 1월
이동희

차례

구스타프 슈바브의
그리스 로마 신화
1

1장

Die schönsten Sagen des klassischen Altertums

세상이 만들어지고 인간이 창조되다

프로메테우스

하늘과 땅이 만들어졌다. 바다는 출렁이며 해안가로 밀려들고, 그 속에서는 물고기가 노닐었다. 하늘에서는 새들이 지저귀고 땅에서는 여러 종류의 동물이 떼를 지어 다녔다. 그러나 정신을 가지고 있어서 그것으로 세상을 다스릴 수 있는 몸을 가진 생물은 없었다. 그때 프로메테우스가 세상에 발을 들여놓았다.

프로메테우스는 제우스에게 권좌를 빼앗긴 옛 신족의 자손이었다. 그의 아버지는 가이아와 우라노스 사이에서 태어난 이아페토스였다. 프로메테우스는 아주 현명한 발명가였다. 그는 땅에 하늘의 씨가 잠들어 있음을 잘 알았다. 그는 땅의 일부를 취해 강물에 적신 다음, 그것을 반죽해 세상을 다스리는 신과 같은 형상 하나를 만들었다. 그러고는 이 흙덩어리에 생기를 불어넣고자 동물의 영혼에서 좋은 성질과 나쁜 성질을 가져다 그 형상의 가슴속에 넣어주었다. 신들 가운데 지혜의 여신인 아테네는 그의 친구였다. 아테네는 프로메테우스가 만든 창조물을 매우 놀라워했다. 그녀는 반쪽짜리 영혼밖에 지니지 못한 그 형상에 정신, 즉 신의 숨결을 불어넣었다.

이렇게 해서 최초의 인간이 만들어졌다. 어느덧 인간들의 수는 몇 배나 늘어 세상을 가득 채웠다. 그러나 인간들은 소중한 팔다리를 어떻게 사용해야 하는지, 그들이 받은 신의 불꽃, 즉 정신을 어떻게 사용해야 하는지 오랫동안 알지 못했다. 보면서도 제대로 보지 못했고 들으면서도 알아듣지 못했다. 그들은 마치 환영처럼 주위를 어슬렁거렸고 다른 창조물들을 이용할 줄 몰랐다. 돌을 파내어 다듬고 찰흙으로 벽돌을 굽고 숲속의 나무를 잘라 각목으로 만드는 기술을 몰랐다. 또한 그런 재료를 이용해 집을 지을 수 있다는 것도 몰랐다. 사람들은 빛이 들어오지 않는 어두운 지하동굴에서 우글거리며 모여 살았는데, 마치 움직이는 개미떼 같았다. 겨울도, 꽃이 만개한 봄도, 과일이 풍성한 여름도 그 징후를 확실하게 알지 못했다. 그들이 하는 모든 일에는 계획이 없었다.

그래서 프로메테우스는 자기가 만든 창조물을 돌보아주기로 했다. 그는 사람들에게 별이 뜨고 지는 것을 관찰하는 법을 가르쳐주었고, 수를 세는 법을 고안해주었고, 글자를 만들어주었다. 그리고 동물에게 멍에를 지워 일을 돕도록 하는 방법과 말을 고삐와 수레에 익숙하도록 길들이는 방법도 가르쳤다. 그리고 항해를 위해 작은 배와 돛을 발명했다.

그 밖에도 그는 인간들이 잘 살 수 있도록 여러 가지를 배려해주었다. 이전에는 사람에게 병이 나면 어떤 약을 써야 하는지, 어떤 음식이 건강에 좋은 것인지 몰랐다. 상처를 가라앉혀줄 바르는 기름 같은 것도 몰랐다. 인간들은 약이 없어서 불쌍하게 죽어갔다. 그래서 프로메테우스는 인간들에게 모든 병을 물리칠 수 있게 부드러운 약재들을 섞는 법을 가르쳐주었다.

그는 또 인간들에게 점치는 법도 가르쳐주었다. 어떤 징조나 꿈, 새가 나는 모습, 제물 내장의 생김새 등을 어떻게 해석해야 하는지 가르쳤다. 더 나아가 사람의 눈을 땅 밑으로 향하게 하여 광석, 쇠, 은, 금 등을 발견하게 했다. 한마디로 프로메테우스는 생활의 편리함과 기술을 모두 인간에게 가져다주었다.

하늘에선 제우스가 아버지 크로노스를 왕좌에서 몰아내 옛 신족을 멸망시키고는, 얼마 전부터 자기 자식들과 함께 세상을 다스리고 있었다.

새로운 신들은 이제 막 생겨난 인간 족속을 주의 깊게 살펴보았다. 그러고는 인간 족속을 보호해줄 용의가 있으니 그 대가로 먼저 자신들을 숭배하라고 그들에게 요구했다. 그리스의 메코네에서 신들과 인간들이 모여 하루 종일 인간의 의무와 권리를 결정했다. 이 모임에 프로메테우스는 자신이 만든 인간들의 변호자로서 참석했다. 그는 신들이 인간을 보호하는 대가로 너무 많은 것을 요구하지 못하도록 했다.

프로메테우스는 자신의 총명함만 믿고 신들을 속이려 했다. 그는 자신이 만든 인간의 이름으로 바칠 커다란 황소를 제물로 잡아, 신들이 제물에게서 원하는 것을 선택하도록 했다.

프로메테우스는 제물로 바친 황소를 분해한 후 두 덩어리로 나누었다. 한 덩어리는 고기와 창자 그리고 비계로 이루어졌는데, 그것을 황소가죽으로 감싼 다음 그 위에 소의 위를 올려놓았다. 나머지 덩어리는 앙상한 뼈를 하얀 기름으로 보기 좋게 감추어놓았는데, 이 덩어리가 더 컸다. 신들의 아버지이자 모든 것을 아는 제우스는 프로메테우스의 속임수를 꿰뚫어 보고 말했다.

"이아페토스의 자식이여, 고귀한 왕이자 좋은 친구여! 제물을 어째서 똑같이 나누지 않았는가!"

프로메테우스는 제우스를 속였다 생각하고 속으로 웃으며 말했다.

"영원한 신들 가운데 가장 고귀하고 위대한 제우스여, 마음에 드는 쪽을 선택하십시오!"

제우스는 심기가 몹시 불편했지만 짐짓 하얀 기름으로 채워진 덩어리를 두 손으로 잡았다. 그가 이것을 양손으로 잡아당기자 그 속에서 뼈만 튀어나왔다. 제우스는 그제야 속임수를 알아차렸다는 듯이 화를 내며 말했다.

"프로메테우스여, 아직도 네가 남을 속이는 버릇을 못 버렸다는 것을 똑똑히 알았다!"

제우스는 프로메테우스에게 복수하려 마음먹었고, 그래서 인간이 보다 완전한 문명을 이루는 데 꼭 필요한 마지막 선물인 '불'을 인간에게 주지 않기로 결정했다. 그러나 이아페토스의 영악한 아들은 태연했다. 그는 회향나무의 기다란 줄기를 들고 하늘을 지나가는 태양 전차로 다가가 그것을 활활 타는 불에 댔다. 그는 가늘게 타오르는 이 불씨를 가지고 아래 세상으로 돌아왔다. 잠시 후 쌓아 올린 장작더미에서 하늘을 향해 처음으로 불길이 활활 타올랐다. 인간 세상에서 멀리까지 빛을 내며 불이 타오르는 것을 본 제우스의 마음은 몹시 괴로웠다.

인간이 불을 사용하는 것을 막을 수 없게 되자 제우스는 새로운 재앙을 생각해냈다. 솜씨 좋기로 이름난 불의 신 헤파이스토스에게 명령해 아름다운 여인의 형상을 만들게 했다. 프로메테우스를 시샘하며 싫어하던 아테네는 그 형상에 빛나는 하얀 옷을 입히고, 얼굴에는 소녀가 손으로 나누어 잡은 베일을 씌워 하늘거리게 하고, 머리는 새로운 화환으로 꾸며 황금 머리끈을 동여매주었다. 이 머리끈에는 헤파이스토스가 아버지 제우스를 기쁘게 하려고 온갖 기교를 부려 만든 동물 형상이 멋지게 새겨져 있었다. 신들의 사자 헤르메스는 이 아름다운 여인에게 말을 잘하는 능력을 선물했고, 아프로디테는 모든 요염함을 선물했다. 제우스는 이렇게 아름답고도 착한 모습을 한 여인에게 사악함을 숨겨두었다. 그는 이 여인을 판도라라고 불렀다. '모든 것을 선물받은 자'라는 뜻이었다. 이 여인에게 신들은 각각 인간에게 불행을 가져다주는 선물을 주었기 때문이다.

제우스는 판도라를 데리고 신들과 인간들이 활보하는 아래 세상으로 내려왔다. 판도라의 빼어난 아름다움에 모두들 놀라 눈이 휘둥그레졌다. 판도라는 제우스의 선물을 전하기 위해 프로메테우스의 동생인 순진한 에피메테우스를 찾아갔다.* 프로메테우스는 동생에게 '인간에게 어떤 고통을 주지 않으려면 올림포스 산에서 오는 제우스의 선물은 절대로 받지 마라. 받더라도 곧 되돌려 보내야 한다.'라고 미리 충고했지만 아무런 소용이 없었다.

---

* 프로메테우스는 '앞서 배우는 자' 또는 '미래를 생각하는 자'라는 뜻이다. 이에 반해 에피메테우스는 '뒤늦게 배우는 자' 또는 '나중을 염려하는 자'라는 뜻이다.

에피메테우스는 형의 충고를 까맣게 잊고 아름다운 판도라를 반갑게 맞아들였다. 그는 선물을 받고 나서야 비로소 화근이 있음을 알았다. 그때까지 인간 족속은 프로메테우스의 도움으로 재앙이나 고달픈 노동은 물론 괴로운 병을 모르고 살았다. 판도라는 뚜껑 달린 커다란 선물 항아리를 가지고 들어와서는 에피메테우스 앞에서 두 손으로 뚜껑을 열었다. 그러자 항아리 안에서 재앙이 악마의 무리처럼 솟아오르더니 번개처럼 빠른 속도로 땅에 퍼졌다. 단 하나의 좋은 선물만은 항아리 맨 밑바닥에 숨어 있었다. 판도라는 제우스의 명령대로 '희망'이 튀어나오기 전에 뚜껑을 닫아 영원히 항아리 안에 남겨두었다.

재앙은 갖가지 모습으로 땅과 하늘과 바다를 가득 메웠다. 온갖 병마는 밤낮으로 소리 없이 사람들 사이를 음산하게 방황했다. 제우스가 그들에게 소리를 주지 않았기 때문이다. 열병은 땅을 덮고 죽음의 신은 그 발걸음을 재촉했다.

그 후 제우스는 프로메테우스에게 복수를 결행했다. 그는 범죄자 프로메테우스를 헤파이스토스와 그의 종인 강압의 신 크라토스와 폭력의 신 비아에게 넘겨주었다. 세 신은 프로메테우스를 스퀴티아 황무지로 끌고 간 다음, 무시무시한 심연이 내려다보이는 카우카소스 산 절벽에다 결코 풀리지 않는 사슬로 붙들어 맸다. 내키지는 않았지만 헤파이스토스는 아버지의 명령을 따랐다. 사실 그는 이 거인족의 아들이 자기 증조부 우라노스의 후손이며 자기와 같은 가문 출신이라 좋아했다.

헤파이스토스는 동정심에 가득 차 자기 종들에게 잔인한 일을 얼른 끝마치도록 했다. 이제 프로메테우스는 똑바로 선 채, 잘 수도 없고

제우스는 인간에게 불을 훔쳐다 준 죄를 벌하기 위해 우선 헤파이스토스와 그의 종인 폭력의 신 크라토스와 비아에게 명령해 쇠사슬로 프로메테우스를 꽁꽁 묶도록 했다.

〈헤파이스토스의 쇠사슬에 묶이는 프로메테우스〉, 디르크 반 바부렌, 1623년, 암스테르담 국립 박물관.

지친 무릎을 구부릴 수도 없는 상태로 절벽에 고통스럽게 매달려 있어야만 했다.

헤파이스토스가 말했다.

"호소하거나 탄식해도 소용없네. 제우스는 인정이 없고 냉혹하지. 이번에 왕권을 빼앗은 그 무리는 몰인정한 자들이라네."※

실제로 이렇게 붙잡힌 프로메테우스는 영원히 고통을 받거나 적어도 삼만 년간 고통을 당하도록 되어 있었다.

큰 한숨을 내쉬며 바람, 냇물, 샘과 바다의 물결, 만물의 어머니 대지, 모든 것을 바라보는 열두 성좌를 고통의 증인으로 부르긴 했지만 프로메테우스는 결코 굽힐 줄 몰랐다. 그가 외쳤다.

"거스를 수 없는 운명의 힘을 깨달은 자는 운명이 결정한 것을 짊어지고 가야만 한다."

제우스는 프로메테우스를 이렇게 위협했다.

"'신들의 지배자가 새로운 혼인으로 파멸과 멸망에 빠지리라.' 하는 알 수 없는 예언을 해석하라."※※

그러나 프로메테우스는 꿈쩍도 하지 않았다. 이에 제우스는 사슬에 묶인 프로메테우스에게 독수리를 보냈다. 독수리는 매일 찾아와 프로메테우스의 간을 쪼아 먹었지만 간은 밤사이 원래 상태로 회복되었다. 프로메테우스는 그를 대신해 죽음을 떠맡을 사람이 자진해서 나타나지 않는 한 언제까지나 간이 쪼아 먹히는 고통을 받을 운명이었다.

※　제우스는 아버지 크로노스와 옛 왕조를 넘어뜨리고 힘으로 올림포스 산을 차지했다. 이아페토스와 크로노스가 형제였으므로 프로메테우스와 제우스는 사촌 형제간이다.
※※　바다의 여신 테티스와의 결혼을 말한다.

독수리가 매일 찾아와서 프로메테우스의 간을 쪼아 먹었지만 간은 밤사이 원상태로 회복되었다. 그를 대신해서 죽음을 떠맡을 사람이 나타나지 않는 한 프로메테우스는 이런 고통이 영원히 계속될 운명이었다.

<사슬에 묶인 프로메테우스>, 페테르 파울 루벤스, 1611~1612년, 필라델피아 미술관.

그러나 제우스가 정했던 것보다 훨씬 빨리 프로메테우스가 구원받는 날이 찾아왔다. 바위에 묶인 채 오랜 세월을 보낸 뒤였다. 헤라클레스가 헤스페리데스들*이 지키고 있는 황금 사과를 따러 가는 도중 그곳을 지나게 되었다. 헤라클레스는 프로메테우스의 간을 먹고 있는 독수리를 향해 곤봉과 몸에 두르고 있던 사자가죽을 집어던졌으며 활을 당겨 잔인한 독수리를 쏘아 떨어뜨렸다. 그러고는 프로메테우스의 묶인 사슬을 풀어주어 그와 함께 떠났다. 제우스가 제시한 조건을 채우기 위해 헤라클레스는 프로메테우스 대신 죽는 데 동의한 켄타우로스 족 케이론을 내세웠다. 케이론은 불사의 몸이었기 때문이다.**

그러나 프로메테우스가 아주 오랫동안 절벽에 묶여 있어야 한다는 제우스의 심판은 완전히 이루어지지 못했다. 그 때문에 프로메테우스는 카우카소스 산의 바위에서 떼어낸 작은 돌을 붙인 쇠 반지를 항상 끼고 있어야만 했다. 제우스는 그것으로 자기 원수 프로메테우스를 여전히 카우카소스 암벽에 붙들어 매놓았다고 자랑할 수 있었다.

---

*　헤스페리데스들은 헤라가 제우스와 결혼했을 때, 여신 가이아가 헤라에게 보낸 황금 사과를 지키던 여인들이다. 네 명 혹은 여덟 명이라고 전한다.
**　불사의 몸이었던 케이론은 헤라클레스의 독화살에 맞아 죽지 않고 영원히 고통을 당해야 했다. 그 때문에 케이론은 프로메테우스의 형벌을 받는 대신 불사의 몸을 포기했다. 케이론의 이야기는 1권 4장 '헤라클레스 이야기'에 나온다.

인간의 시대

신들이 맨 먼저 만든 사람은 황금족이었다. 크로노스가 하늘을 다스리는 동안에는 인간들도 신들처럼 노동과 근심에 시달리지 않고 아무런 걱정이 없었다. 노년의 고통도 몰랐다. 손과 발 모든 사지가 항상 힘이 있고 건강했다. 기쁨에 찬 신들은 그들을 사랑했으며 너른 평야를 가득 채울 만큼 엄청나게 많은 가축을 선물했다. 죽을 때가 되면 조용히 부드러운 잠에 빠져들었다. 그들은 살아 있는 동안 가질 수 있는 모든 것을 가졌다. 대지는 먹고 남을 만큼 풍성한 과일을 제공해주었고, 모든 것이 풍족한 상태에서 평화롭게 그날그날의 일만 하면 되었다.

운명의 결정에 따라 황금족이 이 세상에서 모습을 감추어야 했을 때, 그들은 경건한 수호신이 되었다. 이들은 선을 행하고 정의를 지키며 모든 범죄에 복수하는 자가 되어, 안개 속에 몸을 감추고 온 땅을

이 이야기는 앞의 '프로메테우스' 이야기와 연결되는 것이 아닌, 독립적인 내용이다.

돌아다녔다.

신들이 두 번째로 만든 사람은 은족이었다. 이 종족은 첫 번째 사람들과는 몸의 모양이나 성질이 달랐다. 재롱을 부리던 어린아이는 백 년이 지나도 여전히 정신적으로 미성숙해 부모 집에서 살았고 어머니의 품을 떠나지 못했다. 그러나 막상 장성하여 청년기에 이르면 살날이 얼마 남지 않게 되었다. 이 새로운 인간 족속은 멋대로 행동하여 비참한 상태로 빠져들었다. 욕심을 누르지 못하고 교만한 나머지 서로에게 나쁜 짓을 했기 때문이다. 신들의 제단에 마땅히 바쳐야 할 제물도 바치지 않았다. 그래서 제우스는 이 종족을 땅에서 다시 거두어 갔다. 신들을 숭배하지 않는 것이 제우스의 마음에 들지 않았던 것이다. 그러나 이 사람들이 죽고 나서도 어떤 명예를 얻지 못할 만큼 나빴던 것은 아니었다. 은족이 죽자 제우스는 그들을 불멸의 신이 아니라 언젠가는 죽어야 하는 마신(魔神, demon)이 되어 지상을 헤매게 했다.

신들의 아버지 제우스는 다시 세 번째 인간 종족을 만들었다. 그들은 청동족이었다. 이 종족은 은족과 전혀 달랐다. 잔인하고 폭력적이어서 항상 전쟁을 하거나 남을 괴롭히는 일에만 골몰했다. 그들은 들에서 나는 과일을 싫어하고 동물의 고기만 먹었다. 다이아몬드처럼 고집이 셌고 몸집도 몹시 컸다. 그들의 무기는 청동이었고, 집도 청동이었으며, 밭도 청동으로 갈았다. 당시에는 아직 철이 없었기 때문이다. 그들은 서로 주먹질을 하며 싸웠다. 청동족은 몸집이 엄청나게 컸으나 그들 역시 죽음을 벗어나지는 못했다. 결국 밝은 햇빛과 작별하고 하계의 무서운 어둠 속으로 떨어져갔다.

대지가 이 청동족을 심연으로 감싼 뒤, 크로노스의 아들 제우스는 네 번째 종족을 만들어 땅에 살게 했다. 이전의 청동족보다 고상하고 정의로운 이 종족은 옛사람들이 반신(半神)이라 불렀던 신적인 영웅 종족이다. 그렇지만 그들도 결국은 불화와 전쟁으로 멸망하고 말았다.

어떤 자는 오이디푸스 왕국을 빼앗기 위한 전쟁으로 테바이의 일곱 개 성문 앞에서 죽고, 어떤 자는 아름다운 헬레네를 구하기 위해 많은 배로 쳐들어갔으나 트로이아 벌판에서 쓰러졌다. 영웅 종족이 전쟁과 근심, 고통 가운데 생애를 끝마치자 제우스는 세상 끝의 바다 오케아노스에 있는 지복의 섬에 그들이 살 집을 마련해주었다. 그들은 거기서 아무런 근심 없이 행복한 나날을 보냈다. 기름진 땅은 한 해에 세 번이나 꿀처럼 단 과일을 맺게 했다.

바로 이 인간의 시대에 관한 전설을 이야기하는 늙은 시인 헤시오도스는 이렇게 한탄한 적이 있다.

"아! 이번에 만들어진 다섯 번째 인간 종족과 같은 시대 사람이 아니더라면 얼마나 좋았을까. 차라리 내가 이전에 죽었거나 이후에 태어났더라면 얼마나 좋았을까! 지금은 철의 종족 시대이니까 말이다! 이 철의 종족은 완전히 타락하여 밤에도 낮에도 근심과 노고로 쉬지 못한다. 신들이 그들에게 항상 고통스러운 걱정거리를 새로 보내기 때문이다. 그러나 그들 자신이 가장 커다란 재앙이다. 아버지는 아들을 사랑하지 않고 아들은 아버지를 사랑하지 않는다. 손님은 자기를 대접하는 친구를 미워하고 동지는 동지를 미워한다. 형제들 사이에서도 옛날같이 진정한 우애를 더는 찾아볼 수 없다. 그들은 머리가 하얗게 센 부모를 존경하기는커녕 오히려 욕을 퍼붓는다. 부모는 그러한 학대를 참아야만 한다.

잔인한 인간들이여, 너희들은 늙은 부모의 은혜도 모르고 길러준 것을 고마워하지도 않으며, 신들이 내릴 심판을 조금도 생각하지 않는가? 어디서나 주먹이 판을 친다. 그리고 상대편 도시를 해치려 한다. 맹세를 지킬 줄 아는 진실하고 착한 사람들은 대접을 받지 못한다. 오히려 그들이 무법과 폭력을 일삼는 자들을 존경한다. 정의나 절제는 통하지 않고, 악인들이 덕 있는 자들을 다치게 하고, 간사한 거짓말을 하고, 거짓맹세를 한다. 이것이 인간들이 몹시 불행한 이유이다. 남의 불행을 기뻐하는 불쾌한 질투가 인간들을 뒤따라 다니며 시샘 가득한 얼굴로 불평을 늘어놓는다. 지금까지 아직 지상에 모습을 보이지 않던 수치의 여신[아이도스]과 복수의 여신[네메시스]이 슬퍼서 하얀 옷으로 아름다운 몸을 감추고, 인간들을 떠나 영원한 신들이 모인 곳으로 피해 갔다. 죽을 운명인 인간에게는 쓰라린 고통만이 남았을 뿐이다. 누구도 이러한 화에서 벗어날 수 없을 것이다."*

---

* 이 이야기는 헤시오도스의 《일과 날(Erga kai Hemerai)》에 나오는 인간의 시대에 관한 이야기에 기초한 것이다.

데우칼리온과 퓌르라

청동족이 아직 땅에 살고 있을 때, 세상의 지배자 제우스는 사람들이 온갖 몹쓸 짓을 한다는 소문을 들었다. 그는 인간의 모습으로 땅을 돌아다녀보기로 마음먹었다. 그런데 곳곳에서 소문보다 더 심각한 상황을 발견했다.

어느 날 저녁, 제우스는 손님 대접에 인색한 아르카디아의 왕 뤼카온의 궁전에 머무르게 되었다. 뤼카온은 광포하기로 악명이 높았다. 제우스는 신성한 징조로 신이 온 것을 알렸다. 그것을 보고 사람들이 모두 무릎을 꿇었다. 그러나 뤼카온은 사람들의 경건한 기도를 비웃으며 말했다.

"사람인지 신인지 어디 한번 알아볼까?"

그는 몰로소이 족이 한밤중에 보내온 불쌍한 인질을 죽인 뒤 아직 온기가 가시지 않은 팔다리를 펄펄 끓는 물에 삶기도 하고 불에 굽기도 해서 손님의 밤참 상에 내놓았다. 이 모든 것을 알아차린 제우스는 식탁에서 벌떡 일어나 신을 믿지 않는 왕궁에 징벌의 불을 내렸다. 왕은 깜짝 놀라 들판으로 달아났다. 왕이 맨 처음에 지른 비명은 짐승이 으르렁대는 소리였다. 옷은 꼬부라진 털로 변했고 팔은 발이 되었다. 왕은 피에 굶주린 늑대로 변했다.

제우스는 올림포스 산으로 돌아와 다른 신들과 의논한 끝에 이 포악한 인간 종족을 멸망시키기로 결정했다. 그리고 모든 나라에 번개를 내려치려 했다. 그러나 대기에 불이 붙어 천지의 축이 불탈 염려가 있어 그만두었다. 제우스는 퀴클롭스*들이 두들겨 만든 번개 창을 옆에 내려놓았고, 대신 억수같이 비를 땅에 내려 사람들을 전멸시키기로 했다.

제우스는 북풍을 비롯해 구름을 쫓아내는 바람들은 바람의 신 아이올로스의 동굴에 가두고 남풍만을 보냈다. 남풍은 물이 뚝뚝 떨어지는 몸을 흔들면서 땅을 향해 내려갔다. 공포를 불러일으키는 그의 얼굴은 칠흑 같은 어둠에 싸여 있고, 수염에는 구름이 무겁게 달려 있었다. 하얀 머리칼에서는 밀물 같은 물이 떨어져 내리고, 이마는 안개에 덮여 있고, 가슴에서는 물이 넘쳤다.

남풍은 하늘로 손을 뻗어 멀리 흩어진 구름들을 잡더니 비틀어 짰다. 천둥이 울리고 억수 같은 비가 무겁게 땅으로 쏟아졌다. 묘목은 미친 듯 휘몰아치는 태풍에 몸을 사리고, 농부의 꿈은 꺾여나갔다. 일 년 내내 힘들게 해온 모든 일이 헛수고가 되고 말았다. 제우스의 형제

---

* 대장장이 신 헤파이스토스의 조수다. 우라노스와 가이아의 거인 아들들로 외눈박이이다. 그들의 일터는 보통 아이트나 산중에 마련되어 있다. 《오뒷세이아》에 나오는 퀴클롭스들과는 전혀 다르다.

포세이돈도 파괴하는 일에 한몫 거들었다. 그는 모든 강물을 불러 말했다.

"너희들도 큰 물결을 마음대로 날뛰도록 놓아주어라! 모든 집을 휩쓸고 제방을 부수어라!"

강물들은 명령을 따랐다. 포세이돈 자신도 삼지창으로 육지에 구멍을 뚫어 홍수가 나갈 수 있게 해주었다. 이렇게 강물은 넓은 들판으로 밀려들어 와서 논과 밭을 뒤덮은 다음, 나무와 신전과 집 들을 떠내려 보냈다. 간신히 한 왕궁이 남아 있었지만 곧바로 물이 지붕 꼭대기까지 덮쳤고, 가장 커다란 탑도 탁류 속에 사라져버렸다. 바다와 땅은 하나가 되었다. 모든 것이 호수 밑으로 잠겼는데, 그것은 끝이 보이지 않는 호수였다. 사람들은 살려고 발버둥을 쳤다. 어떤 사람은 가장 높은 산으로 올라가고, 어떤 사람은 작은 배를 타고 물에 잠긴 자기 집 지붕과 포도밭 언덕을 배의 바닥으로 스치면서 노를 저어 갔다. 나뭇가지에 물고기가 걸려 펄떡거렸다. 산돼지와 빠른 사슴까지 홍수가 집어삼켰다. 사람들은 모든 것을 물에 빼앗겼다. 간신히 살아남은 자도 경작할 수 없는 황무지의 꼭대기 위에서 굶주림으로 죽어갔다.

포키스 땅의 높은 산은 모든 것을 뒤덮은 망망한 물 위로 여전히 두 개의 산봉우리를 내놓고 있었다. 그 높은 산은 파르낫소스 산이었다. 프로메테우스의 아들 데우칼리온은 아버지의 충고로 미리 배를 만들어두었다. 그는 작은 배로 아내 퓌르라와 함께 파르낫소스 산으로 갔다. 두 사람은 이 세상의 어떤 사나이나 어떤 여인보다 정직했고 신을 잘 섬겼다.

제우스는 세상이 온통 홍수에 뒤덮여 늪지로 변한 것을 내려다보다가 수많은 사람 중 신을 독실하게 섬기는 한 부부만이 남은 것을 알았다. 그래서 북풍을 보내 먹구름을 흩어놓은 다음 안개를 없애버리도록 했다. 그는 다시 하늘을 땅에 보여주고 땅은 하늘에 보이게 했다. 바다의 신 포세이돈도 삼지창을 거두고 홍수를 잔잔하게 했다. 강물은 다시 바다로 흘러들었고, 해안가도 모습을 드러냈다. 숲이 진흙으로 덮인 나뭇가지들을 물에서 드러내고 언덕이 하나 둘 보이기 시작하면서 땅이 다시 제 모습을 찾았다.

데우칼리온은 주위를 둘러보았다. 땅은 황량했고 주위는 무덤처럼 고요했다. 이 모습을 본 그의 뺨에 눈물이 주르륵 흘러내렸다. 데우칼리온은 퓌르라에게 말했다.

"사랑하는 나의 아내여! 이 세상에 하나밖에 남지 않은 퓌르라여! 여러 나라를 둘러보고 세상 모든 곳을 찾아봤지만 살아 있는 영혼은 하나도 없소. 우리 둘이 이 땅의 민족을 다시 세워야 하오. 다른 것은 모두 물속에 잠겨버렸소. 앞으로 살아갈 길이 막막하구려. 구름을 볼 때마다 내 마음은 무섭고 떨리오. 위험이 지나갔다지만, 둘만 남은 우리가 이 버림받은 땅에서 무엇을 해야 할지 모르겠소. 아! 아버지 프로메테우스께서 진흙으로 사람을 만들어 영혼을 불어넣는 방법을 나에게 가르쳐주셨다면 얼마나 좋았을까!"

버림받은 부부가 울기 시작했다. 얼마 후 두 사람은 여신 테미스의 반쯤 부서진 제단 앞에 무릎을 꿇고 기도했다.

"오! 여신이시여! 어떻게 하면 멸망한 우리 인간 족속을 다시 만들 수 있는지 가르쳐주십시오. 이 매몰된 세계에서 다시 살아갈 수 있도록 도와주십시오!"

여신의 목소리가 들렸다.

"내 제단에서 떠나라. 머리를 베일로 싸고, 띠를 풀고, 너희 어머니의 뼈를 등 뒤로 던져라."

수수께끼와도 같은 이 계시를 듣고 두 사람은 한참 동안 어리벙벙했다. 퓌르라가 먼저 침묵을 깨고 말했다.

"존귀하신 여신이여, 제가 겁을 먹고 그 명령을 따르지 못하더라도 저를 용서해주십시오. 어머니의 뼈를 던져 돌아가신 어머니의 혼백을 괴롭히고 싶지 않기 때문입니다."

그러나 데우칼리온의 마음에 갑자기 어떤 생각이 섬광처럼 지나갔다. 그가 아내를 진정시키며 말했다.

"내 짐작이 틀리지 않는다면 여신의 계시에 악의는 없소! 우리의 위대한 어머니란 대지를 말하오. 어머니의 뼈란 바로 돌이란 말이오. 그러니까 여보, 돌을 뒤로 던지면 되오."

두 사람은 이 해석을 쉽사리 믿지 못했다. 그러나 시험 삼아 해보더라도 해롭지는 않으리라는 생각이 들었다. 두 사람은 한쪽으로 물러나 여신이 시킨 대로 베일로 머리를 싸고 옷의 띠를 풀고 돌을 등 뒤로 던졌다.

믿을 수 없는 기적이 일어났다. 딱딱하고 다루기 어려운 돌덩어리가 물렁물렁해지고 점점 커지더니 새로운 모양이 되었다. 돌덩어리가 인간의 모습으로 변한 것이었다. 하지만 그 모습은 조각가가 대충 깎아놓은 대리석처럼 아직 불분명하고 거칠었다. 돌의 젖은 부분과 흙으로 된 부분은 살이 되었고, 굳고 단단한 부분은 뼈로 변했으며, 돌의 결은 혈관이 되었다. 이렇게 신들의 도움으로 데우칼리온이 던진

홍수가 휩쓸고 지나간 땅에는 데우칼리온과 퓌르라만 살아남았다. 두 사람은 테미스 여신
이 시킨 대로 베일로 머리를 싸고 옷의 띠를 풀고 돌을 등 뒤로 던졌다. 그러자 기적이 일어
났다. 딱딱한 돌덩어리가 물렁물렁해지며 점점 커지더니 새로운 모양이 되었다. 신들의 도
움으로 돌덩어리가 인간의 모습으로 변한 것이었다. 이렇게 해서 데우칼리온이 던진 돌은
남자가 되고, 퓌르라가 던진 돌은 여자가 되었다.

〈데우칼리온과 퓌르라〉, 안드레아 디 마리오토 델 밍가, 1572년, 베키오 궁전.

돌은 남자가 되고 퓌르라가 던진 돌은 여자가 되었다.*

　이 인간 종족은 자신들이 돌에서 태어난 것을 부인하지 않았다. 그들은 강건한 종족으로 유능한 일꾼이었다. 그들은 한순간도 자신들이 어떻게 태어났는지 잊지 않았다.

---

*　퓌르라는 그 뒤 데우칼리온과의 사이에서 그리스 인의 조상인 아들 헬렌을 낳았다. 헬렌은 아이올로스, 도로스, 크수토스 삼 형제를 낳았는데 아이올리스 족과 도리스 족은 그들의 후손이다. 도로스가 크수토스의 아들로 전해지기도 한다. 크수토스에 대해서는 '이온'을 참조.

이오

펠라스고이 족의 시조이자 왕인 이나코스에게는 이오라는 이름을 가진 그림처럼 아름다운 딸이 있었다. 이오가 레르나 초원에서 아버지가 기르는 가축 떼를 돌보고 있을 때였다. 올림포스를 지배하는 제우스에게 그녀의 모습이 눈에 띄었다. 제우스는 이오에게 사랑을 느끼고 사람의 모습으로 변해 접근한 뒤 마음을 설레게 하는 달콤한 말로 유혹했다.

"오, 아름다운 처녀여, 그대를 차지하는 자는 얼마나 행복할까! 하지만 인간이 차지하기에 그대는 너무 과분하구나. 그대는 최고신의 신부로 어울리는구나. 내가 바로 제우스이니라. 놀라지 말라! 대낮의 더위가 찌는 듯하구나. 저 울창한 숲속의 시원한 그늘이 우리를 부르지 않느냐. 나와 함께 그리로 가서 쉬자. 이런 뙤약볕에서 왜 그 고생을 하느냐? 들짐승이 산다고 어두운 숲이나 산속을 겁내지 마라. 내가 너를 지켜줄 테니까. 나는 하늘의 왕홀(王笏)을 가지고 있으며 톱니

같은 번갯불을 땅에 보내는 신이니라."

그러나 이오는 제우스에게서 도망쳤다. 이오가 공포에 질려 도망치고 있을 때 제우스가 자신의 힘을 이용해 온 땅덩어리를 어둠으로 감싸버렸다. 짙은 안개가 주위를 둘러싸자 이오는 바위에 부딪히지 않을까, 강물에 빠지지나 않을까 두려운 마음으로 꼼짝도 하지 못했다. 이렇게 해서 불쌍한 이오는 제우스에게 붙잡히고 말았다.

신들의 어머니 헤라가 남편 제우스를 믿지 못한 지는 이미 오래되었다. 제우스가 헤라의 사랑을 배반하고 반신과 인간의 딸 들을 쫓아다녔기 때문이다. 헤라는 분노와 시기심을 억누를 수 없었다. 그래서 항상 의심스러운 눈길로 남편이 지상에서 하는 일을 낱낱이 살펴보고 있었다. 그녀는 오늘도 남편이 자기 몰래 돌아다니는 곳을 내려다보는 중이었다. 그런데 갑자기 밝은 낮이 안개에 싸여 밤처럼 캄캄해지자 헤라는 몹시 놀랐다. 이런 안개가 돌풍이나 습한 땅 때문에 생긴 것은 아니고, 저절로 일어날 리도 없었다. 헤라는 곧 남편의 바람기 때문이라고 생각했다. 일단 올림포스 산을 샅샅이 찾아보았으나 제우스의 모습은 보이지 않았다.

헤라는 모욕감에 몹시 화가 나서 혼잣말을 했다.

"내가 잘못 보지 않았다면 남편이 또 날 속인 것이다!"

구름을 타고 높은 창공에서 땅으로 내려오면서 헤라는 유혹자와 희생자를 감추고 있는 안개에게 물러가라고 명령했다.

아내가 오는 것을 알아챈 제우스는 애인을 아내의 복수에서 벗어나게 하기 위해 황급히 눈처럼 흰 암소로 만들었다. 이나코스의 아름다운 딸은 소의 모습을 하게 되었는데도 여전히 아름다웠다. 남편의 계

이오가 공포에 질려 도망치고 있을 때 제우스가 자신의 힘을 이용해 온 땅덩어리를 어둠으로 감싸버렸다. 짙은 안개가 주위를 둘러싸자 이오는 두려운 마음에 꼼짝도 하지 못했다. 짙은 안개로 변한 제우스가 이오의 허리를 감싸고 입맞춤하려는 모습이다.

〈제우스와 이오〉, 코레지오, 1532년, 빈 미술사 박물관.

교를 금방 알아챈 헤라는 훌륭한 암소를 칭찬하며 아무것도 모르는 양 물었다.

"이 암소는 누구의 것입니까? 그리고 누가 기르는 것이지요?"

당황한 제우스는 땅에서 태어난 것이라 둘러대면서 헤라가 더는 묻지 못하게 했다. 헤라는 제우스의 거짓말을 순순히 받아들였다. 그러고는 이 아름다운 암소를 꼭 선물로 받고 싶다고 제우스에게 간청했다. 거짓말로 위기를 모면하려던 제우스는 함정에 빠진 것을 알았지만 어떻게 해야 좋을지 몰랐다. 만일 암소를 헤라에게 준다면 애인을 잃어버릴 것이다. 그러나 거절하면 아내의 의심을 살 수밖에 없을 테고, 아내는 당장이라도 이 불행한 처녀를 죽이려 들 것이다.

제우스는 결국 처녀를 잠시 동안 단념하기로 마음먹고 윤기 흐르는 그 암소를 아내에게 선물했다. 헤라는 선물을 받아 매우 기쁜 척했다. 그녀는 암소 목에 끈을 매어 이 불행한 처녀를 의기양양하게 끌고 갔다. 끌려가는 암소의 가슴에서는 절망한 사람의 심장이 뛰고 있었다. 그러나 이렇게 빼앗아 온 처녀를 다시 잃을까봐 헤라도 전전긍긍했다. 연적을 감시할 확실한 방법을 찾을 때까지는 안심할 수 없었다.

마침내 헤라는 아레스토르의 아들 아르고스를 찾아냈다. 이 괴물이야말로 이런 일에 안성맞춤이었다. 그는 머리에 백 개의 눈을 달고 있었기 때문이다. 아르고스는 두 눈만 번갈아가며 잘 뿐 앞머리와 뒷머리에 빛나는 별처럼 흩어져 있는 다른 눈들은 항상 뜨고 있었다. 남편 제우스가 빼앗긴 애인을 데려가지 못하도록 헤라는 이 괴물에게 불쌍한 이오를 넘겨주었다.

암소가 된 이오는 백 개의 눈을 가진 아르고스의 감시를 받으면서 기름진 초원에서 온종일 풀만 뜯어야 했다. 아르고스가 항상 가까이에서 그녀를 지켰다. 등을 돌리고 있더라도 뒤통수의 눈이 감시하고 있었다. 그리고 해가 지면 암소를 가두고 목에다 무거운 쇠사슬을 걸어놓았다. 먹이라고는 쓸쓸한 맛이 나는 풀과 나무 잎사귀뿐이고 잠자리는 풀조차 나지 않는 딱딱한 맨땅이었으며, 마실 것은 흙이 섞인 더러운 물이었다.

이오는 자신이 사람이 아닌 것을 종종 잊어버렸다. 그녀는 아르고스에게 동정을 사려고 팔을 쳐들다가 자신에게 팔이 없다는 것을 깨닫고는 했다. 또한 자신의 가련한 처지를 호소했건만 입에서 나오는 소리가 소의 울음소리임을 알고는 소스라치게 놀랐다. 그러고는 제우스의 바람기 때문에 이렇게 된 것이라며 원망했다.

헤라가 명령한 대로 아르고스는 한 장소에만 머물지 않았다. 헤라는 될 수 있으면 남편에게서 이오를 멀리 떨어뜨리려 했기 때문이다. 아르고스는 이오를 데리고 나라 안을 떠돌아다녔다. 그러던 어느 날 이오가 어릴 때 곧잘 놀던 그리운 고향 냇가까지 가게 되었다. 이때 이오는 비로소 물에 비친 자신의 모습을 보았다. 뿔이 돋친 소의 머리가 자신을 노려보자 이오는 깜짝 놀라 저도 모르게 뒤로 물러나 도망쳤다. 그리운 동생과 아버지 이나코스를 찾아갔지만, 두 사람은 이오를 알아보지 못했다. 이나코스는 아름다운 소를 쓰다듬으며 근처 숲에서 뜯어 온 나뭇잎을 먹여주었다. 이오는 고맙게 생각하고 아버지의 손을 핥고 입 맞추며 남몰래 눈물을 흘려 그 손을 적셨다. 그러나 노인은 자신을 어루만지는 그 소가 누군지, 왜 응석을 부리는지 전혀 알아차리지 못했다.

소가 되었어도 인간의 마음을 지니고 있는 불쌍한 이오에게 마침내 좋은 생각이 떠올랐다. 그녀는 발로 글을 써서 아버지의 주의를 끌었다. 이나코스는 흙에 쓰인 글을 읽고 나서야 앞에 있는 소가 자기 딸임을 알았다.

"아! 나는 얼마나 불쌍한 사람인가!"

노인은 큰 소리로 부르짖더니 불행한 딸의 머리를 감싸 안았다.

"온 나라를 샅샅이 찾아다녔는데, 이런 꼴이 된 너와 다시 만나게 되다니! 아, 너를 찾아낸 지금보다도 너를 찾아다닐 때가 훨씬 더 행복했구나! 아무 말도 할 수 없다니, 너는 내게 위로의 말 한마디도 할 수 없단 말이냐? 우는 소리로 대답도 못한단 말이냐. 나는 바보였다. 훌륭한 사위를 찾아 시집을 보내는 것이 나의 유일한 소망이었는데……. 그런데 이제 너는 소가 되어버리다니."

매정한 파수꾼 아르고스는 애통해하는 아버지에게서 그녀를 떼어내 인적 없는 초원으로 끌고 갔다. 그러고는 산마루에 올라가 백 개의 눈으로 사방팔방을 감시하는 일을 충실히 했다.

제우스는 이오의 괴로움을 더는 참을 수가 없었다. 그는 사랑하는 아들 헤르메스를 불러 꼴 보기 싫은 파수꾼이 아무것도 보지 못하게 계략을 꾸미라고 명령했다. 헤르메스는 양쪽 발에 날개를 달고 여행 모자를 쓴 다음, 잠의 회초리를 들고 땅으로 내려갔다. 모자와 날개를 떼고 단장을 손에 드니 꼭 목자처럼 보였다. 헤르메스는 산양들을 가까이 불러 이오가 풀을 뜯고 아르고스가 망을 보고 있는 초원으로 몰고 갔다. 거기서 갈대피리 쉬링크스를 꺼내 이 세상 목자들이 한 번도 들어보지 못한 아름다운 소리로 불기 시작했다. 아르고스는 그 아름다운 음색을 듣자 즐거워하며 바위에서 일어나 외쳤다.

"피리 연주자여! 누구신지 모르지만, 내가 앉아 있는 바위에 와서 천천히 쉬시구려. 이곳처럼 가축들 먹이가 많은 데는 없소. 게다가 보시다시피 꽉 들어찬 나무들이 기분 좋은 그늘을 만들어주고 있다오!"

헤르메스는 고맙다는 인사를 하고 바위에 올라가 아르고스 옆에 앉아 이런저런 세상 이야기를 시작했다. 이야기에 정신이 팔린 아르고스는 어느새 해가 저무는 줄도 몰랐다. 아르고스의 백 개의 눈은 아주 졸려 보였다. 헤르메스는 갈대피리를 다시 손에 잡더니 그 소리로 아르고스를 완전히 잠재우려 했다. 그러나 아르고스는 암소를 제대로 감시하지 못했을 때 받게 될 헤라의 노여움을 생각하며 졸음과 싸웠다. 백 개의 눈 중에 몇 개는 꾸벅꾸벅 졸고 있었으나, 정신을 가다듬고 나머지 눈으로 계속 지켜보았다. 갈대피리는 당시 처음 만들어진 것이어서 아르고스는 그 유래를 물었다.

헤르메스가 말했다.

"이렇게 늦은 저녁시간에 내 이야기를 들을 참을성과 열의가 있다면야 얼마든지 이야기해드리지요. 아르카디아의 눈 덮인 산맥에 쉬링크스라는 유명한 나무의 요정이 살고 있었소. 숲의 신들과 사튀로스는 그 아름다움에 반해 오래전부터 그녀를 쫓아다니며 사랑을 구했지요. 그러나 쉬링크스는 늘 도망쳤어요. 결혼으로 속박되는 것이 싫어 띠를 졸라매고 사냥만 일삼았지요. 그녀는 아르테미스처럼 독신으로 살려고 했어요. 그러던 어느 날 마지막으로, 힘이 센 판이 숲을 돌아다니다가 그녀를 보고 자기가 위대한 신이라 자랑하고 치근대면서 쉬링크스에게 청혼했습니다. 쉬링크스는 그의 청혼을 물리치고 유유

제우스는 이오의 괴로움을 더는 두고 볼 수 없었다. 그는 아들 헤르메스를 불러 파수꾼이
아무것도 보지 못하게 계략을 꾸미라고 명령했다. 헤르메스가 아르고스를 잠들게 만든 후
칼로 목덜미를 내리치려 하는 장면이다. 아르고스 옆에 암소로 변한 이오가 있다.

〈헤르메스와 아르고스〉, 페터 파울 루벤스, 1638년, 드레스덴 고전 거장 미술관.

히 흘러가는 라돈 강가로 도망쳤지만 물이 깊어 건널 수 없었지요. 그래서 쉬링크스는 수호신 아르테미스에게 이렇게 애원했어요. '당신을 숭배하는 저를 불쌍히 여기시어 판의 손에 잡히기 전에 제발 제 모습을 바꿔주십시오.' 그때 판이 다가와 강기슭에서 머뭇거리던 쉬링크스를 붙잡았어요. 그러나 판은 자신이 쉬링크스가 아니라 갈대를 안고 있음을 알고는 깜짝 놀랐습니다. 판의 깊은 탄식은 갈대 줄기를 통해 몇 배나 크게 울리고 울리며 되풀이되었지요. 사람을 매혹하는 아름다운 소리는 실망한 판의 마음을 위로했습니다. 판은 씁쓸한 마음으로 이렇게 외쳤습니다. '좋소, 모습을 바꾼 요정이여! 그래도 우리 인연은 끊을 수 없소!' 판은 이 사랑스러운 갈대를 갖가지 길이로 잘라 초로 이어 붙여 아름다운 피리를 만들었습니다. 그러고는 귀여운 나무 요정의 이름을 붙였지요. 그로부터 이 피리를 '쉬링크스'라 부르게 된 것입니다."

헤르메스는 이야기를 하면서 백 개의 눈이 달린 파수꾼을 계속 지켜보았다. 이야기가 다 끝나지 않았는데도 아르고스의 눈이 하나둘 감기더니 결국 백 개의 눈이 모두 깊은 잠에 빠지고 말았다. 그러자 헤르메스는 잠든 백 개의 눈꺼풀에 잠의 회초리를 차례로 대어 더욱 깊은 잠에 빠지게 했다. 아르고스가 머리를 늘어뜨리고 완전히 잠들자 헤르메스는 윗옷 아래 숨겨 두었던 낫 모양의 칼을 재빨리 꺼내 아르고스의 축 늘어진 목덜미를 힘껏 내리쳤다. 잘린 머리가 바위로 떨어져 피로 물들었다.

이제 자유의 몸이 된 이오는 암소의 모습 그대로 뛰어갔다. 그러나 땅에서 일어난 일이 헤라의 눈을 벗어날 수는 없었다. 헤라는 연적에게 지독한 앙갚음을 하기로 마음먹었고, 등에 한 마리를 보내 불쌍한 이오를 찔러 미치게 만들었다. 등에의 그 바늘은 공포에 떠는 이오를 땅 끝 어디까지나 쫓아갔다.

이오는 스퀴티아 인이 사는 카우카소스를 거쳐 아마존 족과 킴메리오스 족이 사는 보스포로스 해협과 마이오티스 해, 그리고 다시 아시아를 지났다.* 긴 절망의 방황 끝에 마침내 아이컵토스 네일로스 강의 기슭에 왔을 때다. 이오는 앞발을 꺾고 목을 뒤로 제치더니 슬픔과 원망에 찬 눈으로 제우스가 있는 올륌포스 산 쪽을 물끄러미 쳐다보았다. 그 모습을 본 제우스는 그녀가 불쌍했다. 그는 급히 아내 헤라에게 가서 그녀의 목을 껴안으며 저 불쌍한 소녀는 아무런 죄도 없으니 자비를 베풀라고 청했다. 제우스는 신들이 맹세할 때 그러듯이 저승의 강 스튁스를 두고 이오에 대한 애정을 버린다고 맹세했다. 그때 헤라는 올륌포스 산까지 들려오는 암소의 처량한 울음소리를 들었다. 헤라도 마음을 누그러뜨리고 제우스에게 이오를 사람으로 되돌려도 좋다고 승낙했다.

제우스는 곧 땅으로 내려와 네일로스 강변으로 갔다. 그리고 암소의 등을 쓰다듬자 소의 몸에서 엉킨 털이 사라지고, 양쪽 뿔은 줄어들고, 눈은 가늘어지고, 입은 움츠러들어 입술이 되고, 어깨와 두 손이 다시 나타났다. 발굽도 없어져 남은 것이라고는 아름다운 흰 살결뿐이었다. 이오는 땅에서 일어나 아름다운 여인이 되어 똑바로 섰다.

---

* 이런 이유로 킴메리오스 족의 보스포로스 해협이 '암소 건널목'이라는 이름을 얻었다. 마이오티스 해는 크림 반도 근처에 있는 아조프 해를 말하는 것으로 옛날에는 다울리스라 불렀다.

네일로스 강변에서 이오는 제우스와의 사이에서 에파포스를 낳았다. 희한하게도 소로 변했다가 구원받은 이오를 사람들은 신처럼 공경했고, 그래서 그녀는 오랫동안 왕권을 가지고 온 나라를 다스렸다. 그러나 헤라의 화는 완전히 풀리지 않았다. 헤라는 야만족 쿠레테스 족을 선동하여 이오의 어린 아들 에파포스를 빼앗아 가게 했다. 이오는 빼앗긴 자식을 찾으러 또다시 길고 긴 정처 없는 나그네 길을 떠났다. 그러나 제우스가 쿠레테스 족을 벼락을 내려 죽였기 때문에 이오는 빼앗겼던 아들을 아이티오피아 국경에서 찾아냈고, 아이귑토스로 돌아오자 자기 옆에서 나라를 다스리게 했다.

에파포스는 멤피스와 결혼하여 둘 사이에 딸 리뷔에*가 태어났다. '리비아'라는 나라 이름은 그녀에게서 온 것이다. 어머니와 아들이 죽은 뒤 네일로스 강 유역의 백성들은 신전을 세워 이오를 이시스라는 신, 에파포스를 아피스라는 신으로 존경했다.**

---

* 리뷔에에게는 쌍둥이 아들 벨로스와 아게노르가 있다. 벨로스에게는 다른 자식들 외에 두 아들 아이귑토스와 다나오스가 있었는데, 둘은 강력한 왕이 되었다. 아이귑토스에겐 쉰 명의 아들이 있었으며, 다나오스에게도 같은 수의 딸이 있었다. 아이귑토스 일족에게 쫓기기 전에 다나오스는 딸들과 함께 할머니 이오의 고향인 펠로폰네소스의 아르고스로 도망쳤다. 그리고 아르고스 성을 짓고 최초의 샘을 팠다. 아르고스 사람들은 감사한 마음에 그를 왕으로 뽑았다. 그러나 곧 아이귑토스의 자식 쉰 명이 찾아와 재산을 목적으로 다나오스의 딸 쉰 명에게 구혼했다. 다나오스는 승낙했다. 그러나 혼례식 날 밤, 딸들은 아버지의 명령으로 자기들의 남편을 학살했다. 륑케우스만 상냥한 아내 휘페름네스트라의 도움으로 죽음을 모면했다. 이 딸들은 죽은 후 저승에서 밑 빠진 독에 쉴 새 없이 물을 길어 나르는 벌을 받아야만 했다.

** 이오는 아이귑토스로 가서 본래의 모습을 되찾고 그곳에서 이시스로 불렸다. 그녀는 아들 에파포스를 낳았는데 헤로도토스는 그를 아이귑토스의 우신(牛神) 아피스와 동일시했다.

파에톤

웅장하고 화려한 기둥 위에 번쩍이는 황금과 불타는 듯한 석류석으로 만든 태양신 헬리오스의 궁전이 찬란하게 서 있었다. 눈부신 상아가 가장 높은 박공을 둘러쌌고 두 겹 문은 은빛으로 빛났다. 이 문에 가장 아름답고 신비로운 이야기가 뛰어난 솜씨로 새겨져 있었다.

헬리오스의 아들 파에톤은 이 궁전에 사는 아버지를 만나고 싶어했다. 그러나 헬리오스의 눈부신 광채 때문에 그의 옆에 서지 못하고 멀리 떨어져 있어야 했다. 아버지 헬리오스는 자주색 옷을 입고 빛나는 에메랄드로 장식된 왕좌에 앉아 있었다. 그의 좌우에는 시중드는 신들이 정연하게 서 있었다. 태양의 신, 달의 신, 해(年)의 신, 세기의 신과 계절의 여신들인 호라이가 있었다. 그리고 이어서 화환을 든 젊은 봄의 신, 벼 이삭으로 장식한 여름의 신, 포도송이가 가득 달리고 풍요의 뿔을 가진 가을의 신, 백발이 성성한 얼음 같은 겨울의 신이 서 있었다. 헬리오스는 모든 것을 꿰뚫는 눈으로, 이 광경에 놀라고 있는 젊은이를 곧 알아보았다. 그가 말했다.

"아들아! 너는 어찌하여 신인 이 아버지 집을 찾아왔느냐?"

파에톤이 대답했다.

"사랑하는 아버님! 세상 사람들은 저를 비웃고 어머니 클뤼메네를 모욕합니다. 제가 신의 아들이 아니라 애비 없는 자식이라고 합니다. 제가 여기 온 까닭은 모든 사람에게 제가 정말로 당신의 아들임을 보여주고 싶기 때문입니다."

헬리오스는 자신의 머리 주위를 채운 빛을 잠시 감추더니 자기 아들을 더 가까이 오도록 했다. 그는 아들을 껴안고 말했다.

"내 아들아, 네 어머니 클뤼메네가 말한 것은 진실이란다. 나도 네가 내 아들이란 것을 결코 부인하지 않는다. 더는 의심하지 않도록 네가 원하는 선물을 주고 싶구나. 모든 신이 맹세하는 저승의 강 스튁스에 맹세하건대, 무엇이든 네 소원을 이루어주겠다."

파에톤은 아버지의 마음이 바뀌기 전에 얼른 말했다.

"그럼 제가 가장 열렬히 바라는 소원을 들어주십시오. 단 하루라도 좋으니 날개 달린 말들이 끄는 아버님의 태양 전차를 몰고 싶습니다."

헬리오스의 얼굴에 놀람과 후회의 빛이 역력했다. 빛나는 머리를 서너 번 흔들더니 그가 말했다.

"아, 아들아! 내가 쓸데없는 말을 한 셈이 됐구나. 할 수만 있다면 내가 했던 약속을 거두어들이고 싶다. 네가 요구하는 것은 도저히 너의 힘으로 감당할 수 없는 것이니라. 너는 아직 어린 데다 인간이지 않느냐. 그런데 신들만이 할 수 있는 일을, 그것도 다른 신들한테는 한 번도 허락된 적이 없는 일을 청하고 있구나! 불꽃이 튀는 전차를 조종할 수 있는 사람은 나뿐이다. 전차가 가는 길은 험준해서 내 말조차 이른 새벽에는 아직 익숙지 않은 그 길을 겨우 올라간단다. 길을 반 정도 지나면 전차는 가장 높은 하늘 위에 있게 된다. 전차를 타고 그런 높은 곳에 서면 나 자신도 무서워질 때가 많다. 깊은 늪처럼 보이는 아래 세상을 내려다보면 현기증이 날 정도이다. 바다와 땅은 까마득하게 먼 곳 저 아래에 있다. 더구나 길은 점점 더 험해진다. 정말 능숙한 조종이 필요하지. 항상 밀물로 나를 맞아주는 바다의 여신 테튀스조차 내가 요란한 소리를 내면서 깊은 바닷속에 떨어지지나 않을까 두려워할 정도다. 그뿐이겠느냐. 하늘은 항상 흔들리며 돌고 있어서 나는 빠른 속도로 그 코스를 따라 달려야만 한다. 전차를 주더라도 네가 어떻게 조종을 할 수 있겠느냐. 사랑하는 아들아! 그런 어려운 선물은 청하지 마라. 이제라도 늦지 않으니 그 소원을 취소해다오. 아버지의 애타는 모습이 딱해 보이지 않느냐. 하늘과 땅에 있는 그 무엇이든 괜찮으니 다른 것을 청해라. 스튁스 강에 걸고 맹세하겠다. 반드시 그것을 이루어주마. 어째서 이렇게 떼를 쓰는 것이냐?"

그러나 젊은이는 청을 돌이키지 않았다. 아버지는 신성한 맹세를 했기 때문에 어쩔 수 없이 아들의 손을 잡고 헤파이스토스가 만든 훌륭한 태양 전차가 있는 곳으로 데리고 갔다. 전차의 수레바퀴 축과 끌채, 바퀴의 둘레는 금이요, 수레바퀴 살은 은으로 만들어져 있었다. 멍에에서는 값비싼 보석이 번쩍였다.

파에톤이 이 굉장한 전차에 넋을 잃은 동안, 잠에서 깨어난 새벽의 여신이 장미꽃으로 가득 찬 방을 열어 동쪽 하늘을 붉게 물들이기 시작했다. 별들은 점점 모습을 감추고 반달은 양끝부터 서서히 사라졌다.

헬리오스는 날개 달린 계절의 여신들에게 명하여 말에 안장을 달게 했다. 신들의 음식으로 배불리 먹인, 불을 토하는 말을 호화로운 마구간에서 끌어내 고삐를 단단히 맸다. 그러는 동안 헬리오스는 작렬하는 불꽃에 견딜 수 있도록 거룩한 향유를 아들의 얼굴에 발라주었다. 그리고 머리에 빛나는 태양의 관을 씌워주면서 한숨을 쉬며 타일렀다.

"박차에 주의하고 고삐를 꽉 잡아야 한다. 말은 저절로 달리기 때문에 말이 비행하는 중에는 멈추기 어렵다. 전차 길은 커다란 활처럼 비스듬히 기울어져 있단다. 북극과 남극은 피해 가야 하지만, 바퀴가 궤도를 벗어나서는 안 된다. 그리고 너무 아래로 내려가면 땅에 불이 날지 모른다. 또 너무 높이 올라가면 하늘에 불이 붙을 수가 있다. 자, 어둠이 물러가는구나. 고삐를 잡아라. 아니면 지금이라도 늦지 않았으니 사랑하는 아들아, 생각을 돌리려무나. 전차를 내게 맡기고 너는 내가 세상에 빛을 보내는 모습을 구경하는 게 어떠냐?"

파에톤은 아버지의 말이 들리지 않았다. 그는 들뜬 마음으로 전차에 훌쩍 올라타 고삐를 잡고서, 못마땅해하는 아버지에게 짤막하게 고맙다는 인사를 했다. 그러는 동안 날개 달린 네 마리의 말은 불을 토하는 울음소리를 하늘에 가득 채우고, 가로지른 나무막대기들을 발로 세차게 걷어찼다. 클뤼메네의 어머니이자 파에톤의 할머니인 테튀스*는 손자의 운명을 미리 알지 못했기 때문에 그 빗장을 열어준 것이다. 파에톤의 눈앞에 펼쳐진 세계는 끝이 없었다. 말은 마침내 위로 날아올

* 바다의 여신 테튀스는 우라노스와 가이아의 딸이다. 오케아노스와 결혼해 많은 자식을 낳았는데 이들이 세상의 강들이 되었다. 그중 하나가 클뤼메네이므로 테튀스는 파에톤에게 할머니가 된다.

라 아침 안개를 헤치고 힘차게 나아갔다.

말들은 늘 싣고 다니던 짐도 없고 멍에도 여느 때보다 가볍다는 것을 알아차렸다. 배가 짐이 적당히 실리지 않으면 흔들리듯 빈 전차도 하늘에서 몹시 흔들렸다. 아무도 타고 있지 않은 듯 높이 쳐들리거나 옆으로 움직인 것이다. 이를 알아챈 말들은 평평한 공간을 버리며 익숙한 항로에서 갑자기 벗어났다. 파에톤이 떨기 시작했다. 어느 쪽을 향해 고삐를 당겨야 좋을지 알 수 없었고 길도 모르는 데다 이 거친 말을 어떻게 달래야 하는지도 알 수 없었기 때문이다.

불행한 파에톤은 높은 하늘에서 발밑으로 까마득히 땅이 펼쳐진 것을 보고 파랗게 질렸다. 무릎이 떨려왔다. 뒤돌아보니 머나먼 하늘의 길이 있고, 앞에는 아직 더 먼 길이 남아 있었다. 어찌하면 좋을지 몰라 넋을 잃고 먼 곳을 망연히 바라보았다. 고삐를 늦출 수도 당길 수도 없다. 파에톤은 말을 부르려 했지만 이름도 몰랐다. 그는 하늘에 걸린 기괴한 모습의 성좌를 보고 몸서리쳤다. 심한 공포에 휩싸인 파에톤은 그만 고삐를 놓쳐버렸다. 고삐가 떨어져 말 등에 닿자 말은 지금까지 가던 길에서 완전히 벗어나고 말았다. 그리고 알 수 없는 하늘로 날아가더니 갑자기 높이 올라갔다 낮게 내려갔다 야단이었다. 별에 부딪히기도 하고 갑자기 지구 쪽으로 돌진해 내려오기도 했다. 이윽고 첫 번째 구름층에 닿자 구름에 불이 붙어 연기가 나기 시작했다.

전차는 점점 밑으로 돌진했다. 아차 하는 순간 전차는 높은 산맥 옆에 와버렸다. 그러자 그 열 때문에 땅에 균열이 생기고 갑자기 모든 물기가 마르면서 불타기 시작했다. 고원의 풀들은 누렇게 말라 시들고, 그 아래에 있는 숲의 나뭇잎이 불타올랐다. 불길은 곧바로 평야로

파에톤은 들뜬 마음으로 태양 전차에 올라타 고삐를 잡고서 못마땅해하는 아버지에게 짧막하게 고맙다는 인사를 했다. 그사이 날개 달린 네 마리의 말은 불을 토하는 울음소리로 하늘을 채우고 가로장들을 걷어찼다. 머리에 태양의 관을 쓴 파에톤이 전차를 몰고 하늘로 올라가자 별들이 바다로 뛰어들었다.

〈태양 전차〉, 술을 섞는 단지인 크라테르에 새겨진 그림, 기원전 420년경, 영국 박물관.

번져 모든 씨앗을 태워버렸다. 도시들은 불에 탔고, 모든 나라와 주민이 불길에 그을렸으며, 가는 곳마다 언덕과 숲과 산이 탔다. 그래서 이때 피부가 까만 흑인이 생겨났다고 한다. 강물은 말라붙거나 놀라서 수원지로 도망쳐 돌아서 왔다. 바다는 줄어들어 작아졌고 조금 전까지만 해도 호수였던 곳은 메마른 모래사장이 되었다.

파에톤은 사방에서 불타고 있는 땅을 보았다. 그 자신도 불꽃을 견디기 어려웠다. 숨을 들이마실 때마다 공기가 대장간 속의 열기처럼 뜨거웠다. 자기 발밑에 있는 전차도 뜨거워졌음을 느낄 수 있었다. 불타오르는 땅에서 뿜어내는 연기와 재를 더는 참을 수 없었다. 짙은 연기와 칠흑 같은 어둠이 그를 둘러쌌다. 그는 날개 달린 말들이 하자는 대로 따라갈 수밖에 없었다. 드디어 불은 파에톤의 머리카락에까지 옮겨붙었다. 불타기 시작한 파에톤은 전차에서 추락해 빙글빙글 돌며 떨어졌다. 마치 맑은 저녁에 별 하나가 하늘에서 쏜살같이 떨어지는 것처럼 보였다.

파에톤은 고향에서 훨씬 먼 에리다노스의 넓은 강에 떨어졌고, 강은 그의 부끄러운 얼굴을 숨겨주었다. 이 광경을 지켜보아야만 했던 아버지 헬리오스의 얼굴에 깊은 슬픔이 드리워졌다. 사람들이 말하기를, 그때 땅의 하루는 햇빛 없이 금세 지나가버렸다고 한다. 엄청난 불이 저 혼자 불을 밝히고 있었다. *

---

* 파에톤의 누이들인 헬리아데스는 산산조각 난 동생의 시신을 묻어주었다. 절망한 어머니 클뤼메네는 딸들과 넉 달 동안이나 울었는데, 착한 딸들은 포플러나무가 되고 그들의 눈물은 호박(琥珀)이 되었다.

에우로페

튀로스와 시돈 땅에서는 아게노르 왕의 딸 에우로페가 왕궁에서 조용히 지내고 있었다. 어느 날 한밤중에 그녀는 하늘에서 내려보낸 이상한 꿈을 꾸었다. 그것은 두 대륙, 곧 아시아와 그에 마주해 있는 대륙이 여자의 모습으로 변하더니 에우로페를 손에 넣으려고 싸우는 꿈이었다. 한 여인은 다른 나라 사람인 듯하고, 또 한 사람은 아시아 사람인데 얼굴 모습과 자태가 자기 고향 사람과 비슷했다. 그 여인은 에우로페에게 애정을 쏟으며 그녀가 자기 딸이고 그녀를 낳아 젖을 먹인 것은 자기라고 항변했다. 그러나 다른 나라 여인이 에우로페를 먹잇감이라도 되는 듯 힘센 팔로 끌어안아 데려갔고, 에우로페는 마음으로부터 그녀를 거역할 수 없었다.

"귀여운 애야, 나와 함께 가자."

낯선 여인이 말했다.

"방패를 휘두르는 신 제우스에게 너를 제물로 바치겠다. 이것이 너의 정해진 운명이니까."

두근거리는 가슴을 안고 에우로페는 잠에서 깨어났다. 꿈이 마치 대낮에 일어난 일인 양 생생했다. 에우로페는 오랫동안 꼼짝도 않고 침대에 앉아 있었다. 그녀의 커다란 눈동자에는 지금도 두 여인의 모습이 또렷이 보였다.

에우로페가 불안해하며 혼자 중얼거렸다.

"어느 신이 이런 꿈을 꾸게 했을까? 나는 아버지 집에서 행복하고 안전하게 지내고 있는데, 왜 신비한 꿈이 나를 이렇게 놀라게 하는 걸까? 꿈에서 본 그 낯선 여인은 누구일까? 내 마음에는 그 여인에 대한 야릇한 그리움이 움트고 있지 않은가! 나를 맞이할 때 여인은 얼마나 상냥했던가. 나를 억지로 데리고 갈 때도 그야말로 어머니 같은 눈길로 미소를 보여주셨다. 하늘의 신들이 나의 꿈을 잘 이루어주셨으면!"

아침이 왔다. 밝은 대낮의 빛은 처녀의 마음속에서 어젯밤에 꾼 꿈을 흔적도 없이 지워버렸다. 에우로페는 처녀 시절을 즐겁게 보낼 일을 찾았다. 곧 귀족 집안 딸들인 그녀의 친구들이 모여들었다. 이 친구들은 에우로페와 함께 노래를 부르며 춤추기도 하고, 합창을 하거나 재미있는 이야기를 나누고는 했었다. 모여든 그들은 에우로페에게 꽃이 만발한 바닷가 옆의 들길로 산책을 나가자고 졸랐다. 동네 처녀들이 가서 갖가지 꽃과 파도소리를 즐기는 곳이었다.

처녀들은 모두들 꽃을 담을 바구니를 하나씩 손에 들고 있었다. 에우로페도 신화의 빛나는 장면들로 장식된 바구니를 들고 있었다. 이 금바구니는 헤파이스토스의 작품으로, 아주 옛날 대지를 흔드는 신 포세이돈이 리뷔에에게 청혼하면서 그녀에게 선사한 것이었다. 그 후 리뷔에를 떠나 손에서 손으로 전해져 아게노르 가의 유산이 되었다. 아름다운 에우로페는 이 금바구니를 들고 친구들과 함께 가지각색 꽃이 만발한 바닷가 옆의 들로 나갔다.

소녀들은 환성을 지르며 사방으로 흩어지더니 저마다 좋아하는 꽃을 찾았다. 어떤 소녀는 환한 수선화를 꺾기도 하고, 다른 소녀는 향유가 흘러나오는 히아신스를 꺾고, 또 어떤 소녀는 잔잔한 향이 나는 난초를 택했다. 어떤 소녀들은 향기로운 사향초를 즐기고, 또 다른 소녀들은 유혹적인 노란 크로커스를 꺾기도 했다. 그렇게 소녀들은 이리저리 돌아다녔다. 그러나 에우로페는 여기저기 돌아다니지 않고 곧바로 자신이 원하던 꽃을 찾았다. 그녀는 미의 여신들 중 거품에서 태어난 사랑의 여신처럼 모든 처녀 가운데 가장 아름다웠다. 그녀는 자리에서 일어나 불타는 듯한 장미 꽃다발을 손에 들고 높이 쳐들었다.

그녀가 꽃을 충분히 모으자 처녀들은 에우로페를 둘러싸고 천진난만하게 풀밭에 앉아 화환을 엮었다. 들판의 요정에 대한 감사의 표시로 화환을 푸른 나무에 걸어놓으려는 것이었다. 그러나 자신들이 따온 꽃을 보며 기뻐하는 것도 잠시였다. 지난밤 꿈이 미리 알려준 것처럼, 아무런 걱정 없이 지내던 에우로페에게 뜻밖의 운명이 덮쳤기 때문이다.

크로노스의 아들 제우스는 사랑의 신의 화살에 맞았다. 이 화살로 사랑의 여신은 아무도 대적할 수 없는 신들의 아버지를 정복할 능력을 얻었다. 제우스는 젊고 아름다운 에우로페에게 마음을 빼앗겨 버렸다. 그러나 질투가 심한 헤라의 노여움이 무서웠고, 게다가 천진난만한 소녀를 유혹하는 것도 허락되지 않는 일이었다.

그래서 교활한 제우스는 새로운 꾀를 생각해냈다. 자기 모습을 황소로 바꾼 것이다. 그러나 이 얼마나 멋진 황소인가! 그것은 멍에를 짊어지고 무거운 짐수레를 끄는 거친 소가 아니었다. 그 소는 우람한 몸, 물결치는 목의 근육, 살집이 드리워진 목덜미를 가지고 있었다. 보석보다 투명한 두 뿔은 사람 손으로 공들여 만든 것같이 작고 아름다웠다. 가죽은 황금색으로 빛나고, 이마 한가운데는 초승달처럼 하얀 털이 있고, 푸르스름한 눈은 욕망으로 번쩍번쩍 빛이 났다.

제우스는 소로 모습을 바꾸기 전에 헤르메스를 올림포스 산으로 불렀다. 그리고 자기 계획을 숨긴 채 헤르메스에게 이렇게 말했다.

"내 명령을 언제나 충실하게 지켜주는 사랑하는 아들아! 저 밑에 왼편으로 돌출된 나라가 보이느냐? 그곳이 포이니케다. 저기 가서 산 위 목장에서 풀을 뜯는 아게노르 왕의 가축을 해안까지 몰고 오너라."

날개 돋친 헤르메스는 시돈 산의 목장에 닿자마자 왕의 가축 떼를 몰고 에우로페가 꽃을 가지고 무심히 놀고 있는 바닷가 초원으로 갔다. 헤르메스는 이 가축 떼에 황소가 된 제우스가 섞여 있는 줄은 몰랐다. 가축 떼는 소녀들과 멀리 떨어져 초원에 흩어졌다. 제우스가 변신한 아름다운 황소만이 에우로페와 친구들이 놀고 있는 풀 덮인 언덕 쪽으로 다가갔다.

황소는 당당하고도 아름답게 무성한 풀숲을 지나 다가갔다. 이마의 뿔은 전혀 위험해 보이지 않았고 눈도 무섭지 않고 무척 온순해 보였다. 에우로페와 소녀들은 우아하면서도 너무나 온순한 황소를 보고 감탄한 나머지 윤기 있는 등을 쓰다듬고 싶은 마음이 들 정도였다. 소는 그런 마음을 알아차린 듯 점점 다가와 마침내 에우로페 앞에 멈추어 섰다. 처음에 에우로페는 놀라 뒤로 몇 걸음 물러섰다. 그러나 소는 그녀 앞에 가만히 서 있었다. 그녀는 용기를 내서 소에게 다가가 거품을 내고 있는 소의 입에 꽃다발을 내밀었다. 그 입은 향기 짙은 숨을 토하고 있었다. 황소는 에우로페가 내민 꽃과 그녀의 보드라운 손을 사랑스럽게 핥아주었다.

에우로페는 소의 이마가 점점 더 멋있어 보였다. 그녀는 큰맘 먹고 빛나는 소의 이마에 입을 맞추었다. 그러자 소는 기쁨에 겨운 듯 울었는데, 그 소리가 보통 소와는 달랐다. 마치 산골짜기에서 메아리치는 뤼디아의 피리소리 같은 울림이었다. 소는 아름다운 공주의 발밑에 앉아 되새김질을 하면서 그리움에 가득 찬 눈동자로 그녀를 바라보았다. 그러더니 목을 그녀 쪽으로 돌리면서 넓은 등을 보였다. 그러자 에우로페가 친구들에게 말했다.

"얘들아, 이리 와봐! 이 아름다운 소 등에 올라타서 놀면 재미있을 것 같지 않니? 우리 넷이 다 타고도 자리가 남겠어. 아주 온순하고 얌전하면서도 우아해. 다른 소하고는 비교가 안 돼. 말을 못할 뿐이지, 사람처럼 말을 다 알아듣는 것 같아."

에우로페는 친구들 손에서 화환을 빼앗아 황소의 뿔을 꾸며주었다. 그리고 친구들이 망설이자 빙그레 웃으며 소 등에 훌쩍 올라탔다.

황소는 원하는 대로 그녀를 얻자 땅에서 일어났다. 처음엔 에우로페를 태우고 천천히 걸어갔다. 하지만 친구들이 따라올 수 없을 만큼 빨랐다. 초원을 뒤로하고 초목 없는 모래사장이 앞에 보이자, 소는 두 배 더 빠른 속도로 달렸다. 뛰는 소가 아니라 날듯이 달리는 말이나 마찬가지였다. 소는 에우로페가 정신을 차릴 틈도 없이 한순간에 날아 바다로 뛰어들더니 그녀를 태운 채 헤엄쳐 갔다. 에우로페는 오른 손으로 한쪽 뿔을 잡고 왼손으로 소 등을 짚어 몸을 지탱했다. 바람이 불어 그녀의 옷이 펄럭이자 마치 돛처럼 보였다. 떠나온 육지 쪽을 불안스럽게 뒤돌아보며 친구들을 불러보았지만 아무 소용이 없었다. 헤엄치는 황소 주변으로 파도가 쳤고, 에우로페는 튀어 오르는 파도가 무서워 발을 움츠렸다. 황소는 마치 배처럼 잘 나아갔다. 떠나온 해안 가는 금세 보이지 않게 되었고 태양이 어느새 가라앉았다. 밤의 희미한 빛 속에서 불쌍한 에우로페 주변으로 보이는 것이라고는 큰 파도와 별뿐이었다.

끝없이 앞으로 나아가기만 하는 동안 아침이 왔다. 에우로페는 꼭 하루 동안 황소를 타고 바다를 건넌 것이었다. 소가 교묘하게 파도를 헤치고 나아갔기 때문에 그녀는 전혀 젖지 않았다. 저녁때쯤 드디어 멀리 떨어진 해안에 닿았다. 황소는 훌쩍 땅으로 뛰어올라 활 모양의 나무 밑에 에우로페를 살짝 내려놓더니 모습을 감추었다. 잠시 후 황소 대신 신과 같이 훌륭한 사나이가 나타나 에우로페에게 말을 걸었다.

"나는 크레테 섬의 지배자요. 만일 나를 행복하게 해줄 의사가 있다면 당신을 보호해주겠소."

절망에 가득 차 있던 에우로페는 승낙의 표시로 손을 내밀었다. 제우스는 드디어 바라던 소원을 이룰 수 있었다.

오랫동안 정신을 잃었던 에우로페는 아침 태양이 하늘에 걸려 있을 때쯤 깨어났다. 그녀는 혼자 있음을 깨닫고는 고향에 온 것인지 주위를 두리번거렸다. "아버지! 아버지!" 하고 애타게 외쳐보았지만 대답하는 사람은 없었다. 그러다 기억을 떠올려낸 그녀가 말했다.

소는 에우로페가 정신을 차릴 틈도 없이 한순간에 날아 바다로 뛰어들더니 그녀를 태우고 헤엄쳐 갔다. 에우로페는 오른손으로 한쪽 뿔을 잡고 왼손으로 소등을 짚어 몸을 지탱했다. 바람이 불어 그녀의 옷이 펄럭이면서 마치 돛처럼 보였다. 떠나온 육지 쪽을 불안스럽게 뒤돌아보면서 친구들을 불러보았지만 아무 소용이 없었다. 바닷가에서는 친구들이 납치된 에우로페를 부르고 있고, 하늘과 바다에서 에로스 신들의 호위를 받으며 소로 변한 제우스가 뻔뻔한 얼굴로 에우로페를 태운 채 바다를 건너고 있다.

〈납치당하는 에우로페〉, 티치아노 베첼리오, 1560~1562년경, 이사벨라 스튜어트 가드너 미술관.

"나는 이제 타락한 딸이 되었구나. 감히 어떻게 아버지 이름을 부를 수 있을까. 아! 내가 미쳤지. 아버지가 나를 얼마나 애지중지 길렀는데, 그것을 잃어버리다니!"

그리고 또 한 번 주위를 둘러보면서 혼잣말을 했다.

"나는 어디서 와서 어디로 가는 걸까? 처녀로서 수치스러운 죄를 갚기에 한 번의 죽음으로는 너무 가볍겠구나. 그러나 나는 정말 깨어 있는 걸까? 그 죄가 정말 내가 지은 죄일까? 아니야, 내겐 아무런 죄가 없어. 아침잠에 흔히 꾸는 꿈이 내 마음을 우롱하고 있을 뿐이야. 괴수의 등에 올라타 끝없는 바다를 건너지 말고 안전하게 집에서 꽃꽂이나 해야지!"

에우로페는 더러운 꿈을 씻어버리려는 듯 마른 손으로 눈을 비볐다. 그러나 눈앞에 펼쳐진 낯선 풍경은 변함없이 그대로였다. 한 번도 본 적 없는 나무들과 바위가 주위를 에워싸고, 무서운 파도는 치솟은 암초를 핥고 거품을 뿜으며 해변으로 몰려오고 있었다. 에우로페가 절망적으로 외쳤다.

"누가 지금 그 황소를 데려오기만 한다면 잡아서 고기로 만들어버릴 거야. 그리고 그 괴물의 뿔을 꺾어버리기 전에는 절대 참을 수 없어! 그렇지만 다 쓸데없는 생각이구나. 고향을 버린 뻔뻔한 나에게 죽음밖에 또 무엇이 남았을까. 나를 버리지 않으셨다면, 신이시여, 제발 사자나 호랑이를 보내주소서!"

그러나 아무 짐승도 나타나지 않았다. 낯선 땅은 미소를 짓듯 조용히 그녀 앞에 가로놓여 있었다. 맑고 영원히 푸를 것 같은 하늘에는 태양이 빛나고 있었다. 그때, 버림받은 에우로페는 복수의 여신에게 쫓기듯 갑자기 일어섰다.

"불쌍한 에우로페야!"

복수의 여신이 에우로페를 불렀다.

"너는 아버지의 저 목소리가 들리지 않느냐? 수치스러운 몸가짐에 끝장을 내지 않는다면 너를 저주하겠다. 아니면 너는 야만족 왕의 첩이 되어 노예로서 날마다 양털을 짜고 있을 텐데 과연 그게 좋겠느냐? 고귀한 왕의 딸인 네가!"

불행하게 버림받은 에우로페는 괴로워하며 자살을 생각했다. 그러나 죽을 용기가 나지 않았다. 그때 갑자기 뒤에서 은근히 비웃는 소리가 들렸다. 그녀는 엿듣는 사람이 있는 줄 알고 놀라서 돌아보았다. 신성한 빛에 싸인 여신 아프로디테가 아들인 사랑의 신 에로스를 데리고 와서 서 있었다. 입가에 미소를 띠운 채 여신이 말했다.

"아름다운 딸아! 화를 내거나 미워하지 마라. 네가 미워하는 황소는 너에게 다시 찾아와 뿔을 내밀며 용서를 구할 것이다. 집에서 그 꿈을 꾸게 한 것은 바로 나다. 에우로페야, 낙심하지 마라! 너를 납치해 온 것은 제우스이니라. 너는 누구도 대적할 수 없는 신과 인연을 맺은 세상의 아내다. 너의 이름은 영원할 것이다. 너를 맞아들인 이 이국땅은 이제부터 '에우로페'라 불릴 테니까."*

＊ 포이니케, 즉 아시아에서 유럽으로 건너온 첫 번째 사람으로서 에우로페의 이름을 따서 그녀가 황소를 타고 지나온 지역이 에우로페, 곧 유럽(Europe)이라 불리게 되었다. 제우스와 에우로페 사이에서는 세 아들이 태어났다. 첫째 아들 미노스는 강하고 어진 사람으로서 크레테의 왕이 되었으며, 둘째 아들인 지혜로운 라다만튀스는 죽은 후 미노스와 함께 저승에서 죽은 자의 심판자가 되었다. 셋째 아들은 사르페돈이라 불리는 영웅으로 뤼키아 왕이 되어 장수를 누리고 죽었다.

카드모스

카드모스는 에우로페의 오빠이자 포이니케 왕 아게노르의 아들이었다. 제우스가 황소로 모습을 바꿔 에우로페를 빼앗아 갔을 때, 아게노르는 그녀를 찾기 위해 카드모스와 형제들을 보냈다. 그리고 어떤 일이 있더라도 에우로페를 찾아오라고 명했다.

오랫동안 카드모스는 세상을 헤매고 다녔으나 헛일이었다. 제우스가 어떤 일을 꾸몄는지 미처 몰랐기 때문이다. 결국 그는 누이 찾는 일을 포기했다. 그러나 아버지의 노여움이 두려워 집으로 돌아갈 수 없었다. 카드모스는 태양의 신 아폴론에게 신탁을 청해 이제부터 어느 나라에서 살아야 할지 물었다. 아폴론은 이렇게 지시했다.

"너는 적막한 초원에서 아직 멍에를 짊어진 적 없는 소를 만날 것이다. 그 소를 따라가거라. 소가 쉬려고 풀밭에 앉으면 그곳에 도시를 만들고 테바이라 불러라."

푸른 초원에서 천천히 풀을 뜯는 소 한 마리를 보기 전까지 카드모스는 아폴론의 신탁을 받은 파르낫소스 산의 동굴을 떠나지 않고 있었다. 마침내 만난 소의 목에는 일을 하기 위해 멍에를 멘 흔적이 없었다. 카드모스는 마음속으로 아폴론 신에게 기도하며 천천히 소의 뒤를 따라갔다. 카드모스가 하인들과 함께 케피소스 강에서 흘러나온 얕은 내를 건넜을 때였다. 소가 갑자기 멈춰 서서 뿔을 하늘로 내밀고 크게 울부짖었다. 그러고는 자기를 따라온 사람들을 뒤돌아보더니 우거진 풀숲에 누웠다.

카드모스는 고마운 마음이 들어 낯선 땅에 입을 맞추었다. 그리고 제우스에게 제사를 드리기 위해 제주(祭酒)로 쓸 물을 샘에서 길어 오도록 하인을 보냈다. 근처에는 아직 사람의 손이 닿지 않은 오래된 숲이 있었는데, 그 숲 한가운데에 잡초와 관목으로 덮인 바위가 있었다. 그 바위 아래 반원형으로 갈라진 틈새로 맑은 물이 콸콸 샘솟았다. 하지만 바위 동굴에선 무서운 용 한 마리가 몸을 숨긴 채 쉬는 중이었다. 용의 붉은 등지느러미가 반짝이는 것이 멀리서도 보였다. 불꽃이 튀는 눈과 독으로 부푼 몸을 가진 용은, 세 개의 혀와 세 줄로 늘어선 이빨로 무장한 커다란 입을 가지고 있었다.

카드모스의 하인들이 숲으로 들어서서 항아리에 물을 긷고 있을 때 이 푸르스름한 용이 갑자기 동굴 속에서 목을 내밀어 '쉬이익 쉬이익' 무서운 소리를 내기 시작했다. 하인들은 손에서 항아리를 떨어뜨렸고, 공포로 온몸의 피가 얼어붙는 듯했다. 용은 비늘로 덮인 몸을 매끄러운 실꾸러미처럼 감더니, 갑자기 몸을 확 뻗치고 목을 쳐들어 숲을 내려다보았다. 그러고는 이내 몸을 뻗어 하인 한 사람을 물어 죽였고, 곁에 있던 다른 사람도 자기 몸통으로 감아 죽였다. 또 다른 하인

하나에게는 자기 숨을 토해 질식시켰고, 곁에 있던 나머지 사람마저 독거품으로 죽였다.

카드모스는 하인들이 왜 이렇게 오랫동안 돌아오지 않는지 궁금해하다 결국 그들을 찾아 나서기로 했다. 카드모스는 사자에게서 벗긴 가죽을 몸에 두르고 창과 투창, 그리고 어떤 무기도 대적할 수 없는 용기로 무장했다. 그가 숲에 들어서자마자 발견한 것은 죽은 하인들의 시신이었다. 그 너머로 배가 불룩한 용이 의기양양해서는 피 묻은 혀로 시신을 핥고 있는 것이 보였다. 카드모스는 비탄에 젖어 외쳤다.

"불쌍한 친구들아! 너희들 원수는 내가 반드시 갚아주마. 그러지 못하면 너희들 뒤를 따라 죽겠다!"

카드모스는 바윗덩어리를 들어 용한테 던졌다. 성벽이나 망루를 향해 그렇게 던졌다면 부서졌을 것이다. 그만큼 큰 바위였다. 하지만 용은 까딱도 하지 않았다. 딱딱하고 검은 등과 비늘로 덮인 피부가 청동 갑옷처럼 용을 지켜주고 있었다. 이어서 카드모스는 투창을 던졌다. 투창 끝이 용의 창자에 꽂혔다. 고통으로 격분한 용은 머리를 등 뒤로 돌려 투창의 막대기를 조각조각 물어뜯었다. 그러나 쇠로 만든 창끝은 몸속에 박혀 빠지지 않았다.

대담무쌍한 카드모스의 검이 일격을 더하자 용의 분노는 극도에 달했다. 목이 커다랗게 부풀어 오르고 성난 입에서는 흰 거품이 흘렀다. 용은 나무기둥처럼 똑바로 선 채 돌진해 왔다. 카드모스는 재빨리 용의 공격을 사자가죽으로 막았으며 창으로는 용의 이빨을 후려쳤다. 용의 목에서 드디어 피가 흘러내려 푸른 풀숲을 붉게 물들였다. 그러나 카드모스의 창이 살짝 비껴 나가 용의 상처는 심하지 않았다. 마지막으로 카드모스는 용의 목구멍을 칼로 찔렀다. 얼마나 깊이 찔렀는지 칼은 용의 목을 뚫고 들어가 뒤에 있는 떡갈나무 줄기에 꽂혔다. 떡갈나무 줄기는 용의 무게 때문에 늘어졌고, 용은 꼬리로 땅을 채찍질하며 신음했다. 카드모스는 이렇게 용을 물리쳤다.

한참 동안 카드모스는 죽은 용을 바라보았다. 그가 용에게서 눈을 돌리자 하늘에서 내려온 여신 아테네가 서 있었다. 아테네는 앞으로 용의 이빨이 네 민족의 후손이 될 테니 그 이빨들을 땅에 씨앗처럼 심으라고 했다. 카드모스는 여신이 시킨 대로 쟁기로 폭넓은 고랑을 만들어 용의 이빨들을 씨앗처럼 뿌렸다. 그러자 갑자기 흙덩어리가 움직이는가 싶더니 고랑에서 창끝이 나왔고 이어서 아름다운 깃털장식이 흔들리는 투구가 나왔다. 잠시 후 어깨와 가슴과 무기를 든 팔이 땅 위로 솟더니, 마침내 무장한 무사가 생겨났다. 이 같은 일이 여러 곳에서 동시에 일어나더니 어느새 무장한 남자들이 카드모스의 눈앞에 나타났다.

카드모스는 놀라서 새로운 적과 싸우려 했다. 그러나 땅에서 생겨난 남자 한 사람이 카드모스에게 외쳤다.

"무기를 잡지 마시오. 우리끼리 하는 싸움에 간섭하지 마시오!"

이 전사는 고랑에서 나온 또 다른 형제에게 칼을 휘둘렀다. 그와 동시에 멀리서 날아온 투창에 맞아 쓰러졌다. 그를 죽인 자도 상처를 입어 거의 숨을 쉬지 못했다. 모든 남자가 서로 무서운 싸움을 벌이면서 미쳐 날뛰었다. 결국 거의 모두가 땅에 쓰러져 죽었다. 어머니인 대지는 막 태어난 아들들의 피를 마셨다. 겨우 다섯 명만이 살아남았다. 그들 중 한 사람이—이 사람은 나중에 에키온이라 불린다—아테네 여신의 명령으로 먼저 무기를 버리고 화친을 제의해왔다. 그러자 다른 자도 이에 따랐다.

대지에서 태어난 이 다섯 전사의 도움을 받아 포이니케에서 온 이방인 카드모스는 아폴론의 계시를 따라 새로운 도시를 건설했고, 그 도시를 '테바이'라고 불렀다.*

* 이후 신들은 카드모스에게 아름다운 하르모니아를 아내로 주었으며 결혼식에도 참석하여 각각 선물을 주었다. 하르모니아의 어머니 아프로디테는 비싼 목걸이와 아름답게 짠 긴 옷(페프로스)을 주었는데, 이 두 개의 선물에는 파멸의 씨앗이 숨겨져 있어 카드모스 가에 무서운 저주가 따라다니게 되었다. 카드모스의 딸 세멜레는 제우스에게 사랑을 받았다. 그녀가 헤라에게 속아 한번은 제우스에게 진짜 신의 모습을 보여달라고 청했다. 제우스는 약속 때문에 하는 수 없이 번쩍이는 번개와 천지를 진동하는 천둥의 모습으로 찾아왔다. 세멜레는 그 모습을 똑바로 보지 못해, 아들 디오뉘소스를 남기고 죽었다. 제우스는 세멜레의 자매 이노에게 아이를 맡겼다. 이노는 미치광이가 된 남편 아타마스에게서 달아나다 아들 멜리케르테스와 함께 바다에 몸을 던졌으나 둘은 포세이돈에 의해 자비로운 바다의 신이 되었다. 이때부터 이노는 레우코테아, 아들은 팔라이몬이라 불렸다. 카드모스와 하르모니아는 자식들의 불행을 슬퍼한 나머지 늙은 몸을 일뤼리스로 옮겼으나 최후에는 뱀이 되어 죽은 뒤 하계로 갔다.

펜테우스

디오뉘소스는 테바이에서 불가사의하게 태어났다. 그는 카드모스의 손자이자 제우스와 세멜레의 아들로, 풍요의 신이자 포도의 창시자였다. 그는 인도에서 교육을 받았고 유모인 요정들과 헤어지자마자 여러 나라를 두루 돌아다녔다. 가는 곳마다 사람들의 마음을 기쁘게 하는 포도 기르는 법을 가르쳐 자신을 숭배하게 했다. 디오뉘소스는 친구에게는 아주 친절했으나, 자신의 제사 예식을 인정하지 않는 자에게는 엄한 벌을 주었다. 디오뉘소스의 명성은 그리스의 도시들로 퍼져나가 고향 테바이까지 이르렀다.

테바이는 카드모스로부터 왕국을 물려받은 펜테우스가 다스리고 있었다. 펜테우스는 땅에서 솟아나온 전사 중 하나인 에키온과 디오뉘소스의 이모인 아가우에의 아들이었다. 그는 신들을 경멸했고, 특히 친척 디오뉘소스를 경멸했다. 디오뉘소스는 왕에게 자신이 신이라는 것을 알리려 환호하며 따르는 신자들과 함께 왔다. 그런데 눈먼 늙은 예언자 테이레시아스의 경고에 귀 기울이지 않은 펜테우스는 테바이에서 남자와 여자, 처녀 들이 이 새로운 신을 경배하기 위해 몰려간다는 소문을 듣고 화를 내며 욕설을 퍼부었다.

"용의 후손인 테바이 사람들아, 너희가 미쳤는가? 적의 칼에도 나팔 소리에도 놀란 적 없던 너희들이 취한 남녀의 하찮은 무리한테 미혹되다니. 너희는 멀리 바다를 건너와 너희들이 섬기던 옛날 신들을 위해 도시를 건설한 포이니케 사람들이라는 것을, 훌륭한 영웅의 후손이라는 것을 잊었단 말이냐? 무기도 없는 어린아이한테 테바이가 정복되어도 좋단 말인가? 포도덩굴 관을 쓰고 머리털에는 향유를 바른 유약한 놈, 철로 만든 투구 대신 자주색과 황금색 옷을 몸에 걸치고, 말도 탈 줄 모르고 무기도 싸움도 싫다는 놈이 아니냐? 너희들이 제정신을 차리면 저자는 이렇게 고백할 것이다. '나는 내 사촌과 마찬가지로 사람이고 내 아버지는 제우스가 아니며, 이 사치스러운 제사 소동은 모두 속임수'라고."

그런 다음 펜테우스는 부하들을 향해 이 새로운 미치광이 짓을 꾸미는 장본인을 잡아 사슬에 묶어 끌고 오라고 명령했다.

펜테우스 주변에 있던 친구와 친척 들은 이 불손한 명령에 깜짝 놀랐다. 펜테우스의 시조인 카드모스는 나이가 무척 많았지만 아직 살아 있었다. 그는 머리를 가로저으며 손자의 행동에 동의하지 않았다. 그래서 펜테우스를 말리려 했으나 오히려 분노만 더 자극할 뿐이었다. 봇물 터진 듯 쏟아지는 왕의 분노를 아무도 말릴 수 없었다. 그러는 동안 살기등등한 부하들이 돌아왔다.

"디오뉘소스는 어디 있느냐?"

화난 펜테우스가 그들에게 외쳤다.

"디오뉘소스는 없었습니다. 대신 그를 따라다니던 한 사람을 잡아 왔습니다. 이놈은 그를 따라다닌 지 얼마 안 된 것 같습니다."

펜테우스는 광포한 눈초리로 그 사나이를 뚫어지게 바라보다가 외쳤다.

"넌 죽은 목숨이다! 당장 죽여 다른 놈들에게 본보기로 삼을 것이다. 네 이름이 무엇이고, 부모의 이름은 무엇이냐? 너는 어느 나라에서 왔느냐? 어째서 저 새 의식을 받드는 것이지?"

사나이는 무서워하는 기색이 없었다.

"제 이름은 아코이테스, 고향은 마이오니아입니다. 부모는 천한 태생입니다. 아버지는 밭이나 가축 무엇 하나 물려주지 않았습니다. 낚시로 고기 잡는 일만 가르쳐줬지요. 고기 낚는 기술이 아버지의 전 재산이었으니까요. 그 후 저는 배 타는 법과 별자리 보는 법을 배웠습니다. 바람이 불 때 안전한 항구가 어디인지도 알게 되었고, 그래서 곧 항해를 떠났습니다. 한번은 델로스 섬으로 가는 항해에서 길을 잘못 들어 전혀 본 적 없는 해안에 도착했습니다. 저는 축축한 모래사장에 뛰어내려 동료들을 놔둔 채 홀로 바닷가에서 하룻밤을 새웠습니다. 이튿날 아침 해가 뜨자마자 저는 언덕에 올라가 바람의 방향을 보았습니다. 그사이 동료들도 하나둘 해안가에 내렸습니다. 제가 배로 되돌아가려 할 때 동료들이 인적 없는 해변에서 한 소년을 잡아끌고 왔습니다. 이 소년은 젊은 처녀처럼 아름다웠으나 술에 취해 있는 듯 보였습니다. 그는 마치 선잠을 깬 사람처럼 비틀거렸고 동료들을 따라오기가 힘겨워 보였습니다. 소년의 얼굴과 태도, 움직임을 자세히 관찰하자니 소년에게서 어떤 신적인 것이 느껴졌습니다. 그래서 저는 동료에게 말했습니다. '어떤 신인지는 몰라도 저 소년에게 신이 깃들어 있는 것만은 틀림없네.' 이어 소년에게도 말했습니다. '당신이 누구든 간에 우리에게 은혜를 베풀어주시고 우리 일을 도와주십시오. 당신을 잡아온 이 사람들을 용서해주십시오!' 그때 한 동료가 외쳤습니다. '뭐 하는 짓이야, 기도 따위는 집어치워!' 다른 동료들도 소년을 유괴해 팔아먹을 생각으로 절 비웃으며 소년을 배로 끌고 갔습니다. 저는 반대했지만 아무 소용이 없었습니다. 동료 가운데 가장 젊고 힘이 센 자가 있었는데, 튀르레니아에서 살인을 저지르고 도망쳐 온 자였습니다. 이자가 내 목을 잡더니 나를 바다에 던졌습니다. 만일 밧줄이 없었더라면 저는 바다에 빠져 죽었을 것입니다. 한편 배로 끌려간 소년은 깊은 잠에 빠진 듯 갑판에 누워 있었습니다. 소년은 요란한 소리에 갑자기 잠을 깨 정신을 차린 듯 일어나 선원들에게 걸어가 이렇게 말했습니다. '웬 소란입니까? 내가 어떻게 여기 와 있는 건가요? 나를 어디로 데려가려는 것이지요?' 그러자 한 음흉한 선원이 말했습니다. '애야, 걱정하지 마라. 가고 싶은 항구를 말해라. 원하는 항구에서 내려주겠다.' 그러자 소년이 말했습니다. '좋아요. 그러면 낙소스 섬으로 보내주세요. 그곳이 내 고향이니까.' 거짓말쟁이들은 신들에게 맹세코 약속을 지키겠다 말하고 제게 돛을 조정하라고 명했습니다. 제가 돛을 오른쪽으로 치자 모두 중얼거리며 눈짓을 했습니다. '바보자식, 뭐 하는 거야? 미쳤나? 왼쪽으로 가!' 제겐 그들의 말이 이해되지 않았습니다. 저는 옆으로 물러나면서 말했습니다. '그렇다면 누구든 마음대로 해봐!' 그러자 난폭한 선원 하나가 소리쳤습니다. '너 혼자만 안전하게 항해할 줄 안다고 생각하지 마라.' 그러더니 나를 대신해 돛을 정비했습니다. 배는 낙소스와는 반대 방향으로 나아갔습니다. 갑판 뒤에 앉아 있던 그 젊은이는 이제야 속임수를 알아챈 듯 입가에 비웃음을 띄운 채 바다를 바라보고 있었습니다. 결국 소년은 눈물을 흘리는 척하며 말했습니다. '선원 아저씨들! 나를 낙소스로 데려다준다고 약속하지 않았나요? 이게 그리로 가는 길인가요? 여러분 같은 어른이 어떻게 나이 어린 소년을 속일 수 있습니까?' 그러나 신을 저버린 선원들은 눈물 흘리는 그 소년과 나를 비웃으며 계속해서 노를 저어갔습니다. 그런데 배가 물 없는 독에 갇힌 것처럼 바다 한가운데서 갑자기 움직이지 않았습니다. 선원들은 노로 수면을 두드린다, 돛을 내린다 하며 배를 움직이려고 갖은 애를 썼으나 헛수고였습니다. 포도덩굴이 노에 휘감기고 뱀처럼 꾸불꾸불하게 뒤쪽으로 기어오르더니, 점점 커지던 포도덩굴은 이미 돛을 휘감고 있었습니다. 그리고 디오뉘소스가―그 소년이 디오뉘소스였습니다―훌륭한 자태를 드러냈습니다. 이마에 포도송이 장식을 붙인 디오뉘소스가 포도덩굴로 휘감긴 막대기를 휘두르자 호랑이, 살쾡이, 표범 등이 술의 신 둘레에 웅크리고 앉아 있었고, 향기로운 술 냄새가 배 안 가득히 풍기는 듯했습니다. 선원들은 공포로 정신이 나가 날뛰었습니다. 제일 먼저 큰소리를 치려던 사나이의 입과 코가 변해 물고기 입이 되었습니다. 이 광경을 보고 다른 자들은 깜짝 놀랐지만, 그 순간 그들의 입도 똑같이 물고기 입이 되어버렸습니다. 몸은 푸른 비늘로 덮이고 등뼈는 구부러졌으며, 팔은 지느러미가 되고 두 발은 합쳐져 꼬리가 되었습니다. 그들은 모두 물고기가 되어 바다로 뛰어들었고 물속을 누비

며 헤엄치기 시작했습니다. 스무 명의 선원 가운데 남은 사람이라고
는 저 혼자였습니다. 저는 당장 물고기가 되지나 않을까 떨고 있었습
니다. 그러나 디오뉘소스는 제가 친절히 대해주었기 때문에 상냥하게
말했습니다. '두려워하지 말고 낙소스로 데려다주게.' 낙소스에 상륙
하자 술의 신 디오뉘소스는 신의 제단에서 저를 정화해주었습니다."

그때 펜테우스가 외쳤다.

"쓸데없는 긴 이야기를 이제 집어치워라! 얘들아, 이놈을 실컷 두
들겨 패서 지옥으로 보내줘라!"

부하들은 선원을 묶어 지하 감방에 던져버렸다. 그러나 보이지 않
는 손이 그를 구해냈다.

이렇게 디오뉘소스의 제사에 대해 심한 박해가 시작되었다. 펜테우
스 왕의 어머니 아가우에와 그 자매들은 이미 디오뉘소스의 열광적인
예배에 참가하고 있었다. 왕은 부하를 보내 디오뉘소스의 추종자들을
모두 감옥에 잡아넣었다. 그러나 누가 돕지도 않았는데 빗장이 떨어
져나가고 감옥 문이 열렸다. 디오뉘소스에게 열광한 추종자들은 자유
롭게 숲을 뛰어다녔다.

무장을 하고 디오뉘소스를 잡으러 간 부하는 김이 새서 돌아왔다.
디오뉘소스가 미소를 지으며 자진해 잡혀왔기 때문이다. 이리하여 그
는 무거운 쇠사슬에 묶인 채 왕 앞에 서게 되었는데, 그 순간에는 왕
도 이 소년에게서 신성한 아름다움을 보고 감탄할 수밖에 없었다. 그
러나 왕은 눈이 멀어 계속 고집을 부렸고, 이야기 속 소년을 디오뉘소
스의 이름을 사칭하는 사기꾼으로 취급했다. 그리고 붙잡힌 디오뉘소
스를 궁전 깊숙한 마구간 근처 후미진 곳에 가두었다. 그러나 신의 명

디오뉘소스는 카드모스의 손자이자 제우스와 세멜레의 아들로, 풍요의 신이며 포도주의 신이다. 그는 펜테우스 왕에게 자신이 신이라는 것을 알리기 위해 그를 환호하며 따르는 신자들과 함께 왔다. 그러나 펜테우스는 백성들이 이 새로운 신을 경배하기 위해 몰려간다는 소문을 듣고 화를 내며 욕설을 퍼부었다. 술의 신 디오뉘소스를 속여 다른 섬으로 끌고 가 노예로 팔아넘기려던 선원들은 신의 노여움을 사 모두 물고기가 되고 말았다.

〈디오뉘소스와 물고기로 변한 선원들〉, 그리스 도자기에 새겨진 그림, 기원전 550~기원전 530년.

령으로 지진이 일어나 벽이 부서졌고 그를 묶었던 쇠사슬도 사라졌다. 디오뉘소스는 아무 일도 없었다는 듯 전보다 더 화려한 모습으로 추종자들 가운데로 걸어갔다.

전령들이 차례로 펜테우스 왕 앞에 와서 보고했다. 감격한 여인들이 왕의 어머니와 남매들에게 이끌려 갖가지 신비한 기적을 행하고 있다고 했다. 막대기로 바위를 치자 물이나 술이 터져 나오고, 시냇물은 마법의 단장으로 젖이 되고, 높은 나무에서는 꿀이 뚝뚝 떨어진다는 것이었다. 한 전령이 덧붙여 말했다.

"그렇습니다. 만일 왕께서 그 장소에서 술의 신을 보셨다면, 신 앞에 무릎을 꿇고 기도하셨을 것입니다!"

그러나 펜테우스는 점점 더 화가 나서 이리저리 몰려다니는 여인들을 잡아들이기 위해 중무장한 전사와 기병 그리고 가벼운 방패를 든 보병을 모두 소집했다. 그때 디오뉘소스가 무리의 대표자로 왕 앞에 다시 나타났다. 그리고 자신을 추종하는 여인들을 무장해제시켜 왕 앞으로 데려오겠다고 약속했다. 단, 여인들이 남자이며 이단자이기도 한 왕을 찢어 죽이려 달려들지도 모르니 여자 옷을 입고 있는 게 좋겠다는 말을 덧붙였다.

펜테우스는 수상쩍게 여기면서도 마지못해 승낙했다. 왕은 죽는 줄도 모르고 디오뉘소스를 따라나섰다. 펜테우스 왕이 거리로 나왔을 때 강력한 신 디오뉘소스가 그를 미치게 했다. 왕의 눈에는 태양이 둘로 보이고, 테바이 성문도 둘로 보였다. 디오뉘소스가 마치 커다란 뿔이 달린 황소처럼 보였다. 왕은 자기 의지와는 상관없이 술 취한 광란에 휩싸였다. 왕은 술의 신의 지팡이를 달라고 해서 받아 들더니 광기로 거칠게 날뛰었다.

그렇게 그들은 샘물이 솟아오르고 전나무가 우거진 깊은 골짜기까지 오게 되었다. 그곳에서는 디오뉘소스의 사제들이 신의 찬가를 부르고 있었고, 다른 사람들은 술의 신의 지팡이를 새로운 담쟁이덩굴로 장식하는 중이었다. 그러나 펜테우스는 이미 장님이 되었는지, 혹은 그를 인도해왔던 디오뉘소스가 그렇게 만든 것인지, 그의 눈에는 열광적인 여인들이 모여 있는 것이 전혀 보이지 않았다.

이때 디오뉘소스는 놀랄 만큼 손을 높이 뻗쳐 전나무 가지를 버드나무처럼 구부리더니, 미쳐버린 펜테우스를 가지 위에 앉혔다. 그리고 아주 천천히 조심스럽게 그 가지를 제자리에 갖다놓았다. 놀랍게도 왕은 꼭대기에 그대로 앉아 있었다. 이윽고 높은 전나무 가지에 앉은 왕의 모습이 골짜기에 있는 여사제들의 눈에 띄었다. 왕은 이 여사제들을 보지 못했다. 그때 디오뉘소스가 큰 소리로 골짜기를 향해 외쳤다.

"여인들이여, 우리의 신성한 축제를 비웃는 사나이가 여기 있다. 이 자에게 벌을 주어라!"

대기는 조용했다. 숲속에서는 나뭇잎 하나 흔들리지 않았고 짐승의 울음소리조차 들리지 않았다. 여사제들이 일어나 눈을 크게 뜨고 재차 들려오는 메아리에 귀를 기울였다. 그 소리가 자신들이 모시는 신의 목소리임을 알아차린 여인들은 비둘기보다 더 빨리 그쪽으로 몰려왔다.

신이 내린 제어할 수 없는 광란이 여인들을 몰아, 물이 불어난 시냇물 한가운데를 건너게 했다. 결국 그 여인들은 전나무 가지 꼭대기에 앉은, 자신들의 왕이자 박해자인 펜테우스가 잘 보이는 곳까지 왔다. 그리고 곧 불행한 왕을 향해 돌멩이와 부러진 전나무 가지와 막대기 따위를 던졌다. 그러나 높은 나무 위에서 떨고 있던 왕에게는 미치지 못했다. 여인들은 단단한 나무막대기로 전나무 주위를 파헤치기 시작했다. 마침내 뿌리가 드러나자 펜테우스 왕은 전나무와 함께 비명을 지르며 땅에 떨어졌다. 신은 어머니 아가우에의 눈을 가려 왕을 몰라보게 만들었고, 바로 그 아가우에가 왕을 죽이도록 첫 신호를 보냈다. 심한 공포를 느낀 왕은 다시 제정신이 들었다.

"어머니!"

왕은 소리치며 어머니를 안으려 했다.

"어머니, 당신의 아들을 몰라보십니까? 에키온의 집에서 어머니가 낳은 아들 펜테우스입니다! 저를 불쌍히 여겨주세요. 어머니, 당신의 아들을 용서해주세요!"

그러나 이미 미쳐버려 입가에 침을 흘리는 아가우에의 풀어진 눈에는 펜테우스가 자기 아들로 보이지 않고 사자로 보였다. 그녀는 왕의 어깨를 잡더니 오른팔을 비틀어 떼어냈다. 왕의 자매들이 왼팔을 잡아 찢었다. 흥분한 여인들이 왕에게 달려들어 이미 찢겨진 왕의 몸을 한 부분씩 각자 잡아 뜯었다. 아가우에는 피투성이 손으로 왕의 머리를 집어 들었다. 그것을 사자의 머리로 여긴 그녀는 아들의 머리를 막대기에 꽂아 키타이론의 숲속으로 가져갔다.

이렇게 디오뉘소스는 신의 거룩한 제사를 비웃은 펜테우스를 벌했다.

낙소스 섬에 도착한 디오뉘소스를 따르는 무리가 술을 마시며 흥겨워하고 있다. 술 취한 무리 중에 테세우스가 버리고 떠난 아리아드네가 아무것도 모르고 잠들어 있다. 아리아드네는 디오뉘소스의 부인이 되었다.

〈디오뉘소스 축제〉, 티치아노 베첼리오, 1525년, 프라도 미술관.

페르세우스

페르세우스는 제우스의 아들이자 아르고스의 왕 아크리시오스의 외손자였다. 아크리시오스는 이 외손자가 자기를 죽이고 왕위를 빼앗을 것이라는 신탁을 듣고는 자기 딸인 다나에와 함께 궤짝에 가둬 바다에 던져버렸다. 하지만 제우스가 이들 모자(母子)를 폭풍에서 지켜주었고 둘은 세리포스 섬 부근을 표류했다. 세리포스는 딕튀스와 폴뤼덱테스라는 두 형제가 다스리고 있었다. 마침 고기잡이를 하던 딕튀스가 떠밀려 오는 궤짝을 보고 육지로 끌어 올렸다. 두 형제는 버림받은 모자를 정성을 다해 보살펴주었다. 폴뤼덱테스는 다나에를 아내로 삼고 제우스의 아들 페르세우스를 소중히 길렀다.

페르세우스가 청년이 되자 의붓아버지는 그에게 세상에 나가 무엇이든 훌륭한 일을 하라고 이야기했다. 용감한 이 젊은이는 이미 그럴 준비가 되어 있었다. 그는 괴물 메두사의 무서운 머리를 잘라 세리포스 왕 앞에 바치겠다고 의붓아버지와 약속했다. 페르세우스는 길을 떠났고, 신들의 인도로 흉측한 괴물들의 아버지 포르코스가 사는 먼 지방까지 갔다.

맨 처음에 페르세우스는 그라이아이라는 포르코스의 세 딸과 마주쳤다. 이들은 태어나면서 이미 백발이었으며, 눈과 이가 하나뿐이라 서로 돌려가며 쓰고 있었다. 페르세우스는 그들의 눈과 이를 빼앗았다. 노파들이 눈과 이 없이는 살 수 없다며 되돌려달라고 애원하자, 페르세우스는 요정들이 있는 곳을 알려주면 돌려주겠다고 했다. 이 요정들은 날개 달린 신발과 주머니 배낭과 개가죽 투구라는 놀라운 물건들을 갖고 있었다. 이 세 가지를 몸에 지니면 어디든 가고 싶은 곳으로 날아가고, 보고 싶은 사람을 아무 때나 보고, 또 누구에게도 보이지 않게 모습을 감출 수 있었다.

포르코스의 딸들은 페르세우스에게 길을 가르쳐주고 눈과 이를 되찾았다. 요정한테서 원하던 것을 빼앗은 페르세우스는 서둘러 배낭을 짊어지고, 날개 달린 신발을 신은 다음 투구를 썼다. 그리고 헤르메스에게서 받은 청동 낫을 가지고 포르코스의 다른 딸들인 고르고 세 자매가 사는 바다로 날아갔다. 이 세 사람 가운데 고르고 메두사라 불리는 셋째 딸만은 불사신이 아니었고, 페르세우스는 그녀의 목을 가져가려고 온 것이었다.

페르세우스는 잠자고 있는 괴물들을 찾아냈다. 그 머리는 용의 비늘로 덮여 있었으며 머리털 대신 뱀들이 있었다. 괴물들은 산돼지 같은 어금니에, 구리로 된 손과 황금 날개를 가지고 있었다. 이 괴물을 본 자는 공포감 때문에 돌이 된다는 것을 페르세우스는 잘 알고 있었다. 그는 괴물에게서 얼굴을 돌린 채 번쩍번쩍 빛나는 자신의 구리 방패에 메두사들의 모습을 비추었다.

그렇게 해서 그는 고르고 메두사를 찾아냈다. 아테네 여신이 인도해주었기 때문에 페르세우스는 아무런 위험 없이 잠자고 있는 괴물의 목을 잘랐다. 그런데 목을 다 자르기도 전에 날개 달린 신마(神馬) 페가소스와 거인 크뤼사오르가 후닥닥 튀어나왔다. 이 둘은 포세이돈의 아들이었다.*

페르세우스는 메두사의 머리를 배낭에 넣고 왔던 길을 되돌아갔다. 그사이에 메두사의 자매가 잠에서 깨어났다. 그녀들은 살해된 막내의 몸통을 보았고 머리를 빼앗아간 자를 찾기 위해 날개를 펴고 쫓아갔다. 그러나 마술 투구에 몸을 숨긴 페르세우스를 찾을 수 없었다. 하늘에서는 바람이 페르세우스를 붙잡아 마치 비구름처럼 이리저리 흔들었다. 그가 리뷔에의 사막 위에서 오락가락할 때 배낭에 든 메두사의 머리에서 배어나온 핏방울이 땅으로 뚝뚝 떨어졌다. 그 피는 여러 가지 빛깔의 뱀이 되어, 이때부터 이 지방에는 무서운 독사가 많아졌다.

페르세우스는 서쪽 방향으로 더 날아가다가 잠시 쉬어가려고 아틀라스 왕국에 내렸다. 아틀라스 왕**은 거대한 용으로 하여금 황금 과일로 가득한 숲을 지키게 하고 있었다. 페르세우스가 하룻밤 머물기

---

* 흉측한 모습의 고르고 자매들은 포르코스와 레토의 딸들이다. 오직 포세이돈만이 고르고 메두사를 사랑해 신성한 아테네 여신의 신전에서 그녀와 정을 통했다. 이에 화가 난 아테네 여신이 페르세우스를 시켜 그녀의 머리를 자른 것이다. 그때 메두사는 포세이돈의 아이를 배고 있었다.

** 아틀라스는 프로메테우스의 형제인 거인족으로 신들과의 전쟁에 참가한 탓에 목과 어깨로 창공을 떠받치는 벌을 받아야 했다. 여기 소개되는 이야기처럼 아틀라스가 아프리카의 아틀라스 산과 동일시된 것은 나중 일이다.

를 청했으나 거절당했다. 아틀라스는 자신의 황금 과일을 도둑맞을까 염려해 궁전에서 그를 매정하게 쫓아냈다. 화가 난 페르세우스가 말했다.

"내게 아무것도 베풀려 하지 않는군. 그렇다면 내가 선물을 주지."

그는 배낭에서 메두사의 머리를 꺼내 자신은 고개를 돌린 채 아틀라스 왕에게 내밀었다. 거인과도 같았던 왕이 순식간에 바위와 산으로 변하고 말았다. 아틀라스의 수염과 머리털은 자라서 숲이 되었고 어깨와 손과 뼈는 바위로 이루어진 산등성이가 되었으며 머리는 높은 봉우리가 되어 구름 위로 솟았다.

페르세우스는 다시 날개 달린 신발을 신고 배낭을 메고 투구를 쓴 뒤 하늘로 날아올랐다. 그는 케페우스 왕이 다스리는 아이티오피아의 해안까지 날아갔다.* 그때 바다 위로 솟은 바위에 한 처녀가 묶여 있는 것이 눈에 띄었다. 바람에 머리카락을 흩날리며 눈물을 흘리고 있지 않았더라면 아마 그녀를 대리석 조각으로 여겼을 것이다. 페르세우스는 날갯짓도 잊을 정도로 그녀의 아름다움에 마음을 빼앗겼다. 페르세우스가 그녀에게 물었다.

"아름다운 아가씨여! 곱게 치장하고 있어야 할 사람이 어째서 여기 묶여 있는 것입니까? 당신 나라의 이름이 무엇인지, 당신의 이름은 무엇인지 말해줄 수 있습니까?"

묶인 여인은 부끄러운 듯 잠자코 있었다. 두 손을 움직일 수 있었다면 얼굴을 가렸으리라. 그녀의 두 눈은 눈물에 젖어 있었다. 그러다

---

* 케페우스는 아이귑토스로 건너온 이오의 후손으로 다나오스와 아이귑토스의 형제이다.

이 낯선 남자가 혹시 자기가 무슨 죄를 감추고 있다고 생각할까 봐 겨우 대답했다.

"저는 아이티오피아 왕 케페우스의 딸인 안드로메다입니다. 어느 날 어머니가 네레우스의 딸들인 바다의 요정 네레이데스보다 제가 더 아름답다고 자랑을 했어요. 그러자 네레이데스와 그녀들의 친구인 바다의 신이 화가 나 홍수와 상어를 이 나라에 보내 사람들이 모두 잡아 먹혔습니다. 신탁은 왕의 딸인 저를 상어밥으로 준다면 이 재앙을 면할 수 있다고 약속했지요. 백성들은 아버지에게 그렇게 해서라도 살아야 한다고 난리를 쳤어요. 아버지는 절망한 나머지 할 수 없이 저를 이 바위에 붙들어 맨 것입니다."

안드로메다가 마지막 말을 마치기도 전에 요란한 파도와 함께 바닷속에서 괴물이 모습을 드러냈다. 괴물은 커다란 가슴으로 수면을 덮었다. 안드로메다는 크게 비명을 질렀다. 그와 동시에 소녀의 아버지와 어머니가 급히 달려왔다. 두 사람은 절망에 빠져 있었으며, 어머니 얼굴에는 죄책감이 역력했다. 어머니는 묶여 있는 딸을 끌어안았으나 눈물과 통곡밖에는 줄 것이 없었다. 그런 모습을 보고 낯선 이가 말했다.

"슬퍼하는 건 나중에 해도 충분합니다. 지금은 시간이 없습니다. 저는 페르세우스라 하고, 제우스와 다나에의 자식입니다. 괴물 고르고를 죽였으며 날개 달린 신발을 신고 여기까지 왔습니다. 이 아가씨가 자유의 몸이 되어 저를 남편으로 택하더라도 그렇게 나쁜 사윗감은 아닐 겁니다. 지금 저는 아가씨를 돕겠다는 약속으로 결혼을 신청합니다. 이 조건을 승낙하시겠습니까?"

⁜

페르세우스가 천마 페가소스를 타고 바위에 묶인 안드로메다를 구하러 내려오고 있다. 안드로메다의 발밑에는 이미 희생당한 여러 제물의 해골들이 소라껍질과 함께 여기저기 흩어져 있다. 페르세우스는 땅으로 뛰어내린 다음 바위로 올라가 처녀를 풀어주었다.

〈안드로메다를 구하는 페르세우스〉, 요아힘 브테바엘, 1611년, 루브르 박물관.

이럴 때 주저할 사람이 누가 있을까. 양친은 기뻐하며 딸뿐 아니라 자기 왕국을 지참금으로 주겠다고 약속했다. 그동안 괴물은 배처럼 빠르게 다가와, 바위에서 팔매질을 할 수 있는 거리까지 왔다.

그때 페르세우스가 갑자기 땅을 걷어차며 구름 속으로 높이 날아올랐다. 괴물은 바다에 비친 젊은이의 그림자를 보고 자기 몫을 빼앗으려는 적을 향해 맹렬히 돌진했다. 그사이 하늘에 있던 페르세우스가 독수리처럼 순식간에 내려와 괴물 등에 올라탔고, 메두사를 죽인 칼을 괴물상어의 몸에 칼자루까지 박히도록 내리 찔렀다. 칼을 빼내자 상어는 높이 뛰어올랐다가 다시 바다에 잠기며, 마치 개한테 쫓기는 멧돼지처럼 좌우로 날뛰었다. 페르세우스는 계속 공격해 중상을 입혔다. 결국 커다랗게 벌린 괴물의 입에서 검은 피가 울컥울컥 솟았다.

그러는 사이 날개가 완전히 젖어 물방울이 떨어지기 시작했기에 페르세우스도 더는 무거워진 날개에 의지할 수 없었다. 다행히 바다 위로 솟아오른 암초가 보였다. 그는 왼손으로 암벽에 몸을 의지하며 괴물의 배를 서너 번 연거푸 찔렀다. 괴물의 거대한 시체는 바다에 계속 떠다니다 결국 파도 속으로 사라져버렸다.

마침내 페르세우스가 땅으로 뛰어내렸고, 바위로 올라가 감사와 애정에 가득 찬 눈으로 기다리는 아가씨를 풀어주었다. 그러고는 기뻐서 어쩔 줄 모르는 양친에게 데려다주었다. 그들은 페르세우스를 화려한 금빛 궁전으로 안내해 사위로 맞아들였다. 매일같이 결혼잔치가 벌어졌다. 아버지와 어머니, 신랑과 구원받은 신부의 즐거운 한때가 빠르게 지나갔다.

어느 날 궁전 앞마당이 불안에 떠는 사람들로 갑자기 소란스러웠다. 케페우스 왕의 아우 피네우스가 온 탓이었다. 그는 전에 조카인 안드로메다에게 청혼했지만 위급할 때는 그녀를 버리고 돌보지 않았었다. 그런 그가 군사를 끌고 와서 다시 안드로메다와의 결혼을 요구한 것이었다. 그는 창을 휘두르면서 결혼잔치가 열리는 방에 들어와 놀라 당황한 페르세우스에게 외쳤다.

"내가 온 것은 아내를 빼앗아 간 네놈에게 복수하기 위해서다. 네 날개도 네 아버지 제우스도, 내 손에서 네놈을 빼앗을 수 없을 것이다."

그리고 재빨리 창을 던지려 했다. 그때 케페우스 왕이 연회석에서 일어나 외쳤다.

"뭣 때문에 이런 짓을 저지르는 거냐! 페르세우스가 네 애인을 빼앗은 게 아니다. 우리가 저 애를 제물로 삼았을 때, 그리고 사슬에 묶인 것을 보면서도 숙부이며 애인인 네가 그녀를 구하고자 아무 노력도 하지 않았을 때, 이미 네 손을 떠난 것이다. 왜 너는 바위에 묶인 안드로메다를 구할 생각을 하지 않았느냐? 페르세우스에게 시비를 걸지 마라! 저 사람은 싸워서 안드로메다를 차지했고, 내 딸을 구해 늙은 나를 기쁘게 해주었다."

피네우스는 아무 대답도 없었다. 무서운 눈초리로 형과 연적을 번갈아 바라보며 두 사람 중 어느 쪽에 먼저 창을 던질까 하는 눈치였다. 화가 치민 그는 페르세우스를 향해 힘껏 창을 던졌다. 그러나 빗나간 창은 의자의 방석에 꽂혔다. 페르세우스는 잽싸게 자리에서 일어나 피네우스가 쳐들어온 문으로 창을 던졌다. 만일 피네우스가 제단 뒤로 몸을 날리지 않았더라면 창은 그대로 그의 가슴을 뚫었을 것이다. 창은 부하의 이마에 가서 꽂혔다.

침입자와 연회를 방해받은 손님들 사이에 접전이 벌어졌다. 서로 죽고 죽이는 처참한 싸움이 오랫동안 이어졌다. 그러나 침입자의 수가 훨씬 많았다. 결국 페르세우스는 피네우스와 그 부하들에게 에워싸였다. 그의 곁에는 신부와 그녀의 부모가 보호를 원하며 피해 있었다. 그들을 향해 사방에서 화살이 비처럼 쏟아졌다. 페르세우스는 어깨를 기둥에 기대고 등 뒤를 보호하면서 적의 무리에 맞서 다가오는 자들을 하나씩 쓰러뜨렸다. 그러나 아무리 용기 있는 자라도 혼자서 그 많은 수의 적을 당해낼 수는 없음을 곧 깨달았다. 페르세우스는 어쩔 수 없이 극단적인 방법을 쓰기로 결심했다.

"너희들이 나를 궁지로 몰아 예전의 적에게 도움을 청하게 만드는 구나! 아직도 나를 친구라 생각하는 사람은 고개를 돌리시오!"

이렇게 말하면서 그는 옆에 메고 다니던 배낭에서 메두사의 머리를 꺼내, 막 자신을 공격하려던 맨 앞의 적에게 내밀었다. 그자는 그것을 보자 비웃으면서 외쳤다.

"그런 이상한 물건으로 놀라게 하려면 다른 데 가서 알아봐라!"

그러나 창을 던지려고 손을 든 순간 그대로 굳어져 조각처럼 돌로 굳었다. 적들 모두가 차례차례 같은 운명이 되었다. 페르세우스는 마침내 메두사의 머리를 모두에게 보이도록 높이 쳐들었다. 그러자 나머지 이백 명이 딱딱한 돌로 변했다.

피네우스는 자신이 벌인 부당한 싸움을 후회했다. 어딜 보나 눈에 들어오는 것은 갖가지 자세로 서 있는 석상뿐이었다. 피네우스는 친구들의 이름을 불러보고 믿을 수 없다는 듯 몸을 만져보았다. 그러나 남김없이 모두들 대리석이었다. 새파랗게 질려 교만하던 그가 비굴한 어조로 애원했다.

"목숨만은 살려주시오! 이 나라도 신부도 모두 그대의 것이오."

피네우스는 그렇게 외치며 절망한 얼굴을 옆으로 돌렸다. 그러나 새로 사귄 친구들의 죽음을 본 페르세우스는 자비를 베풀지 않았다. 그는 화가 나서 외쳤다.

"배반자여! 영원히 남을 너의 기념비를 장인 집에 세워놓겠다!"

피네우스는 죽을힘을 다해 보지 않으려 애썼지만, 곧 무서운 메두사의 얼굴과 마주쳤다. 그 순간 피네우스의 목은 꼿꼿하게 굳고 눈물에 젖은 눈은 돌이 되었다. 겁에 질린 얼굴, 축 늘어진 두 손, 노예처럼 비굴한 모습으로 피네우스는 굳어버렸다.

페르세우스는 아무런 방해도 받지 않고 애인 안드로메다를 데리고 고향으로 돌아왔다. 오래도록 행복한 나날만이 그를 기다렸고, 어머니 다나에와도 다시 만났다. 그러나 할아버지 아크리시오스에게는 신의 뜻을 이행해야 했다. 아크리시오스는 이미 신탁이 두려워 펠라스고이 족의 왕이 다스리는 이방인들의 땅으로 도망을 친 상태였다.

페르세우스가 아르고스의 왕인 할아버지를 만나러 그곳에 당도했을 때, 할아버지는 마침 사람들과 함께 오종 경기를 즐기고 있던 참이었다. 이때 외손자가 던진 원판이 불행하게도 경기에 참가한 할아버지를 맞혔다. 페르세우스는 그가 할아버지인 줄도 몰랐고 또 맞히려 하지도 않았는데 그렇게 된 것이었다. 페르세우스는 곧 자신이 무슨 일을 저질렀는지 알아차렸다. 깊은 슬픔 속에서 할아버지 아크리시오스를 도시의 외곽에 묻었다.

페르세우스는 할아버지의 죽음으로 자기 것이 된 아르고스 왕국을 다른 곳과 맞바꾸어 티륀스와 뮈케나이의 왕이 되었다. 운명의 시샘도 더는 쫓아오지 않았다. 안드로메다는 페르세우스와의 사이에서 여러 명의 훌륭한 아들을 낳았고, 아버지의 명성은 그 아들들로 계속 이어졌다.

이온

아테나이의 왕 에렉테우스는 아름다운 딸 크레우사를 무척 귀여워했다. 그런데 크레우사는 아버지 몰래 태양신 아폴론과 결혼해 아이를 낳았다. 아버지의 노여움이 두려웠던 크레우사는 신들이 이 버림받은 아이에게 자비를 베풀어주기를 바라면서, 아이를 광주리에 넣어 아폴론과 몰래 만나던 동굴 속에 놓아두었다. 그러고는 갓난아기가 자기 아이라는 표시로 처녀 때 몸에 지녔던 장식을 목에 걸어주었다.

신인 아폴론이 자기 아이가 태어난 것을 모를 리 없었다. 아폴론은 사랑하는 크레우사를 배신하거나 어린아이를 홀로 내버려둘 생각이 없었다. 그는 형제 헤르메스에게 도움을 청했다. 헤르메스는 신들의 전령으로서 하늘과 땅 사이를 눈에 띄지 않게 오갈 수 있었기 때문이다. 아폴론이 말했다.

"사랑하는 형제여! 한 여인이 내 아이를 낳았네. 그 여인은 아테나이의 왕 에렉테우스의 딸일세. 그녀는 아버지에게 들킬까 두려워 아이를 암벽동굴에다 몰래 숨겨놓았다네. 그 애를 구해야겠으니 제발 도와주게. 아이는 포대기에 싸여 광주리에 들어 있으니 델포이의 내 신전으로 데려다가 신전 문 앞에 놓아주게나. 뒷일은 내가 알아서 하겠네. 내 아이니까."

날개 달린 신 헤르메스가 급히 아테나이로 날아갔다. 그리고 아폴론이 일러준 곳을 찾아 아기가 누인 버드나무 광주리째 델포이로 가져왔다. 그는 신전 문 앞에 광주리를 놓은 다음 눈에 잘 띄도록 뚜껑을 열어놓았다. 이 모든 일이 하룻밤에 일어났다.

다음 날 아침 태양이 떠올랐을 때, 신전으로 들어가려던 델포이의 여사제가 광주리 안의 잠든 아기를 보았다. 여사제는 아기가 부정한 일의 씨앗이라 생각해 신성한 신전 입구로부터 치우려 했으나, 어쩐지 가엾은 생각이 들었다. 아폴론이 여사제의 마음에 그 아기는 자기 아들이라고 속삭였던 것이다.

여사제는 부모를 모르는 그 아기를 광주리에서 꺼내 신전에서 길렀다. 아기는 자기 아버지의 제단 주위에서 놀며 자라나 어느새 훌륭한 청년이 되었다. 그러나 자기 부모에 대해서는 아는 것이 없었다. 델포이의 시민들은 이 청년을 신전을 지키는 어린 일꾼으로 여겨 신께 바치는 제물을 지키는 일을 맡겼다. 그는 이렇게 아버지 신전의 일을 하며 성실히 생활하고 있었다.

한편 아폴론에게서 아무 이야기도 듣지 못한 크레우사는 아폴론이 자기와 아들을 잊어버린 것이라 생각했다. 이 시기 아테나이 인들은 이웃 섬 에우보이아 인들과 전쟁을 벌여 적이 섬멸될 때까지 싸웠다. 이 전쟁에서는 에우보이아 인들이 패배했는데, 아카이아에서 온 한

기원전 6세기 초 낙소스 인들이 델포이 신전에 기증한 스핑크스 상. 이오니아 식 기둥 위에
대리석 스핑크스 상을 얹어놓았다. 낙소스 인들은 스핑크스를 기증해 델포이의 수호자가
되길 원했다.

낯선 사나이가 아테나이 인들에게 매우 큰 도움을 주었다. 그 사나이는 바로 데우칼리온의 아들 헬렌이 낳은 크수토스이다.

크수토스는 자신이 도와준 대가로 왕녀 크레우사와 결혼하게 해달라고 청했다. 크레우사가 그와 결혼하자 남몰래 그녀와 맺어져 있던 아폴론은 화가 났다. 그래서 크레우사 부부에게는 자식이 없었다. 오랜 세월이 흐른 뒤 크레우사는 자식을 얻고자 델포이 신전으로 기도하러 갔다. 그것은 아폴론이 바라던 바였다. 아폴론은 여전히 자기 아들을 잊지 않고 있었기 때문이다.

크레우사는 남편과 함께 몇몇 시녀를 데리고 델포이 신전으로 순례 여행을 떠났다. 크레우사가 신전 앞에 도착했을 때, 마침 아폴론의 아들이 신전의 문과 앞마당을 월계수 가지로 장식하려고 막 문지방을 넘어서던 참이었다. 그때 신전을 향해 눈물을 흘리며 문 쪽으로 걸어오는 기품 있는 귀부인의 모습이 보였다. 그는 용기를 내어 귀부인에게 눈물을 흘리는 사연을 공손히 물었다.

그녀가 탄식하며 대답했다.

"젊은이여, 내가 이렇게 우는 것은 당연하다오. 나는 운명에 대해 눈물을 흘리는 것이오. 신들은 우리 인간들을 종종 가혹하게 다룬다오."

젊은이가 말했다.

"당신의 슬픔을 방해하려는 것은 아닙니다. 만일 괜찮으시다면 당신이 누구이며, 어디서 왔는지 가르쳐주시지 않겠습니까?"

왕비가 대답했다.

"나는 크레우사, 아버지 이름은 에렉테우스, 내 나라는 아테나이요."

청년은 매우 기뻐서 외쳤다.

"아! 당신은 그 유명한 나라 유명한 가문에서 태어나셨군요! 말씀해주세요, 저 그림에 그려진 것이 정말입니까? 당신 아버님의 할아버님이신 에릭토니오스가 마치 식물처럼 땅에서 자라났다는 게 사실입니까? 여신 아테네가 땅에서 태어난 그 아이를 광주리 속에 넣어 두 마리의 용에게 지키게 하고, 케크롭스의 딸들에게 감시하도록 했다는데, 맞습니까? 그 딸들이 호기심으로 광주리를 열어 아이를 본 다음 미쳐서 케크롭스의 성벽에서 떨어졌다는 게 정말입니까?"*

크레우사는 대답하지 않았다. 자기 조상의 운명이 잃어버린 아들의 운명을 떠올려주었기 때문이다. 그러나 그녀 앞에 서 있는 청년은 천진난만하게 계속 물었다.

"고귀하신 왕비님, 당신의 아버님이 진짜로 딸들을 죽여 제물로 삼았습니까? 신탁이 그렇게 하라고 했고, 그래서 당신의 자매가 자진해 죽음을 택했다는 게 맞습니까? 어떻게 해서 혼자 구원을 받으신 겁니까?"**

크레우사가 대답했다.

"그때 나는 갓 태어난 아기였고, 아직 어머니의 품에 있었다오."

그 젊은이는 계속해서 물었다.

---

*   케크롭스는 에릭토니오스와 똑같이 땅에서 태어나 아테나이의 아크로폴리스 성곽을 쌓았다. 이 성곽은 그의 이름을 본 따 케크로피아라 부른다. 그의 딸들은 아글라울로스, 헤르세, 판드로소스를 말한다. 판드로소스만 호기심을 잘 참았기 때문에 언니들의 운명에서 벗어났다.

**   아테나이와 트라케 간에 전쟁이 벌어졌을 때의 일이다. 에렉테우스 왕은 승리할 방법을 신탁에 물었고, 딸들 중 하나를 제물로 바치라는 대답을 들었다. 그가 신탁에 따르자 다른 자매들도 희생된 자매를 따라 모두 자살했다.

"당신의 아버님인 에렉테우스가 땅이 갈라진 틈으로 떨어져 포세이돈의 삼지창에 돌아가셨다는 것도 사실입니까? 그분의 무덤 근처에는 저의 주인이신 아폴론이 아주 좋아하던 동굴이 있다던데요?"

"아! 그 동굴 이야기는 제발 하지 말기를."

크레우사가 탄식하며 청년의 말을 가로막았다.

"그 동굴 속에서는 배신과 나쁜 짓이 일어났으니 말이오."

왕비는 정신을 가다듬으려고 잠시 침묵했다. 그녀는 청년이 신전을 지키는 사람인 것을 알고, 자기는 크수토스의 아내로 신의 축복을 얻어 자식을 낳기 위해 남편과 함께 델포이로 순례 여행을 왔다는 얘기를 해주었다.

왕비는 한숨을 내쉬며 말했다.

"태양의 신 아폴론은 내게 아이가 없는 까닭을 알아요. 아폴론만이 나를 도울 수 있지요."

청년이 슬퍼져서 말했다.

"아이가 없으시군요. 그래서 불행해하시는군요?"

크레우사가 대답했다.

"불행하게 된 지는 꽤 오래되었지요. 그대의 어머님이 참 부럽군요. 이런 훌륭한 아들을 가지셨으니."

청년이 슬픈 표정으로 말했다.

"저는 아버지 어머니가 누군지 모릅니다. 저는 한 번도 여인의 품에 안겨본 적이 없습니다. 그리고 여기에 어떻게 왔는지도 몰라요. 이 신전의 여사제인 지금의 양어머니가 저를 불쌍히 여겨 키워주셨다고 합니다. 그 후부터 신전이 제 집이 되었고, 저는 신의 종이 되었지요."

이 말을 들은 왕비는 생각에 잠겼다. 그러나 그녀는 이내 그 생각을 떨치고 슬픈 어조로 말했다.

"젊은이, 내가 알고 있는 부인 중 그대의 어머님과 똑같은 과거를 가진 분이 있어요. 내가 여기 온 것도 그 사람 때문이지요. 그 사람을 위해 꼭 신탁을 물어야만 합니다. 그대는 신의 종이니까 그대를 믿고 그 사람의 비밀을 털어놓기로 하지요. 그 사람의 남편이 이 신전으로 오기 전에 말하는 것이 좋겠어요. 그 남편도 순례 여행을 함께 떠났는데, 오는 도중에 트로포니오스*의 신탁을 듣기 위해 그곳에 잠시 머무르고 있답니다. 조금 전에 말한 그 부인은 결혼을 하기 전에 위대한 태양의 신 아폴론과 맺어져 아버지 모르게 사내아이를 낳아 그 아이를 버렸는데 그 후 소식을 전혀 들을 수가 없었지요. 그래서 그 아이의 생사를 신에게 묻기 위해 나는 친구를 대신해 이곳에 온 거예요."

청년이 물었다.

"그 아이가 죽은 지 얼마나 되었나요?"

크레우사가 대답했다.

"아직 살아 있다면 아마 당신 또래일 겁니다."

고통스러운 듯 청년이 외쳤다.

"당신 친구의 운명과 제 운명은 어찌 그리 닮았나요. 당신의 친구는 아들을 찾고 있고 저는 어머니를 찾고 있군요. 하지만 그분의 일은 이 나라에서 멀리 떨어진 곳에서 일어난 것이라 저와 아무런 관계도 없

＊   건축가로 명성이 높았던 영웅이다. 보이오티아의 레바데아(지금의 리바디아)에 유명한 신전을 세웠다.

을 테지요. 신께서 당신이 소망하는 대답을 해주실지 몰라요. 당신이 친구 대신 아폴론의 배반을 호소하러 오셨다면, 아폴론도 자기 자신을 심판하는 자는 되고 싶지 않을 테니까요!"

"잠깐, 조용히!"

크레우사가 말했다.

"저기 그 여인의 남편이 왔어요. 방금 내가 한 이야기는 못 들은 걸로 해줘요."

크수토스는 기분 좋게 신전으로 들어오더니 아내를 향해 걸어왔다. 그리고 아내에게 외쳤다.

"크레우사, 트로포니오스가 기쁜 계시를 주었다오. 내가 여기서 아이를 얻어 돌아간다는군. 그런데 이 젊은 예언자는 누군가?"

청년은 공손히 왕 앞으로 나아가 아폴론을 받드는 종이라고 자신을 소개했다. 그리고 제비뽑기로 뽑힌 델포이의 사람들이 세발솥* 모양의 좌석을 둘러싸고 있고 여사제가 그 자리에 앉아 예언을 내릴 준비를 하는 중이라는 설명해주었다.

설명을 들은 왕은 크레우사에게 계시를 받으러 온 사람이면 누구나 그러듯 월계수 가지로 장식하고 바깥에 있는 신의 월계수가 감싼 제단으로 가서 은혜로운 신탁을 위해 아폴론에게 기도하라고 명령했다. 그리고 왕 자신은 급히 신전으로 갔다.

한편 신전을 지키는 그 젊은이는 앞마당에서 계속 신전을 지키고 있었다. 잠시 후 청년은 성전의 가장 안쪽 문이 열렸다가 쿵 하고 다

＊   신에게 올리는 의식을 거행할 때 희생 제단으로 세발솥을 썼다.

시 닫히는 소리를 들었다. 그리고 안에서 나오는 크수토스를 보았다. 크수토스는 그를 힘차게 끌어안더니 아들이라 부르며 몇 번씩이나 악수하고 입을 맞추었다. 그러나 청년은 무슨 영문인지 짐작이 가지 않았고, 이 늙은이가 미친 것 아닌가 싶어 밀쳐냈다. 그러나 크수토스는 물러서지 않았다.

"신이 직접 내게 계시를 주셨네."

크수토스가 계속 말했다.

"계시에 따르면 내가 신전 밖으로 나와 처음 만나는 자가 내 자식이며 신들의 선물이라고 했네. 어째서 그런지는 나도 모르겠네. 나와 아내 사이에는 자식이 없으니 말이야. 그러나 나는 신을 믿네. 신이 직접 그 비밀을 밝혀주실지 모르니까."

그 말을 듣고 청년도 기뻤지만, 그는 아버지의 입맞춤과 포옹 속에서도 탄식하지 않을 수 없었다.

"아, 사랑하는 어머니! 당신은 누구시며 어디에 계신가요? 언제쯤 당신의 그리운 모습을 볼 수 있나요?"

더욱이 그는 이 큰 의혹을 떨쳐버릴 수 없었다. 자식이 없는 크수토스의 아내가 한 번도 보지 못한 나를 양아들로 받아줄 수 있을까? 그리고 도시 아테나이가 왕의 법적 후계자가 아닌 생면부지의 나를 과연 맞아줄까? 그러나 아버지는 아들에게 용기를 내라고 북돋워주었다. 그리고 아테나이의 시민들과 아내에게는 자기 아들이 아니라 이방인으로 소개하겠다고 약속했다. 그리고 그는 아들에게 '길에 있는 자'라는 뜻을 가진 이온이라는 이름을 주었다.

한편 크레우사는 아폴론의 제단 앞에 엎드려 계속 기도를 올렸다.

하지만 그 열렬한 기원은 다가온 시녀들 때문에 중단되었다. 시녀들이 탄식하며 크레우사에게 외쳤다.

"불쌍한 주인님! 왕께는 커다란 기쁨이 주어졌습니다만, 왕비께서는 직접 낳으신 아기를 품에 안고 젖을 먹이실 수 없을 것입니다. 아폴론이 분명히 왕께 아들을, 그것도 다 자란 아들을 주셨는데 어떤 첩이 낳은 아이인지 누가 압니까? 왕께서 신전에서 나오셨을 때 그 아들이 맞은편에서 걸어왔다는 것입니다. 왕은 아들을 다시 만나 기쁘시겠지만, 주인님께서는 이전과 마찬가지로 과부처럼 쓸쓸한 집에서 지내시게 될 것입니다."

신이 그렇게 만든 것처럼 불쌍한 크레우사는 자기와 가장 가까운 데 있는 비밀을 깨달을 수 없을 만큼 마음이 어두웠다. 그녀는 자신의 운명에 대해 한참을 탄식했다. 마침내 그녀는 전혀 생각지도 않게 얻은 의붓자식이 누구인지 물었다.

시녀들이 대답했다.

"이미 알고 계신 신전을 지키는 그 젊은이입니다. 왕께서 '이온'이라는 이름까지 주셨습니다. 그의 어머니가 누군지는 모릅니다. 지금 왕께서는 아드님을 위해 몰래 제물을 바치고 함께 결연잔치를 열기 위해 디오뉘소스 제단으로 가셨습니다. 만일 이 일을 왕비님께 발설하면 저희를 죽여버리겠다고 협박하셨습니다. 왕비님을 진정으로 사랑하기 때문에 왕의 명령을 어기고 저희는 말씀드린 것입니다. 제발 왕께는 비밀로 해주십시오!"

그때 함께 온 늙은 부하가 크레우사 앞으로 걸어 나왔다. 이 노인은 에렉테우스 집안에 맹목적 충성과 애정을 바쳐온 인물로, 특히 여주인을 잘 따랐다. 노인은 크수토스 왕을 믿을 수 없는 가정파탄자라 욕하며, 너무 격분한 나머지 에렉테우스 집안의 상속 재산을 손에 넣으려 하는 저 사생아를 처치해버리자고 제안했다. 남편에게도 옛 연인 아폴론에게도 버림받았다는 생각이 든 크레우사는 더는 깊이 생각하지 않고 노인의 살인 계획에 귀를 기울였다. 그리고 그 노인에게 태양의 신 아폴론과의 관계를 모조리 털어놓았다.

한편 크수토스는 뜻밖에 얻은 아들 이온을 데리고 신전에서 물러나와 두 개의 봉우리로 솟아오른 파르낫소스 산의 꼭대기로 올라갔다. 그 지역에 사는 델포이 사람들은 아폴론 못지않게 술의 신 디오뉘소스를 숭배했다. 그 누구보다 여인들이 열광적 축제를 열며 디오뉘소스를 경배했다. 크수토스가 새로 얻은 아들에 대해 감사의 신주(神酒)를 따르자, 이온이 그를 따라온 시종들의 손을 빌려 크고 훌륭한 천막을 세웠다. 그리고 아폴론 신전에 있던 짐승털로 짠 아름다운 직물 깔개를 바닥에 깔았다. 천막 안에는 기다란 식탁이 놓였고 그 위에는 맛있는 음식이 가득 담긴 접시와 고급 포도주를 담은 황금 잔이 놓였다. 크수토스는 델포이로 심부름꾼을 보내 모든 주민을 초대했다. 다 같이 기쁨을 나누기 위해서였다. 얼마 후 넓은 천막 안은 꽃장식을 단 손님으로 가득 찼으며 모두들 즐겁게 먹고 마셨다.

후식을 먹을 때 한 노인이 천막 한가운데로 나와 술 따르는 일을 자진해 맡았다. 그는 이상한 몸짓으로 술을 따라 손님들을 웃겼다. 크수토스는 이 노인이 아내 크레우사의 하인임을 알아보고, 손님들 앞에서 노인의 충성스러움과 부지런함을 칭찬했다. 그러고는 노인이 하는 대로 내버려두었다. 노인은 식탁 앞에 서더니 잔을 들고 손님 접대를 시작했다. 그런데 축하연이 끝나 피리소리가 울려 퍼지자, 노인은 하인에게 명하여 식탁에서 작은 잔을 치우게 하고, 손님들 앞에 금과 은으로 된 큰 잔을 가져오도록 했다.

그는 새로운 젊은 주인께 경의를 표하듯 멋진 잔을 손에 들었고, 식탁 앞으로 걸어가 잔에 포도주를 가득 채웠다. 그리고 그 잔에 몰래 독약을 넣었다. 노인은 그 잔을 가지고 이온에게 다가가 고수레 의식으로 술 몇 방울을 땅에 끼얹었다. 그때 이온은 문득 옆에 있던 하인들 중 한 사람이 저주하는 말을 들었다. 신전의 엄숙한 의식 아래 성장한 이온은 그 말에서 불길한 징조를 읽어냈다. 그는 노인이 준 술잔을 쏟아버리고 새로운 잔을 가져오라 명했다. 그리고 새 잔으로 엄숙히 고수레를 했다. 손님들도 똑같이 따라했다.

이런 일이 벌어지는 동안 아폴론 신전에서 신의 가호로 길러지던 신성한 비둘기 떼가 푸득푸득 천막 안으로 날아들었다. 비둘기는 여기저기 쏟아놓은 제삿술을 보더니 바닥에 내려앉아 쪼아대기 시작했다. 대부분의 비둘기에게서는 아무런 일도 일어나지 않았지만 이온이 제일 먼저 잔을 쏟아버린 곳을 쪼아대던 비둘기는 손님들을 놀라게 했다. 신음하듯 울며 날뛰고 날개를 파닥거리더니, 몸을 움찔움찔 떨다가 죽어버린 것이다. 화난 이온은 자리에서 벌떡 일어나 옷소매를 걷어붙이고 주먹을 불끈 쥐며 외쳤다.

"나를 죽이려 한 놈은 어디 있느냐? 늙은이야! 자, 말해라. 네가 내 잔에 독을 넣었지!"

그렇게 말하고는 노인의 어깨를 잡았다. 노인은 두려움에 떨며 음모를 고백하고 크레우사의 사주를 받은 것이라 말했다. 이온이 천막을 나서자 손님들도 모두 흥분하며 뒤따라갔다. 밖으로 나온 이온의 주위로 델포이의 귀족들이 몰려들었다.

그가 흥분해 말했다.

"거룩한 대지여! 그대가 증인이다. 외지에서 온 에렉테우스 집안 여자가 나를 독살하려 했다!"

델포이 인들이 이구동성으로 외쳤다.

"그 여자를 돌로 쳐 죽여라, 죽여라!"

그리고 델포이 사람들 전체가 이온과 함께 그녀를 찾아 돌아다녔다. 크수토스는 탄로 난 아내의 음모에 당황한 나머지 어찌할 바를 모르고 인파에 휩쓸려 갔다.

크레우사는 아폴론 제단에서 자기가 꾀한 일이 낳을 엄청난 결과를 기다리고 있었다. 그런데 예상보다 더 큰 일이 벌어졌다. 멀리서 들려오는 분노에 가득 찬 고함소리가 생각에 잠겨 있던 그녀를 일깨웠다. 그들이 몰려오기 전에 남편의 부하 중 한 사람이 먼저 달려왔다. 누구보다 왕비에게 충성심이 강한 그 신하는 음모가 탄로 난 것과 델포이 사람들이 결의한 것을 그녀에게 알려주었다. 그러자 시녀들이 크레우사의 주위를 에워싸며 외쳤다.

"아폴론 제단을 꽉 붙잡고 절대로 놓지 마십시오. 만약 이 신성한 장소가 왕비님을 지키지 못한다면 그들은 속죄할 수 없는 살인의 죄를 지는 것입니다!"

그러는 사이 미쳐 날뛰는 델포이 군중이 이온에게 이끌려 제단으로 점점 가까이 왔다. 벌써 이온의 성난 목소리가 바람을 타고 들려왔다. 그는 외쳤다.

"신을 무서워하지 않는 이 범죄를 통해 신들은 나에게 계모가 필요하지 않음을 보여주었다. 자, 사악한 자는 어디 있는가? 독사의 혀를 가진 자는 어디 있는가? 살인자를 높은 바위에서 골짜기 밑으로 밀어버리자!"

사람들은 동조하듯 함성을 지르면서 환호했다. 군중은 마침내 제단으로 몰려갔다. 자기 어머니를 살인자로 여긴 이온은 왕비의 몸을 비틀어 제단에서 떼어내려 했다. 신성한 제단은 누구도 해칠 수 없는 곳이기에 그녀는 그곳을 피난처로 삼고 있었다. 그러나 아폴론은 자기 아들이 어머니를 죽이는 것을 원하지 않았다. 아폴론은 크레우사가 꾀한 음모와 그 때문에 받게 될 벌에 대한 소문을 바람보다 빨리 신전에 있는 여사제의 귀에 들어가게 했다. 그러고는 모든 일이 어떻게 일어났는지 여사제가 깨닫게 도와주었다. 그녀는 이온이 크수토스 왕의 아들이 아니라, 아폴론과 크레우사의 아들인 것을 깨달았다.

여사제는 세발솥 모양의 의자에서 내려와 소중히 간직했던 광주리를 찾았다. 신전 앞에 버려졌던 그 광주리에는 갓난아기였던 이온과 함께 징표가 될 중요한 물건들이 들어 있었다. 여사제는 그 광주리를 들고 크레우사가 이온과 죽을힘을 다해 싸우고 있는 신전으로 갔다. 여사제가 오는 것을 본 이온은 크레우사를 놓아주고 여사제에게 다가갔다. 그리고 큰 소리로 말했다.

"사랑하는 어머님! 어서 오십시오. 저를 낳아주시지는 않았지만, 당신은 제 어머니입니다. 제가 어떤 함정에서 벗어났는지 들으셨나요? 아버지를 만나자마자 사악한 계모가 저를 죽이려고 했습니다! 어머님, 제가 어떻게 하면 될까요? 어머님의 뜻에 따르겠습니다."

이온

109

여사제가 경고하듯이 손가락을 들어 말했다.

"이온아! 더럽혀지지 않은 손으로 친절한 새의 신호에 따라 아테나이로 가야 한다!"

이온은 잠시 생각하더니 말했다.

"원수를 죽여도 죄를 짓는 겁니까?"

신성한 여사제가 말했다.

"그러지 말아라! 내 손에 들린 이 낡은 광주리가 보이느냐? 이 광주리를 다시 신선한 화환으로 장식했다. 이것은 어릴 적 네가 담겨 있던 광주리란다."

이온은 놀라서 말했다.

"어머니, 왜 여태 그런 말씀을 하지 않으셨습니까! 어째서 이렇게도 오랫동안 제게 숨기셨습니까?"

"신께서 너를 사제로 삼고자 했기 때문이다. 이제는 너에게 아버지를 찾아주고 너를 아테나이로 보내려 하신다."

이온이 계속해서 물었다.

"그런데 이 광주리가 어쨌다는 겁니까?"

"사랑하는 아들아! 그 속에는 너를 감쌌던 포대기가 들어 있단다."

이온이 놀라 외쳤다.

"제 포대기라고요? 그럼 이것이 저를 생모에게 데려다줄 실마리가 되겠군요!"

여사제는 뚜껑 없는 광주리를 내밀었다. 이온은 눈을 반짝이며 그 속에 손을 넣더니 예쁘게 말아놓은 포대기를 꺼냈다. 이온이 눈물 어린 눈으로 이 귀중한 유품을 바라보는 동안 크레우사의 불안도 점점 가라앉았다. 그러다가 그 광주리를 흘끗 본 순간 모든 진실을 분명히 알게 되었다.

크레우사는 단숨에 제단에서 물러나 기쁨에 벅차 아들을 소리쳐 불렀다. 그러고는 넋을 잃고 서 있는 이온을 끌어안았다.

그러나 이온은 이 낯선 여자의 포옹이 새로운 음모라고 생각해 화를 내며 품에서 벗어나려 했다. 크레우사는 두세 걸음 뒤로 물러나 말했다.

"아들아! 이 마포가 나를 위해 증언해줄 거야. 안심하고 풀어보아라. 네게 붙여놓았던 표식을 볼 수 있을 테니. 그 헝겊 한가운데에 뱀으로 둘러싸인 괴물 고르고의 얼굴이 그려져 있을 것이다. 제우스의 방패와 똑같이 말이다."

이온은 의심스러워하며 포대기를 풀었고, 곧 기쁨에 겨워 환성을 질렀다.

"오! 위대한 제우스 신이여! 괴물 고르고다, 뱀이다!"

크레우사가 말을 이었다.

"또 광주리 속에는 작은 황금 용도 있을 것이다. 새로 태어난 아기한테 줄 목걸이로 에릭토니오스의 광주리에 들어 있던 용을 기념해 만든 것이란다."

이온은 광주리 속을 뒤지더니 웃으며 용의 조각을 꺼냈다.

"마지막 표식은 언제나 푸르른 올리브의 관, 그것은 여신 아테네가 처음으로 심은 올리브 나무*에서 딴 것으로 내가 아기에게 씌웠었지."

이온은 광주리를 뒤져 아름다운 올리브 관을 꺼냈다.

"어머니, 어머니!"

이온은 목이 메어 외치더니 크레우사를 끌어안고 흐느껴 울었다. 그러고는 그 뺨에 입술을 비벼댔다. 한참 후 이온은 크레우사와 떨어져 아버지인 크수토스를 만나고 싶다고 했다. 크레우사는 이온에게 출생의 비밀을 말해주었다. 이온은 자신이 오랫동안 섬겨왔던 신전의 주인인 아폴론이 자기 아버지임을 알게 되었다. 그리고 조금 전에 일어난 모든 일, 즉 크레우사가 실망한 나머지 자기를 죽이려 했다는 사실도 이해하게 되었다.

양아들 이온을 품에 안은 크수토스는 그를 신의 거룩한 선물이라 생각했다. 그리고 세 사람은 신께 감사하기 위해 다시 신전으로 들어갔다. 여사제는 세발솥 모양의 좌석에 앉아, 이온이 위대한 민족의 아버지가 되고 그 민족은 그의 이름을 따서 이오니아 인이라 불리게 되리라 예언했다. 여사제는 또 크수토스에게도 크레우사와의 사이에서 아들이 생길 것이고, 이 아들은 도로스라고 불리며 세계적으로 유명한 도리스 인의 시조가 될 것이라고 예언했다. 크수토스와 크레우사는 모든 소원이 만족스럽게 이루어진 데 기뻐하며 희망을 가득 안고 아들 이온과 함께 아테나이로 돌아갔다. 델포이 주민 모두가 세 사람을 배웅했다.

---

* 옛날에 바다의 신 포세이돈과 여신 아테네가 도시 아테나이를 차지하기 위해 아테나이 사람들에게 선물 공세를 했다. 먼저 포세이돈은 삼지창으로 성곽 아크로폴리스의 바위를 쳐 바닷물이 솟구치게 했다. 아테네는 같은 바위에다 제일 먼저 올리브 나무를 심었다. 결국 아테네의 선물이 더 가치 있었기 때문에 이 도시는 그 후부터 지혜와 싸움의 여신 아테네에게 바쳐졌다.

다이달로스와 이카로스

아테나이 출신 다이달로스도 에렉테우스 가문 사람이다. 그는 메티온의 아들이자 에렉테우스의 증손자였다. 건축가이며 조각가 또 석공으로서 그는 당대에 예술적 재능이 가장 뛰어난 사람 중 하나였다. 그가 만든 작품을 보고 놀라워하는 사람이 세계 각지에 많았다. 그의 조각은 마치 살아 움직이는 것 같았다. 이전에 거장들이 새긴 조각을 보면 두 눈은 감고 있고 두 손은 차려 자세로 몸 양쪽에 축 늘어져 있었다. 그러나 다이달로스가 만든 조각은 처음으로 눈을 뜨고 두 손을 내밀며 걷고 있었다. 다이달로스는 예술적 재능은 뛰어났지만 교만하고 시기심이 많았다. 못된 성품 탓에 범죄를 저질렀고, 결국 불행에 빠졌다.

다이달로스에겐 탈로스라는 조카가 있었다. 그는 이 조카를 직접 가르쳤다. 탈로스는 다이달로스보다 더 뛰어난 재능을 보였다. 어릴 때 벌써 물레를 발명해낼 정도였다. 어느 날인가는 어디서 뱀의 턱을 들고 와 뾰족한 이빨을 톱니로 이용해 얇은 널빤지를 자르는 데 성공했다. 그래서 그는 쇠를 뱀의 이빨 모양으로 만들어 톱이라는 도구를 발명했다. 또한 탈로스는 쇠로 두 개의 팔을 만들어 연결시킨 다음, 하나가 돌아갈 때 다른 하나가 돌아가지 않도록 해서 컴퍼스를 고안했다. 이 밖에도 여러 가지 정교한 연장을 스승의 도움 없이 만들어내 명성을 떨쳤다.

다이달로스는 제자의 명성이 자신을 능가할까 봐 두려워졌고, 결국 시기심을 이기지 못해 탈로스를 아테나이 성에서 밀어뜨려 죽였다. 다이달로스는 죽은 탈로스를 땅에 묻다가 누군가에게 들켰다. 뱀을 묻고 있다고 둘러댔지만 결국 살인 혐의로 아테나이 법정에 고소되어 유죄 판결을 받았다.

그렇지만 다이달로스는 아테나이에서 도망쳤다. 처음에는 앗티케를 떠돌다가, 잡힐 게 두려워 더 멀리 크레테 섬까지 가서 미노스 왕에게 망명을 요청했다. 그는 미노스 왕의 보호를 받았고 그의 친구가되어 유명한 기술자로서 크게 존경받았다. 미노스 왕은 괴물 미노타우로스*를 사람들 눈에 띄지 않도록 가둬둘 장소를 만들기 위해 고심하고 있었다. 미노타우로스는 머리에서 어깨까지는 황소이고, 나머지부분은 인간과 똑같은 추악한 괴물이었다.

재간 많은 다이달로스는 미노타우로스를 가둘 장소로 미궁을 생각해냈다. 그 미궁은 한번 들어서면 길을 잃을 수밖에 없을 정도로 많은 통로가 미로로 얽혀 있었다. 어떤 통로는 앞물과 뒷물이 소용돌이쳐

＊　미노타우로스는 포세이돈이 미노스에게 보낸 황소와 미노스의 아내 파시파에 사이에서 태어난 아들이다. 미노스 왕을 괘씸하게 여긴 포세이돈이 미노스의 아내로 하여금 황소에게 비정상적인 사랑을 느끼게 했다고 한다.

재간 많은 다이달로스는 미노타우로스를 가둘 장소로 미궁을 생각해냈다. 그 미궁은 한번 들어서면 길을 잃을 수밖에 없을 정도로 많은 통로가 미로로 얽혀 있었다. 미궁이 완성되자 다이달로스는 시험 삼아 자신이 먼저 들어갔다. 발명가인 그도 가까스로 돌아 나왔을 정도로 미궁은 복잡했다. 왕은 미노타우로스를 이 미궁에 감춰두고 일곱 소년과 일곱 소녀를 제물로 주었다. 모자이크의 미궁 속 한가운데에 테세우스가 미노타우로스를 죽이는 모습이 새겨져 있다. 왼쪽 그림에는 아리아드네가 테세우스에게 실타래를 건네주고 있다. 오른쪽은 일행과 함께 도망치다가 낙소스에 버려진 아리아드네를 묘사한 것으로 보인다.

〈테세우스의 모험〉, 로마 모자이크, 기원전 2세기경.

럼 서로 얽혀 흐르는 프뤼기아의 마이안드로스 강 같았다. 미궁이 완
성되자 다이달로스는 시험 삼아 자신이 먼저 들어갔다. 발명가인 그
도 가까스로 돌아 나왔을 정도로 미궁은 복잡했다. 왕은 미노타우로
스를 이 미궁의 가장 깊은 구석에 감춰두고 일곱 소년과 일곱 소녀를
제물로 주었다. 도시 아테나이가 옛날에 도시 크레테에 진 빚을 갚기
위해 구 년마다 이 소년 소녀 들을 크레테 왕에게 보냈다.

그리운 고향을 떠나 오랜 세월 망명생활을 한 다이달로스는 점점
지쳤다. 게다가 폭군 미노스 왕은 바다로 둘러싸인 섬에서 일생을 보
내야 하는 친구를 불신하기 시작했다.* 발명가인 다이달로스는 탈출
방도를 고민했고, 긴 침묵 끝에 기뻐 외쳤다.

"살아서 나갈 좋은 방법이 떠올랐어. 미노스가 땅과 바다를 지키고
있더라도 하늘은 비어 있다. 아무리 미노스라 해도 하늘은 어쩔 수 없
지. 그래, 하늘로 도망치는 거야!"

그는 곧장 실행에 옮겼다. 다이달로스는 발명가 정신으로 자연의
한계도 극복해냈다. 여러 가지 크기의 깃털을 이어 붙이기로 하고, 우
선 가장 작은 것부터 시작했다. 그는 짧은 깃털을 긴 깃털에 차례차례
이어 붙이는 방식으로 커다란 날개를 만들었다. 이 날개의 한가운데
를 실로 단단히 꿰맨 다음 아랫부분을 초로 굳혔다. 그러고는 전체를
약간 굽히니까 정말 날개처럼 보였다.

다이달로스에게는 이카로스라는 이름의 어린 아들이 있었다. 이카

---

* 크레테 섬을 찾아온 테세우스가 아리아드네의 도움으로 미궁 속 미노타우로스를 죽이자 화가
난 미노스 왕이 다이달로스와 그 아들을 미궁에 가둬버렸다는 이야기도 전한다.

로스는 옆에 서서 아버지의 일을 힘닿는 데까지 도왔다. 바람에 흔들리는 솜털을 지닌 깃털을 손질하거나, 아버지가 사용하는 노란 초를 반죽하기도 했다. 아들의 일이 다이달로스에게 썩 도움이 되지는 않았지만 내버려두었다. 오히려 아들의 서툰 솜씨에 미소를 짓고는 했다. 드디어 날개가 완성되었다. 다이달로스는 날개를 몸에 달고 균형을 잡더니, 새처럼 가볍게 날개를 저어 하늘로 올라갔다. 그리고 다시 땅 위로 내려와 이카로스에게 나는 법을 일러주었다. 아들을 위한 작은 날개도 한 쌍 준비했던 것이다.

다이달로스가 말했다.

"사랑하는 아들아! 항상 바다와 태양 그 중간으로 날아가야 한다. 너무 낮게 날면 날개가 바닷물에 젖게 되고 날개가 젖어 무거워지면 바다에 떨어질 테니까 말이다. 또 하늘로 너무 높이 올라가 태양에 지나치게 가까워지면 날개가 불타버릴 수도 있단다. 그런 일이 없도록 바다와 태양 그 중간으로 날아야 한다. 언제나 내 뒤를 잘 따라와야 해. 알겠지?"

이렇게 타이르며 다이달로스는 아들의 어깨에도 날개를 달아주었다. 그러나 그의 손은 떨렸고 마음이 불안해져 눈물까지 고였다. 아들을 안고 입을 맞추었으나, 그것은 결국 마지막 입맞춤이 되고 말았다.

두 사람은 하늘로 날아올랐다. 둥지에서 어린 새끼를 처음 하늘로 데리고 나온 어미 새같이 세심하게 신경 쓰면서 아버지가 앞에서 날았다. 아버지는 아들이 잘 보고 따라할 수 있도록 신중하게 날개를 움직였다. 때때로 뒤를 돌아보며 자식의 모습을 확인했다. 처음에는 모든 것이 순조로웠다. 왼편 아래로 사모스 섬을 지났고 곧 델로스와 파로스 그리고 여러 섬을 지나 날아갔다.

신이 난 이카로스가 어느새 아버지 곁에서 벗어나 하늘 높이 날아오를 때까지, 그들은 발아래 놓인 해안선을 내려다보며 계속해서 날았다. 그러나 아버지가 경고한 일이 기어이 일어나고 말았다. 태양에 가까워지자 그 뜨거운 빛이 날개를 고정시킨 초를 녹이기 시작한 것이다.

이카로스가 알아차릴 틈도 없이 날개가 두 어깨에서 떨어져나갔다. 불쌍한 이카로스는 공중에서 허우적거리며 팔로 날갯짓을 했지만 바람을 탈 수는 없었다. 그는 곧장 아래로 추락했다. 아버지의 이름을 부르며 살려달라고 말하고 싶었지만 그 말을 하기도 전에 망망한 푸른 바다가 그를 집어삼켰다. 너무 순간적으로 벌어진 일이라 다이달로스는 알아차리지도 못했다. 그가 뒤를 돌아보았을 때 아들의 모습은 이미 보이지 않았다. 다이달로스는 허공을 향해 슬프게 외쳤다.

"이카로스, 이카로스! 어디 있느냐?"

다이달로스는 불안한 마음으로 바다 위를 찾아보았다. 그러자 물에 떠 있는 날개가 보였다. 다이달로스는 땅으로 내려와 날개를 떼고 절망적인 심정으로 해안을 이리저리 헤매고 다녔다. 잠시 후 불쌍한 아들의 시신이 파도에 실려 해안으로 떠밀려 왔다. 탈로스의 복수는 이렇게 이루어졌다.

다이달로스는 절망 속에서 아들을 묻었다. 이카로스의 시신이 떠밀려 온 그 섬은 자식의 이름을 영원히 기념하기 위해 '이카리아'라고 이름 지었다.* 다이달로스는 아들을 장사 지낸 뒤 여행을 계속해 시켈리아 섬으로 갔다. 이 섬은 코칼로스 왕이 다스리고 있었다. 크레테

다이달로스에게는 이카로스라고 하는 어린 아들이 있었다. 다이달로스는 다양한 크기의 깃털을 이어 붙여 커다란 날개를 만들었다. 이카로스는 옆에 서서 아버지의 일을 힘닿는 데까지 도왔다. 드디어 날개가 완성되자 그는 아들의 어깨에도 작은 날개를 달아주며 타일렀다. "사랑하는 아들아! 항상 바다와 태양의 중간으로 날아가야 한단다. 언제나 내 뒤를 따라오는 거야. 알겠지?" 다이달로스가 크레테 섬에서 도망가기 위해 아들 이카로스의 등에다 날개를 달아 하늘로 올려 보내고 있다.

〈다이달로스와 이카로스〉, 샤를 P. 랭동, 1799년, 알랭송 회화 및 레이스 박물관.

섬의 미노스 왕과 마찬가지로 코칼로스 왕도 그를 친구로 맞아주었으며, 그의 기술에 놀라워했다. 우선 다이달로스는 시켈리아 섬에 인공호수를 만들어주었다. 이 인공호수는 폭이 넓은 강을 통해 가까운 바다로 흘러들었다.

또 다이달로스는 나무 몇 그루 심을 땅도 없는 깎아지른 절벽 위에 작지만 견고한 성을 건축해주었다. 그는 그곳에 가려면 좁고 꼬불꼬불한 길을 갈 수밖에 없게 만들어 서너 명만으로도 이 성을 충분히 방어할 수 있도록 했다. 코칼로스 왕은 이 난공불락의 성을 재물 저장고로 사용했다.

다이달로스가 시켈리아에서 세 번째로 한 일은 깊은 동굴 속에 증기탕을 만드는 것이었다. 그는 솜씨 좋게 지하의 불에서 생겨난 증기를 모아 마치 따뜻한 방에 있는 것 같은 효과를 냈다. 사람이 이 동굴에 있으면 더위에 시달리지 않으면서도 천천히 땀을 흘려 몸이 좋아지게 만든 것이다. 또한 그는 앞산 에뤽스에 있는 아프로디테 신전도 확장했다. 그리고 최고 기술로 실물과 똑같이 조각한 황금 벌집을 여신에게 바쳤다.

그러던 어느 날 미노스 왕은 다이달로스가 시켈리아로 도망쳤다는 소식을 들었다. 미노스 왕은 막강한 군대를 이끌고 가서 그를 붙잡아오기로 결심했다. 그는 함대를 편성하여 크레테 섬을 떠나 시켈리아의 아그리겐토로 향했다. 군대를 아그리겐토에 상륙시킨 그는 코칼로

❋   다른 전설에 의하면 헤라클레스가 이카로스의 시신을 찾아 매장해주고 섬에 그의 이름을 붙였다고 한다. 그 이야기는 1권 4장 '헤라클레스 이야기'에 등장한다.

스 왕에게 사자를 보내 도망자를 인도할 것을 요구했다. 그러나 다른 나라 폭군의 침입에 화가 난 코칼로스 왕은 미노스 왕을 죽일 방책을 강구했다. 먼저 왕은 미노스 왕의 요청을 받아들이는 척하면서 하라는 대로 모두 하겠다고 약속했다. 그리고 그를 회담에 초대했다.

미노스 왕이 찾아오자 코칼로스 왕은 정성껏 대접했다. 그리고 여행의 피로를 푸는 데는 따뜻한 목욕이 좋다며 증기탕에서 쉴 것을 권했다. 미노스 왕이 욕조에 들어가자 코칼로스 왕은 불을 계속 지펴 그를 죽였다. 코칼로스 왕은 미노스의 시신을 일행에게 넘겨주며, 그가 욕실에서 끓는 물 쪽으로 미끄러져 죽었다고 말했다. 병사들은 왕의 장례를 성대하게 치르고는 미노스 왕을 아그리겐토에 묻었다. 그의 무덤 위에는 아프로디테 신전이 세워졌다.

다이달로스는 코칼로스 왕의 곁에 머물며 많은 존경을 받았다. 그는 유명한 기술자들을 여러 명 길러내며 시켈리아에서 기술의 창시자가 되었다. 그러나 아들 이카로스가 하늘에서 추락한 후로 그는 행복을 느끼지 못했다. 자기에게 피난처를 제공해준 땅에 여러 가지를 만들어주어 시켈리아를 밝고 아름답게 꾸몄지만, 그는 노년을 슬픔과 고민으로 보냈다. 다이달로스는 시켈리아 섬에서 죽었고 그곳에 묻혔다.

2장

Die schönsten Sagen des klassischen Altertums

아르고 호 원정대, 모험을 떠나다

아르고 호 원정대 이야기

이아손과 펠리아스

이아손은 크레테우스의 아들 아이손의 자식이었다. 할아버지는 텟살리아 지역에 도시 이올코스와 왕국을 세워 아들 아이손에게 유산으로 남겨주었다. 그러나 그의 동생 펠리아스가 왕좌를 빼앗았다. 아버지가 죽은 뒤 이아손은 수많은 영웅을 길러낸 켄타우로스 케이론에게 맡겨져 훌륭한 교육을 받으며 자라고 있었다. 늙은 펠리아스는 이해하기 어려운 신탁이 걱정스러웠다. 신탁은 그에게 신발을 한 짝만 신은 사람을 조심하라고 경고했기 때문이다. 왕은 이 예언의 뜻을 알기 위해 골똘히 생각해봤으나 아무런 소용이 없었다.

한편 스무 해 동안 케이론에게서 교육받은 이아손은 펠리아스에게 자기 집안의 왕권을 요구하기 위해 고향 이올코스로 몰래 떠났다. 옛 영웅의 관습에 따라 이아손은 두 개의 창을 몸에 지녔는데, 그중 하나는 던지는 데 쓰는 투창이고 다른 하나는 찌르는 데 쓰는 창이었다. 그는 여행복을 입고, 그 위에 자신이 사냥한 표범의 가죽을 덧입었다. 한 번도 깎은 적 없는 머리털이 어깨까지 내려와 있었다.

길을 가는 도중 폭이 넓은 강에 다다랐을 때 강기슭에 서 있던 한 노파가 강을 건너게 도와달라고 이아손에게 청했다. 이 노파는 바로 펠리아스 왕의 원수이자 신들의 어머니인 헤라였다.* 그러나 이아손은 모습이 바뀐 여신 헤라를 알아보지 못했으며 그저 불쌍한 노파라고 생각해 그녀를 안아 강을 건너주었다. 강을 건너는 도중 한쪽 샌들이 진흙 속에 박혀버렸다. 그러나 그는 그대로 여행을 계속해 이올코스에 닿았다. 때마침 그의 삼촌 펠리아스 왕은 백성들과 함께 시장에서 바다의 신 포세이돈에게 성대한 제사를 올리고 있었다. 사람들은 이아손을 보고 그의 아름다움과 위엄에 놀랐다. 그들은 아폴론이나 아레스가 갑자기 나타난 것이 아닐까 생각했다. 제물을 바치던 왕이 보기에도 이 낯선 남자는 눈에 띄었다.

왕은 이아손이 한쪽 발에만 신을 신고 있는 것을 보고 깜짝 놀랐다. 신성한 제사가 끝났을 때 왕은 놀란 기색을 숨기며 나그네에게 다가가 이름과 고향을 물었다. 이아손은 자기는 아이손의 아들이며 케이론의 동굴에서 교육받았고, 이번에 아버지의 집을 보기 위해 온 것이라고 부드럽지만 단호함이 배어 있는 목소리로 대답했다. 영리한 펠리아스는 이 말을 듣고 또 한 번 놀랐지만, 내색하지 않고 그를 친절

---

*　펠리아스는 형 아이손과는 달리 어머니 튀로가 포세이돈 신과의 사이에서 낳은 자식이었다. 그는 훗날 어머니를 박대하던 계모 시데로에게 복수했는데, 헤라의 제단으로 피신한 그녀를 끝까지 쫓아가 죽였다. 그래서 여신 헤라는 자신을 모욕한 펠리아스를 파멸시키겠다고 마음먹은 것이다.

히 대했다. 펠리아스는 이아손을 데리고 다니며 궁전 곳곳을 안내했다. 이아손은 자기가 그리워했던 어린 시절의 집을 보고 즐거워했다. 이곳에서 이아손은 닷새 동안 흥겨운 잔치를 벌여 사촌과 친척들과 즐겁게 재회했다. 엿새째 되는 날, 이아손과 친척들은 펠리아스 왕 앞으로 가서 나란히 섰다. 이아손은 공손히 삼촌에게 말했다.

"왕이시여! 제가 합법적인 왕의 아들이며, 지금 당신이 소유한 것이 제 소유임을 당신도 잘 아실 겁니다. 그러나 저는 당신이 제 부모에게서 빼앗은 양과 소 떼와 논밭 전부를 양보합니다. 저에게는 오직 왕홀과 전에 아버지가 앉아 계시던 왕좌만 돌려주십시오."

이 말을 들은 펠리아스는 이내 마음이 진정되어 부드럽게 대답했다.

"네 요구를 받아들이겠다. 그러나 대신 내 요구를 하나 들어주기 바란다. 그것은 너처럼 혈기왕성한 청년에겐 알맞은 일이지만, 나 같은 늙은이로서는 도저히 할 수 없는 일이기 때문이다. 오래전부터 테바이 왕 프릭소스의 망령이 내 꿈에 나타나서는 자기 영혼의 소원이라며 콜키스의 아이에테스 왕에게로 가 거기 있는 자기 유골과 황금 양가죽을 가지고 돌아와달라고 자꾸 조르는구나. 네가 그 굉장한 황금 양가죽을 가지고 돌아오는 날 새벽에 너는 이 나라와 왕홀을 받게 될 것이다."

아르고 호 원정의 동기와 시작

황금 양가죽에는 다음과 같은 사연이 얽혀 있었다. 보이오티아 왕 아타마스의 아들 프릭소스는 아버지의 첩이자 사악한 계모 이노에게 심한 구박을 받고 자랐다. 생모 네펠레는 아들 프릭소스가 더는 구박을 받지 않게 하려고 딸 헬레와 더불어 몰래 데려왔다. 그녀는 아이들을 날개 달린 양에 태웠다. 이 양은 헤르메스 신에게 선물받은 것으로 순금 털가죽을 가지고 있었다. 이 놀라운 동물을 타고 오빠와 동생은 하늘을 날아 땅과 바다를 지나갔다. 그러나 날아가는 도중에 여동생이 그만 현기증을 일으켰다. 결국 그녀는 높은 하늘에서 바다로 떨어져 죽었다. 그 후 바다는 헬레의 이름을 따와 '헬레스폰토스(헬레의 바다)'라고 부르게 되었다.

다행히도 프릭소스는 흑해 해안 콜키스 인의 나라에 닿았다. 이곳을 다스리던 아이에테스 왕은 그를 손님으로 따뜻하게 맞아주고 딸 칼키오페를 아내로 주었다. 프릭소스는 무사히 도망치게 해준 제우스 신에게 양을 제물로 바치고, 황금으로 된 털가죽은 아이에테스 왕에게 선물로 주었다. 아이에테스 왕은 그것을 아레스 신에게 바쳤고 아레스 신의 신성한 숲으로 가서 나무에다 못으로 박아놓았다. 아이에테스는 괴물 용으로 하여금 황금 양가죽을 지키게 했다. 왕의 생명은 이 황금 양가죽의 소유에 달렸다는 예언이 있었기 때문이다.

황금 양가죽은 세계 어느 곳에서나 값진 보물로 여겨졌으며, 그리스에서도 오랫동안 황금 양가죽에 대한 소문이 떠돌았다. 수많은 영웅과 군주가 황금 양가죽을 자기 것으로 만들고자 했다. 그러므로 펠리아스가 조카 이아손을 유혹해 이 굉장한 보물을 손에 넣으려 한 것은 이상한 일이 아니었다. 이아손도 흔쾌한 마음으로 동의했다. 그는 자신이 이 원정길에서 위험에 처해 죽기를 바라는 삼촌의 의도는 눈치 채지 못해 임무를 달성하겠다고 약속해버린 것이다.

이 대담한 모험에 그리스에서 가장 유명한 영웅들도 함께하자는 요청을 받았다. 펠리온 산기슭에서는 아테네 여신의 지도에 따라 그리스에서 가장 숙련된 건축가가 바닷물에도 썩지 않는 목재로 쉰 개의 노를 가진 화려한 배를 건조했다. 그리고 배를 만든 아레스토르의 아들 아르고스의 이름을 따 '아르고'라고 불렀다. 이 배는 그리스 인들이 큰 바다를 항해하기 위해 처음으로 만든 기다란 배였다.

여신 아테네는 자기 신전에 있는 말하는 박달나무로 예언하는 판자도도네를 주었는데 이 판자로 선원들은 뱃머리를 만들었다. 배는 여러 조각으로 화려하게 장식되었다. 영웅들이 열이틀 동안 어깨에 메고 먼 곳까지 나를 수 있을 정도로 아주 가볍게 만들어졌다.

배가 완성되고 영웅들이 모이자 아르고 호 원정대원들의 임무가 제비뽑기로 결정되었다. 이아손은 전체 원정대의 지도자, 티퓌스는 조타수, 시력이 좋은 륑케우스는 물길안내인이 되었다. 뱃머리에는 영웅 헤라클레스가, 선미에는 아킬레우스의 아버지 펠레우스 그리고 그 곁에 아이아스의 아버지 텔라몬이 딱 버티고 앉아 있었다. 배 한가운데에는 제우스의 아들들인 카스토르와 폴뤼데우케스, 네스토르의 아버지 넬레우스, 경건한 알케스티스의 남편 아드메토스, 칼뤼돈 멧돼지 사냥의 승리자 멜레아그로스, 경탄할 만한 가수 오르페우스, 파트로클로스의 아버지 메노이티오스, 후에 아테나이 왕이 된 테세우스와 그 친구 페이리토오스, 헤라클레스의 젊은 길동무 휠라스, 포세이돈의 아들 에우페모스와 소(小) 아이아스의 아버지 오일레우스가 있었다. 이아손은 배를 바다의 신 포세이돈에게 바쳤다. 그리고 배가 출발하기 전에 포세이돈과 바다의 신들 모두에게 기도와 함께 성대한 제사를 드렸다.

모든 원정대원이 배 안의 제자리로 가서 위치를 잡자 닻이 올라갔다. 쉰 개의 노가 일제히 박자를 맞춰 움직이기 시작했다. 순풍에 돛이 부풀면서 곧 이올코스 항은 배 뒤편으로 멀어져갔다. 오르페우스는 흥겨운 리라 연주와 감동을 주는 노래로 원정대원들의 기운을 북돋워주었다. 이들은 들뜬 마음으로 곶과 섬을 지나갔다. 이튿날 첫 번째 폭풍이 불어 배는 렘노스 섬의 항구에 정박했다.

렘노스 섬으로 향한 아르고 호의 영웅들

일 년 전 렘노스 섬에서는 아내들이 아프로디테의 분노와 질투심에 사로잡혀 남편들을 비롯해 남자란 남자는 모조리 박해해 죽인 일이 있었다. 남편들이 트라케에서 첩을 데려왔기 때문이다. 오직 휩시퓔레만이 아버지 토아스 왕을 궤짝에 넣어 바다로 띄워 목숨을 살렸다.* 이때부터 여자들은 첩의 친척인 트라케 인이 쳐들어오지나 않을까 노심초사하며 한시도 마음을 놓지 못했다. 그녀들은 불안한 눈으로 바다 저편을 바라보고는 했다.

그때 노를 저어 섬으로 다가오는 아르고 호를 보자, 여자들은 아마

---

* 휩시퓔레는 훗날 이 일에 대해 대가를 치른다. 아버지를 살린 사실이 알려지자 부하들은 이 불행한 여왕을 해적한테 팔아넘겼고, 해적은 다시 그녀를 네메아의 뤼쿠르고스 왕에게 팔아넘겼기 때문이다. 그 후 그녀의 운명은 1권 6장 '테바이를 공격하는 일곱 영웅들'에서 계속된다.

존의 여전사처럼 무장하고 나와 해안으로 몰려갔다. 아르고 호의 영웅들은 남자라고는 한 사람도 없고 무장한 여인으로 가득 찬 해안을 이상하게 여겼다. 그들은 평화의 지팡이를 가진 전령을 작은 배에 태워 이 이상한 여자들한테 보냈다. 전령은 여왕 휩시퓔레 앞으로 인도되었다. 그는 손님으로서 잠시 쉬게 해달라는 아르고 호 원정대의 청을 겸손하게 전했다.

여왕은 여자들을 도시의 광장으로 불러 모았다. 그녀는 돌로 된 아버지의 왕좌에 앉았다. 바로 옆에는 나이 많은 유모가 지팡이에 의지해 서 있고, 좌우에는 금발의 가냘픈 소녀가 둘씩 앉아 있었다. 여왕은 모인 여자들에게 아르고 호의 평화적 요청을 전한 뒤 말했다.

"사랑하는 자매들이여! 우리는 커다란 악행을 저지르고 어리석게도 남자를 잃었다. 만약 이들이 좋은 친구들이라면 거절할 것까지는 없다. 그러나 우리의 나쁜 짓이 조금이라도 저 이방인들에게 새어나가지 않도록 조심해야만 한다. 그러므로 저 이방인들에게 음식과 술, 그 밖에 저장해둔 것들을 배로 날라주고, 이 성벽에서는 멀리 떼어놓았으면 한다."

여왕이 앉자 늙은 유모가 일어섰다. 그리고 어깨로부터 겨우겨우 목을 들어 말했다.

"이방인에게 선물을 보내는 것은 언제나 좋은 일입니다. 그러나 생각해보세요. 만일 트라케 인이 쳐들어온다면 우리들은 어떻게 해야 할지를. 자비로운 어떤 신이 있어 설령 트라케 인을 막아준다 해도, 다른 재난도 모두 사라지는 것은 아니지요? 물론 나 같은 늙은이는 태연할 겁니다. 비참해지기 전에, 준비해둔 식량이 다 떨어지기 전에 죽을 테니까요. 그러나 당신네 젊은이들은 앞으로 어떻게 살아갈 건가요? 소가 혼자 멍에도 짊어지고 논밭도 알아서 쟁기로 갈아주겠어요? 추수 때가 되면 소가 익은 벼이삭을 대신 거둬주나요? 이런 여러 괴로운 일을 당신들의 힘만으로 해낼 수 있을까요? 내가 한마디 충고하지요. 당신들의 일을 도와주기에 안성맞춤인 일꾼들을 쫓아내지 마세요. 훌륭한 외국 남자들에게 재산을 맡겨 이 아름다운 도시를 관리하게 하자는 겁니다."

이 충고는 렘노스의 모든 여자를 기쁘게 했다. 여왕은 자신을 보좌하는 소녀를 전령과 함께 배로 보내 아르고 호 대원들에게 여자들의 호의를 알렸다.

영웅들도 매우 기뻐했다. 그들은 휩시퓔레가 아버지 사후에 왕권을 평화적으로 이어받은 것으로 믿었다. 이아손은 아테네 여신에게서 받은 자주색 망토를 어깨에 걸치고 도시로 들어갔다. 성문을 들어서자 몰려든 여자들이 환성을 올리며 기쁘게 손님을 맞이했다. 그러나 이아손은 관습에 따라 눈을 내리깔고 여왕의 궁전으로 발길을 서둘렀다. 시녀들이 높은 문을 좌우로 활짝 열었다. 소녀가 그를 여왕의 방으로 안내했다. 이아손은 화려한 의자에 여왕과 마주 앉았다.

휩시퓔레는 눈을 내리뜨고 뺨을 붉혔다. 그리고 애교 있는 말투로 이아손에게 물었다.

"외국에서 온 손님이여! 당신들은 어째서 그렇게 사양하며 성문에 머물러 계십니까? 이 도시에 남자는 없으니 겁낼 것 없습니다. 우리들의 남편은 성실함을 잃어 우리들을 버리고, 싸움에서 사로잡은 트라케 여자들과 함께 그 나라로 가버렸습니다. 게다가 아들과 종도 모두 데려갔기 때문에 남아 있는 우리는 당황스럽습니다. 그러니까 제발 우리에게로 오십시오. 만일 원하신다면 아버지 토아스 왕을 대신하여 부하들과 함께 우리를 지배하셔도 좋습니다. 이 나라에선 아주 편히 지내실 수 있습니다. 모든 것이 풍부한 섬이니까요. 훌륭한 지도자여! 가서 당신의 동료들에게 이 뜻을 전하고 어서 도시로 들어오십시오."

휩시퓔레는 친절하게 말했지만 남자들을 죽인 사실은 감추었다. 이아손은 대답했다.

"여왕님! 당신의 호의를 고맙게 받아들이겠습니다. 동료들에게 이 소식을 전하고 도시로 들어오겠습니다. 그러나 왕홀과 섬은 당신이 계속 가지고 계십시오. 제가 그것을 가볍게 여긴다고는 생각하지 마십시오. 먼 나라에서 힘든 싸움이 우리를 기다리고 있어서 그런 것이니까요."

이아손은 젊은 여왕에게 손을 내밀어 이별인사를 하고 급히 해안으로 되돌아갔다. 곧바로 섬의 여인들이 많은 선물을 실은 수레를 타고 뒤따라갔다. 그녀들은 미리 이아손을 통해 소식을 접한 영웅들을 별로 힘들이지 않고 설득할 수 있었다.

이아손은 왕의 성에, 다른 사람들은 각각 다른 곳에 쉴 장소를 정했다. 안락한 생활을 별로 좋아하지 않는 헤라클레스만 동료 두서넛과 함께 배에 머물렀다. 도시는 벌써 즐거운 식사와 춤으로 흥청댔다. 향기로운 제물의 연기가 하늘로 올라갔다. 여자들과 손님들은 섬의 보호신인 헤파이스토스와 그의 아내 아프로디테에게 제물을 바쳤다. 출항은 그렇게 하루하루 연기되었다. 만일 헤라클레스가 배에서 나와 몰래 동료들을 모으지 않았다면, 영웅들은 친절한 여자들에게서 헤어 나지 못했을 것이다.

헤라클레스가 화가 나서 소리쳤다.

"불쌍한 친구들! 여자 따위는 당신들 나라에도 얼마든지 있지 않은 가. 그대들은 고작 즐기려고 이곳까지 왔는가? 렘노스 섬에서 농부가 되어 밭이나 갈 작정인가? 아니면 어떤 신이 황금 양가죽을 가져다가 우리 발밑에 놓아주리라 믿는 것인가! 그렇다면 나는 고향으로 돌아 가겠네. 이아손은 휩시퓔레와 결혼할 테면 해보게. 렘노스 섬에서 자 식이나 낳고 살면서 남들 영웅담이나 들으라지!"

헤라클레스의 말에 감히 대항할 자는 없었다. 남자들은 곧바로 출 항을 준비했다. 영웅들의 뜻을 알아차린 렘노스 섬의 여자들이 애원 하며 간청했지만, 결국에는 그들의 결심을 따랐다. 휩시퓔레는 눈물 을 머금고 여자들 사이에서 나오더니 이아손의 손을 잡고 말했다.

"가세요. 신들이 당신과 당신 동료들에게 소원하는 황금 양가죽 을 주시기를! 만일 언제든지 이 섬으로 돌아오신다면 이 섬과 아버지 의 왕홀은 당신을 기다리고 있을 것입니다. 그러나 당신에게는 그럴 생각이 없음을 잘 알고 있습니다. 부디 멀리서나마 저를 기억해주세 요!"

이아손은 아쉽게 배웅하는 우아한 여왕을 남겨두고 맨 먼저 배에 올라탔다. 다른 영웅들도 모두 그를 따랐다. 그들이 육지에 묶어 놓았 던 배의 밧줄을 풀고 노를 젓자 아르고 호는 금세 헬레스폰토스를 뒤 로했다.

돌리오네스 족의 나라

트라케에서 불어온 바람이 배를 프뤼기아의 해안 근처로 몰아댔다. 그곳 퀴지코스 섬에는 대지에서 태어난 미개한 야만인 거인들과 온순한 돌리오네스 족이 함께 살고 있었다. 그 거인은 여섯 개의 팔을 가진 괴물로, 딱 벌어진 어깨에서 두 팔이, 겨드랑이에서 네 팔이 뻗어 나와 있었다. 돌리오네스 족은 바다의 신의 자손이었다. 바다의 신은 그들이 거인에게 해를 입지 않도록 보호해주고 있었다.

돌리오네스 족의 왕은 경건한 퀴지코스였다. 왕은 아르고 호의 도착과 원정대원들의 출신을 듣더니, 온 백성과 함께 영웅들을 정중히 맞이하고 대접했다. 그리고 노를 조금만 더 저어 도시 항구에 정박하라고 권유했다. 왕은 오래전에 다음과 같은 신탁을 받은 적이 있었기 때문이다. 즉 한 무리의 훌륭한 영웅들이 오면 친절하게 맞아들이고 절대로 싸움을 걸어서는 안 된다는 예언이었다.

그래서 퀴지코스 왕은 영웅들에게 술과 고기를 풍족하게 대접했다. 왕은 아직 어려 이제 막 턱수염이 나기 시작했다. 게다가 왕궁에는 갓 결혼해 처가에서 데려온 아내가 그를 기다리고 있었다. 그래도 퀴지코스 왕은 예언을 따르려고 그녀 곁을 떠나 외국 손님들과 함께 식사를 했다. 식사 자리에서 원정대원들은 퀴지코스 왕에게 아르고 호 항해의 목적과 그들이 가는 목적지를 말해주었다. 그러자 왕은 그들이 어느 길로 가면 될지를 가르쳐주었다.

다음 날 아침 원정대원들은 자기들 눈으로 직접 섬의 위치와 바다를 보기 위해 높은 산으로 올라갔다. 그러는 사이 섬의 다른 쪽에서 거인들이 나타나 항구를 바윗돌로 막아버렸다. 항구에는 아르고 호가 정박하고 있었다. 이번에도 마침 헤라클레스는 땅에 내리지 않고 배를 지키고 있었다. 거인들의 심술궂은 짓을 본 헤라클레스가 활을 쏘아 그들 중 여럿을 죽였다. 그때 다른 영웅들이 돌아와 합세하여 활과 창으로 거인들을 처참하게 쓰러뜨렸다. 거인들은 벌목한 나무처럼 좁은 항구에 쓰러졌다. 한 무리는 머리와 가슴이 물에 잠긴 채 항구 기슭에 발을 걸쳐놓았고, 또 한 무리는 발이 물에 잠긴 채 머리와 가슴을 항구 기슭에 떨구고 쓰러졌다. 죽은 거인들은 모두 물고기와 새의 먹이가 되었다.

전투에서 승리한 영웅들은 돛을 올려 순풍을 타고 바다로 나갔다. 그러나 밤에는 바람이 일더니 반대쪽에서 폭풍이 일어났다. 원정대원들은 어쩔 수 없이 해안에 배를 정박했다. 그들은 그곳이 프뤼기아 해안이라고 생각했다. 그러나 그곳은 다시 친절한 돌리오네스 족의 나라였다.

고요한 밤중에 배가 정박하는 소음을 듣고 일어난 돌리오네스 족도 바로 어제까지 즐겁게 술잔을 주고받던 친구들을 알아보지 못했다. 돌리오네스 족은 손에 무기를 들었고 그들과 아르고 호의 영웅들 사이에 불행한 살육이 시작되었다. 이아손은 선량한 왕 퀴지코스의 가슴을 창으로 찌르기까지 했다. 결국 돌리오네스 족은 성벽 안으로 달아나버렸다. 다음 날 아침이 되자 잘못이었음을 모두가 분명히 알게 되었다.

아르고 호의 지도자 이아손과 영웅들은 선량한 돌리오네스 족의 왕이 피 흘리며 죽어 있는 것을 보고 깊은 슬픔에 잠겼다. 영웅들은 돌리오네스 족과 함께 사흘 동안 장례를 치렀다. 그들은 비통해하며 머리를 풀어 헤치고 죽은 자를 기리기 위한 제전을 행했다. 그런 다음 영웅들은 항해를 계속했다. 죽은 퀴지코스 왕의 아내 크레이테는 목매달아 죽었는데 남편의 죽음을 잊지 못해서였다.

헤라클레스가 뒤에 남다

폭풍을 헤치고 영웅들은 도시 키오스 옆 비튀니아 만에 상륙했다. 이곳에 살고 있는 뮈시아 인들은 원정대 일행을 친절하게 맞아주었다. 마른 장작을 쌓아 불을 지핀 다음 손님을 위해 푸른 나뭇잎으로 푹신한 잠자리를 마련해주고, 초저녁부터 술과 음식을 넉넉히 내놓았다.

헤라클레스는 여행 중에 나태하게 지내는 것을 싫어했다. 그는 식사 중인 동료들에게서 떠나 전나무를 찾아 숲속을 돌아다녔다. 내일 항해에 쓸 더 좋은 노를 만들어놓기 위해서였다. 얼마 지나지 않아 헤라클레스는 적당한 나무를 발견했다. 그 전나무는 잔가지도 많지 않고 늘씬한 버드나무처럼 크기나 부피도 꼭 알맞았다. 그는 화살통과 활을 땅에다 내려놓고는 사자 털가죽을 벗어 던졌다. 쇠방망이마저 옆에 던져놓은 헤라클레스가 두 손으로 나무를 잡아당기자 나무는 흙과 함께 뿌리째 뽑혔다. 전나무는 마치 폭풍에 뿌리 뽑힌 듯 바닥으로 쓰러졌다. 그동안 헤라클레스의 젊은 동반자 휠라스도 동료들에게서 떨어져 있었다. 그는 쇠주전자를 가지고 주인이자 친구인 헤라클레스를 위해 식사 준비를 할 생각으로 물을 길으러 갔다.

헤라클레스는 전에 드뤼오페스 인을 정복하러 가던 도중 휠라스의 아버지를 말다툼 끝에 때려죽인 일이 있었다. 그때 그는 혼자 남은 어린 휠라스를 데려다가 자신의 시종이자 친구로 키웠다. 이 아름다운 소년이 샘에서 물을 길을 때 마침 보름달이 밝게 비추고 있었다. 항아리를 들고 수면에 몸을 굽히고 있는 소년을 샘의 요정이 보았다. 아름다운 그의 모습에 끌린 요정은 왼손으로 소년을 안고 오른손으로는 팔꿈치를 잡아 물속으로 끌어당겼다.

그때 샘 근처에서 헤라클레스를 기다리던 영웅들 중 한 사람인 폴뤼페모스가 살려달라고 외치는 소년의 고함소리를 들었다. 그러나 소년의 모습은 어디에도 보이지 않았다. 그 대신 그는 숲에서 돌아온 헤라클레스와 마주쳤다. 폴뤼페모스가 말했다.

"내가 자네에게 제일 먼저 슬픈 소식을 전해야만 한다는 것이 불행할 뿐이네. 그대의 휠라스가 샘으로 가서는 영 돌아오지를 않네. 도둑이 잡아갔거나 아니면 짐승에게 잡아먹힌 것 같아. 내가 분명 그의 비명소리를 들었으니까."

그 말을 들은 헤라클레스의 얼굴에 식은땀이 흘렀고 온몸의 피가 거꾸로 솟구쳤다. 그는 전나무를 내던지고 마치 쐐기에 쏘인 소가 목동과 무리로부터 도망치는 것 같은 고함소리를 내지르며 샘이 있는 쪽으로 달려갔다.

그때 산 위에는 새벽별이 빛나고 순풍이 불기 시작했다. 조타수는 순풍을 이용해야 한다며 영웅들에게 배를 탈 것을 권했다. 원정대원들은 아침 햇살을 받으며 기분 좋게 아르고 호로 향했다. 배가 출발하고 나서야 그들은 폴뤼페모스와 헤라클레스가 해변에 남았음을 알게 되었다. 가장 용감한 이들 없이는 항해를 계속할 수 없다며 영웅들 사

휠라스가 물을 길으러 가자 물의 요정들이 그의 손을 잡으며 유혹하고 있다. 이때 헤라클레스는 노를 만들기 위해 전나무를 찾아 숲속을 돌아다니고 있었다. 휠라스는 주인이자 친구인 헤라클레스를 위해 식사를 준비해놓을 생각으로 동료들을 떠나 물을 길으러 갔던 것이다. 마침 보름달이 밝게 비치고 있었다. 항아리를 들고 수면으로 몸을 굽힌 소년을 물의 요정이 보았다. 아름다운 그의 모습에 끌린 요정은 왼손으로 소년을 안고 오른손으로는 팔꿈치를 잡아 물속으로 끌어당겼다.

〈휠라스와 물의 요정들〉, 존 윌리엄 워터하우스, 1896년, 맨체스터 시립 미술관.

이에 심한 논란이 벌어졌다. 이아손은 아무 말 없이 조용히 앉아 있었다. 너무나 침통한 표정이었다. 그러나 텔라몬은 분을 누르지 못하고 지도자에게 소리쳤다.

"그대는 어쩜 그렇게 조용히 앉아 있소? 헤라클레스가 그대의 명성을 누를까봐 두려운 거요? 모든 동지가 그대의 뜻을 따른다 해도 나 혼자서라도 두 사람에게 되돌아가겠소."

이렇게 말하면서 텔라몬은 조타수 티퓌스의 멱살을 잡았다. 그의 눈은 불꽃처럼 타고 있었다. 만일 보레아스의 두 아들 칼라이스와 제테스가 말리지 않았더라면, 텔라몬은 배를 강제로 뮈시아 인의 해안으로 돌리게 했을 것이다. 그때 물거품 이는 파도 속에서 바다의 신 글라우코스가 나타나 강력한 손으로 배의 후미를 잡고 소리쳤다.

"영웅들아! 무엇을 다투고 있느냐? 왜 제우스의 뜻을 거슬러 용감한 헤라클레스를 아이에테스의 나라로 데려가려 하느냐? 헤라클레스에게는 다른 일을 해야 할 운명이 있다. 휠라스는 그에게 연정을 품은 요정이 데려갔고 헤라클레스는 휠라스를 못 잊어 뒤에 남은 것이다."

이렇게 말하고 바다의 신은 다시 깊은 바닷속으로 들어가버렸다. 그가 들어간 곳 주위로 짙은 색깔의 바닷물이 거품을 내면서 소용돌이를 일으켰다. 텔라몬은 부끄러웠다. 이아손에게로 다가가 그의 손을 잡고 말했다.

"날 용서해주오, 이아손! 너무 슬퍼서 그만 바보짓을 했소. 내 잘못을 용서하고 이전처럼 친구가 되어주시오!"

이아손은 화해에 응했다. 그들은 강력한 순풍을 받아 앞으로 계속 나아갔다. 한편 폴뤼페모스는 뮈시아 인에게서 자기 갈 길을 찾아내고, 그들을 위해 도시를 건설했다. 그리고 헤라클레스는 제우스가 예정해둔 자신의 앞길을 향해 여행을 계속했다.

폴뤼데우케스와 베브뤼케스 족의 왕

다음 날 아침, 아르고 호는 곳에 아침 해와 더불어 닻을 내렸다. 그곳에는 미개한 베브뤼케스 족의 우두머리 아뮈코스 왕의 마구간과 농가가 있었다. 아뮈코스 왕은 이방인은 누구든 자신과 권투를 하지 않으면 그 영토에서 떠날 수 없다는 이상한 법을 만들어 지키라고 요구했다. 지금까지 그는 이런 방식으로 많은 사람을 죽였다. 그는 정박해 있는 배로 찾아와 경멸하는 말투로 외쳤다.

"바다의 부랑자들아, 내 말을 들어라! 나와 겨루지 않으면 어떤 이방인도 이 나라에서 나갈 수 없다. 너희들 중 가장 힘센 놈을 뽑아 나에게 보내라. 그렇지 않으면 좋지 않은 일이 일어날 거다!"

아르고 호의 원정대원들 중에는 레다와 제우스의 아들이자 그리스에서 가장 강한 권투선수 폴뤼데우케스도 있었다. 그는 이 도전에 화가 나 왕에게 소리쳤다.

"시끄럽게 소리 지르지 마라. 네 법을 따를 테니까. 내가 직접 상대해주마!"

왕은 눈알을 부라리며 이 용감한 사나이를 노려보았다. 그러나 젊은 영웅 폴뤼데우케스는 하늘의 별처럼 기분이 상쾌해 보였다. 그는 오랫동안 노를 젓느라 두 팔이 굳어버리지는 않았는지 공중에 휘두르며 시험해보았다. 영웅들이 배에서 내리자, 두 권투선수가 마주 섰다. 왕의 노예가 두 켤레의 권투장갑을 그들 앞에 던졌다. 아뮈코스 왕이 말했다.

"원하는 장갑을 골라라. 꾸물대지 말고 빨리 고르란 말이다! 내가 얼마나 싸움을 잘하는지 곧 알게 될 거다. 내 주먹에 맞으면 그 자리에서 턱이 부서지고 말 테니!"

폴뤼데우케스는 아무 말 없이 미소 지으며 자기 옆에 놓인 장갑을 집었고 친구를 시켜 끈을 꼭 맸다. 왕도 장갑을 꼈다. 마침내 권투 경기가 시작됐다. 왕은 배를 뒤집어엎을 정도의 성난 파도 같은 기세로 폴뤼데우케스를 향해 달려들었다. 그러나 폴뤼데우케스는 그의 공격을 기술적으로 피했다. 그러고는 곧 상대의 약점을 찾아내 주먹을 여러 차례 날렸다. 아뮈코스 왕은 자기가 유리하다고 느끼고 있었다. 서로 치고받으며 턱뼈가 부서지고 이가 엇갈리는 소리가 났다. 두 사람 중 누구도 숨이 찰 때까지 물러서지 않다가, 호흡을 가다듬고 땀을 닦기 위해 잠시 떨어졌다.

조금 후 시합이 다시 열렸다. 아뮈코스 왕의 주먹이 상대의 얼굴에서 빗나가 어깨에 맞았다. 그러나 폴뤼데우케스가 날린 주먹은 왕의 관자놀이에 적중했다. 뼈가 부서졌고 왕은 고통스러워하며 털썩 무릎을 꿇었다.

아르고 호의 영웅들은 환호성을 질렀다. 그때 베브뤼케스 족이 자신들의 왕을 구하려고 달려들었다. 그들은 방망이와 사냥용 창을 들고 폴뤼데우케스를 향해 달려왔다. 그러자 영웅들도 칼을 빼 폴뤼데우케스를 보호했고, 곧 처참한 싸움이 벌어졌다.

결국 싸움에 패한 베브뤼케스 족은 멀리 내륙의 구석까지 도망갔다. 그리고 영웅들은 그들의 목장과 가축 떼를 습격해 모두 빼앗았다. 원정대원들은 그날 밤을 육지에서 보냈다. 그들은 상처에 붕대를 감고, 신들에게 제물을 바쳤다. 그리고 술을 마시며 뜬눈으로 밤을 지샜다. 그들은 해안가의 월계수로 화관을 만들어 머리에 쓰고 오르페우스의 리라에 맞추어 콧노래로 송가를 불렀다. 고요한 해안가도 승리한 영웅인 제우스의 아들 폴뤼데우케스를 칭송하는 그 노래를 즐겁게 듣는 것 같았다.

피네우스와 괴상한 새 하르퓌이아이

밤새 먹고 마신 그들은 이튿날 아침 다시 항해를 시작했다. 몇 가지 모험을 더 겪은 후 아르고 호는 비튀니아 지역 맞은편 해안에 닻을 내렸다. 영웅 아게노르의 아들 피네우스 왕이 사는 곳이었다.

그런데 왕은 커다란 불행에 시달리고 있었다. 아폴론 신이 내려준 예언의 능력을 함부로 쓴 탓에 노년에 장님이 되고 만 것이다. 더구나 소름 끼치도록 무섭게 생긴 괴상한 새 하르퓌이아이들 때문에 왕은 편안하게 음식을 먹을 수가 없었다. 괴상한 새들은 피네우스 왕의 음식을 모두 낚아챘으며 남은 음식마저 모조리 더럽혀놓아 손을 대는 것은 고사하고 고약한 냄새로 음식 옆에 가지도 못하게 만들어버렸다. 그러나 제우스의 신탁이 피네우스에게 위로의 말을 전해주었다. 만일 보레아스의 아들들이 그리스의 뱃사람들과 함께 온다면, 그는 다시 음식을 먹을 수 있게 된다는 것이었다. 그래서 늙은 왕은 배가 도착했다는 소식을 듣자마자 곧바로 자기 방에서 나왔다.

피골이 상접한 그의 모습은 유령과도 같았다. 노쇠한 손과 발은 계속 떨렸고 눈에는 뿌옇게 안개가 끼었으며 후들거리는 발걸음은 지팡이에 의지하고 있었다. 아르고 호의 영웅들을 찾아온 늙은 왕은 기진맥진해 쓰러졌다. 영웅들이 불행한 노인 곁으로 몰려들었다. 그들은 노인의 얼굴을 보고 깜짝 놀랐다. 곁에 아르고 호의 선원들이 있다는 것을 느낀 피네우스 왕은 다시 정신을 차리고 선원들에게 간청했다.

"귀한 영웅들이여! 만일 여러분이 정말 신탁에서 암시한 그 사람들이라면, 부디 나를 도와주시오. 복수의 여신이 내 눈을 빼앗아갔을 뿐 아니라, 무서운 새를 보내 이 늙은이의 음식마저 빼앗았다오. 내가 이 방인이라 도울 수 없다고는 하지 마시오. 나는 아게노르의 아들 피네우스요. 나 역시 그리스 인이라오. 한동안 트라케를 다스린 적도 있었소. 나를 구하러 그대들과 함께 왔을 보레아스의 아들들은 바로 클레오파트라의 동생들이오. 클레오파트라는 트라케에서 내 부인이었소."

그 말을 듣자 보레아스의 아들 제테스는 왕을 끌어안고 형제들의 도움을 받아 이상한 새의 시달림에서 구해주겠다고 약속했다. 그는 곧바로 왕을 위한 식사를 준비했다. 이것이 도둑 새들의 마지막 식사가 될 터였다.

왕이 음식에 손을 대자마자 갑자기 새들이 폭풍처럼 날개를 펄럭거리며 구름에서 내려와·게걸스럽게 음식을 먹어치우며 망가뜨렸다. 영웅들이 큰 소리로 새를 쫓아보았지만 하르퓌이아이들은 꿈쩍도 하지 않고 음식이 없어질 때까지 접시를 떠나지 않았다. 새들이 남김없이 먹어치우고 하늘로 날아간 자리에는 견딜 수 없는 악취만 남았다. 보레아스의 아들 제테스와 칼라이스는 칼을 뽑아 들고 그 뒤를 쫓았다. 제우스가 두 사람에게 그들이 필요로 하는 힘과 날개를 주었던 것이다. 하르퓌이아이들은 가장 빠른 서풍을 타고 앞서 날아갔다. 그러나 두 형제는 민첩하게 하르퓌이아이들을 뒤따라갔다. 조금만 더 속도를 내면 새들을 손으로 잡을 수 있을 것 같았다. 드디어 두 형제가 새들을 죽일 수 있을 정도로 가까이 다가갔을 때 제우스가 보낸 여신 이리스가 하늘에서 내려와 형제를 불렀다.

"보레아스의 아들들아! 위대한 제우스의 사냥개 하르퓌이아이들을 칼로 쳐서 죽이지 말라. 스튁스 강에 맹세한 위대한 신의 약속을 전하는데, 앞으로 하르퓌이아이는 아게노르의 아들 피네우스를 괴롭히지 않을 것이다."

두 형제는 이 맹세를 받아들여 새를 죽이지 않고 배로 돌아왔다.

한편 그리스의 영웅들은 늙은 피네우스를 보살폈다. 그들은 제사음식을 차려놓고 굶주린 노인을 초청했다. 피네우스 왕은 깨끗한 음식들을 허겁지겁 먹었다. 마치 꿈을 꾸는 기분이었다. 영웅들이 밤을 새워 보레아스의 아들들이 돌아오기를 기다리는 동안 피네우스 왕은 고마운 마음으로 점을 쳐주었다. 그는 이렇게 말했다.

"그대들은 무엇보다 바다의 좁은 해협에서 두 개의 가파른 바위섬을 만날 것이오. 그것은 바다 밑에 고정되지 않고 바다에 떠 있다오. 두 섬은 가끔 서로 충돌하는데, 그 충돌로 바닷물이 바위섬 사이에서 무섭게 솟구쳐 오를 것이오. 전부 죽고 싶지 않거든 비둘기가 날아가듯 재빨리 바위섬 사이를 빠져나가야 하오. 그러면 저승 입구가 있는 마리안뒤노이 족의 해안에 닿게 되오. 그리고 수많은 산기슭과 강, 해안을 지나 아마조네스 여인들의 도시를 지나게 될 것이오. 또한 이마에 땀을 흘리며 땅속에서 쇠를 캐내는 칼뤼베스 족의 나라도 지나게 되오. 그러고 나면 마침내 그대들은 파시스 강이 거대한 급류를 바다에 쏟고 있는 콜키스 해안에 이르게 될 거요. 거기서 벽으로 둘러싸인 아이에테스 왕의 성이 보일 것이외다. 황금 양가죽은 참나무 가지에 걸려 있으며, 잠들지 않는 용이 지키고 있소."

영웅들은 두려운 마음으로 노인의 말을 듣고 있었다. 그들이 노인에게 질문하려는 찰나 보레아스의 아들들이 하늘에서 내려왔다. 그들이 무지개의 여신 이리스가 남긴 기쁜 소식을 전하자 늙은 왕은 몹시 기뻐했다.

부딪치는 바위, 쉼플레가데스*

피네우스 왕은 감사하고도 서운한 마음으로 앞으로 갖가지 새로운 운명과 맞서게 될 영웅들을 배웅했다. 처음에 아르고 호는 십사 일이나 계속되는 북서풍 때문에 정박해 있을 수밖에 없었다. 그러나 열두 명의 신 모두에게 제물을 바치고 기도를 마치자 다시 출항할 수 있었다. 멀리서 사납게 울부짖는 것 같은 소리가 들려오기 전까지 그들은 최상의 순풍을 받으며 항해했다. 그 울부짖는 소리는 항상 서로 충돌했

* '맞부딪치는 바위들'이라는 뜻이다.

다가 다시 뒤로 물러나 마주 보는 두 바위섬, 즉 쉼플레가데스가 내는 소리였다. 밀려온 파도가 바닷가 해안에 부딪히며 내는 메아리와 솨 하고 물거품이 이는 소리가 뒤섞여 있었다.

조타수 티퓌스는 경계를 늦추지 않고 키를 잡고 있었으며, 에우페 모스는 서서 오른손에 비둘기를 올려놓고 있었다. 피네우스의 예언대 로 비둘기가 무서워하지 않고 바위섬 사이로 날아간다면, 아르고 호 도 안심하고 통과할 수 있을 것이었다. 그때 바위섬이 열렸다. 에우페 모스는 비둘기를 날렸다. 모두들 고개를 들어 주의 깊게 비둘기를 바 라보았다. 비둘기가 바위섬 한가운데를 향해 날아갈 때 두 바위섬이 다시 서로를 향해 다가왔다. 바다는 물거품을 일으키며 쉿쉿 소리를 내고 구름처럼 부풀어올랐다. 곧 울부짖는 소리가 바다와 하늘을 가 득 메웠다.

두 바위섬이 서로 충돌한 것이었다. 이때 비둘기의 꼬리털이 두 바 위섬 사이에 물렸으나 비둘기는 운 좋게 빠져나갔다. 조타수 티퓌스 가 큰 소리로 노 젓는 사람들을 고무했다. 그때 두 바위섬이 다시 뒤 로 물러나고 가운데로 물결이 일면서 배도 함께 끌려 들어갔다. 곧 모 두 죽을 것만 같았다. 거대한 탑처럼 큰 파도가 밀려오자 사람들은 자 기도 모르게 몸을 움츠렸다.

티퓌스는 선원들에게 노를 젓지 말라고 명령했다. 거품 이는 물결 은 배의 바닥을 떠다니는 두 바위섬보다도 높이 들어 올랐다. 영웅들 이 열심히 노를 저었지만 오히려 노가 휘었다. 그때 소용돌이가 일어 다시 열린 바위섬 한가운데로 배를 끌어들였다. 양편의 바위섬이 아 르고 호의 뱃전에 부딪혔다. 그러나 다행히 아르곤 호의 수호여신 아테네가 배를 밀어주어 빠져나갈 수 있었다. 두 바위섬은 배 후미의 바깥쪽 판때기만 겨우 깨뜨렸을 뿐이다.

다시 눈앞에 하늘과 망망대해가 나타나자, 영웅들은 죽음의 공포로부터 벗어나 안도의 한숨을 쉬었다. 지옥에서 빠져나온 기분이었다. 티퓌스가 소리쳤다.

"이것은 우리 힘이 아닐세. 나는 등 뒤에서 여신 아테네의 손을 분명히 느꼈다네. 아테네 여신이 배를 밀어 바위섬 사이를 통과하게 해준 게 틀림없네. 이제부터 무서울 것이 없어. 이 위험만 지나면 모두 수월해진다고 피네우스가 말했으니까!"

그러나 이아손은 슬픈 듯 고개를 가로저으며 말했다.

"나의 친구 티퓌스여, 이번 원정은 내가 신들을 부추겨 삼촌으로 하여금 내게 명하게 한 것일세. 그러나 차라리 삼촌 손에 찢겨 죽는 편이 낫겠네. 밤낮없이 한숨을 쉬고 있지만 그것은 내 목숨이 아까워서가 아니라, 오직 자네들의 생명과 행복이 염려되기 때문일세. 어떻게 하면 그대들을 이 무서운 위험에서 무사히 구해내 고국으로 돌려보낼 수 있을까 하는 걱정이라네."

이아손은 동료들의 마음을 떠보려고 이렇게 말했다. 그러나 동료들은 모두 이아손의 말을 기쁘게 받아들이며 항해를 계속하자고 했다.

쉼플레가데스를 벗어나 계속되는 모험

갖가지 운명과 싸우면서 영웅들은 항해를 계속했다. 여행 도중 소중

한 조타수 티퓌스가 병들어 죽었다. 그를 묻어주기 위해 낯선 해안가에 내렸다. 아르고 호의 선원들은 티퓌스를 대신해 배를 가장 잘 조종해줄 사람을 뽑았는데, 이름은 앙카이오스였다. 여신 헤라가 그의 마음속에 용기와 신념을 불어넣어주기 전까지 앙카이오스는 이 어려운 임무를 한사코 거부했다. 그러나 그는 곧 노 젓는 자리에 앉아 티퓌스와 마찬가지로 훌륭하게 배를 조종했다.

앙카이오스의 지도 아래 영웅들이 바다에서 보낸 지 열흘 하고도 이틀이 되던 날 그들은 순풍을 안고 칼리코로스의 강 입구로 들어왔다. 그곳에서 그들은 영웅 스테넬로스의 묘비가 서 있는 언덕을 보았다. 그는 헤라클레스와 함께 아마조네스 전쟁에 참가했다가 화살을 맞고 해변가에서 죽었다. 다시 출발하려 하자 페르세포네로부터 지하세계에서 잠시 방면을 받은 이 영웅의 비참한 환영이 눈앞에 나타나 그들을 내려다보고 있었다. 그는 죽었을 때의 모습 그대로 자기 무덤 위에 서 있었다. 머리에 쓴 투구에는 네 개의 아름다운 깃털로 만든 자주색 술이 바람에 휘날리고 있었다. 그렇게 영웅 스테넬로스의 모습이 잠깐 보이더니 이내 깜깜한 심연으로 사라졌다.

영웅들이 놀라 노를 놓쳤다. 예언자 몹소스만이 죽은 영혼이 무엇을 원하는지 알았다. 그는 맞아 죽은 영혼을 달래기 위해 술을 바칠 것을 동료들에게 조언했다. 그들은 재빨리 닻을 내리고 안전한 해안가에 배를 정박했다. 그런 다음 무덤 주변에 서서 헌주한 다음 양을 잡아 불에 태웠다.

그 후 다시 항해가 계속되었고, 드디어 아르고 호는 테르모돈 강 입구에 닿았다. 이 강은 지상의 강들과는 달랐다. 산속 깊은 곳에 있는 하나의 샘물에서 발원한 이 강은, 곧 수많은 작은 지류로 갈라졌다. 그리고 아흔여섯 개의 하천이 되어 마치 뱀처럼 꿈틀거리며 넓은 바다로 흘러들었다. 이 가운데 가장 넓은 하천에 아마조네스 족이 살고 있었다. 이 여인족은 아레스 신의 후손으로 싸움을 즐겼다. 만일 아르고 호의 영웅들이 그쪽으로 상륙했다면 여인족과의 처참한 싸움에 휘말려야 했을 것이다. 그녀들은 전투에 임할 때 가장 용감한 영웅 못지 않았다. 여인족은 한 도시에 모여 살지 않고, 씨족별로 여러 곳에 흩어져 살았다. 다행히 서풍이 영웅들을 이 호전적인 여인족으로부터 멀리 떨어뜨려주었다.

하루 낮밤을 항해한 뒤 아르고 호는 피네우스의 예언대로 칼뤼베스 족의 나라에 도착했다. 이 칼뤼베스 사람들은 땅을 갈아 과일나무를 심는다거나 풀밭에 가축을 키우거나 하지 않았다. 그들은 거친 땅에서 구리와 철을 캐내 식량과 교환했다. 하루도 고된 노동을 하지 않는 날이 없었다. 그들은 캄캄한 어둠과 짙은 연기 속에서 심한 노동으로 하루하루를 보내고 있었다.

이렇게 아르고 호 원정대는 갖가지 종족을 겪으며 목표를 향해 나아갔다. 배가 아레테 또는 아레스라 불리는 섬 앞에 왔을 때, 이 섬에 살던 새 한 마리가 세차게 날개를 퍼덕이며 날아왔다. 그리고 배 위를 돌면서 날개를 흔들어 뾰족한 깃털을 떨어뜨렸는데 그 깃털은 곧바로 영웅 오일레우스의 어깨에 꽂혔다. 상처를 입은 오일레우스는 그만 노를 놓쳐버렸다. 동료들은 어깨에 박힌 깃털이 마치 화살처럼 어깨에 박힌 것을 보고 놀랐다. 바로 옆에 있던 친구가 깃털을 뽑아내고 상처를 동여매주었다. 곧이어 또 다른 새가 나타났다. 활시위를 잡아

당기고 기다리던 클뤼티오스가 날아오는 새를 쏘자 배 한가운데로 떨어졌다.

경험 많은 암피다마스가 말했다.

"틀림없이 이 근처에 섬이 있을 걸세. 그러나 이런 새와 싸우는 건 좋지 않아. 너무 많아서 죽이려 해도 화살이 모자랄 테니까. 호전적인 이 새를 쫓아버릴 좋은 방법이 없을까? 우선 그대들은 모두 흔들거리는 커다란 깃털이 달린 투구를 쓰게. 그다음 번쩍번쩍 빛나는 창과 방패로 배를 장식하게. 그런 다음 다 함께 동시에 큰 소리를 지르는 걸세. 새가 이 소리를 들으면, 게다가 흔들리는 투구의 깃털 장식과 노려보는 창과 번쩍이는 방패를 보면 무서워서 도망칠 테니까."

영웅들은 이 제안을 따르기로 했다. 모두 암피다마스가 말한 대로 준비를 마쳤다. 해안가로 배를 저어가는 동안에는 단 한 마리의 새도 보이지 않았다. 그렇지만 그들이 섬 근처에 가까이 갔을 때, 방패 부딪치는 소리를 내자 해안가에 있던 수없이 많은 새가 놀라서 날아올랐다. 새들은 곧 배 쪽으로 폭풍처럼 몰려왔다. 우박이 쏟아질 때 덧문을 닫듯 영웅들은 날카로운 깃털이 떨어질 때마다 방패로 몸을 가려 아무런 피해도 입지 않았다. 무섭고 괴상한 새들은 바다 멀리 다른 편 기슭을 향해 날아갔다.* 아르고 호의 영웅들은 예언자 피네우스 왕의 충고에 따라 이 섬에 상륙했다.

그곳에서 영웅들은 기대하지 않은 친구들과 안내자를 만났다. 해변

---

* 이 괴상한 새들은 훗날 헤라클레스가 에우뤼스테우스 왕에게 지시받은 임무 중 하나에서 또다시 등장한다. 1권 4장 '헤라클레스 이야기'를 참조하라.

에 내리자마자 벌거벗은 것이나 다름없는 남루한 옷을 걸친 네 명의 젊은이를 발견했는데, 그중 한 사람이 영웅들 앞으로 다가와 말을 걸었다.

"누구신지 모르지만, 불쌍한 조난자를 제발 도와주십시오. 벗은 몸을 가릴 옷과 허기를 면할 음식을 주십시오."

이아손은 뭐든 돕겠노라 약속하고 그들의 이름과 출신지를 물었다. 젊은이가 대답했다.

"여러분은 아마 아타마스의 아들 프릭소스에 관한 소문을 들으셨을 것입니다. 그는 바로 황금 양가죽을 콜키스로 가져갔던 사람입니다. 아이에테스 왕은 프릭소스에게 자기 딸 칼키오페를 아내로 주었는데, 우리는 그 아들들입니다. 제 이름은 아르고스입니다. 아버지 프릭소스는 바로 얼마 전에 돌아가셨습니다. 우리는 그분의 유지를 받들어 아버지가 도시 오르코메노스에 놓고 온 보물을 가지러 가기 위해 배를 탔던 것입니다."

영웅들은 몹시 기뻐했다. 그리고 이아손은 사촌형제로서 그들에게 인사했다. 자신의 할아버지인 크레테우스와 젊은이의 할아버지인 아타마스가 형제였기 때문이다. 젊은이들은 이야기를 계속했다. 심한 폭풍으로 배가 파선했으며 부서진 판자에 매달려 이 황량한 섬에 표류했다는 것이었다. 영웅들이 자신들의 계획을 밝히고 모험에 참여하기를 권하자 젊은이들은 놀라움을 감추지 못했다.

"우리 외할아버지 아이에테스는 광포한 사람입니다. 태양신의 아들로서 초인적인 힘까지 부여받은 사람이지요. 그는 수많은 콜키스 부족을 지배하고 있으며, 더구나 무서운 용이 황금 양가죽을 지키고 있습니다."

이 이야기를 듣고 영웅들은 대부분 파랗게 질리는 기색이었다. 그러나 펠레우스*가 그들 가운데서 일어나 말했다.

"우리가 콜키스 왕을 당해낼 수 없다는 생각을 버리시오. 우리도 신들의 자식이오! 만일 그가 황금 양가죽을 얌전히 넘겨주지 않으면 완력을 써서라도 왕과 콜키스 인에게서 기필코 빼앗을 것이오!"

그들은 배불리 식사하면서 오랫동안 대화를 나눴다.

다음 날 아침 프릭소스의 아들들은 다시 건강해진 모습으로 영웅들과 함께 배를 타고 항해를 계속했다. 하루 밤과 하루 낮 동안 배를 저어가자 해면에 높이 솟아 있는 카우카소스 산맥 봉우리가 나타났다. 이미 날은 어둑어둑했다. 영웅들은 머리 위에서 요란한 소리가 나는 것을 들었다. 배를 지나쳐 자신의 먹이인 프로메테우스를 향해 산 쪽으로 날아가는 독수리의 소리였다. 독수리의 날개 치는 소리는 그야말로 굉장했다. 이 거대한 새의 날개는 마치 커다란 돛과 같았으며, 날갯짓을 할 때마다 배의 돛이란 돛은 모두 펄럭였다. 곧이어 아주 먼곳에서 독수리에게 내장을 쪼아 먹히는 프로메테우스의 깊은 비명소리가 들려왔다. 잠시 후 신음소리가 사라지자 독수리는 다시 하늘 높은 곳을 천천히 날아 돌아갔다.

그날 밤 아르고 호는 목적지인 파시스 강 입구에 닿았다. 영웅들은 기뻐서 돛대로 올라가 돛과 밧줄을 푼 다음, 노를 저어 넓은 강으

＊ 아이아코스의 아들이자 제우스 신의 손자이며 텟살리아의 왕이다. 나중에 바다의 여신 테티스와 결혼해 그 유명한 아킬레우스를 낳았다. 펠레우스의 형제 텔라몬은 살라미스 섬의 지배자로, 그의 아들 아이아스는 아킬레우스와 함께 트로이아 전쟁에 나갔다.

로 나아갔다. 강의 물결이 거대한 배를 보자 수줍어하며 뒤로 물러서
는 것 같았다. 왼편으로는 높이 솟아오른 카우카소스 산과 콜키스 인
의 수도 키타이아가 있었다. 오른편에는 들판과 아레스 신의 신성한
숲이 펼쳐져 있었다. 바로 그 숲의 우거진 참나무 가지에 황금 양가죽
이 걸려 있고, 그것을 용이 무서운 눈으로 지키고 있는 것이다. 이아
손은 갑판에 서서 손을 씻고 술을 가득 채운 황금 잔을 공손하게 들어
강과 대지의 어머니, 그 나라의 신들과 항해 중 죽은 영웅들에게 바쳤
다. 그리고 영웅들을 도와주고 배를 지켜달라고 기도했다. 조타수 앙
카이오스가 말했다.

"다행스럽게 이제 콜키스 인의 나라에 도착했소. 이제 우리가 아이
에테스 왕과 호의적으로 이야기를 할지, 아니면 또 다른 방법으로 우
리 목적을 달성할지를 진지하게 의논해야 할 때요."

그러자 지친 영웅들이 외쳤다.

"그건 내일 의논합시다!"

그래서 이아손은 그늘이 많은 강 입구에 배를 정박하도록 했다. 모
두들 달콤한 잠에 빠졌다. 그러나 휴식은 짧았다. 곧 아침 햇살에 눈
을 떠야 했기 때문이다.

아이에테스 궁전에 간 이아손

영웅들은 아침 일찍부터 모여서 의논했다. 이아손이 자리에서 일어나
말했다.

"친구들이여, 내 제안이 마음에 든다면 조용히 무기를 들고 배에 남아 있기 바라오. 나와 프릭소스의 아들들, 그리고 두 사람만 아이에테스 왕의 궁전으로 갑시다. 가서 우선 정중한 말로 왕에게 황금 양가죽을 순순히 넘겨줄 수 있는지 물어봅시다. 물론 왕은 자기 힘을 믿고 우리의 청을 거절할 게 뻔하오. 그러나 왕이 하는 말을 들으면 우리가 어떻게 해야 할지도 분명히 알 수 있을 거요. 어쩌면 우리가 하는 말이 왕을 기분 좋게 할지도 모르잖소. 사실 왕은 젊었을 때 계모에게서 도망쳐 온, 죄 없는 프릭소스를 맞이해 따뜻하게 보호해주기도 했으니까."

젊은 영웅들이 모두 이아손의 말에 동의했다. 이아손은 헤르메스 신의 평화의 지팡이를 손에 들고, 프릭소스의 아들들과 동료 텔라몬과 아우게이아스*를 데리고 배에서 내렸다. 그리고 키르케의 초원이라 불리는 버드나무 우거진 들판으로 발을 내디뎠다. 그들은 나뭇가지에 주렁주렁 매달린 시체들을 보고 몸서리를 쳤다. 그러나 시체는 죄인이나 살해된 이방인의 것이 아니었다. 콜키스에선 남자를 화장하거나 매장하는 것을 죄악시하는 풍습이 있었다. 그래서 남자가 죽으면 황소가죽에 싸 도시에서 멀리 떨어진 나무에 매달아 풍장을 하고, 여자가 죽으면 땅에 묻어 보존했다.

콜키스 인은 큰 민족을 이루며 살고 있었다. 아르고 호의 수호 여신 헤라는 이아손과 동행들이 콜키스 인들과 아이에테스 왕의 의심을 받

---

* 아우게이아스는 1권 4장 '헤라클레스 이야기'에 나오는 엘리스의 왕이다. 헤라클레스는 그의 가축우리를 하루 만에 청소해야만 했다.

아 위험에 빠지지 않도록 도시를 짙은 안개로 덮었다. 모두가 무사히 왕궁에 도착하자 비로소 안개가 걷혔다.

일행은 왕궁 앞마당에 들어서자 두꺼운 벽, 높은 문과 벽에 잇대어 여기저기 튀어나온 거대한 기둥에 눈이 휘둥그레졌다. 돌 가장자리에 두른 선이 건물 전체를 둘러싸고 있었다. 아무 말 없이 그들은 앞마당 입구로 들어갔다. 높이 자란 포도덩굴이 입구를 초록색으로 감싸고 있었다. 그 아래에서는 끊임없이 흘러내리는 네 개의 분수가 진주처럼 빛났다. 첫 번째 분수는 우유를, 두 번째 분수는 술을, 세 번째 분수는 향기로운 올리브유를, 네 번째 분수는 겨울에는 따뜻한 물을, 여름에는 시원한 물을 뿜어냈다. 솜씨 좋은 헤파이스토스가 만든 것들이었다. 헤파이스토스는 왕을 위해 입에서 무서운 불을 토하는 청동 소와 쇠로 된 쟁기도 만들어주었다. 이 모든 것은 이전에 거인족과 싸울 때 자신을 전차에 태워 도와준 아이에테스의 아버지 태양신에게 올리는 감사의 표시였다.

앞마당을 지나 가운데마당으로 나가자, 좌우로 뻗은 회랑 뒤로 많은 문과 방이 보였다. 맞은편에 두 궁전이 나란히 서 있었다. 한 곳에는 아이에테스 왕이, 다른 곳에는 그의 아들 압쉬르토스가 살고, 나머지 방들에는 시녀들과 왕의 딸 칼키오페와 메데이아가 살고 있었다. 메데이아는 좀처럼 모습을 보이는 일이 없었는데, 거의 하루 종일 자신이 여사제로 있는 헤카테* 신전에서 시간을 보냈기 때문이다. 그러

---

* 헤카테는 거인족 페르세스와 아스테리아의 딸이다. 달과 대지 그리고 저승의 여신으로 여겨진다. 또한 헤카테는 마술과 주문을 관장하는 여신이다. 이 여신은 서로 등을 맞댄 세 개의 몸체를 갖고 있다.

나 오늘 아침에는 그리스 인의 수호 여신 헤라가 그녀를 궁전에 머물게 했다.

메데이아가 방을 나와 언니에게 가려 할 때, 마침 아르고 호의 영웅들과 마주쳤다. 영웅들의 모습을 본 메데이아가 큰 소리로 언니를 불렀다. 그녀의 부름을 들은 언니 칼키오페가 시녀들과 함께 방에서 뛰어나왔다. 그리고 그들의 모습을 보더니 갑자기 기쁨에 찬 환성을 질렀다. 젊은 영웅 가운데 네 사람이 프릭소스와 자신의 자식이었으니까 말이다. 네 아들은 어머니에게 매달렸다. 그들은 다시 만난 기쁨에 그치지 않는 눈물을 흘렸다.

메데이아와 아이에테스

기쁨에 찬 환성과 딸들의 울음소리를 듣고 아이에테스 왕도 아내 에이뒤이아와 함께 모습을 나타냈다. 궁전 앞마당이 금세 시끌벅적해졌다. 노예들이 새로 온 손님들을 위해 살찐 소를 잡는다며 분주했다. 어떤 노예들은 난로에 불을 지필 마른 장작을 쪼개느라 정신이 없었고, 또 다른 노예들은 큰솥에 물을 끓이느라 바빴다. 왕의 시종들 중 바쁘게 움직이지 않는 사람은 단 한 명도 없었다. 그러나 그 와중에 높은 하늘에 있던 사랑의 신 에로스가 화살통에서 고통을 주는 화살을 뽑아 들고 아무도 모르게 땅으로 내려왔다.

에로스는 이아손 뒤에 숨더니 왕의 딸 메데이아를 향해 사랑의 화살을 날렸다. 아무도, 당사자인 그녀조차도 자신이 사랑의 화살에 맞은 것을 몰랐다. 그러나 화살은 마치 불꽃처럼 그녀의 가슴에 불을 질렀다. 메데이아는 중병에 걸린 것처럼 숨을 깊이 들이쉬어야 했다. 그녀는 훌륭한 영웅 이아손의 모습을 몇 번이고 훔쳐보았다. 다른 모든 일은 그녀의 기억에서 사라져버렸다. 다만 달콤한 연모의 고통만이 그녀의 영혼을 사로잡았다. 창백했던 메데이아의 얼굴이 홍조를 띠었다.

모두들 즐겁고 분주해 메데이아에게 일어난 변화를 알아차리지 못했다. 노예들이 완성된 요리를 날랐다. 아르고 호의 영웅들은 노를 젓느라 흘린 땀을 목욕으로 개운하게 씻어냈다. 그들은 즐겁게 술을 마시고 요리를 먹으며 기운을 회복했다. 식사를 하면서 손자들은 자신들이 여정에서 겪은 재난을 아이에테스에게 이야기했다. 왕이 낮은 목소리로 아르고 호의 이방인들에 대해 물었다.

"할아버지, 솔직하게 말씀드리겠습니다."

아르고스가 속삭이듯 말했다.

"저 사람들은 우리 아버지 프릭소스의 황금 양가죽을 왕께 간청해 얻으러 온 것입니다. 그들의 조국과 재산을 어떡하든 빼앗으려 하는 펠리아스 왕이 그들에게 이 위험한 일을 맡겼습니다. 그 왕은 그들이 황금 양가죽을 가지고 고국으로 돌아오기 전에 제우스의 노여움과 프릭소스의 복수를 피하지 못하리라 기대하고 있습니다. 여신 아테네는 배 만드는 일을 도와주었습니다. 이 배는 우리 콜키스 인들이 사용하는 그런 배가 아닙니다. 당신의 손자들인 우리가 탔던 배는 형편없었습니다. 그래서 우리가 탄 배는 첫 번째 폭풍에 좌초했습니다. 그러나 지금 이방인들이 타고 온 배는 어떤 폭풍이 덮쳐도 끄떡없을 정도로 아주 튼튼하게 건조되었습니다. 또한 그들은 노를 떠난 적이 없으니다. 배에는 가장 용감한 그리스의 영웅들이 모여 있습니다."

아르고스는 가장 뛰어난 인물들에 대해 일일이 이름을 들어 설명했고, 사촌인 이아손의 출생 과정에 대해서도 이야기했다. 왕은 내심 놀라면서 또 한편 손자들이 미웠다. 손자들 때문에 이방인이 자신의 궁전까지 오게 되었다고 믿었기 때문이다. 아이에테스 왕은 시커먼 눈썹 아래 불타오르는 듯한 눈을 크게 뜨며 소리쳤다.

"이 악당들아, 너희들의 음모와 함께 썩 꺼지지 못할까! 너희들이 이곳에 온 건 황금 양가죽이 아니라 내 왕홀과 왕관을 빼앗으려는 속셈이겠지! 너희가 손님으로 내 식탁에 앉아 있지만 않았어도, 진작에 혀를 뽑아낸 다음 손을 자르고 이곳에서 도망갈 수 있도록 두 다리만 남겨놓았을 것이다!"

왕의 곁에 있던 아이아코스의 아들 텔라몬이 격분하여 일어나 왕에게 같은 말을 퍼부으려 했다. 그러나 이아손이 그를 붙잡아 말리고 나서 차분하게 말했다.

"아이에테스 왕이여! 진정하십시오. 우리는 뭔가를 빼앗기 위해 이 도시의 궁전에 온 것이 아닙니다. 고작 남의 것을 빼앗으려고 이렇게 멀고 위험한 항해를 했겠습니까? 운명과 사악한 왕의 잔인한 명령으로 이곳까지 올 생각을 하게 된 것입니다. 좋은 일을 하는 셈 치고 제발 우리 청을 들어 황금 양가죽을 주십시오. 그러면 온 그리스 사람이 당신을 찬양할 것입니다. 이 은혜는 곧 갚겠습니다. 만일 전쟁이 일어나 이웃 나라의 백성을 정복하고자 하신다면 우리를 동맹자로 받아주십시오. 반드시 당신과 함께 출정하겠습니다."

이아손은 달래듯 왕에게 말했다. 그러나 왕은 이방인들을 그냥 죽일지, 아니면 그 전에 그들의 힘을 한번 시험해볼지 마음속으로 저울질하고 있었다. 잠시 후 왕은 일단 그들의 힘을 시험해보는 편이 낫겠다는 결론을 내렸다. 그는 한결 차분해진 말투로 대답했다.

"이방인들이여, 그렇다면 무엇 때문에 겁쟁이처럼 말하는가? 그대들이 정말 신의 후손이라면, 그리고 나쁜 사람이 아니고 이 보물이 꼭 필요하다면 황금 양가죽을 가져가도 좋네. 나는 용감한 사나이에겐 무엇이든 주고 싶어하니까. 그러나 그에 앞서 나를 위해 한 가지 일을 해주었으면 하네. 몹시 위험한 일이지. 아레스 신의 초원에는 청동 발을 가졌고 불을 먹는 두 마리 황소가 풀을 뜯으러 나온다네. 나는 이 두 마리 황소로 황무지를 갈아엎은 다음 고랑에다 농사의 여신 데메테르의 낟알 대신 무서운 용의 이빨을 뿌린다네. 그럼 사방에서 남자들이 생겨나 나를 둘러싸는데 그때 그들을 모두 창으로 죽여버리지. 이른 아침부터 황소를 끌고 나와 일하고, 늦은 저녁에는 수확을 하고 휴식을 취하지. 만일 지도자인 그대가 이런 일을 해낸다면, 그날 안으로 황금 양가죽을 가져가도 좋아. 그러나 그 전에는 곤란하네. 용감한 사나이가 자기보다 늙은 사람에게 진다는 것은 용서가 안 되니까."

이아손은 왕의 말을 듣고 결정을 내리지 못한 채 가만히 있었다. 이런 무서운 일을 하겠다고 섣불리 약속하고 싶지 않았다. 그러나 그는 곧 결심하고 말했다.

"왕이여! 아무리 힘든 일이고 또 그 일 때문에 죽는 한이 있더라도 하겠습니다. 죽음을 각오하면 무엇이 두렵겠습니까. 저는 제 자신을 이리로 보낸 운명을 따르렵니다."

"좋아."

왕이 말했다.

"쟁기 있는 곳으로 가게. 하지만 잘 생각해보게나. 이 모든 일을 해내기 어렵다면, 나에게 맡기고 여기서 떠나게."

아르고스의 충고

이아손과 두 영웅은 자리에서 일어났다. 프릭소스의 아들 중에서는 아르고스만 그들 뒤를 따랐다. 아르고스가 다른 형제들에게는 남아 있으라고 눈짓했기 때문이다. 네 사람은 궁전을 나왔다. 이아손은 훌륭하고도 기품 있는 모습으로 빛났다.

메데이아는 베일 뒤에 숨어 그에게서 눈길을 떼지 못하고 그를 바라보고 있었다. 그녀의 마음은 꿈결처럼 그의 뒤를 쫓았다. 자기 방에 홀로 남게 되자 그녀는 울면서 중얼거렸다.

"어째서 나는 이렇게 괴로운 걸까? 내가 저 영웅과 무슨 상관이란 말인가? 만약 그가 죽어버린다면, 그가 영웅들 가운데 제일 멋진 사람이든 가장 보잘것없는 사람이든 그게 다 무슨 소용이야. 아! 그가 죽으면 안 되지. 거룩한 여신 헤카테여! 제발 그가 집으로 돌아갈 수 있도록 해주소서. 그러나 결국 황소한테 죽임을 당해야 한다면, 적어도 저만은 그의 운명을 기뻐하지 않았음을 그분이 죽기 전에 알게 하소서!"

메데이아가 비탄에 잠겼을 때 영웅들은 배로 돌아가고 있었다. 아르고스가 이아손에게 말했다.

"당신이 내 생각을 비난할지 모르지만, 그래도 말하고 싶습니다. 제가 마법의 물약을 만들 줄 아는 한 처녀를 압니다. 저승의 여신 헤카테가 그녀에게 마법의 물약 만드는 법을 가르쳐주었지요. 만일 이 마법의 물약을 손에 넣기만 한다면 당신은 황소와의 싸움에서 충분히 이길 수 있을 겁니다. 원하신다면 그 마법의 물약을 가져오겠습니다."

이아손이 대답했다.

"사랑하는 아르고스여, 그대가 원한다면 말리지 않겠소. 그러나 우리의 귀향이 달린 문제를 여자에게 맡긴다면 그건 너무 비참할 거요!"

이런 이야기를 주고받으며 네 사람은 배에 있는 동료들에게로 돌아왔다. 이아손은 왕이 내건 조건과 자신의 약속을 보고했다. 잠시 동안 동료들은 아무 말 없이 서로를 쳐다보았다. 결국 펠레우스가 일어나 말했다.

"영웅 이아손이여! 그대가 약속을 지킬 수 있다고 믿는다면 싸울 준비를 하시오. 그러나 조금이라도 자신이 없다면 멀찍이 물러나시오. 그리고 여기 사람들에게는 도움을 기대하지 말고 우리가 나섭시다. 그래봐야 죽기밖에 더 하겠소?"

텔라몬과 네 사람의 영웅이 흥분하며 벌떡 일어났다. 모두들 전의를 불태웠다. 그러나 아르고스는 이들을 달랜 뒤 다시 한 번 권했다.

"마법의 물약을 만들 줄 아는 처녀를 알고 있습니다. 그녀는 바로 제 이모입니다. 저를 어머니에게 보내 이모가 우리 편이 되도록 설득하게 해주세요. 그런 다음 이아손이 제의한 모험에 대해 다시 한 번 의논하는 게 좋겠습니다."

아르고스가 그 말을 하자마자 공중에서 징조가 나타났다. 비둘기 한 마리가 매에게 쫓겨 이아손의 품속으로 도망쳐 왔다. 그 뒤를 쫓아오던 매는 배 뒤편 갑판에 떨어졌다. 그때 영웅들 중 한 사람이 여신 아프로디테가 모두의 귀환을 도울 것이라는 늙은 피네우스의 예언을 기억해냈다. 그래서 영웅들은 모두 아르고스의 의견에 동의했다. 오직 아파레우스의 아들 이다스만이 화를 내며 자리에서 일어섰다.

"신들에게 맹세하건대, 우리가 여자의 종노릇이나 하러 여기 온 건 아니란 말이오! 어째서 아레스 신한테 부탁하지 않고 아프로디테에게 도움을 청하는 것이오? 겨우 매와 비둘기를 보고서 싸움을 그만두려는 거요? 좋소, 그대들은 싸움 따위는 잊고 연약한 처녀나 속이러 가 보시오!"

이다스가 화내며 말했다. 많은 영웅이 낮은 목소리로 웅얼거렸다. 그러나 이아손은 아르고스의 의견을 따르기로 했다. 영웅들은 아르고 호를 강기슭에 대놓고 전령이 돌아오기를 초조하게 기다렸다.

그사이 아이에테스 왕은 궁전 바깥에 콜키스 인들을 불러 모아 이방인의 방문을 알렸다. 그리고 그들이 황금 양가죽을 얻으러 왔다는 것과 그들을 어떻게 죽일 계획인지 설명해주었다. 황소가 이아손을 죽여버리면 그는 곧바로 숲에 불을 질러 개간하고, 그렇게 해서 아르고 호와 선원들을 모두 태워버릴 생각이었다. 그리고 그들을 이곳까지 데려온 손자들에게도 끔찍한 벌을 내릴 셈이었다. 그사이 아르고스는 어머니에게로 가서 이모 메데이아로 하여금 자신들을 돕게 해달라고 간청했다. 칼키오페도 이방인들을 동정했지만 아버지의 격심한 분노에 맞설 용기가 없었다. 그러나 결국 그녀는 아들의 청을 들어주겠다고 약속했다.

메데이아는 침대에 누워 불안한 잠을 자던 중 근심스러운 꿈을 꾸었다. 꿈속에서 이아손이 황소와 막 싸우려는 중이었다. 그러나 그는 황금 양가죽을 얻기 위해서가 아니라 메데이아를 아내로 삼아 고국으로 데려가기 위해 싸우고 있었다. 그런데 꿈에서 소와 싸워 이긴 것은 그녀 자신이었다. 그러나 부모는 이아손에게 승리한 대가로 약속한 황금 양가죽을 주려 하지 않았다. 왜냐하면 소와 싸워 소에 쟁기를 맨 사람은 그녀였기 때문이다. 그러자 아버지와 영웅들 사이에 치열한 싸움이 일어났다. 양쪽은 메데이아를 심판자로 뽑았고 메데이아는 이아손의 편을 들었다. 부모는 쓰라린 고통을 맛봐야 했다. 그녀는 자신도 모르게 큰 소리를 질렀고 그 소리에 놀라 눈을 떴다.

꿈에서 깬 메데이아는 급히 언니 방으로 가려고 했다. 그러나 그녀는 부끄러워 오랫동안 궁전 앞마당을 서성댔다. 앞마당으로 나갔다가 세 번이나 되돌아온 끝에 그녀는 결국 자기 방에서 엎드려 울고 말았다. 이런 메데이아를 가까운 시녀 한 사람이 보았다. 시녀는 모시고 있는 여주인이 가여워서 언니 칼키오페에게 자기가 본 것을 알렸다. 마침 아들들에게 어떻게 하면 메데이아의 마음을 얻을 수 있을지 조언해주려던 참에 그녀는 이 이야기를 들었다.

칼키오페가 급히 동생에게 왔을 때 메데이아는 온 뺨을 눈물로 적시고 있었다. 칼키오페가 연민에 차서 말했다.

"가여운 동생아, 무슨 일이니? 무엇이 네 영혼을 이리도 아프게 하는 거니? 하늘이 네게 갑자기 병이라도 나게 한 거니? 아니면 아버지가 나와 내 아들들에게 잔혹한 일을 할 거라고 너에게 말해줬니? 오, 내가 부모님 집에서 멀리 떨어져 있었으면, 그래서 더는 콜키스 인의 이름이 들리지 않는 곳에 있었으면!"

메데이아는 언니의 질문에 얼굴이 빨개졌다. 차마 부끄러워 대답을 할 수 없었다. 그녀는 말을 할까 말까 망설이다 가슴속 가장 깊숙한 곳에 도로 묻어두려 했다. 그러나 결국 사랑이 그녀를 대담하게 만들어, 메데이아는 두근거리는 마음으로 입을 열었다.

"칼키오페 언니, 아버님이 언니의 아들들을 그 이방인들과 함께 죽일까 봐 너무 걱정돼요. 불길한 꿈이 그런 것을 내게 알려줬어요. 신들이 불길한 꿈이 이루어지지 않도록 해주면 얼마나 좋겠어요."

그러자 견딜 수 없는 불안이 칼키오페를 사로잡았다.

"그래서 너에게 온 게 아니니? 부탁이야. 아버님께 맞서고 있는 나와 함께해줘. 네가 거부한다면, 나는 살해된 자식들과 함께 하계에서 나와 복수의 여신이 되어 너를 쫓아다니겠어."

칼키오페는 두 손으로 메데이아의 무릎을 끌어안고 무릎 위에 얼굴을 묻었다. 언니와 동생은 서로를 끌어안고 비통한 눈물을 흘렸다. 잠시 후 메데이아가 말했다.

"복수의 여신이라니 그게 무슨 말이에요? 하늘과 땅을 두고 언니에게 맹세해요. 조카를 돕기 위해서라면 제가 할 수 있는 일은 뭐든지 기꺼이 하겠어요."

언니가 말했다.

"그렇다면 내 자식들을 위해 저 이방인이 무서운 싸움에서 이길 수 있도록 마법의 물약을 넘겨줘. 아르고스가 그 이방인을 대신해 너의 도움을 얻게 해달라고 간청을 해왔단다."

이 말에 메데이아는 가슴이 설레었다. 뺨이 붉게 물든 그녀는 잠시 빛나는 눈동자를 굴리더니 말을 쏟아놓았다.

"칼키오페 언니. 내가 만약 언니와 조카들의 생명을 제일 중요하게 여기지 않는다면 나는 아침 햇빛을 볼 자격도 없어요. 어머니가 항상 말씀하신 것처럼 언니는 내가 아기였을 때 언니의 자식들과 함께 나도 젖을 먹여 키웠지요. 자매일 뿐 아니라 자식으로서도 저는 언니를 사랑해요. 내일 아침 일찍 헤카테 신전으로 가서, 황소들을 얌전하게 만들 마법의 물약을 그들에게 전해줄 겁니다."

동생의 방에서 나온 칼키오페는 아들들에게 기쁜 소식을 전했다. 메데이아는 그날 밤 내내 자기 자신과의 힘겨운 싸움을 벌여야만 했다. 그녀는 속으로 물었다.

"내가 너무나 엄청난 약속을 한 것이 아닐까? 그 이방인을 위해 그런 일을 해도 괜찮을까? 그와 함께 있고 싶고 그를 어루만지고 싶은 것이 나 혼자만의 욕심일까? 만약 마법의 물약이 성공한다면 어떤 일이 벌어질까? 그래, 그 사람을 구하자. 그 사람은 자신이 가고 싶은 곳으로 가면 되는 거야. 다행히 그가 소와 싸워 이긴다면 그날 죽어버리자. 목을 매거나 독을 마시면 저주받은 삶에서 나도 해방되겠지. 하지만 죽지 않고 살아남는다면 내가 가문을 더럽혔다느니, 이방인을 좋아해서 죽으려 했다느니 하는 나쁜 소문이 온 나라에 퍼지겠지?"

그녀는 이런 생각을 하며 작은 상자를 가지러 갔다. 그 상자 안에는 사람을 살릴 수도 죽일 수도 있는 약들이 들어 있었다. 그녀는 작은 상자를 무릎에 올려놓은 다음 독약을 마시려고 상자를 열었다. 그러자 지금까지 살아오면서 간직해온 즐거운 추억과 어릴 적 친구들의 모습이 눈앞에 어른거렸다. 태양빛도 예전보다 더 아름답게 보였다. 갑자기 죽음에 대한 견딜 수 없는 공포가 그녀를 사로잡았다.

메데이아는 상자를 바닥에 내려놓았다. 이아손의 수호신 헤라가 그녀의 마음을 바꿔놓은 것이다. 메데이아는 약속대로 마법의 물약을 가지고 가서 사랑하는 영웅을 만나기 위해 뜬눈으로 밤을 새며 초조하게 기다렸다.

이아손과 메데이아

아르고스가 기쁜 소식을 갖고 영웅들이 있는 배로 돌아가는 동안 동이 터왔다. 메데이아는 자리에서 일어나 슬픔에 잠겨 늘어뜨렸던 금발을 다시 묶었다. 그녀는 뺨에 흐르는 눈물과 근심을 닦아냈다. 그리고 값비싼 넥타 기름을 발랐다. 그녀는 아름다운 황금 옷핀으로 여민 화사한 옷을 입고 얼굴은 하얀 천으로 가렸다. 마음의 슬픔은 모두 가셨다.

가벼운 걸음으로 방을 빠져나간 메데이아는 열두 명의 젊은 시녀에게 헤카테 신전으로 갈 마차를 준비하라고 명했다. 그사이 그녀는 작은 상자에서 '프로메테우스의 기름'이라는 향유를 꺼냈다. 저승의 여신에게 간청해서 얻은 것이었다. 이 향유를 몸에 바른 사람은 하루 동안은 칼에 찔려도 상처를 입지 않고 불에 닿아도 타지 않는다. 그뿐 아니라 어떤 상대와 힘겨루기를 해도 이기게 된다. 이 향유는 피에서 싹튼 약초의 검은 즙으로 만든 것이었다. 그 피는 카우카소스 산에서 프로메테우스의 간을 뜯어먹던 독수리가 떨어뜨린 조각에서 나온 것이다. 메데이아는 이 약초의 즙을 귀중히 여겨 손수 조개껍질 속에 받아두었다.

메데이아는 시녀 두 사람과 함께 마차에 올라탔다. 메데이아는 고삐와 채찍을 직접 잡고 마차를 몰아 도시를 빠져나갔다. 다른 시녀들은 걸어서 마차 뒤를 따랐다. 가는 곳마다 사람들은 공손하게 길을 비켜주었다. 광야를 지나 신전에 도착한 메데이아는 마차에서 훌쩍 뛰어내리더니 꾀를 내어 시녀들에게 거짓말을 했다.

"시녀들아! 내가 이 나라에 온 이방인들과 가까이한 건 큰 잘못이다. 내 언니와 조카 아르고스는 저 소를 길들이려는 남자한테 선물을 받고는 그를 다치지 않게 만드는 마법의 물약을 넘겨주라고 나를 조르고 있다. 나는 승낙한 체하고 그 남자에게 단 둘이서 이야기할 게 있으니 이 신전으로 오라고 일러두었다. 그 대가로 선물을 받으면 나중에 모두에게 나눠 주마. 그리고 이방인 남자에게는 무서운 독약을 줄 작정이다! 너희들은 그 남자에게 의심받지 않도록 자리를 비켜다오."

메데이아의 영악한 계획을 들은 시녀들은 기뻐했다. 한편 아르고스는 동료 이아손과 새점을 치는 몹소스와 함께 출발했다. 사람들 중에서 그리고 신의 아들들 중에서 오늘의 이아손만큼 아름다운 사람은 없었다. 제우스의 아내 헤라가 미의 여신들의 재능을 동원해 자신이 보호하고 있는 이아손을 아름답게 만들었기 때문이다. 함께 길을 걷던 두 동료도 이아손의 황홀한 아름다움에 놀라 자꾸만 그를 바라보았다.

메데이아는 그동안 신전에 있었다. 그녀는 시녀들과 함께 노래를 부르며 시간을 보내고 있었지만, 마음속은 온통 다른 생각으로 가득 차 있었다. 그리고 어떤 노래도 마음에 들지 않았다. 그녀는 시녀들에게는 눈길도 주지 않고, 신전 입구 너머의 길만 바라보고 있었다. 발자국 소리나 산들바람 소리에도 혹시나 하고 머리를 쳐들었다.

드디어 이아손이 동료들과 함께 마치 망망한 바다에서 떠오르는 별 시리우스처럼 아름답고 당당하게 신전으로 들어왔다. 메데이아는 숨이 멎는 것 같았다. 눈앞이 캄캄해졌고 얼굴이 새빨개졌다.

시녀들은 모두 슬그머니 사라졌다. 영웅과 공주는 한참 동안 잠자코 마주 서 있었다. 마치 바람 없는 날 움직이지 않고 나란히 서 있는 늘씬한 참나무와 전나무 같았다. 그러나 갑자기 폭풍이 불어닥쳐 두 나무의 모든 잎사귀가 흔들리며 요란한 소리를 냈다. 그렇게 이아손과 메데이아는 사랑의 열정에 떠밀려 서로의 마음을 흔들어놓는 말을 주고받았다.

"어째서 나를 두려워하나요?"

이아손이 먼저 침묵을 깨뜨리며 말했다.

"당신 곁에 나 말고 아무도 없어서 그렇습니까? 저는 거만을 떠는 그런 사람이 아닙니다. 고향에서도 결코 그렇지 않았습니다. 두려워하지 말고 당신이 알고 싶은 것을 말해주세요. 단 우리가 신성한 장소에 있음을 잊지 마세요. 여기서 속이면 죄가 될 테지요. 그러니 달콤한 말로 저를 속이지 말아주십시오. 저는 도움을 청하러 왔고, 당신의 언니가 저에게 약속한 마법의 물약을 가지러 왔습니다. 이 험한 운명이 염치불구하고 당신에게 도움을 청하게 하는군요. 도움의 대가로 무엇을 원하는지 말해주세요. 그리고 만약 당신이 우리를 도와주신다면 해안가에 앉아 있는 우리 동료들을 생각하며 눈물을 흘릴 그들의 어머니와 아내가 무거운 걱정을 덜어내고, 또 그리스 전역에서 당신의 이름이 영원히 기억될 것임을 알아주셨으면 합니다."

메데이아는 이아손의 말을 가로막지 않았다. 그녀는 사랑스러운 미소를 머금은 채 고개를 숙이고 있었다. 이아손의 찬사는 그녀의 마음을 기쁘게 했다. 수많은 말이 한꺼번에 입술로 몰려와 할 수만 있다면 그걸 모조리 말해버리고 싶었다. 그러나 그녀는 아무 말 없이 작은 상자를 묶은 향기 나는 끈을 풀었다. 이아손은 기쁜 듯 급히 그것을 받아 쥐었다. 만일 이아손이 요구했더라면 메데이아는 가슴속에 감춘 자기 생각을 기쁘게 털어놓았을 것이다.

사랑의 신은 그녀가 이아손의 금발머리에서 달콤한 정열을 느끼게 만들었다. 메데이아의 마음은 장미 꽃잎에 깃든 이슬이 아침 햇살에 빛나듯 불타올랐다. 두 사람은 부끄러운 듯 바닥만 내려다보았다. 잠시 후 그들은 곧 그리운 눈길로 서로를 바라보았다. 메데이아가 겨우 용기를 내서 말했다.

"제가 어떻게 당신을 도울 생각인지 잘 들어보세요. 아버지가 땅에 심을 저 무서운 용의 이빨을 주시면, 당신은 홀로 강물에서 목욕한 뒤 검은 옷을 입고 둥근 구덩이를 파세요. 그 구덩이에 장작을 쌓고 암컷 산양을 한 마리 올려놓고 재가 될 때까지 완전히 태우세요. 그런 다음 여신 헤카테를 위해 달콤한 벌꿀을 신주로 바치고 장작더미에서 떠나십시오. 어떤 말소리가 들리더라도 어떤 개가 짖더라도 방향을 바꿔서는 안 됩니다. 그랬다가는 제물의 효과가 사라질 테니까요. 다음 날이 되면 제가 드리는 물약을 바르세요. 이 물약에는 엄청난 힘과 에너지가 들어 있습니다. 당신은 불멸의 신들에게 뒤지지 않는 힘을 갖게 될 것입니다. 창과 칼, 방패에도 이 물약을 발라주세요. 그러면 어떤 무기나 괴물이 내뿜는 불도 당신에게 상처를 입히거나 당신을 대적할 수 없을 겁니다. 그러나 이런 상태가 오래 지속되는 건 아니에요. 오직 그날 하루뿐입니다. 그렇다고 싸움을 피해서는 안 됩니다. 당신한테 도움이 되는 다른 이야기도 해드리겠어요. 저 커다란 소를 쟁기에 매달아 들판을 갈고 당신이 뿌린 용의 이빨에 싹이 틀 때 그 사이로 커다란 돌을 던지세요. 그러면 광포한 남자들은 서로 그 돌을 빼앗으려고 싸울 거예요. 마치 굶주린 개들이 빵조각을 두고 다투듯이 말이에요. 그동안 당신은 그들을 베어 넘어뜨리시면 됩니다. 그러면 당신은 콜키스 인들에게서 아무런 방해도 받지 않고 황금 양가죽을 손에 넣을 테지요. 그런 다음 떠나시면 되는 거예요. 당신이 가고 싶은 곳으로 가시란 말입니다."

그녀는 이렇게 말하고 나서 소리 없이 눈물을 흘렸다. 이 늠름한 영웅이 바다 건너 멀리 가버린다고 생각하자 서러웠던 것이다. 이별의 아픔이 너무 커서 그녀는 자신도 모르게 이아손의 오른손을 잡고 슬프게 말했다.

"고국으로 돌아가시더라도 메데이아라는 이름을 잊지 말아주세요. 저도 당신을 잊지 않겠어요. 괜찮으시다면 저 훌륭한 배로 돌아갈 당신의 나라가 어디인지 가르쳐주세요."

메데이아의 간절한 말에 이아손도 마음이 기울 수밖에 없었다. 그가 큰 소리로 말했다.

"고귀한 공주여! 나를 믿어주세요. 만일 내가 죽지 않는다면 밤이

나 낮이나 잠시도 당신을 잊지 않을 것입니다. 내 고향은 하이모니아의 이올코스라는 도시입니다. 바로 프로메테우스의 아들 데우칼리온이 여러 도시를 세우고 신전을 만든 곳입니다. 그곳에서는 당신 나라의 이름조차 모르고 있답니다."

그녀가 대답했다.

"이방인인 당신은 그리스 사람이시군요. 당신 나라의 사람들은 틀림없이 이 나라보다 손님 대접을 후하게 하겠지요. 그러니까 여기서 어떤 대우를 받았는지는 말씀하지 마시고 조용히 저를 기억해주세요. 설령 이 나라 사람들이 모두 당신을 잊더라도 저만은 잊지 않을 테니까요. 만일 저와의 일을 잊으셔야만 한다면, 이올코스의 바람이 불어 새라도 이곳으로 데려다주기를! 그 새를 보고 당신이 저의 도움으로 이곳을 빠져나갔다는 걸 기억할 수 있게요. 아! 저를 기억하실 수 있도록 당신 집에 있게 된다면 얼마나 좋을까요!"

메데이아는 그렇게 말하며 울었다.

"바람이니 새니 하는 말씀은 그만두세요. 그러나 만일 당신이 그리스의 제 고향으로 오신다면 모든 남자와 여자가 당신을 존경할 것입니다. 아니, 신처럼 숭배할 것입니다. 왜냐하면 그들의 아들과 형제, 남편들은 당신의 도움으로 죽음을 면하고 즐겁게 고향으로 돌아가게 되었으니까요. 그리고 그때 당신은 제 사람이 될 것입니다. 죽음 외에는 우리의 사랑을 떼어놓을 수 없을 것입니다!"

이아손의 말에 괴로웠던 메데이아의 마음이 눈처럼 녹았다. 그러나 동시에 자신이 조국을 떠나고 난 뒤 일어날 끔찍한 일을 생각지 않을 수 없었다. 그런데도 어떤 이상한 힘이 그녀를 그리스 쪽으로 이끌었다. 바로 여신 헤라가 그렇게 만들었다. 헤라는 콜키스 사람인 메데이아가 조국을 떠나 이올코스로 가서 펠리아스를 파멸시키기를 원했다.

그사이 시녀들은 멀찌감치 떨어져 초조한 마음으로 기다리고 있었다. 공주가 성으로 돌아가야 할 시간이 이미 지났기 때문이다. 만일 사려 깊은 이아손이 너무 늦은 것 아니냐고 말해주지 않았다면, 메데이아는 기쁨에 들뜬 채 돌아갈 생각도 전혀 못했을 것이다.

"이제 헤어질 시간이군요. 해질 녘까지 머무르다 다른 이들이 모든 걸 눈치 채게 되면 안 됩니다. 나중에 여기서 다시 만납시다."

이아손, 아이에테스의 요구를 완수하다

그들은 그렇게 헤어졌다. 이아손은 즐거운 마음으로 아르고 호의 동료들에게 돌아갔다. 메데이아도 시녀들이 있는 곳으로 갔다. 시녀들이 급히 나와 맞는 것도 그녀는 알지 못했다. 그저 구름에 떠 있는 것처럼 한없이 행복할 뿐이었다. 그녀는 가벼운 발걸음으로 마차에 올라탔고 스스로 알아서 집을 향해 달려가는 당나귀를 재촉해 궁전으로 돌아왔다. 궁전에서는 칼키오페가 아들에 대한 걱정으로 수심이 가득한 채 그녀를 기다리고 있었다. 칼키오페는 의자에 앉아 왼손으로 머리를 받치고 있었고, 두 눈에는 눈물이 그렁그렁했다. 좋지 못한 일에 말려들었다는 생각 탓이었다.

한편 이아손은 메데이아가 훌륭한 마법의 물약을 넘겨주었다면서 동료들에게 그 물약을 보여주었다. 모두들 기뻐했으나 한쪽 구석에 앉아 있던 영웅 이다스는 화가 나서 이를 갈았다.

다음 날 아침, 아이에테스에게서 용의 이빨을 받기 위해 두 사람이 파견되었다. 아이에테스는 두 사람에게 카드모스가 테바이에서 죽였던 것과 똑같은 용의 이빨을 주었다. 그는 아무런 걱정을 하지 않았다. 이아손은 용의 이빨을 뿌리는 일조차 해내기 어려우리라 믿었기 때문이다.

낮이 지나 밤이 되자 이아손은 목욕을 하고 메데이아가 일러준 대로 저승의 여신 헤카테에게 제물을 바쳤다. 기도를 들은 여신은 깊은 동굴에서 모습을 나타냈다. 이 무서운 여신은 불타는 참나무 가지를 입에 문 용한테 둘러싸여 있었다. 그녀 주위에선 지옥의 개들이 짖어 댔다. 여신의 발길 아래에서 초원이 떨고 있었고 파시스 강의 요정들은 통곡했다. 이아손조차 공포에 사로잡혔다. 그러나 그는 사랑하는 여인 메데이아가 지시한 대로 동료들에게 갈 때까지 뒤를 돌아보지 않았다. 눈 덮인 카우카소스 산꼭대기에는 벌써 희미하게 햇살이 빛나고 있었다.

이제 아이에테스는 전쟁의 신 아레스가 플레그라 광야에서 빼앗은 거인족 미마스의 갑옷을 걸쳤다. 머리에는 깃털장식 네 개가 달린 황금 투구를 쓰고 헤라클레스 외에는 어떤 영웅도 들어 올릴 수 없는 네 겹으로 만든 가죽 방패를 손에 들었다. 아이에테스의 아들이 마차 옆에서 준마를 잡고 있었고, 아이에테스는 마차에 타자마자 고삐를 잡고 나는 듯 달려갔다. 수많은 사람이 그 뒤를 따랐다. 왕은 마치 전쟁에 나가는 것처럼 무장하고 싸움의 현장에 나섰다. 한편 이아손은 메데이아의 지시대로 창검과 방패에 마법의 물약을 발랐다. 주위에 있던 동료들이 자신의 무기로 그 창을 시험해보니 과연 창을 구부릴 수조차 없었다. 이아손이 손에 꽉 쥔 창은 마치 돌과 같았다.

아파레우스의 아들 이다스가 화를 내며 창자루의 끄트머리에 칼로 일격을 가했다. 그러나 칼은 철판을 때린 망치처럼 튀었다. 영웅들은 승리에 대한 희망으로 즐거운 환성을 올렸다. 그제야 이아손은 몸에 마법의 물약을 발랐다. 그는 온몸에서 놀라운 힘이 솟아나는 것을 느꼈다. 두 손에 힘이 넘쳤고 가슴은 전의로 불타올랐다. 그는 솟구치는 힘으로 방패와 창을 흔들었다. 이 모습은 전투를 앞둔 군마가 큰 소리를 내며 앞발을 들어 올려 땅을 힘차게 박차고 나가는 것과 흡사했다.

잠시 후 영웅들은 이아손과 함께 아레스 신의 들판을 향해 배를 저어갔다. 그곳에는 이미 아이에테스 왕과 많은 콜키스 인들이 와 있었다. 왕은 해변가에 서 있었고, 콜키스 인들은 카우카소스 산 절벽 위 이곳저곳에 흩어져 있었다. 배가 도착하자마자 이아손은 창과 방패를 가지고 땅으로 훌쩍 뛰어내렸다. 거기서 그는 뾰족한 용의 이빨이 가득 담긴 빛나는 청동 투구를 받아 들었다.

이아손은 가죽끈으로 칼을 어깨에 잡아매고 아레스나 아폴론처럼 위풍당당하게 걸어 나왔다. 들판에서 사방을 두리번거리다가 땅에 떨어진 황소들의 청동멍에를 곧 발견했고, 그 옆에 쇠로 만든 쟁기와 쟁기칼도 발견했다. 이아손은 쇠로 만든 창날을 더 단단히 창의 자루에 조인 다음, 투구를 땅 위에 내려놓았다. 그러고는 방패로 몸을 가리고 황소의 발자국을 찾으며 앞으로 나아갔다. 갑자기 튼튼한 외양간처럼 보이는 지하동굴에서 황소들이 이아손을 향해 뛰어나왔다. 황소들은 입으로 불을 토했기 때문에 짙은 연기에 휩싸여 있었다. 이아손의 동료들은 괴물을 보고 깜짝 놀랐다. 그러나 이아손은 두 다리를 벌리고 꼿꼿이 서서 방패를 들었다. 그는 바닷가 바위가 높은 파도를 기다리듯 돌진해 오는 황소들을 기다렸다.

두 마리의 소가 머리를 박을 듯 뿔을 휘두르며 덮쳤다. 황소가 돌진해 오는데도 이아손은 꿈쩍하지 않았다. 대장간의 풀무가 소리를 내며 무서운 불꽃을 뿜어내다 멈추듯 소들은 으르렁대고 불을 뿜으며 돌진해 왔다. 이아손의 주변으로 뜨거운 불꽃이 산불처럼 이글거리며 울타리를 이루었다. 그러나 메데이아의 마법의 물약이 그를 지켜주었다. 드디어 이아손은 소의 뿔을 힘껏 잡아당겨 청동 멍에가 놓인 곳까지 끌고 갔다. 그리고 소의 청동 발을 걷어차 땅바닥에 주저앉히더니, 뒤이어 달려온 황소도 똑같은 방식으로 땅에 주저앉혔다. 그는 커다란 방패를 내던지고 화염을 토하며 쓰러진 두 마리의 소를 양손으로 꽉 눌렀다.

아이에테스 왕은 이아손의 괴력에 놀라지 않을 수 없었다. 그사이 카스토르와 폴뤼데우케스가 미리 약속한 대로 땅에 있던 멍에를 이아손에게 넘겨주었다. 이아손은 그것을 안전하게 황소 목에 꽉 붙들어 맸다. 그러고는 청동으로 만든 수레의 끌채를 들어 올려 멍에의 고리에 끼웠다. 쌍둥이 형제 카스토르와 폴뤼데우케스는 이아손처럼 불사신이 된 상태가 아니었기 때문에 불속에서 급히 몸을 피했다.

이아손은 다시 방패를 들어 등 뒤로 맸다. 그리고 용의 이빨이 담긴 투구를 들고 창을 잡더니, 화가 나 불을 토하고 있는 황소들을 창으로 찌르며 강제로 쟁기를 끌게 했다. 황소의 힘과 거대한 쟁기로 땅은 깊이 파헤쳐져 커다란 흙덩어리가 고랑에서 소리를 내며 부서졌다. 이아손은 뚜벅뚜벅 그 뒤를 따라가며 용의 이빨을 뿌렸다. 그리고 용의 이빨에서 싹튼 거인들이 나타나 저항하지나 않을까 조심스럽게 뒤를 돌아보았다. 황소들은 청동 발굽으로 밭을 갈면서 전진했다.

해가 저물기도 전에 황소들은 들판을 모두 갈았다. 황소들은 전혀 지친 기색이 보이지 않았다. 황소들을 멍에에서 풀어주자 소들은 무기를 든 이아손을 보고 겁이 나 넓은 들로 도망쳐버렸다. 고랑에서 아직 거인들이 나오지 않아 이아손은 일단 배로 돌아왔다.

큰 소리로 환영하는 동료들이 사방에서 그를 에워쌌다. 그러나 이아손은 아무 말 없이 투구로 냇물을 떠서 타는 듯한 목을 적셨다. 그는 무릎관절에 이상이 없는지 살펴보고 다시금 전의를 불태웠다. 들판에서 어느새 거인들이 무수하게 자라나고 있었기 때문이다.

아레스 신의 숲은 온통 방패와 창끝으로 꽉 찼으며 투구에 반사된 빛이 하늘까지 비추고 있었다. 이아손은 그 순간 메데이아의 조언을 떠올렸다. 그는 들에 있던 커다랗고 둥근 돌을 들어 올렸다. 건장한 사나이 네 명이 달려들어도 들어 올릴 수 없을 정도로 큰 돌이었다. 그는 거인들 한가운데로 그 돌을 내던졌다. 그리고 무릎을 구부려 잽싸게 방패 뒤로 몸을 숨겼다. 그것을 보고 콜키스 인들이 와 하고 고함을 질렀다. 그 소리가 마치 바위 모서리에 파도가 부딪히는 소리 같았다.

아이에테스 왕은 이아손이 거대한 돌을 던지자 놀라서 물끄러미 바라보았다. 갑자기 거인들이 커다란 돌 주위로 개떼같이 몰려들더니 서로 싸우기 시작했다. 거인들은 중상을 입고 마치 바람에 쓰러진 전나무나 참나무처럼 어머니 대지 위에 쓰러졌다.

거인들이 싸움에 한창일 때 이아손은 어두운 밤하늘을 스쳐가는 별똥별처럼 그 가운데로 뛰어들었고 칼을 빼서 거인들에게 휘둘렀다. 이미 대지에서 일어난 거인은 베어서 넘어뜨리고, 어깨까지만 자란 거인은 풀처럼 베어버렸다. 여기저기 상처 입은 자와 죽은 자들이 쓰러지면서 고랑 사이로 피가 냇물처럼 흘렀다.

이 광경을 지켜본 아이에테스 왕은 머리끝까지 화가 났다. 그는 말없이 뒤돌아서서 도시로 향했다. 그의 머릿속은 어떻게 하면 이아손을 죽일 수 있을까 하는 생각으로 가득했다. 이렇게 하루가 지나갔다. 일을 마친 영웅 이아손은 동료들의 축하를 받으며 휴식을 취했다.

메데이아, 황금 양가죽을 훔치다

아이에테스 왕은 원로들을 왕궁으로 불러 모아 아르고 호 영웅들을 칠 방법을 밤새 의논했다. 전날 일어난 모든 일이 딸 메데이아의 협조 없이는 불가능하다는 사실을 알고 있었기 때문이다. 여신 헤라는 이아손이 위험에 직면한 것을 알았다. 헤라는 메데이아의 마음을 두려움으로 채웠다.

메데이아는 사냥개 짖는 소리가 무서워 벌벌 떠는 숲속의 새끼사슴처럼 불안했다. 그녀는 자기가 이아손을 도운 것을 아버지한테 숨길 수 없으리라는 것을 잘 알고 있었다. 또 시녀들이 사실을 폭로할까 봐 두려웠다. 메데이아는 눈물을 펑펑 흘렸고 슬픔에 잠겨 머리를 풀어 헤쳤다. 그녀가 사발에 담은 독약을 마시려는 순간, 헤라는 새로운 용기를 그녀에게 불어넣었다. 그녀는 마음을 고쳐먹고 독약을 다시 보관용기에 부었다.

도망치기로 결심한 메데이아는 잠자리와 방의 기둥에 이별의 입맞춤을 한 뒤 다시 한 번 기둥을 어루만졌다. 그리고 어머니에게 주기 위해 자신의 곱슬머리를 잘라 침대에 놓고는 울면서 말했다.

"어머니! 부디 안녕히 계세요. 칼키오페 언니와 우리 집, 모두 안녕! 오, 이방인인 당신이 콜키스로 오기 전에 바다가 당신을 집어삼켰더라면 얼마나 좋았을까!"

죄수가 감옥에서 탈출하듯 메데이아는 그리운 집을 떠났다. 그녀가 주문을 외우자 궁전의 문이 열렸다. 그녀는 맨발로 샛길을 뛰었다. 왼손에 든 베일로는 얼굴을 가렸고, 오른손 베일로는 밤길 먼지에 옷이 더럽혀지지 않도록 잘 말아 들었다.

파수꾼들한테 들키지 않고 도시 밖으로 빠져나간 그녀는 곧 신전으로 가는 좁은 길로 들어섰다. 마법사가 되어 독약을 제조하고자 약초를 찾기 시작한 때부터 잘 아는 길이었다. 달의 여신 셀레네는 서둘러 걷는 메데이아를 보고 미소 지으며 말했다.

"미소년 엔뒤미온*을 사랑해 괴로웠던 일이 어찌 나만의 일이겠는

---

* 엔뒤미온은 카리아 지역 라트모스 산의 양치는 목동이다. 엔뒤미온을 사랑한 달의 여신 셀레네는 죽지 않은 채 영원히 잠들고 싶다는 그의 소원을 들어주었다. 그리고 밤이 되면 하늘에서 내려와 그 옆에 누워 잤다고 한다. 다른 이야기에 따르면 엔뒤미온이 자는 모습을 보고 열렬한 사랑에 빠진 셀레네가 하늘에서 내려와 그에게 입을 맞추었다. 이 일을 아무에게도 알리지 않기 위해 그녀는 애인의 눈을 영원한 잠에 빠지게 한 다음, 조용한 밤에 가끔 내려와 엔뒤미온을 찾았다고 한다. 달의 여신 셀레네는 거인족인 휘페리온과 테이아 사이에서 태어난 딸로, 태양신 헬리오스와 새벽의 여신 에오스의 남매이다.

가! 너는 곧잘 주문을 외워 나를 하늘에서 쫓아내고는 했지. 이번에는 네가 이아손 때문에 쓰라린 고통을 맛볼 것이다. 어서 가거라! 내가 보기에 너는 지독한 슬픔을 피할 수 있을 정도로 영리하지는 않구나."

드디어 메데이아가 해안가에 도착했다. 그녀는 영웅들이 이아손의 승리를 축하하기 위해 밤새도록 밝혀놓은 승리의 불을 보았다. 그녀는 배를 향해 크게 외쳐 젊은 조카 프론티스를 불렀다. 프론티스는 메데이아의 목소리를 듣고 세 배나 더 큰 목소리로 응답했다. 그 소리를 들은 영웅들은 처음에는 깜짝 놀랐으나, 곧 상황을 알아차리고는 육지 쪽으로 배를 저어갔다. 배가 땅에 닿기도 전에 이아손은 갑판에서 뛰어내렸다. 그리고 프론티스와 아르고스가 그 뒤를 따랐다. 메데이아는 조카들의 무릎을 감싸안으며 소리쳤다.

"저도 여러분도 아버지로부터 도망가야 합니다! 모두 탄로 났어요. 어쩌면 좋을지 모르겠어요. 아버지가 빠른 말을 타고 우리를 쫓아오기 전에 우리는 배로 이곳을 떠나야 합니다. 저는 용을 잠들게 한 다음 어떻게 해서든지 황금 양가죽을 가져오겠습니다. 그러나 그 전에 동료들 앞에서 신들에게 맹세해주세요. 낯선 나라에서도 제 명예를 꼭 지켜주시겠다고요!"

기쁨으로 가슴이 설렌 이아손은 메데이아를 살짝 일으켜 안으며 말했다.

"사랑하는 그대여, 제우스도 결혼의 수호신 헤라도 나의 증인이 될 것이오. 그리스로 돌아가자마자 나는 당신을 아내로 맞아 집으로 데려가겠소!"

이렇게 맹세하고 그는 메데이아의 손을 꼭 잡았다. 그날 새벽, 메데

달의 여신 셀레네는 메데이아에게 미소 지으며 말했다. "미소년 엔뒤미온을 사랑해 괴로웠던 일이 어찌 나만의 일이겠는가! 너는 곧잘 주문을 외워 나를 하늘에서 쫓아내곤 했지. 이번에는 네가 이아손 때문에 쓰라린 고통을 맛보리라." 엔뒤미온은 달의 여신 셀레네의 사랑을 받은 아름다운 젊은 목동이다. 엔뒤미온은 죽음 대신 영원히 아름다운 젊음을 선택했다. 셀레네는 애인의 소원을 들어주고 조용한 밤에 가끔 내려와 엔뒤미온을 찾았다고 한다. 에로스가 엔뒤미온에게 달빛을 비춰주고 있다.

〈엔뒤미온의 잠〉, 지로데 트리오종, 1793년, 루브르 박물관.

이아는 황금 양가죽을 빼앗기 위해 영웅들과 함께 배를 저어 신성한 숲으로 갔다. 이아손과 메데이아는 배에서 내려 숲속으로 난 들길을 걸어갔다. 그들은 숲에서 황금 양가죽이 걸린 커다란 참나무를 찾아냈다. 밤인데도 황금 양가죽은 떠오르는 아침 태양에 비치는 구름처럼 빛나고 있었다. 그 앞에는 잠들지 않는 용이 날카로운 눈을 부릅뜨고 있었다. 다가오는 사람들을 향해 용이 기다랗게 목을 늘여 무서운 소리를 내자 그 쉭쉭거리는 소리가 강기슭과 숲에 메아리쳤다.

빛나는 비늘을 가진 용은 몇 번이나 똬리를 틀면서 굴렀다. 마치 불이 붙은 숲에서 불길이 확 일어나는 것 같았다. 그러나 메데이아는 두려워하지 않고 괴물에게 다가갔다. 그녀는 달콤한 목소리로, 신들 중에서 가장 힘이 센 잠의 신에게 괴물 용을 잠들게 해달라고 부탁했다. 그리고 저승의 여왕에게는 자신의 계획을 축복해달라고 간청했다.

이아손은 메데이아를 따라갔으나 무서웠다. 용은 그녀가 부르는 마법의 노래로 잠이 들어, 활 모양으로 곧추세웠던 등을 늘어뜨렸고 수레바퀴 같은 몸뚱이를 바닥에 길게 폈다. 그러나 무서운 머리만은 여전히 똑바로 들고 있어서 커다랗게 벌린 입이 당장이라도 두 사람을 삼킬 듯했다. 메데이아가 참나무 가지로 마법의 물약을 용의 눈에 뿌리자 강한 냄새 때문에 용은 정신을 잃고 큰 입을 다물었다. 마침내 용은 숲을 가로지르며 온몸을 길게 늘어뜨리고 잠들었다.

메데이아가 용의 머리에 쉴 새 없이 마법의 물약을 뿌리는 동안 이아손은 참나무 가지에서 황금 양가죽을 끌어내렸다. 그리고 둘은 어두운 아레스의 숲을 황급히 빠져나왔다. 이아손은 기뻐 어쩔 줄 모르며 커다란 황금 양가죽을 왼편 어깨에 멨다. 그러나 황금 양가죽이 어

이아손이 칼을 들고 황금 양가죽을 훔치는 동안 나무를 휘감은 뱀은 메데이아가 주는 마법
의 물약을 핥고 있다. 메데이아가 쉴 새 없이 마법의 물약을 뿌리는 동안 이아손은 참나무
가지에서 황금 양가죽을 끌어내렸다. 그런 다음 둘은 어두운 아레스의 숲을 빠져나왔다. 이
아손은 커다란 황금 양가죽을 왼편 어깨에 메었다.

〈이아손과 황금 양가죽〉, 그리스 도자기, 기원전 4세기경.

깨에서 발까지 늘어져 있어 밤길을 훤히 비추어주었다. 인간이나 신을 만나 이 보물을 빼앗길까 염려된 이아손은 황금 양가죽을 다시 감아올렸다.

새벽녘이 되어 두 사람은 배로 돌아왔다. 이아손을 에워싼 동료들은 천둥신의 번갯불처럼 번쩍번쩍 빛나는 양가죽을 보고 눈을 크게 뜨며 놀랐다. 이아손은 황금 양가죽을 만져보려는 동료들을 말리며 외투로 그것을 덮었다. 그리고 메데이아를 배의 뒤쪽 갑판에 앉힌 뒤 동료들에게 말했다.

"자, 빨리 돌아갑시다! 메데이아의 도움으로 소임을 다하고 이제 떠나게 되었소. 나는 나를 도와준 이 사람을 아내로 삼아 집으로 데려가기로 했소. 그러니 여러분도 나를 도와 그리스 인들 모두에게 도움을 준 이분을 지켜야 하오. 곧 아이에테스 왕이 부하들과 함께 몰려와 우리를 이 강에서 나가지 못하게 막을 것이 불 보듯 뻔하오. 그러므로 여러분 중 반은 배를 젓고 나머지 반은 튼튼한 방패로 우리의 귀향을 도와주시오. 귀향뿐 아니라 그리스가 영예를 얻느냐 치욕을 당하느냐가 여러분 손에 달렸소!"

이렇게 말한 이아손은 해안가에 묶어두었던 배의 밧줄을 풀었다. 그는 완전히 무장한 채 메데이아와 조타수 앙카이오스 옆에 섰다. 아르고 호는 서둘러 강을 빠져나갔다.

영웅들, 메데이아를 데리고 도망치다

그러는 사이 아이에테스 왕과 콜키스 인들은 메데이아가 이아손과 사랑에 빠져 도망가기 위해 저지른 일에 대해 들었다. 그들은 무장하고 광장에 모여 강기슭으로 몰려갔다. 아이에테스 왕은 태양신에게서 받은 말로 전차를 끌었다. 왼손에는 둥근 방패를, 오른손에는 기름 먹인 긴 횃불을 들고 옆에는 거대한 창을 세우고 달렸다. 말고삐를 잡은 것은 아들 압쉬르토스다. 그러나 그들이 강기슭에 닿았을 때, 이미 아르고 호는 쉬지 않고 노를 저어 먼 바다를 항해하고 있었다.

화가 난 왕은 횃불과 방패를 바닥에 내동댕이쳤다. 왕은 두 손을 하늘로 쳐들고 제우스와 태양신을 증인 삼아 부하들에게 분노에 찬 선언을 했다.

"만일 바다나 육지나 어디서든 딸을 잡아오지 못하면 너희들 목을 잘라 그녀에 대한 복수를 대신하겠다."

놀란 콜키스 인들은 배를 바다에 띄우고 돛을 달아 급히 출항했다. 왕의 아들 압쉬르토스가 이끄는 선단은 엄청난 새 떼와도 같았다.

한편 아르고 호의 돛은 순풍을 타고 무사히 항해 중이었다. 그것은 콜키스의 여인 메데이아가 될 수 있는 한 빨리 펠리아스의 집으로 가 파멸을 안겨줘야 한다는 헤라의 의지 때문이었다. 사흘이 지난 뒤 새벽녘에 배는 벌써 파플라고니아의 해안 하리스 강 옆에 닿았다. 여기서 영웅들은 메데이아의 지시에 따라 그녀를 도와준 여신 헤카테에게 제물을 바쳤다.

그때 이아손은 늙은 예언자 피네우스가 귀향할 때 다른 항로를 이용하라고 충고했던 게 생각났다. 그러나 영웅들 중 누구도 그 길을 몰랐다. 마침 사제의 문서를 잘 알고 있던 프릭소스의 아들 아르고스는 배가 이스테르 강을 향해야 한다고 말했다. 멀리 리파이오스 산맥에서 발원하는 이스테르 강은 그 풍부한 물을 반은 이오니아 해에, 반은 시켈리아 해에 쏟아내고 있다는 것이었다. 아르고스가 말을 마치자 하늘에 무지개가 나타나 배가 가야 할 방향을 가리켰다. 무지개는 아르고 호가 순풍을 받으며 이스테르 강 하구에 닿을 때까지 사라지지 않고 계속해서 빛을 발했다.

콜키스 인들은 추적을 단념하지 않고 날렵한 배로 아르고 호보다 먼저 이스테르 강 하구에 도착해 있었다. 그들은 포구와 섬에서 영웅들의 퇴로를 막았다. 아르고 호의 영웅들은 콜키스 인의 수가 많은 것을 알아차리고 상륙하자마자 강에 있는 섬에 숨었다. 그러나 콜키스 인들이 곧 뒤를 쫓아 그들과 맞닥뜨릴 판이었다. 쫓기던 그리스 인들은 협상을 제의했고, 양쪽 사이에 다음과 같은 협정이 이루어졌다.

그리스 인들은 아이에테스 왕이 이아손에게 일의 대가로 약속했던 황금 양가죽을 가지고 돌아가도 되었다. 단, 메데이아 공주는 이웃 나라 왕이 공정한 심판관이 되어 아버지에게로 되돌아갈지 아니면 영웅들을 따라 그리스로 갈지를 결정하기 전까지, 다른 섬에 있는 아르테미스 신전에 남겨두기로 했다. 몹시 불안해진 메데이아는 눈에 띄지 않는 장소로 이아손을 데려가 눈물을 흘리며 말했다.

"이아손, 저를 어떻게 할 작정이에요? 당신이 곤경에 처했을 때 저와 맺은 신성한 맹세를 잊으셨나요? 당신 말을 믿고 저는 경솔하게도 고향과 부모를 버렸잖아요. 저는 가지고 있던 가장 중요한 것들을 다버렸어요. 그리고 당돌하게도 황금 양가죽을 당신에게 넘겼지요. 당신을 위해 명예를 더럽힌 저는 당신의 시녀, 당신의 아내, 당신의 오누이로서 그리스로 따라가는 거예요. 그러니까 제발 저를 여기에 홀로 남겨두지 마세요. 이웃의 왕에게 넘겨져 심판받는 일 따위는 없게 해주세요. 만일 그 심판관이 아버지에게 저와 함께 돌아가라는 판결을 내리면 전 끝이에요. 그러면 과연 당신이 고향으로 편안하게 돌아갈 수 있겠어요? 당신이 수호신으로 찬양하는 제우스의 부인 헤라 여신이 가만히 보고 계실까요? 만일 저를 버리신다면, 황금 양가죽이 꿈처럼 사라져버렸을 때 비참함 속에서 제 생각이 나실 겁니다. 복수의 망령이 된 저는 당신의 고국에서 당신을 쫓아낼 것입니다. 내가 내 나라에서 쫓겨난 것처럼!"

메데이아는 몹시 흥분해서 그렇게 말하더니 준비했던 불을 배에 던져 모든 것을 태우고 자신도 그 속으로 뛰어들려 했다. 그 모습을 보자 이아손은 부끄러웠다. 양심의 가책을 느낀 그가 그녀를 달랬다.

"메데이아! 진정해요. 저 협상은 진심이 아니오. 전쟁을 늦추려는 것일 뿐이지. 당신을 잡으려고 적들이 구름같이 우리를 포위했기 때문이라오. 여기 사는 모든 족속은 콜키스 인들과 친하기 때문에 당신의 남동생을 도와 당신을 포로로 잡아다 아버지에게 돌려보내려 할 거요. 그러나 지금 싸움을 하면 모두가 비참한 최후를 맞게 되오. 게다가 우리가 죽는다면 당신은 더 절망적인 처지가 될 거요. 협상은 압쉬르토스를 파멸로 이끄는 함정에 불과하오. 콜키스 인들을 지휘하는 그가 죽는다면 여기 족속들도 더는 콜키스 인들을 돕지 않을 거요."

그러자 메데이아는 무서운 말을 했다.

"잘 들으세요. 저는 죄를 지었고 나쁜 짓을 했어요. 이제 옛날로 돌아갈 수는 없으니 악으로 가는 길밖에 없군요. 당신은 콜키스 인들을 가까이 오지 못하게 하세요. 저는 동생을 잘 구슬려 당신의 생각대로 일을 꾸미겠어요. 호사스러운 요리상을 차려놓고 동생을 초대하세요. 제가 일행을 떼어놓으면 당신과 동생은 단 둘이 있게 될 겁니다. 그때 그를 죽이고 콜키스 인들에게 시신을 넘겨주세요."

이렇게 두 사람은 압쉬르토스에게 무서운 덫을 놓은 뒤 초대의 선물을 보냈다. 렘노스의 여왕이 이아손에게 선물했던 훌륭한 비단옷이었다. 이 옷은 미의 여신들이 디오뉘소스 신을 위해 짠 것으로, 신주에 취한 디오뉘소스가 그 옷을 입고 잠을 잔 뒤부터 이 세상에서는 맡을 수 없는 향기가 스며 있었다.

교활한 메데이아가 전령들에게 말했다.

"어두운 밤이 되면 압쉬르토스에게 다른 섬에 있는 아르테미스 신전으로 오라고 전해주세요. 황금 양가죽을 되찾아 부왕에게 가져갈 계략을 의논할 거니까요."

그렇게 말한 뒤 자신은 프릭소스의 아들들에게 붙잡혀 이방인에게 억지로 끌려왔다며 울음을 터뜨렸다. 전령들을 속인 메데이아는 높은 산에 사는 야생동물들이 냄새를 맡고 아래로 내려올 정도로 많은 양의 마법의 물약을 바람 속에 뿌렸다.

어두운 밤이 되자 압쉬르토스가 신성한 섬으로 건너왔다. 누이와 단둘이 있게 되자 그는 누이가 이아손에 대해 어떤 계략을 쓰려는지 떠보았다. 그 순간 이아손이 칼을 들고 으슥한 곳에서 튀어나왔다. 메데이아는 동생의 죽음을 보지 않으려 고개를 돌리며 베일로 얼굴을

메데이아는 황금 양가죽과 함께 아르고 호를 타고 바다를 건너 그리스로 왔다. 콜키스 인들이 끈질기게 뒤쫓아 왔다. 일설에 따르면, 메데이아는 도망칠 때 동생 압쉬르토스를 토막 내 바다에 던져 아버지 아이에테스의 추격을 피했다고 한다. 동생 압쉬르토스가 냉정한 표정의 메데이아에게 매달리며 애원하고 있고 선원들은 그를 바다로 던지려 하고 있다. 결국 아이에테스 왕은 추격을 그만두고 흩어진 아들의 유해를 모아 깊은 슬픔에 잠긴 채 콜키스로 귀항했다고 한다.

〈황금 양가죽〉, 허버트 드레이퍼, 1904년, 브래드퍼드 미술관.

가렸다. 압쉬르토스는 이아손의 칼을 맞고 짐승처럼 쓰러졌다. 그러
나 무엇 하나 그대로 넘기지 않는 복수의 여신이 아무도 모르는 장소
에서 이루어진 이 소름 끼치는 장면을 다 보고 있었다.

이아손이 살인으로부터 자신을 정화한 뒤 압쉬르토스의 시신을 땅
에 묻자 메데이아는 아르고 호에 횃불로 신호를 보냈다. 그러자 영웅
들은 큰 독수리가 비둘기 떼를 덮치듯 아르테미스 섬에 상륙하여 지
휘자를 잃은 압쉬르토스의 부하들을 습격했다. 어느 누구도 죽음을
모면하지 못했다. 이아손이 동료들을 돕고자 달려왔으나 그가 할 일
은 없었다. 승부는 이미 결정되었기 때문이다. *

계속되는 아르고 호의 귀향길

뒤에 남은 콜키스 인들이 눈치 채기 전에 영웅들은 펠레우스의 충고
에 따라 강어귀에서 벗어나 부리나케 배를 몰았다. 뒤늦게 사태를 파
악한 콜키스 인들은 처음에는 그들을 추격하려 했다. 그러나 헤라가
번갯불로 경고하면서 위협했다. 게다가 그들은 왕자 압쉬르토스와 메
데이아를 집으로 데려가지 못할 경우에 받게 될 아이에테스 왕의 노
여움이 두려웠다. 그래서 이스테르 강어귀에 있는 아르테미스 섬에
남았고 계속 거기서 살았다.

＊　다른 정설에 의하면 그들은 도망칠 때 데려왔던 어린 남동생 압쉬르토스를 죽여 그 사지를 바
다에 던졌다고 한다. 아이에테스 왕이 아들의 흩어진 유해를 모으는 동안 그들은 무사히 도망갈 수 있
었다. 이에 왕은 추적을 그만두고 깊은 슬픔에 잠긴 채 콜키스로 돌아왔다고 한다.

한편 아르고 호 대원들은 여러 해안과 섬을 지나 아틀라스의 딸 칼립소 여왕이 사는 섬도 지나갔다. 그들 눈에는 벌써 저 멀리 고국의 높은 산봉우리가 보이는 것 같았다. 그러나 화가 난 제우스의 계획을 염려한 헤라가 폭풍을 보내, 아르고 호는 을씨년스럽고 황량한 에렉토리스 섬에 표류했다. 이때 아테네가 뱃머리에 끼워놓은 예언의 나무가 말하기 시작했다.

"마녀 키르케가 압쉬르토스의 무참한 죽음에서 너희 몸을 깨끗이 해줄 때 너희들은 제우스의 노여움과 바다의 표류를 모면하리라."

이 말을 듣자 대원들은 놀라서 몸을 떨었다. 나무판자가 계속해서 말했다.

"신들이 너희들에게 바닷길을 열어줘서 태양신과 페르세의 딸 키르케를 찾을 수 있게 해주기를 바란다면 카스토르와 폴뤼데우케스가 신들에게 기도해야 할 것이다."

쌍둥이 카스토르와 폴뤼데우케스는 용기를 내서 불멸의 신들에게 자신들을 보호해달라고 빌었다. 그러나 아르고 호는 에리다노스 강의 가장 깊은 만까지 쏜살같이 나아갔다. 그곳은 옛날 파에톤이 불타는 태양 전차에서 떨어진 곳이었다. 지금까지도 불에 탄 파에톤의 상처에서 나는 열과 냄새가 깊은 바다에서 풍겨 나왔다. 어떤 배도 이 불꽃을 피해 갈 수 없었다.

해변가에는 포플러로 변해버린 헬리오스의 딸들이자 파에톤의 누이들이 한숨을 쉬면서 호박(琥珀) 같은 눈물을 뚝뚝 흘리고 있었다. 그 눈물을 태양이 말려주었고 에리다노스 강은 밀물로 끌어당겼다. 영웅들은 튼튼한 배 덕분에 이 위험에서 벗어날 수 있었지만 식욕을 완전

히 잃고 말았다. 낮에는 에리다노스 강의 밀물 때문에 파에톤의 상처
에서 뿜어 나온 구역질 나는 악취에 시달리고, 밤에는 헬리오스의 딸
들이 통곡하는 소리에 시달려야 했던 것이다. 그 소리는 마치 기름방
울 같은 호박이 바다로 굴러가는 소리와 비슷했다.

그들은 에리다노스 강을 따라 올라가다가 로다노스 강의 어귀가 나
타나자 그곳으로 들어가려 했다. 만일 그때 헤라가 갑자기 바위 모퉁
이에서 나타나 무섭게 주의를 주지 않았다면, 그들은 그곳에서 두 번
다시 살아 돌아올 수 없었을 것이다. 헤라는 아르고 호를 검은 안개로
감싸 지켜주었다. 그렇게 그들은 며칠 낮과 밤을 수없이 많은 켈토이
인이 사는 곳을 지나갔다. 마침내 튀르레니아 해안이 보이자 그들은
기뻐하며 키르케 섬 항구로 들어갔다.

마법의 여신 키르케는 해안가에 서서 바닷물에 머리를 감고 있었
다. 지난밤 꿈에 그녀의 집은 피가 가득 차서 넘치고, 이제까지 이방
인들에게 마법을 걸었던 마법약초들이 모두 불탔다. 꿈속에서 그녀는
두 손을 컵처럼 오므려 피를 떠서 불을 끄려 하고 있었다. 기분 나쁜
꿈을 꾼 탓에, 키르케는 날이 밝기도 전에 잠에서 깨어 바닷가로 나갔
던 것이다. 그녀는 자기 옷과 온몸에 피가 묻기라도 한 것처럼 바닷가
에서 옷과 머리를 씻었다. 여느 동물과는 생김새가 전혀 다른, 서로
다르게 생긴 다리를 가진 커다란 야수가 목동을 따라가듯 키르케의
뒤를 따라갔다.

이 광경을 본 영웅들은 말할 수 없는 공포에 사로잡혔다. 키르케의
얼굴만 봐도 그녀가 잔인한 아이에테스의 누이임을 분명히 알 수 있
었기에 더욱 무서웠다. 전날 밤 꿈의 놀라움이 가라앉자 키르케는 갑

자기 뒤를 돌아보았고 따라오는 야수를 불러 개를 쓰다듬듯 쓰다듬어 주었다.

이아손은 모든 대원에게 배에 남아 있으라고 했다. 그러고는 가기 싫어하는 메데이아와 함께 배에서 내려 키르케의 궁전으로 갔다. 키르케는 이방인들이 찾아온 이유를 몰랐지만, 우선 아름다운 의자에 앉도록 권했다. 그러나 두 사람은 슬픈 표정을 한 채 도망치듯 난로가로 가서 조용히 앉았다. 메데이아는 두 손으로 얼굴을 가리고 있었다. 이아손은 압쉬르토스를 쳐서 죽인 칼을 바닥에 꽂더니 두 손을 칼자루에 얹어 그 위에 턱을 괸 채 바닥만 내려다보았다. 그 순간 키르케는 두 사람이 자신의 보호를 원한다는 것을 느꼈다. 그녀는 그들이 쫓겨 다니는 신세에서 벗어나기 위해 살인을 속죄하고 싶어한다는 것을 깨달았다.

키르케는 탄원자들의 보호자인 제우스를 꺼렸다. 그래서 살아 있는 새끼돼지를 잡아 제우스에게 바쳤다. 키르케의 명령을 받은 시녀 요정들은 속죄의 제물들을 성에서 바다로 모조리 날랐다. 키르케는 화롯가에서 엄숙히 기원했다. 손수 신성한 제물인 새끼돼지를 태워 복수의 여신들의 노여움을 달래고 살인으로 더럽혀진 자들을 위해 제우스의 용서를 간청했다.

모든 일을 끝내고 나서 그녀는 두 사람을 아름다운 의자에 앉힌 다음 그들과 마주 보고 자리를 잡았다. 그리고 두 사람이 어디서 왔는지, 어째서 이곳에 상륙했는지, 무엇 때문에 보호를 원하는지 물었다. 간밤의 피비린내 나는 꿈이 다시 떠올랐기 때문이다.

메데이아가 고개를 들어 키르케의 얼굴을 보았을 때, 그녀의 눈이 키르케를 놀라게 했다. 메데이아와 키르케는 똑같이 금빛으로 빛나는 눈을 가지고 있었다. 태양신의 자손만이 가질 수 있는 눈이었다.

키르케는 망명자 메데이아에게 모국의 말을 들려달라고 부탁했다. 그래서 메데이아는 콜키스의 방언으로 아이에테스 왕의 이야기를 비롯해 영웅들과 자신에게 일어났던 일들을 있는 그대로 이야기했다. 다만 동생 압쉬르토스를 죽인 것만은 말하고 싶지 않았다. 그러나 마법의 여신 키르케는 다 알고 있었다. 키르케는 조카가 가여웠다.

"불쌍하게도 너는 모욕을 받으면서 도망쳤고 또 큰 죄를 지었구나. 네 아버지는 아들의 죽음에 복수하기 위해 분명 그리스로 갈 것이다. 그러나 나는 너를 더 괴롭힐 생각이 없다. 왜냐하면 넌 나의 보호를 원했고 또 나의 친척이니까! 그 대신 나의 도움은 바라지 마라. 네가 누구이건 저 이방인 사나이와 함께 떠나라. 나는 너의 계획에도, 명예롭지 못한 도망에도 동조할 수 없기 때문이다."

이 말을 듣고 메데이아는 한없는 슬픔에 사로잡혀 베일로 얼굴을 가린 채 통곡했다. 이아손은 그녀의 손을 잡고 키르케의 궁전에서 나왔다. 그렇지만 여신 헤라는 메데이아를 불쌍하게 여겼다. 그녀는 무지갯길을 통해 전령의 여신 이리스를 보내 바다의 여신 테티스에게 아르고 호를 지키라고 명령했다.

이아손과 메데이아가 배에 타자 잔잔한 서풍이 불기 시작했다. 영웅들은 기운차게 구겨진 돛을 평평하게 펴 올렸다. 배는 미풍을 받으며 파도를 헤치고 나아갔다. 얼마 후 꽃 피는 아름다운 섬이 나타났다. 그것은 지나가는 뱃사람들을 노랫소리로 유혹해 파멸시키는 바다의 요정 세이렌들이 사는 섬이었다.

반은 새의 몸을 하고 반은 여인의 몸을 한 요정들은 언제나 그 자리에 앉아 지키고 있다가 지나가는 뱃사람들을 유인했다. 아무도 그곳을 벗어날 수 없었다. 이번에도 요정들은 아르고 호 대원들을 향해 세상에서 가장 아름다운 노래를 불렀다. 그러자 영웅들은 당장에라도 배의 닻줄을 기슭으로 던져 섬에 배를 대려 했다. 그때 트라케의 가수 오르페우스가 일어나 신이 선사한 리라를 요란하게 뜯어 요정의 노랫소리는 들리지 않게 되었다. 또한 바다의 신이 보낸 서풍이 배 뒤에서 세차게 불어대 요정들의 노랫소리가 하늘로 사라져버렸다.

대원들 중 아테나이 출신인 텔레온의 아들 부테스만이 요정들의 아름다운 목소리를 참지 못하고 배에서 뛰어내렸다. 그는 바다로 뛰어들어 사람을 유혹하는 그 목소리를 향해 헤엄쳐 갔다. 만일 시켈리아의 에뤽스 산을 지배하던 아프로디테가 부테스를 보지 않았다면 그는 틀림없이 죽었을 것이다. 아프로디테는 소용돌이 속에서 부테스를 끌어올려 섬을 향해 내동댕이쳤다. 부테스는 이때부터 이 섬에 살게 되었으나 영웅들은 그가 죽은 줄 알고 몹시 슬퍼했다.

아르고 호는 어떤 해협에서 또 다른 위험을 만났다. 한쪽에서는 스퀼라라는 가파른 암초가 솟아올라 배를 부수려 위협했고, 다른 한쪽에서는 카륍디스의 소용돌이가 바닷물을 깊은 바다 밑으로 끌어당겨 배를 삼키려 했다. 그사이 바다 밑에서 떨어져 나온 바위가 높은 파도를 타고 빙빙 돌고 있었다.

보통 그 섬은 대장장이의 신 헤파이스토스가 불꽃을 튀기며 일하는 일터였지만, 지금은 치솟는 연기가 하늘을 어둡게 하고 있었다. 그때 사방팔방에서 네레우스의 딸들인 바다의 요정들이 나타났다. 뒤쪽에서는 바다의 여신 테티스가 손수 키를 잡고 있었고 요정들은 배의 주위를 헤엄치며 따라왔다. 그러다 배가 떠도는 바위에 다가가 부딪히려 하면, 마치 공놀이를 하듯 한 요정이 다른 요정에게 배를 밀어주었다. 배는 파도와 함께 하늘 높이 치솟는가 하면 깊은 골짜기로 떨어지듯 끌려 내려갔다.

암초 봉우리에서는 망치를 어깨에 멘 헤파이스토스가, 별이 반짝이는 하늘에서는 제우스의 아내 헤라가 이 광경을 지켜보고 있었다. 헤라는 심한 현기증을 느끼며 아테네의 손을 꼭 잡고 있었다. 산과 요정들의 도움으로 드디어 아르고 호 대원들은 위험에서 벗어날 수 있었다. 그들은 선량한 파이아케스 인과 경건한 알키노오스 왕이 사는 섬에 닿을 때까지 큰 바다를 항해하며 나아갔다.

새롭게 시작된 콜키스 인의 추격

영웅들은 이 섬에서 매우 환대를 받았다. 그들이 환대의 순간을 즐기려는 순간, 갑자기 무서운 콜키스 군대가 해안에 나타났다. 다른 항로를 통해 침입한 선대였다. 그들은 부왕의 성으로 데려가도록 공주 메데이아를 내달라고 요구했다. 그렇지 않으면 모두 몰살하겠다고 위협했다. 또한 아이에테스 왕이 더 강력한 군대를 이끌고 따라올 것이라는 말도 덧붙였다. 선량한 알키노오스 왕은 전쟁 준비를 하는 영웅들을 말렸다. 메데이아는 왕비 아레테의 무릎을 끌어안으며 말했다.

"왕비님, 소원이니 저를 아버지에게 넘기지 말아주세요. 제가 이 사람과 함께 도망친 것은 경솔해서가 아니라 정말로 무서웠기 때문입니다. 저분은 저를 자신의 고국으로 데려갈 것입니다. 그러니까 제발 저를 불쌍히 여겨주세요. 이 소원을 들어주시면 신들은 당신께 자식들과 장수를, 당신의 마을에는 불멸의 명예를 주실 것입니다."

메데이아는 또한 몇몇 영웅의 발밑에 무릎 꿇고 애원했다. 영웅들은 기운 내라며 메데이아를 북돋워주었다. 그들은 각각 창을 흔들거나 칼을 뽑아, 만일 알키노오스가 당신을 넘기려고 하면 반드시 도와주겠다고 약속했다.

그날 밤 왕은 왕비와 함께 메데이아의 일을 의논했다. 왕비 아레테는 메데이아를 대신해 왕에게 간청하면서 영웅 이아손은 메데이아를 정실로 맞을 작정이라고 이야기했다. 알키노오스는 마음이 약한 사람이어서 이 이야기를 듣자 한층 더 그들이 불쌍하다는 생각이 들었다.

"영웅들과 저 아가씨를 위해서라면 기꺼이 무기를 들고 콜키스 인을 몰아내겠소. 그러나 자칫 제우스의 신성한 권리를 침해하지는 않을까 두렵소. 게다가 아이에테스 왕을 화나게 하는 것은 현명한 행동이 아니라오. 아이에테스는 먼 나라에 살지만 언제든 그리스까지 쳐들어올 수 있는 힘을 가졌소. 그러니 내 생각을 들어보시오. 만일 저 처녀가 아직 결혼을 하지 않은 몸이라면 아버지에게 돌려줘야 하오. 하지만 그녀가 이아손의 아내라면 그녀를 남편한테서 빼앗을 수는 없지. 여자는 아버지보다는 남편을 따라야 하니까."

아레테는 왕의 이 결심을 듣고 걱정이 되었다. 그래서 그날 밤 이아손에게 사신을 보냈다. 사신은 이아손에게 모든 것을 알리고, 밤이 새기 전에 메데이아와 결혼하라고 충고했다. 이아손이 이를 받아들여 영웅들에게 메데이아와 결혼하겠다는 제안을 하자 갑작스러운 일이었지만 모두 동의했다. 그리고 신성한 동굴에서 오르페우스의 노래가 울려 퍼지는 가운데 메데이아는 이아손의 아내가 되었다.

다음 날 아침, 섬의 해안과 들판의 이슬이 첫 햇살을 받을 무렵 파이아케스 인들이 이미 도시의 도로에 모두 모여 있었다. 그리고 섬의 다른 쪽 끝에서는 콜키스 인들이 무장하고 있었다. 알키노오스 왕은 메데이아를 재판하기 위해 황금 홀을 손에 들고 궁전에서 나왔다. 파이아케스의 귀족들이 왕의 뒤를 따랐다. 여자들이 그리스의 영웅들을 보기 위해 몰려들었고 시골의 농부들도 많이 와 있었다. 여신 헤라가 사방에 소문을 퍼뜨렸기 때문이다. 도시의 성벽 앞에서는 모든 준비가 끝나고 제물을 태우는 연기가 하늘로 올라갔다.

영웅들은 일찍부터 나와 판결을 기다리고 있었다. 알키노오스 왕이 자리에 앉자, 이아손이 앞으로 나와 공주 메데이아가 맹세코 자신의 아내임을 밝혔다. 그의 말이 끝나자 이번에는 결혼 입회인이 등장해 그 결혼이 진짜임을 증언했다. 그러자 왕은 메데이아를 넘겨줄 수 없으며, 자신의 손님들을 보호하겠다고 맹세했다.

콜키스 인들은 판정에 불복했지만 소용이 없었다. 왕은 콜키스 인들에게 평화로운 이방인으로서 이 나라에 살든지 아니면 항구에서 떠나라고 명령했다. 콜키스 인들은 메데이아를 데리고 돌아가지 못할 경우에 받게 될 왕의 노여움이 두려워 그곳에서 살기로 했다. 이레째 되는 날, 알키노오스 왕과 헤어지기는 섭섭했지만 아르고 호의 영웅들은 항해를 계속해야 했다. 그들은 왕에게서 받은 많은 선물과 함께 출발했다.

아르고 호 원정대의 영웅 이아손은 메데이아의 사랑을 받았다. 그러나 그녀의 아버지가 보 낸 콜키스 인의 추격을 받아 그녀를 빼앗길 위기에 처했다. 파이아케스 족의 왕비 아레테는 이아손에게 사신을 보내 밤이 새기 전에 메데이아와 결혼하라고 충고했다. 이아손이 이를 받아들여 결혼을 하겠다고 말하고 영웅들은 모두들 동의했다. 신성한 동굴에서 오르페우스 의 노래가 울려 퍼지는 가운데 메데이아는 이아손의 아내가 되었다. 뒤쪽으로 황금 양의 머 리가 기둥에 걸려 있고, 이아손은 메데이아와 승리와 사랑을 나누고 있다.

〈이아손〉, 귀스타브 모로, 1865년, 오르세 미술관.

아르고 호는 다시 수많은 해안과 섬을 지나갔다. 드디어 저 멀리로 고국 펠로폰네소스의 해안이 보이기 시작했다. 그런데 갑자기 북쪽에서 심한 폭풍이 불어오는 바람에 아르고 호는 리뷔에 해 한가운데에서 꼬박 아흐레 밤낮을 정처 없이 표류하다가 결국에는 아프리카 쉬르티스 만 해안에서 좌초했다. 이곳은 무성한 해초와 탁한 거품으로 덮여 있어 늪처럼 나른하고 고요했다. 해변에 모래사장이 펼쳐졌을 뿐 동물이나 심지어 새 한 마리조차 보이지 않았다.

배는 밀물을 따라 해변까지 밀려들어 배 바닥이 모래 깊숙이 박혔다. 영웅들은 놀라 배에서 뛰어내렸다. 하늘처럼 한없이 단조롭게 이어진 모래 언덕을 보자 망연자실했다. 샘물도, 작은 길도, 목동의 움막도 보이지 않았다. 모든 것이 죽음 같은 침묵 속에서 고요했다.

"아! 도대체 여기는 어느 나라지? 폭풍이 우리를 어디다 데려다 놓은 것인가?"

영웅들이 서로 물었다.

"차라리 저 떠다니는 바위 사이를 지나가는 편이 낫겠어. 아니면 제우스 신의 뜻을 거슬러 무슨 일이나 왕창 저지르고 죽는 편이 나을지도 모르지!"

조타수 앙카이오스가 말했다.

"그래! 밀물이 우리를 이곳까지 올려놓았지만 다시 데리러 오지는 않을 거야. 이제 항해를 계속해 고향으로 돌아갈 희망은 완전히 사라졌군. 누구든지 자신 있으면 이 키를 잡고 배를 몰아봐!"

이렇게 말하며 그는 키를 잡고 있던 손을 놓고 눈물을 흘리며 배 바닥에 주저앉아버렸다. 영웅들은 마치 적에게 봉쇄된 성 안의 사람들처럼, 파멸을 기다리는 유령처럼 한탄만 할 뿐이었다. 밤이 되자 그들은 서로 손을 잡고 작별인사를 한 뒤 먹을 것도 없이 각자 흩어졌다. 외투를 덮고 모래 위로 쓰러진 채 잠 못 드는 밤을 보내면서, 날이 새면 오게 될 죽음을 기다렸다. 다른 곳에서는 알키노오스 왕에게 선물로 받은 파이아케스의 처녀들이 메데이아 곁으로 몰려와 한탄하고 있었다. 그들은 죽어가는 백조처럼 마지막 비명을 지르고 있었다.

만일 리뷔에의 지배자인 세 명의 반(半)여신이 자비를 베풀어주지 않았더라면 그들은 아무도 슬퍼해주는 이 없이 모두 죽어버렸을 것이다. 가장 뜨거운 대낮에 목에서 발목까지 산양가죽을 쓴 반여신들이 이아손 앞에 나타났다. 그녀들은 조심스럽게 이아손의 머리에 덮여 있던 외투를 벗겼다. 이아손이 놀라 벌떡 일어났다가 여신들의 모습을 보자 두려운 마음에 눈길을 돌렸다.

"불행한 사람이여!"

여신들이 말했다.

"우리는 그대가 처한 곤경을 잘 알고 있다. 그러니 이제 탄식하지 않아도 된다. 바다의 여신이 포세이돈의 전차에서 말을 풀어놓으면 오랫동안 그대들을 잉태하고 있던 어머니에게 감사의 뜻을 표하라. 그렇게 하면 번영의 그리스로 돌아갈 수 있을 것이다."

여신들이 사라지자 이아손은 동료에게 이 수수께끼 같지만 기쁜 계시의 말을 전했다. 모두들 놀라워하고 있는데 기적 같은 일이 일어났다. 금빛 갈기를 휘날리는 거대한 말이 바닷속에서 육지로 튀어 오르는 것이었다. 그리고 몸을 흔들어 물거품을 깨끗이 털어냈다. 영웅 펠레우스가 기쁨의 함성을 질렀다.

"계시의 반은 이루어진 셈이다. 바다의 여신이 말을 풀어놓았으니까. 우리를 오랫동안 잉태하고 있던 어머니는 바로 아르고 호야. 그러니 당장 아르고 호한테 감사를 해야지. 자, 저 말의 발자국을 따라 아르고 호를 어깨에 메고 모래 위를 지나가자! 바다의 말이 어딘가 배를 띄울 수 있는 곳을 가르쳐줄 거야."

영웅들은 그 말을 따랐다. 그들은 배를 어깨에 메고 열두 낮 열두 밤을 신음하면서 황량한 사막을 방황했다. 신이 원기를 불어넣어주지 않았더라면 아마 첫날에 벌써 쓰러졌을 것이다. 마침내 영웅들은 트리토니스 호수에 닿았다. 영웅들은 어깨에서 배를 내려놓았다. 더는 갈증을 참지 못한 그들은 마치 성난 개처럼 샘물을 찾았다.

도중에 가수 오르페우스는 신성한 들판에 앉아 사랑스럽게 노래하는 요정 헤스페리데스들을 만났다. 그 들판은 라돈이라는 용이 황금 사과를 지키고 있는 곳이었다. 오르페우스는 요정들에게 목이 타 죽을 지경이니 샘 있는 곳을 가르쳐달라고 했다. 요정들은 그를 불쌍하게 생각했고, 그들 가운데 가장 지위가 높은 아이글레가 말했다.

"어제 대담한 도둑이 이곳에 나타나 용을 죽이고 황금 사과를 빼앗아 갔는데, 그는 분명 당신들을 도우러 온 것이로군요. 아주 거친 사람이었어요. 분노로 불타는 눈을 가진 그는 사자의 날가죽을 어깨에 메고 손에는 올리브나무로 만든 방망이와 용을 죽인 화살을 가지고 있었습니다. 그 사나이도 몹시 목이 마른 상태였어요. 그러나 물을 찾을 수 없자 발뒤축으로 바위를 힘껏 걷어찼습니다. 그러자 마치 마법의 지팡이로 친 것처럼 저 바위에서 물이 콸콸 솟아났지요. 그는 바위가 쓰러지지 않게 두 손으로 받친 채 땅에 배를 깔고 물을 실컷 마시더니 배부른 황소처럼 누워버렸습니다."

이렇게 말하고 나서 아이글레는 바위의 샘을 가리켰다. 영웅들은 샘 주위로 몰려갔다. 맑고 깨끗한 물을 마시자 모두들 원기가 회복되었다.

"분명 헤어진 헤라클레스가 또 한 번 친구들을 구해준 것이다!"

누군가 타는 듯한 입술을 다시 한 번 적시고는 말했다.

"이 여행을 하는 동안 그를 다시 만날 수 있다면 좋으련만!"

그래서 그곳에서 모두 헤라클레스를 찾으러 이리저리 흩어졌다. 영웅들이 다시 모였을 때, 멀리 내다볼 수 있는 눈을 가진 륑케우스가 헤라클레스를 찾은 것 같다고 했다. 그러나 그것은 농부가 구름 속에서 아주 희미한 초승달을 본 것과 같았다. 륑케우스는 헤라클레스가 너무 멀찍이 걸어가고 있기 때문에 아무도 쫓아갈 수 없다고 말했다.

결국 불행한 사고로 두 동료를 잃고 슬픔을 맛본 뒤에야 영웅들은 다시 배를 탈 수 있었다. 그리고 트리토니스 만에서 바다 한가운데로 나가기 위해 애를 썼지만 헛수고였다. 맞바람이 불어와 배는 포구에서 나가지 못하고 갈팡질팡했다. 마치 불타는 눈으로 쉭쉭 소리를 내며, 머리를 쳐들고 둥지에서 미끄러져 나오고 싶은 뱀이 미처 빠져나오지 못하고 다시 둥지로 돌아가는 것 같은 형국이었다. 그들은 예언자 오르페우스의 조언에 따라 배에서 다시 내려, 가지고 있던 가장 큰 세발솥을 그곳 신들에게 바치고 돌아왔다.

돌아오는 길에 그들은 젊은이의 모습을 한 바다의 신 트리톤을 만났다. 트리톤은 땅에서 흙덩이를 주워 손님을 환대한다는 뜻으로 영웅 에우페모스에게 주었다. 에우페모스는 그것을 가슴 안쪽에 넣어 간직했다. 트리톤이 말했다.

"나는 아버지한테서 이 근처 바다의 보호자로 임명받았다. 저기 시커먼 바다 밑으로부터 물이 소용돌이쳐 올라오는 곳이 보이는가? 그곳이 이곳 만에서 넓은 바다로 나갈 수 있는 좁은 출구지. 저기까지 노를 저어가라. 내가 너희들에게 순풍을 보내주마. 그러면 너희는 펠로폰네소스 가까이로 가게 될 것이다!"

드디어 영웅들은 기쁜 마음으로 배에 올라탔다. 바다의 신 트리톤은 세발솥을 어깨에 메더니 바닷속으로 모습을 감췄다.

며칠을 항해한 끝에 아르고 호 대원들은 무사히 바위섬 카르파토스에 도착했다. 거기서 그들은 아름다운 크레테 섬으로 갔다. 이 섬의 파수꾼은 무서운 거인 탈로스였다. 탈로스는 너도밤나무에서 태어난 청동인 가운데 유일하게 남은 한 명이다. 제우스는 에우로페에게 섬을 지키는 문지기로 그를 선물했었다. 그래서 탈로스는 하루 세 번 청동으로 만들어진 발로 섬을 순회해야만 했다.

탈로스는 온몸이 청동이었는데, 발목의 복사뼈 부분만 살의 힘줄과 피가 통하는 혈관이 있었다. 탈로스는 불사신이 아니었기 때문이다. 영웅들이 섬을 향해 배를 저어가고 있을 때 거인은 바깥쪽 바위 모서리에 서서 망을 보고 있었다. 영웅들의 모습을 보자 그는 곧 바위를

❋ 트리톤은 포세이돈과 요정 암피트리테의 아들로 하반신은 물고기이고 상반신은 인간의 모습이었다. 소라고둥을 불어 작은 물고기와 돌고래 등을 불러 모으고는 했다.

부숴 다가오는 배를 향해 던지기 시작했다.

놀란 영웅들은 배를 다시 뒤로 저었다. 만일 이때 메데이아가 일어나 달래지 않았다면, 그들은 갈증에 시달리고 있었음에도 불구하고 아름다운 크레테 섬을 포기하고 그냥 가버렸을 것이다. 메데이아가 말했다.

"여러분! 제가 저 거인을 꼼짝 못하게 만들 방법을 알고 있어요. 돌에 맞지 않도록 배를 안전한 곳으로 대세요!"

메데이아는 주름이 있는 자주색 옷자락을 위로 걷어올리더니 이아손의 부축을 받으며 배의 갑판에 올라섰다. 그리고 소름 끼치는 주문을 세 번 외더니, 생명을 빼앗는 운명의 여신들과 공중을 떠돌다가 순식간에 살아 있는 자를 사냥하는 재빠른 저승개를 불러들였다. 메데이아가 탈로스의 청동 눈꺼풀에 마법을 걸자 그의 눈이 감기고 그의 영혼 앞에 무겁고 어두운 꿈들이 나타났다.

거인이 잠들어 덜컥 쓰러질 때 뒤꿈치의 살이 뾰족한 바위 모서리에 세차게 부딪혔다. 그러자 납이 녹는 것처럼 상처에서 피가 뿜어져 나왔다. 심한 고통에 눈을 뜬 탈로스가 일어났다. 그러나 잠시 비틀거리며 서 있다가 돌풍에 꺾여 부러지는 전나무처럼 쓰러져 결국 숨이 끊겨, 요란한 소리를 내면서 끝없는 바다 밑으로 떨어졌다. 영웅들은 이제 안심하고 상륙할 수가 있었다. 그들은 다음 날 아침까지 이 축복받은 섬에서 푹 쉴 수 있었다.

아르고 호가 크레테 섬을 출발하자마자 또 기괴한 일이 벌어져 모두를 놀라게 했다. 달도 없고 별빛조차 비치지 않는 무서운 밤이 찾아온 것이다. 마치 어둠이 저승에서 한꺼번에 몰려온 것처럼 하늘은 새

까맸다. 바다를 항해하는지 아니면 지옥을 항해하는지 전혀 알 수가 없었다. 이아손은 두 손을 들어 아폴론에게 이 무서운 어둠에서 구해 달라고 간청했다. 두려움의 눈물이 뺨을 타고 흘러내렸다.

아폴론은 그 소원을 듣고 올림포스 산에서 내려와 다시 바다의 바위 섬 위로 뛰어올랐다. 그러고는 두 손으로 황금 활을 높이 쳐들어 은빛 화살을 쏘았다. 그러자 갑자기 주위가 환하게 밝아지며 작은 섬이 나타났다. 영웅들은 그 섬에 닻을 내리고 희망에 차서 새벽을 기다렸다.

아르고 호가 다시 강렬한 햇빛을 받아 드넓은 바다를 항해하게 되었을 때 영웅 에우페모스는 얼마 전에 꾼 꿈을 떠올렸다. 가슴에 간직한 트리톤의 흙덩어리가 힘차게 데굴데굴 굴러가더니 처녀의 모습으로 변하는 꿈이었다. 그 처녀는 이렇게 말했다.

"저는 트리톤과 리뷔에의 딸입니다. 제발 저를 바다의 신 네레우스의 딸들에게 맡겨 바다에 있는 아나페에 살게 해주십시오. 그러면 저는 양지로 나와 당신의 자손이 될 것입니다."

에우페모스는 이 꿈을 다시 곰곰이 생각했다. 왜냐하면 내일 그들이 만나게 될 섬이 바로 아나페였기 때문이다. 에우페모스가 이아손에게 이 이야기를 전했고 이아손은 금세 그 꿈의 의미를 깨달았다. 그는 에우페모스에게 주머니 속에 지닌 흙덩이를 바다로 던지라고 충고했다. 에우페모스는 이아손이 시키는 대로 했다. 그러자 영웅들이 보는 앞에서 꽃이 만발한 섬 하나가 바다 밑바닥에서 솟아올랐다. 사람들은 이 섬을 절세의 미녀라는 뜻으로 '칼리스테 섬'이라 불렀다. 에우페모스는 나중에 아이들과 함께 이 섬에서 살았다.

이것이 영웅들이 겪은 마지막 모험이었다. 곧 영웅들은 아이기나

영웅들을 태운 아르고 호는 마지막 모험을 끝내고 마침내 이올코스 항구에 무사히 도착했다. 이아손은 코린토스 지협으로 가서 바다의 신 포세이돈에게 아르고 호를 바쳤다. 아르고 호가 완전히 부서졌을 때 아르고 호는 하늘로 올라가 남쪽 하늘의 밝은 별이 되어 빛났다.

〈아르고 호 원정대의 귀환〉, 귀스타브 모로, 1897년, 귀스타브 모로 미술관.

섬으로 들어갔다. 거기서 영웅들을 태운 아르고 호는 별다른 방해를 받지 않고 고향으로 향할 수 있었다. 마침내 아르고 호는 이올코스 항구에 무사히 도착했다. 이아손은 코린토스 지협으로 가서 바다의 신 포세이돈에게 아르고 호를 바쳤다. 아르고 호가 완전히 부서졌을 때 아르고 호는 하늘로 올라가 남쪽 하늘의 밝은 별이 되어 빛났다.

이아손의 최후

이아손은 이올코스의 왕좌를 얻지 못했다. 그 왕좌를 얻기 위해 이아손은 위험천만한 항해를 견뎌내고, 메데이아를 그녀의 아버지한테서 빼앗고, 메데이아의 남동생 압쉬르토스를 수치스러운 방법으로 죽이기까지 했다. 그러나 이아손은 왕국을 펠리아스의 아들 아카스토스에게 양보하고 젊은 아내 메데이아와 함께 코린토스로 도주했다. * 그곳

＊ 다른 설에 의하면 숙부 펠리아스에게 복수한 뒤 이올코스에서 추방당했다고 한다. 이아손은 귀향해 황금 양가죽을 넘겼지만, 설마 이아손이 돌아오리라고는 예상하지 못한 펠리아스는 이미 그의 아버지 아이손을 죽여버린 뒤였다. 아이손의 아내는 슬픔에 잠겨 자살했고 어린 아들 프로마코스도 같이 펠리아스의 제물이 되었다. 이 잔인한 살인에 대해 이아손은 메데이아의 손으로 무서운 복수를 했다. 메데이아는 늙은 숫산양 한 마리를 불에 그슬렸다. 그러고는 여러 가지 마법약초와 함께 뜨거운 물속에 던져 넣고 끓이자, 갑자기 솥에서 새끼양이 뛰쳐나왔다. 이 기적을 보고 있던 펠리아스의 딸들은 자기들의 아버지도 젊어지게 해달라고 부탁했다. 메데이아는 그렇게 될 수 있다고 약속했다. 딸들은 메데이아가 말하는 대로 아버지를 솥에 던졌다. 그러나 메데이아가 효력 없는 약초만 넣었기 때문에 펠리아스는 죽고 말았다. 다른 전설에서는 이아손이 귀국했을 때 아이손이 아직 살아 있어 메데이아가 산양과 똑같은 방법으로 젊어지게 해주었다. 이 일 때문에 펠리아스의 딸들은 아버지를 젊어지게 하려다가 메데이아에게 속는다. 펠리아스의 아들 아카스토스는 아버지를 위해 굉장한 추도 경기를 열었고 그리스의 유명 영웅들이 참가했다.

에서 그는 십 년 동안 그녀와 함께 살면서 세 아들을 낳았다. 처음 둘은 쌍둥이로 테살로스와 알키메네스라 불렸다. 셋째 아들은 테이산드로스로 형들보다 훨씬 어렸다.

이 시기에 메데이아는 미모뿐 아니라 고상한 성품과 여러 가지 재능으로 남편의 사랑과 존경을 한 몸에 받고 있었다. 그러나 세월이 지나 그 미모도 사라지자 이아손은 어떤 아름다운 소녀에게 마음을 온통 빼앗기고 말았다. 그녀는 바로 코린토스 왕 크레온의 딸 글라우케였다. 이아손은 아내 몰래 이 소녀에게 청혼하고 아버지 크레온의 동의를 얻어 결혼 날짜를 잡았다. 그리고 아내를 설득해 이혼하려 했다. 그는 메데이아에게 주장했다.

"당신을 더는 사랑하지 않아서가 아니라, 아이들의 장래를 생각해 새로 결혼하려는 것이오. 위대한 왕가와 친척이 되면 좋지 않소."

남편이 이미 청혼한 사실을 안 메데이아는 몹시 화가 났다. 그녀는 이아손이 자신에게 결혼을 맹세할 때 증인으로 내세웠던 신들을 소리쳐 불렀다. 그러나 이아손은 들은 체도 하지 않고 나가서 코린토스 왕의 딸과 결혼했다. 절망한 메데이아는 남편이 들어간 궁전 안을 헤매고 다녔다. 그녀가 소리쳤다.

"아, 슬프구나! 벼락이라도 맞아 죽었으면! 더 살아 무엇 하나. 죽음이 나를 불쌍히 여겨 죽여주면 좋으련만. 아, 내가 치욕 속에 떠나왔던 아버지여, 고향이여! 나에게 살해된 동생아, 너의 피가 지금 내몸을 덮치는구나! 그러나 내 남편 이아손이 나를 벌할 수는 없다. 내가 죄를 지은 것은 그 사람 때문이었으니까. 정의의 신들이여, 제발 이아손과 젊은 새 첩을 파멸하소서!"

그렇게 탄식하던 중 그녀는 궁전 안에서 이아손의 새 장인인 크레온 왕을 만나게 되었다. 왕이 그녀에게 말을 걸었다.

"그대는 남편을 미워하고 있으니 아들들과 함께 떠나는 것이 좋겠소. 그대가 이 나라 국경에서 떠날 때까지 나는 집에 돌아가지 않겠소."

메데이아는 노여움을 억누르고 냉정한 목소리로 말했다.

"크레온 왕이여, 어째서 저를 그렇게 두려워하시나요? 당신은 제게 어떤 나쁜 짓을 하거나 죄를 짓지도 않았어요. 당신은 마음에 드는 사나이에게 딸을 주었을 뿐인데, 저와 무슨 관계가 있나요? 다만 저는 저에게 모든 죄를 저지른 남편이 미울 뿐입니다. 그러나 그건 벌써 다 지나간 일, 두 사람은 부부가 되어 살면 그만이겠지요. 그러니 저를 이 나라에서 살게 해주세요. 심한 모욕을 받았지만 아무 말도 하지 않고 신의 뜻에 복종할 작정이니까요."

그러나 크레온 왕은 그녀의 눈에서 복받치는 분노를 보았다. 메데이아가 왕의 무릎에 매달려 그녀가 증오하는 공주 글라우케의 이름을 걸고 맹세해도 그것을 믿지 않았다. 왕이 대답했다.

"아무래도 떠나는 것이 좋겠구려. 그대 때문에 내 불안이 가시지 않으니 말이오."

그러자 메데이아는 도망칠 곳과 어린애들을 맡길 만한 곳을 찾기 위해 단 하루라도 좋으니 여유를 달라고 청했다.

"나는 폭군이 아니오. 나의 너그러움은 지금까지 몇 번이나 그것이 잘못임을 가르쳐줬지. 지금도 내가 하는 일이 현명치 못함을 분명히 느끼고 있지만, 그대의 청을 허락하겠소."

원하던 시간의 여유를 얻게 되자 망상이 그녀를 사로잡았다. 메데이아는 그때까지 막연하게 생각만 하던 일을 해치우기로 마음먹었다. 그러나 자신이 과연 그런 일을 할 수 있을지 스스로도 믿지 못했다. 일을 벌이기 전에, 그녀는 남편에게 가서 그가 하는 일은 불의한 짓이며 죄를 짓는 것이라고 설득해보기로 했다.

메데이아가 이아손에게 말했다.

"당신은 남자들 중에서도 가장 나쁜 사람이에요. 나를 배반하고, 또 자식들을 놔두고 다시 결혼을 했지요. 만일 우리 사이에 아이가 없었다면 나는 당신을 용서했을 거예요. 애가 없다는 것이 좋은 변명이 되었겠지요. 그런데 당신은 이렇게도 뻔뻔하군요. 당신이 나에 대한 신의를 맹세할 때 함께했던 신들이 이제 우리를 돌보지 않을 거라고 생각하나요? 아니면 새로운 법칙을 만들어 맹세를 깨뜨려도 괜찮다는 건가요? 당신이 아직 저의 친구라고 생각하고 묻겠습니다. 저더러 어디로 가라는 건가요? 당신을 위해 아버지를 배반하고 그 아들까지 죽인 나를 아버지에게 돌려보내려는 겁니까? 아니면 어디 다른 곳에 숨을 곳을 마련했나요? 당신의 첫 번째 아내가 아이들과 함께 온 나라를 구걸하며 돌아다닌다면 퍽이나 자랑스럽겠군요."

그렇지만 이아손의 마음은 냉담했다.

"당신과 아이들을 부탁하는 편지를 써서 충분한 돈과 함께 친구에게 주겠소."

그러나 그녀는 모든 것을 거절했다.

"어서 가서 결혼이나 하세요! 그러나 결혼한 것을 뼛속 깊이 후회하게 될 거예요!"

남편이 자리를 뜨자, 메데이아는 마지막에 뱉은 말을 후회했다. 기분이 변해서가 아니었다. 이아손이 자기 태도를 보고 무서운 흉계를 알아차려 미리 손을 쓸까 봐 염려스러웠던 것이다. 그래서 이아손에게 다시 한 번 의논하고 싶다는 말을 전했다. 그리고 전과는 다르게 상냥한 얼굴로 말을 걸었다.

"이아손, 지난번 일은 용서해줘요. 홧김에 한 말이었어요. 당신이 최선을 다했다는 걸 이제 저도 알아요. 우리는 아무것도 없이 쫓겨나 이곳으로 옮겨 왔지요. 당신은 결혼하면서 당신을 위해 그리고 아이들과 저를 위해 마음을 쓰고 계시군요. 그러니까 조금만 떨어져 있으면 언젠가 아이들을 다시 불러주시겠지요? 우리 애들에게도 곧 태어날 형제자매가 가진 행복을 나눠 주시겠지요. 얘들아, 모두 이리 오너라! 아버지 품에 안기려무나. 어머니도 이제 화해했으니까."

이아손은 메데이아의 기분이 바뀐 것으로 믿고 그녀와 아이들에게 최선을 다하겠다고 약속한 자신의 처사에 만족했다. 메데이아는 이아손을 더욱 안심시키기 위해 아이들은 자기가 양육하게 해달라고 청했다. 그리고 새로운 아내와 그 아버지가 이해해주기를 바라는 뜻으로 공주에게 보내는 선물이라며, 아름다운 금빛 옷을 가져오게 하여 이아손에게 주었다.

조금 생각한 뒤에 이아손은 승낙했다. 그리고 사람을 시켜 그 선물을 신부에게로 가져가게 했다. 그러나 이 아름다운 옷은 마법으로 독물을 들인 것이었다. 남편에게 거짓이별을 하고 돌아온 메데이아는 선물의 효과를 알려주기로 되어 있는 심복이 소식을 가져오기만을 고대했다. 이윽고 소식이 왔다.

"메데이아 님! 어서 배를 타십시오. 어서 도망가세요! 당신의 연적과 그 아버지 크레온 왕이 죽었어요."

그리고 이렇게 말했다.

"이아손께서 아드님들을 데리고 신부의 집으로 들어가셨을 때 우리 부하들은 불화가 사라지고 완전히 화해하게 된 것을 모두 기쁘게 생각했습니다. 젊은 공주는 이아손 님을 상냥하게 맞았습니다만, 아드님들을 보더니 눈을 가리고 얼굴을 돌렸습니다. 아드님들에 관한 일은 아무것도 듣고 싶지 않은 모양이었어요. 그러나 이아손 님은 노여움을 달래고 주인님과의 일을 알린 다음, 그 앞에 선물을 펼쳤습니다. 공주는 훌륭한 옷을 보자 생각이 달라져 무엇이건 승낙하겠다고 약속했습니다. 이아손께서 아드님들과 함께 돌아가자 공주는 기다렸다는 듯 금빛 외투를 몸에 걸치고 황금 화관을 머리에 쓰더니 제법 만족스럽게 거울을 보고 있었습니다. 그리고 춤추는 듯한 걸음걸이로 방에서 방으로 다니면서 맵시를 뽐내고 소녀처럼 천진난만하게 기뻐하셨습니다. 그런데 갑자기 그 모습이 변했습니다. 공주는 안색이 새파랗게 되어 손발을 떨면서 뒤로 휘청거리는가 싶더니 미처 의자로 가기도 전에 마루 위에 풀썩 쓰러졌습니다. 눈이 뒤집히고 입에서는 거품을 뿜었습니다. 비명소리가 집안을 울렸습니다. 신하들이 왕에게로, 공주의 약혼자 이아손에게로 달려갔습니다. 그러는 동안 마법의 화관이 머리 위에서 확 불타올라 독과 불꽃이 앞다투어 공주를 해쳤고, 부왕이 통곡하면서 달려왔을 때는 이미 공주가 주검으로 변해 있었습니다. 절망에 휩싸인 왕이 몸을 던져 공주에게 엎드렸고 그 무서운 독 때문에 왕도 목숨을 잃었습니다. 이아손에 대해서는 전혀 알 수 없습니다."

이아손이 새로운 여인 글라우케와 결혼하자 메데이아는 배신감과 분노에 휩싸여 자기 자식
을 죽인다. 이아손이 어린 신부의 죽음에 복수하기 위해 살인자를 잡으러 집에 왔을 때, 그
는 아이들의 비명소리를 들었다. 문을 박차고 방으로 들어가보니 아이들은 속죄의 제물처
럼 피 흘리며 쓰러져 있었다.

〈메데이아의 자식 살해〉, 그리스 도자기 암포라, 기원전 330~기원전 320년.

이 참혹한 이야기를 듣자, 메데이아의 분노가 가라앉기는커녕 한층 더 타올랐다. 드디어 복수의 귀신이 되니 그녀는 남편과 자기 자신에게 치명적 타격을 주기 위해 아들들이 자고 있는 방으로 뛰어 들어갔다. 그녀는 스스로 다짐하듯 말했다.

"마음을 단단히 먹어라! 무엇을 주저하느냐? 가혹하지만 어차피 해야 할 일이 아니냐? 네가 난 자식이라는 것을 잊어버려라. 이 순간만은 잊어버려! 앞으로 평생 동안 울게 될 테니까. 네가 죽이지 않으면, 아이들은 적의 손에 죽게 될 거야."

이아손이 어린 신부의 죽음에 복수하기 위해 살인자를 잡으러 집으로 왔을 때 아이들의 비명소리가 들렸다. 문을 박차고 방으로 들어가 보니 아이들은 속죄의 제물처럼 피를 흘리며 쓰러져 있었다. 메데이아의 모습은 보이지 않았다. 절망한 이아손이 집을 나서자 머리 위 하늘에서 요란한 소리가 들렸고 무서운 살인녀가 보였다. 그녀는 마술을 부려 용이 끄는 마차를 타고 하늘을 날아 복수의 현장을 떠나는 중이었다. 이제 잔인무도한 범죄를 저지른 메데이아를 벌할 희망마저 사라져버렸다. 절망이 덮쳐오자 압쉬르토스를 죽였던 일도 마음에 되살아났다. 이아손은 자신을 칼로 찔렀다. 그렇게 그는 자기 집 문 앞에 쓰러져 죽었다.*

---

* 다른 전설에 의하면 이아손은 어느 날 세상을 비관하여 코린토스 지협에 있던 아르고 호의 그늘에서 뒹굴었다. 그런데 갑자기 썩어버린 큰 배가 무너져 불행한 이아손을 깔아뭉겠다. 한편 메데이아의 운명은 1권 5장 '테세우스 이야기'에서 계속된다. 그녀는 아테나이로 도망쳤고 아이게우스 왕의 부인이 되어 메도스를 낳는다. 그러나 아이게우스가 다른 나라에서 얻은 아들 테세우스가 돌아오자 그를 독살하려다 실패해 조국 콜키스로 돌아간다.

3장

Die schönsten Sagen des klassischen Altertums

그리스의 지배자들, 기구한 삶을 살다

멜레아그로스와 멧돼지 사냥

칼뤼돈의 왕 오이네우스는 풍년이 들자 그해 첫 수확을 신들에게 바치기로 했다. 풍요의 여신 데메테르에게는 곡식을, 술의 신 디오뉘소스에게는 포도주를, 여신 아테네에게는 올리브기름을, 다른 신들에게는 그들이 즐기는 과일을 바쳤다. 그러나 그는 사냥의 여신 아르테미스를 잊어버렸다. 아르테미스의 제단에만 향연이 피어오르지 않았고 이것이 아르테미스를 화나게 만들었다. 아르테미스는 자기를 무시한 자에게 복수하기로 결심했다.

그녀는 무서운 멧돼지를 왕의 논밭에 풀어놓았다. 멧돼지는 불꽃이 튀는 듯 붉은 두 눈, 높이 쳐든 목, 작은 성벽의 울타리처럼 뾰족하게 거꾸로 선 털, 불을 뿜는 성난 입, 상아처럼 커다란 어금니를 갖고 있었다. 멧돼지는 씨앗과 곡식을 심어놓은 밭을 모두 파헤쳐놓았다. 탈곡장과 곳간은 약속된 수확을 기다리고 있었으나 허사였다. 사나운 멧돼지는 포도를 덩굴째, 올리브 열매는 가지째 꺾어버렸다. 양치기나 양을 지키는 개도 가축을 지킬 수 없었고, 가장 힘이 센 황소도 이 엄청난 괴물로부터 암소를 지켜낼 수 없었다. 마침내 왕의 아들인 영웅 멜레아그로스가 나섰다. 그는 사냥꾼과 개를 모아 끔찍한 멧돼지를 물리치고자 했다.

그리스 전역에서 가장 유명한 영웅들이 이 큰 사냥판에 초대되었다. 그 가운데에는 아르카디아의 이아소스의 딸인 용감한 아탈란테도 있었다. 그녀는 태어나자마자 숲에 버려져 암곰의 젖을 먹고 자랐다. 그 모습을 본 사냥꾼들이 그녀를 데려다 키웠다. 이 아름다운 처녀는 남자를 싫어해 숲속에 혼자 살면서 사냥을 즐겼다. 그녀는 모든 남자가 싫었다. 아무도 없는 숲속에서 그녀를 겁탈하려 했던 두 명의 켄타우로스를 화살로 쏴 죽인 적도 있었다.

그녀는 워낙 사냥을 좋아했기에 이번에 영웅들의 무리에 참여한 것이었다. 아탈란테는 머리를 땋고, 어깨에는 상아 화살통을 메고, 왼손에는 활을 들었다. 그녀의 용모는 소년이 소녀의 얼굴을 한 모습이었고, 또한 소녀가 소년의 얼굴을 한 모습이었다. 멜레아그로스가 아름다운 그녀의 모습을 보고 중얼거렸다.

"아, 이 여자를 차지하는 남자는 얼마나 행복할까!"

그러나 더는 생각할 겨를이 없었다. 위험한 멧돼지 사냥에 나섰으니 한시도 지체할 수 없었다.

사냥꾼들은 우선 원시림으로 가득 찬 숲을 향해 갔다. 숲은 넓은 평지에서 산비탈 쪽으로 펼쳐져 있었다. 숲에 도착하자마자 어떤 사람은 그물을 만들고 어떤 사람은 개를 풀어놓았다. 또 어떤 사람은 벌써 멧돼지의 발자국을 뒤쫓았다. 그들 모두는 곧 깊은 골짜기에 들어섰

칼뤼돈의 왕 오이네우스는 풍년이 들자 그해 첫 수확을 신들에게 바쳤다. 풍요의 여신 데메테르에게는 곡식을, 술의 신 디오뉘소스에게는 포도주를, 여신 아테네에게는 올리브기름을, 다른 신들에게는 그들이 즐기는 과일을 바쳤다. 그러나 그는 사냥의 여신 아르테미스를 잊어버려 이 제단에만 향연이 피어오르지 않았다. 화가 난 아르테미스는 자기를 무시한 자에게 복수하기로 결심했다. 아르테미스는 아폴론의 쌍둥이로 달의 신이자 사냥과 수렵의 신이다.

〈아르테미스 여신〉, 루카 페니, 1550년경, 루브르 박물관.

는데, 계곡에서 쏟아진 물이 호수가 되어 골짜기를 가득 채우고 있었다. 골짜기 끝에는 부평초와 버드나무가 우거졌고 갈대들도 무성하게 자라나 있었다. 멧돼지는 그곳에 숨어 있었다. 개들이 추격하자 멧돼지는 마치 구름 속에서 번갯불이 이는 것처럼 순식간에 숲에서 튀어나와 사냥꾼들 한가운데로 뛰어들었다.

사냥꾼들이 큰 소리를 지르며 일제히 창을 던졌다. 그러나 멧돼지는 잽싸게 몸을 피해 개 떼를 뚫고 지나갔다. 수많은 창을 비켜 맞고 몸에 상처가 난 멧돼지는 더욱 날뛰기만 할 뿐이었다. 불꽃 튀는 눈으로 거친 숨을 몰아쉬던 멧돼지가 갑자기 방향을 틀었다. 그러고는 투석기에서 튕겨 나온 바윗덩어리처럼 사냥꾼들이 있는 오른편으로 돌진해 순식간에 세 사람을 쓰러뜨려 중상을 입혔다. 나중에 유명한 영웅이 된 네스토르도 그 곁에 있다 참나무 가지로 올라가 겨우 살아남았다. 성이 잔뜩 난 멧돼지가 이빨로 나무줄기를 득득 긁어댔다. 때마침 쌍둥이 형제 카스토르와 폴뤼데우케스가 새하얀 말을 타고 달려와 창으로 찌르려 하자 멧돼지는 깊은 숲으로 도망쳤다.

그때 아탈란테가 멧돼지를 겨냥해 화살을 쏘았다. 화살은 멧돼지 귀밑에 꽂혔고 뻣뻣한 털이 처음 피로 물들었다. 멜레아그로스는 멧돼지가 부상을 입은 것을 보고 환성을 올리며 동료들에게 외쳤다.

"처녀여! 용감한 자에게 주는 상은 이제 그대의 것이오!"

사내들은 여자에게 승리를 빼앗겨 창피할까 봐 서둘러 멧돼지를 향해 창을 내던졌다. 그러나 한꺼번에 여럿이 던지는 바람에 멧돼지를 맞히는 창은 오히려 하나도 없었다. 그러자 아르카디아 인 앙카이오스가 양면 전투도끼를 두 손으로 꽉 쥐더니 힘껏 내려치기 위해 발돋

✺

사나운 멧돼지는 포도를 덩굴째, 올리브나무 열매는 가지째 꺾어버렸다. 양치기나 양을 지키는 개도 가축을 지킬 수 없었고, 가장 힘센 황소도 이 엄청난 괴물로부터 암소를 지켜낼 수 없었다. 마침내 영웅 멜레아그로스가 나섰다. 사냥꾼과 개를 모아 커다란 사냥판을 연 것이다. 멜레아그로스가 그리스 전역에서 불러 모은 유명한 영웅들과 함께 멧돼지를 사냥하는 모습이다.

〈멜레아그로스와 멧돼지〉, 그리스 도자기, 기원전 570년경.

움을 했다. 그러나 그가 내려치기도 전에 멧돼지의 두 어금니가 먼저 앙카이오스의 옆구리에 박혔다. 앙카이오스는 내장이 밖으로 터져 나와 피투성이가 되어 쓰러졌다. 그 후 이아손이 창을 던졌다. 그러나 엉뚱하게도 이 창은 켈라돈의 몸으로 향했다.

마지막으로 멜레아그로스가 두 개의 창을 연속해 던졌다. 첫 번째 창은 땅에 꽂혔다. 그러나 두 번째 창이 멧돼지 등 한가운데에 적중했다. 멧돼지는 사납게 미쳐 날뛰다가 빙빙 돌더니 거품과 피를 뿜어냈다. 멜레아그로스는 새로 꺼낸 창을 다시 던져 멧돼지의 목에 꽂았다. 곧이어 사방에서 날아온 창이 멧돼지의 온몸에 꽂혔다. 멧돼지는 피를 흘리며 죽어갔다.

멜레아그로스는 멧돼지의 머리를 발로 누른 다음 칼로 등가죽을 벗겼다. 그리고 커다란 어금니를 드러내고 있는 머리를 잘라 아르카디아의 용감한 여인 아탈란테에게 내밀었다.

"자! 이 멧돼지를 가질 권리는 나에게 있지만 당신에게 포상으로 드립니다. 당신도 멧돼지를 잡는 데 일조했으니까요!"

여자에게 영예가 돌아가자 사냥꾼들은 시샘하며 불평했다. 이때 멜레아그로스의 외삼촌들인 테스티오스의 두 아들이 주먹을 꽉 쥔 채 아탈란테 앞으로 나오며 외쳤다.

"그 상을 당장 내려놓아라. 우리 것을 가로챌 생각은 말아라! 그런 짓을 하면 아름다운 그대는 물론, 상사병에 걸려 그걸 갖다 바친 놈도

▲   이 멧돼지 사냥은 아르고 호 원정 이전에 있었던 일이다.

✽   오비디우스의 《변신이야기》에는 켈라돈이 아니라 죄 없는 개가 맞아 죽은 것으로 되어 있다.

용서하지 않겠다."

이렇게 말하며 두 사람은 아탈란테에게서 포상물을 빼앗으며, 멜레아그로스에게는 사냥감을 마음대로 처분할 권리가 없다고 말했다. 더는 참을 수 없었던 멜레아그로스는 자기도 모르게 울컥해 이를 갈며 소리쳤다.

"남의 공을 가로채려는 이 도둑들아! 협박과 행동이 얼마나 다른 것인지 내가 가르쳐주마!"

그렇게 외치면서 그는 순식간에 외삼촌 한 사람을 찌르고 눈 깜짝할 사이에 또 다른 외삼촌의 가슴을 찔렀다.

알타이아는 멜레아그로스의 어머니였다. 그녀는 아들이 승리한 것에 감사하기 위해 제물을 바치러 신전으로 가다가 들것에 실려 오는 두 형제의 시신을 보았다. 알타이아는 가슴을 치고 슬퍼하면서 궁전으로 급히 돌아와, 금빛 외출복 대신 검은 옷으로 갈아입고 도시가 떠나가도록 통곡했다. 그러나 살인자가 아들 멜레아그로스임을 알게 된 순간 눈물이 말라버렸다. 슬픔은 복수심으로 변했다. 그때 기억에서 까맣게 사라져버렸던 어떤 일이 갑자기 떠올랐다. 멜레아그로스가 태어난 지 며칠 안 되었을 때였다. 운명의 여신들이 알타이아가 해산한 자리에 나타났다. 첫 번째 여신이 말했다.

"네 아들은 담력이 센 영웅이 될 것이다."

두 번째 여신이 말했다.

"네 아들은 너그러운 남자가 될 것이다."

세 번째 여신이 말했다.

"네 아들은 지금 타고 있는 난로의 장작이 다 탈 때까지만 살아 있

멧돼지 사냥에서 승리한 멜레아그로스는 칼로 멧돼지의 등가죽을 벗겼다. 그러고는 커다란
어금니를 드러낸 머리를 잘라 용감한 여사냥꾼 아탈란테에게 주며 애정을 표시했다. 그러
나 운명의 여신은 멜레아그로스가 이 일로 불행을 자초했음을 알려주고 있다.

〈멜레아그로스와 아탈란테〉, 페테르 파울 루벤스, 1635년, 알테 피나코텍 미술관.

을 것이다."

운명의 여신들이 사라지자 알타이아는 불 속에서 새빨갛게 타고 있는 장작을 꺼내 물에 넣어 껐다. 그리고 자식의 생명을 염려하는 어머니의 마음에서 그 장작을 자기 방의 비밀장소에 보관해두었다. 슬픔으로 정신을 못 차리던 그녀는 갑자기 그 장작을 생각해내고 급히 방으로 갔다.

장작은 비밀장소에 은밀히 보관되어 있었다. 알타이아는 잡목 묶음에 불씨를 올리고는 새빨갛게 불을 일으켰다. 그러나 어머니로서의 모정과 형제에 대한 애정이 마음속에서 갈등을 일으켰다. 그녀의 얼굴에는 심한 불안과 이글거리는 분노가 뒤섞여 나타났다. 알타이아는 네 번이나 장작을 불속으로 넣으려다 손을 멈칫했다. 그러나 드디어 형제에 대한 애정이 어머니의 모정을 이겼다.

"복수의 여신들이여! 자, 이 재들을 봐다오! 그리고 지금 막 죽어간 형제의 영혼들이여, 내가 당신들을 위해 이렇게 한 것을 알아줘요! 마음을 누그러뜨리고, 내 몸에서 난 불행한 열매를 값비싼 죽음의 제물로 받아주세요. 내 가슴은 자식을 생각하는 사랑으로 터질 것 같군요. 나는 당신들에게 위로의 제물을 보내고 곧 뒤를 따라가겠어요."

그리고 눈을 돌린 채 떨리는 손으로 불 속에 장작을 던졌다.

그사이 멜레아그로스는 도시로 돌아와 자신의 승리와 아탈란테에 대한 애정, 살인에 대한 복잡한 감정으로 번민하고 있었다. 그러다 그는 갑자기 몸속 가장 깊은 곳에서 타는 듯 고열이 나는 것을 느꼈다. 원인은 알 수 없었다. 그는 기력을 갉아먹는 것 같은 고통으로 침대에 몸을 내던졌다. 영웅적인 힘으로 고통을 참았지만 피도 흘리지 않은 채 불명예스럽게 죽어야 한다는 사실이 더없이 괴로웠다. 차라리 멧돼지 이빨에 물려 죽은 동료가 부러웠다. 멜레아그로스는 고통으로 신음하며 형제들, 자매들, 늙은 아버지와 사랑하는 어머니를 불렀다. 그러나 어머니는 여전히 화로 옆에 서서 스스로를 갉아먹는 불을 뚫어져라 바라보고 있었다. 멜레아그로스의 고통은 불과 함께 점점 심해졌다. 그리고 장작이 재 속에서 서서히 꺼져갈 때 고통도 사라지고 마지막 남은 불꽃과 함께 멜레아그로스의 숨도 끊어졌다. 아버지와 자매는 그의 시신을 끌어안고 울었으며 칼뤼돈 사람들 모두가 상복을 입었다. 그러나 어머니 알타이아만은 거기 없었다. 그녀는 다 타버린 재만 남은 난로 앞에서 목을 맨 채 죽어 있었다.

탄탈로스

제우스의 아들 탄탈로스는 프뤼기아 지역의 시퓔로스 산을 지배했다. 그는 굉장한 부자로 유명했다. 죽을 수밖에 없는 운명을 타고난 인간 중에 올륌포스의 신들이 존중할 만한 사람이 있다면 바로 그였다. 탄탈로스는 고귀한 혈통 때문에 신들과 친한 친구가 되었다. 나중에는 제우스의 식탁에서 식사를 함께하고 신들이 나누는 이야기를 들을 수도 있었다. 그러나 허영으로 들뜬 마음에, 하늘의 행복을 계속 지키지 못하고 신들에게 여러 악행을 저질렀다. 그는 신들의 비밀을 인간에게 누설하고, 제우스의 식탁에서 신들의 음료수인 넥타와 신들의 음식인 암브로시아를 훔쳐 자신의 동료인 인간들에게 나눠 줬다. 또 어떤 사람이 크레테 섬의 제우스 신전에서 훔쳐 온 값비싼 황금 개를 맡겼다가 나중에 돌려달라고 하자 자기는 맹세코 그런 개를 맡은 기억이 없다고 잡아떼기도 했다.

결국 오만에 빠진 그는 신들을 초대해 정말로 그들이 전지전능한지

시험해보기 위해 아들 펠롭스를 죽여 그 고기를 신들에게 바쳤다. 오직 여신 데메테르만이 그 끔찍한 요리에서 어깨뼈를 먹어치웠다. 그러나 다른 신들은 이 잔인무도한 행위를 알아차리고 토막 난 아이의 사지를 솥에 던져 넣었다. 그리고 운명의 여신 클로토가 그 아이를 새롭고 아름다운 모습으로 만들어 솥에서 끌어냈다. 이미 먹혀버린 어깨는 상아로 대신했다.

탄탈로스의 악행이 극에 달하자 신들은 그를 지옥으로 밀어 떨어뜨렸다. 지옥에서 그는 견디기 힘든 고통에 시달렸다. 탄탈로스는 연못 한가운데에 서 있었다. 물이 턱밑까지 차올라 찰랑거리는데도 타는 듯한 갈증에 시달려야 했다. 바로 옆에 물이 있지만 아무리 애를 써도 마실 수가 없었다. 몸을 굽혀 탐욕스럽게 입을 물로 가져가면 그 물이 금세 말라버려 발밑으로 검은 흙이 드러났다. 마치 악마가 연못을 계속해서 말려버리는 것 같았다.

동시에 그는 지독하게 괴로운 굶주림의 고통까지 받았다. 등 뒤에 있는 연못가에는 탐스러운 과일나무가 있었다. 눈을 돌리면 과즙이 많은 배와 빨간 사과, 불타오르는 듯한 석류, 먹음직스러운 딸기, 연둣빛 올리브들이 웃고 있었다. 그러나 손을 뻗어 잡으려 하면 바람이 불어 가지를 하늘 높이 쳐들어버린다.

이런 지옥의 고통에 늘 계속되는 죽음의 불안도 겹쳤다. 그의 머리 위에 거대한 바위가 공중에 매달려 있어 당장이라도 떨어질 듯 위협했기 때문이다.

신들을 모욕한 오만방자한 탄탈로스는 이렇듯 지옥에서 그칠 줄 모르는 삼중의 고통을 당하게 되었다.

탄탈로스의 악행이 극에 달하자 신들은 그를 지옥으로 밀어 떨어뜨렸다. 지옥에서 탄탈로스는 연못 한가운데에 서 있었다. 바로 곁에 물이 있지만 아무리 애를 써도 마실 수가 없었다. 몸을 굽혀 탐욕스럽게 입을 물로 가져가면 그 물이 금세 말라버려 발밑으로 검은 흙이 드러났다. 등 뒤의 연못가에는 탐스러운 과일나무가 있어 탄탈로스의 머리 위로 열매 달린 가지가 뻗어 나와 활처럼 휘어졌다. 탄탈로스가 과일열매를 따 먹으려 하자 악마의 꼬리를 한 어린 신이 심술궂게 바람을 불어 가지가 그에게서 멀어지도록 하고 있다.

〈탄탈로스의 고통〉, 프랑스 동판화.

펠롭스

아버지 탄탈로스는 신들에게 무거운 죄를 저질렀으나 아들 펠롭스는 신앙심이 두터워 신들을 진심으로 존경했다. 아버지가 지옥으로 추방된 뒤, 펠롭스는 이웃 나라 트로이아 왕과의 전쟁에서 패해 프뤼기아의 나라에서 쫓겨나 그리스 전역을 떠돌아다녔다.

이제 막 턱에 솜털이 나기 시작한 청년이었으나 그는 벌써 마음속으로 아내를 정해놓고 있었다. 바로 엘리스의 오이노마오스 왕의 아름다운 딸 힙포다메이아였다. 그러나 그녀는 경주에서 이긴 자에게 상으로 주기로 되어 있어 쉽사리 얻을 수가 없었다. 만일 힙포다메이아가 남편을 얻으면 그때 오이노마오스가 죽을 것이라는 신탁이 있었던 것이다. 신탁 때문에 왕은 딸에게서 모든 구혼자를 멀리 떨어뜨려 놓고자 온갖 방법을 다 썼다. 왕은 전차 경주에서 자신을 이긴 자에게 공주를 아내로 주겠다고 여러 나라에 알렸다. 단 경주에 지는 자는 그에게 목숨을 바쳐야 했다.

경주는 피사에서 시작해 코린토스의 좁은 해협에 있는 포세이돈 제단에서 끝났다. 왕은 전차가 출발하는 시간을 다음과 같이 정했다. 왕은 우선 제우스 신에게 천천히 황소를 바친다. 그동안 구혼자는 네 마리의 말이 끄는 전차로 먼저 출발한다. 왕은 제사가 끝나고 나서야 경주를 시작할 수 있으며, 마부 뮈르틸로스가 모는 전차에 창을 가지고 타서 구혼자의 뒤를 쫓을 수 있다. 먼저 출발한 전차를 왕이 추월할 경우 왕은 그 전차의 구혼자를 창으로 찔러 죽일 수 있다.

아름다운 힙포다메이아를 얻으려던 수많은 구혼자가 이 말을 듣고 용기를 냈다. 그들은 오이노마오스 왕을 일부러 관용을 베푸는 연로한 노인으로만 여겼다. 자신이 젊은이와 경주해서 이길 수 없음을 깨닫고 나중에 패배를 변명하기 위해 구혼자를 먼저 출발시키는 것이라고 생각했다. 그래서 그들은 차례로 엘리스로 찾아와 왕에게 공주를 아내로 달라고 간청했다.

그럴 때마다 왕은 그들을 친절하게 맞이했으며, 네 마리의 훌륭한 말이 끄는 전차를 넘겨주고는 천천히 제우스 신에게 황소를 바쳤다. 그리고 왕은 북풍보다 빨리 달리는 두 필의 준마인 필라와 하르피나를 연결한 가벼운 전차에 올라탔다. 이 두 필의 준마로 마부는 언제나 목적지에 미치기 훨씬 전에 구혼자들을 뒤쫓았고, 잔인한 왕은 순식간에 뒤에서 그들을 창으로 꿰뚫었다. 이리하여 왕은 지금까지 열두 명이 넘는 구혼자를 죽였다. 항상 자신의 빠른 말로 구혼자들을 추월했기 때문이다.

한편 펠롭스는 신부에게 가는 도중, 나중에 그의 이름을 본떠 펠로폰네소스라고 불리게 되는 반도에 상륙했다. 그리고 구혼자들이 엘리스의 왕에게 어떻게 당했는지를 들었다. 그는 밤에 바닷가로 나가, 발밑에 밀려드는 바닷물로 엄청난 소리를 내고 있는 자신의 수호신이자 삼지창을 든 강력한 신 포세이돈을 불렀다.

"위대한 신이시여!"

펠롭스는 애원했다.

"만일 당신에게도 사랑의 여신이 주는 선물이 기쁜 것이라면, 제발 오이노마오스의 구리창이 저를 빗나가게 해주십시오. 오이노마오스 왕은 벌써 열세 명이나 되는 훌륭한 구혼자를 죽여가며 지금까지 딸의 결혼을 막고 있습니다. 저는 한 번도 전쟁을 겪지 않은 사내로서 이 커다란 위험을 감당하기가 어렵습니다. 그러나 언젠가 한 번은 죽어야만 한다면 무엇 때문에 명예도 없는 비참한 삶을 살아야 하겠습니까? 그렇기에 저는 경주에서 이기고 싶습니다. 제발 저에게 승리를 안겨주소서!"

이렇게 펠롭스는 기도했다. 그의 간청은 헛되지 않았다. 파도가 다시 한 번 요란하게 소용돌이치더니 화살처럼 빠른 네 마리의 천마가 이끄는 황금 전차가 파도 사이에서 나타났다. 펠롭스는 그 전차에 훌쩍 올라타 바람과 다투며 엘리스로 날아갔다. 오이노마오스 왕은 달려오는 펠롭스를 보자 깜짝 놀랐다. 한눈에 그 수레가 바다 신의 전차임을 알 수 있었기 때문이다. 그러나 왕은 이 낯선 남자에게 지금까지 지켜온 조건으로 경주를 승낙했다. 왕 또한 바람보다 빠른 자기 말의 신통력을 믿었던 것이다. 펠롭스는 반도를 가로질러 온 천마를 잠시 쉬게 한 뒤 경주 장소로 나갔다. 늘 하던 대로 경주가 시작되었다.

펠롭스가 이미 결승점 바로 근처까지 갔을 때 황소를 제물로 바치고 난 왕이 질풍처럼 뒤쫓아 와서 창을 휘둘러 대담한 구혼자를 단번에 찔러 죽이려 했다. 이때 펠롭스를 지키던 바다의 신 포세이돈이 질주하는 왕의 전차바퀴를 부숴 전차가 뒤집혔다. 오이노마오스 왕은 땅에 떨어져 죽었다. 그 순간 펠롭스는 네 마리 말이 끄는 전차로 결승점에 들어왔다. 뒤돌아보니 왕의 궁전이 빨갛게 타오르고 있었다. 번쩍한 전광에 불붙은 궁전은 한 개의 기둥만 남긴 채 모두 타 없어졌다. 펠롭스는 천마를 몰아 불타는 궁전으로 달려가 신부를 불길에서 구해냈다.*

---

* 다른 설에 의하면 마부 뮈르틸로스가 왕을 배신해 마차의 쐐기를 뽑고 그 대신 밀랍으로 만든 쐐기를 박아두었다고 한다. 그러나 경주에서 승리한 펠롭스는 약속을 지키지 않고 뮈르틸로스를 바다로 던져버렸다. 죽어가던 뮈르틸로스의 저주가 탄탈로스의 후손들을 계속 따라다녔다고 한다.

니오베

테바이의 왕비 니오베는 자신이 가진 여러 가지를 자랑스러워했다. 그녀의 남편 암피온은 무사 여신들에게서 멋진 리라를 받았는데, 그 악기를 켜면 테바이 왕성의 벽돌이 저절로 맞추어질 정도였다. 아버지는 신들의 손님이었던 탄탈로스다. 니오베는 강력한 나라 테바이의 지배자였고, 고귀한 정신과 위엄 있는 아름다움을 지니고 있었다. 그러나 니오베가 무엇보다 자랑으로 여긴 것은 열네 명이나 되는 원기 왕성한 자식들이었다.* 자식들 중 일곱은 아들이고 일곱은 딸이었다. 니오베는 모든 어머니 가운데 가장 행복한 어머니로 여겨졌다. 만일 그녀가 자기만 유일하게 행복한 사람이라고 생각하지 않았더라면 그녀는 가장 행복한 어머니로 남을 수 있었을지도 모른다. 그러나 니오베를 파

---

* 니오베의 자식이 몇 명인가에 대해서는 여러 가지 이야기가 있으나, 대부분 일곱 명의 딸과 일곱 명의 아들을 든다.

멸로 이끈 것은 그녀 자신만이 행복하다는 바로 그 생각이었다.

어느 날 예언자 테이레시아스의 딸인 예언자 만토가 신의 계시를
받아, 길 한복판에서 테바이 여인들에게 여신 레토와 그녀의 쌍둥이
자식 아폴론과 아르테미스를 경배하라고 외친 적이 있었다. 그녀는
여인들에게 머리를 월계수 화환으로 꾸미고 향을 피워 경건한 기도를
드리라고 했다. 테바이 여인들이 몰려나왔을 때 니오베가 금을 섞어
짠 보드라운 옷을 입고 시종들에게 둘러싸여 갑자기 다가왔다. 왕비
는 노여움에 가득 차 있었지만 그녀의 아름다움은 더욱 빛났다. 양쪽
어깨로 흘러내린 머리카락이 물결칠 때마다 우아하게 장식한 머리가
더욱 돋보였다. 니오베는 야외에서 제물을 바칠 준비를 하고 있는 여
인들 가운데에 서서 위엄에 찬 눈으로 그들을 바라보며 외쳤다.

"너희들 가운데 신의 총애를 받고 있는 자가 있는데, 어째서 꾸며
낸 이야기에 나오는 신들을 경배하려 하느냐? 레토를 위해 제단을 쌓
으면서 왜 내게는 향을 바치지 않느냐? 나의 아버지 탄탈로스는 신과
함께 식사한 유일한 인간이었고, 플레이아데스 자매의 하나인 내 어
머니는 밝은 별이 되어 하늘에서 빛나고 있다. 나의 조상 중 한 분은
창공을 목으로 떠받친 거인 아틀라스요, 나의 할아버지는 신들의 아
버지 제우스다. 프뤼기아의 여러 족속도 내게 복종했으며, 카드모스
의 도시도, 남편 암피온의 리라 연주를 따르던 성벽들도 나와 내 남편
에게 복종하고 있다. 그뿐이겠느냐? 나의 궁전 곳곳은 헤아릴 수 없
이 많은 보물로 가득 차 있고, 나는 여신들 못지않은 얼굴을 가졌다.
또 어떠한 어머니도 갖기 어려운 훌륭한 아이들, 일곱 명의 꽃 같은
딸과 일곱 명의 늠름한 아들이 있다. 나중에는 그와 같은 수의 사위

와 며느리를 갖게 될 것이다. 자, 이래도 내가 자랑할 만한 이유가 없는지 말해보아라! 그런데도 너희들은 이름 없는 티탄족의 딸 레토가 나보다 더 좋단 말이냐? 바다에 떠다니는 섬 델로스가 헤매고 돌아다니는 그녀를 불쌍히 여겨 임시방편으로 자리를 내줄 때까지 넓은 땅은 그녀에게 제우스의 자식을 낳을 자리를 주지도 않았었다. 불쌍한 그녀는 거기서 겨우 두 아이의 어머니가 되었다. 내가 어머니로서 느끼는 기쁨의 칠 분의 일에 불과하지! 내가 행복함을 누가 부인할 것이며, 또 내가 앞으로도 행복하리라는 것을 누가 의심하겠느냐? 만일 운명의 여신이 내가 가진 이 모든 것을 없애려 한다면 해야 할 일이 꽤 많을 것이야! 가령 내 자식을 한두 명 빼앗는다 할지라도 그 많은 자식이 레토의 쌍둥이만큼 줄어들려면 한참이나 걸리지 않겠느냐? 그러니까 그런 제물은 치워버리고 머리에 꽂은 월계수 잎을 빼라! 이제 모두 흩어져 집으로 돌아가고 두 번 다시 이런 어리석은 짓은 하지 마라!"

놀란 여인들은 머리에서 화환을 벗고 미완성의 제물을 놓아둔 채, 모욕당한 여신 레토를 마음속으로 경배하면서 슬금슬금 집으로 돌아갔다.

한편 델로스 섬의 퀸토스 산 정상에서는 레토가 쌍둥이 자식과 함께 서서 멀리 테바이에서 일어나는 일을 신들의 눈으로 바라보고 있었다.

"얘들아, 보아라. 너희 어머니인 나는 너희를 낳은 것을 자랑스럽게 여기고 있다. 헤라 신을 제외하고는 어떤 여신도 나보다 자랑스럽지 않을 게다. 그런 내가 뻔뻔스러운 인간에게 욕을 먹고 있구나. 만일 너희가 도와주지 않는다면 나는 오래전부터 전해오는 신성한 제단에서 쫓겨나게 될 것이다. 아니, 나뿐 아니라 너희까지 저 니오베가 깔보고 있는 것 아니냐!"

레토는 애원하듯 말했다. 그러자 포이보스 아폴론이 가로막으며 말했다.

"어머님, 한탄은 그만두십시오. 그들을 벌할 시간만 쓸데없이 지체될 뿐입니다!"

누이동생도 찬성했다. 두 신은 구름으로 몸을 감싸고 훌쩍 하늘로 올라가는가 싶더니 순식간에 카드모스의 성에 닿았다. 성벽의 바깥으로 커다란 들판이 펼쳐져 있었다. 이 들판은 씨앗을 뿌리기 위한 것이 아닌, 경주와 준마와 전차 훈련을 위한 것이었다. 마침 그 들판에서 암피온 왕의 일곱 아들이 놀고 있었다. 장남 이스메노스는 입에서 거품을 내뿜는 말을 노련하게 몰아 원을 그리고 있었다.

갑자기 이스메노스가 "앗" 하고 외치더니 손에 힘이 빠졌는지 고삐를 놓쳐 말 오른편 어깨에서 서서히 미끄러져 떨어졌다. 화살이 심장 한가운데에 꽂혀 있었다. 그 옆에서 말을 몰고 있던 아우 시필로스는 공중에서 활을 꺼내는 소리를 듣고 고삐를 죄어 도망쳤다. 마치 폭풍이 다가오기 전에 항구로 들어가려고 기를 쓰며 돛을 펼치는 항해자와 같았다. 그러나 허공을 꿰뚫으며 윙 하고 날아온 화살이 순식간에 목덜미 위쪽을 관통해 가늘게 떨리고 있었으며 반대편으로는 화살촉이 튀어나와 있었다. 화살을 맞아 치명상을 입은 시필로스는 질주하는 말의 갈기를 넘어 땅바닥으로 떨어졌고 더운 김이 나는 피가 땅에 튀었다.

다른 두 사람은—그중 한 사람은 할아버지의 이름과 똑같은 탄탈로스였고 또 다른 사람은 파이디모스였다—서로 가슴을 맞대고 씨름을 하고 있었다. 이때 화살이 소리를 내며 날아와 엉켜 있는 두 사람을 한꺼번에 꿰뚫었다. 두 사람은 동시에 짧은 비명을 질렀고 땅바닥에 넘어져 고통으로 몸부림쳤다. 그러고는 곧 초점 잃은 눈을 뒤집고 마지막 숨과 영혼이 먼지 속으로 날아가버렸다.

다섯째 아들 알페노르는 형들이 쓰러지는 것을 보았다. 그는 곧바로 가슴을 치며 뛰어와 싸늘해진 몸을 끌어안고 형들을 되살리려 했다. 그러나 갸륵한 정성을 기울이는 그 순간 그 자신도 푹 거꾸러졌다. 포이보스 아폴론이 칼로 그의 심장을 깊이 찔렀기 때문이다. 아폴론이 칼을 빼자 죽어가는 엘페노르가 피와 함께 숨을 토해냈고, 그의 배에서는 창자가 튀어나왔다. 긴 곱슬머리를 한 가냘픈 소년인 여섯째아들 다마식톤은 무릎에 화살을 맞았다. 몸을 구부려 이 갑작스러운 화살을 빼내려 하는데 또 다른 화살이 벌린 입을 뚫고 들어와 화살대의 깃털까지 목을 관통했다. 이 모든 광경을 지켜본 일곱째 막내아들 일리오네우스는 무릎을 꿇고 두 팔을 벌려 애원했다.

"아! 모든 신이시여, 저를 불쌍히 여겨주소서!"

무서운 사수 아폴론의 마음이 움직였지만 이미 활시위를 떠난 화살을 다시 불러들일 수는 없었다. 소년은 앞으로 고꾸라졌다. 그렇지만 소년은 가장 가벼운 상처를 입고 죽었다. 화살이 심장까지 파고들지는 않았던 것이다.

불행한 소식이 곧 온 마을로 퍼졌다. 아버지 암피온은 놀라운 소식에 자기 가슴을 칼로 찔러 죽었다. 신하와 백성의 슬퍼하는 소리가 곧

내실에까지 들려왔다. 니오베는 이 끔찍한 일을 믿을 수 없었다. 그녀는 신들이 어떻게 그런 능력이 있는지, 그런 일을 할 수 있었는지 믿고 싶지 않았다. 그러나 더는 의심할 수 없었다. 지금의 니오베는 바로 얼마 전 사람들을 여신의 제단에서 쫓아내고 의기양양하게 도시 한복판을 걷던 모습과는 전혀 딴판이 아닌가! 그녀는 가장 사랑스러운 친구들에게도 부러움의 대상이었지만, 이제 그녀의 적들로부터도 동정을 받는 처지가 되어버렸다.

니오베는 들판으로 뛰쳐나가 차가운 시신 위로 몸을 숙여 이 아들 저 아들에게 입맞춤을 했다. 그런 다음 떨리는 두 팔을 하늘로 쳐들고 외쳤다.

"잔인한 레토여! 비참한 내 모습이 고소하겠지. 너의 잔인한 마음이 이제 만족스러운가? 내 일곱 자식의 죽음은 나를 무덤에다 던진 셈이다. 이 승리에 의기양양하겠구나, 이 원수야!"

그때 그녀의 일곱 딸도 상복을 입고 와서 머리를 풀어 헤친 채로 죽은 형제들을 둘러쌌다. 딸들의 모습을 보자 니오베의 창백한 얼굴에 어떤 심술기 같은 것이 얼핏 스쳐 지나갔다. 그리고 실성한 듯 비웃는 눈으로 하늘을 쳐다보며 말했다.

"승리했다고! 아니지. 내가 불행해졌어도 나에겐 아직 너보다 더 많은 것이 남아 있다. 자식들이 많이 죽었다고 해도 아직 자식이 많이 남은 내가 승리자야!"

니오베가 그 말을 다 마치기도 전에 팽팽하게 잡아당겨진 활줄이 울리는 소리가 들렸다. 모두 깜짝 놀랐다. 그러나 니오베만은 놀라지 않았다. 불행이 외려 그녀를 대담하게 만들었다. 그때 딸들 중 하나가 갑자기 가슴에 손을 얹더니 깊이 박힌 화살을 잡아 뺐다. 그러고는 정신을 잃고 허물어지듯 쓰러지더니 바로 옆에 누워 있는 오빠 위로 사색이 된 얼굴을 묻었다. 다른 한 명의 딸이 불행한 어머니 옆으로 급히 가 그녀를 위로하려 했다. 그러나 보이지 않는 상처를 입어 쓰러지더니 갑자기 벙어리처럼 잠잠해졌다. 셋째 딸은 도망치려다 푹 쓰러졌다. 다른 딸들도 죽어가는 언니 동생과 겹쳐지며 쓰러졌다. 막내딸만이 아직 남아 있었다. 막내딸은 어머니의 품속으로 파고들어 주름 있는 옷을 머리부터 뒤집어쓰고 천진하게 매달렸다.

"하나만은 남겨다오!"

니오베는 통곡하면서 하늘을 향해 외쳤다.

"제발 막내딸만은!"

그러나 니오베가 애원하는 동안 아이는 이미 그녀의 무릎 위로 쓰러졌다. 니오베는 남편과 아들과 딸의 시체들 사이에 홀로 앉아 있었다. 격한 슬픔에 그녀는 굳어버렸다. 산들바람에도 긴 머리카락은 살랑이지 않았고, 얼굴에서는 핏기가 가셨고, 눈빛은 멍청해졌으며, 아름다운 그 모습에서는 생기가 사라졌다. 몸속을 흐르던 피가 멈추고, 목을 돌리거나 팔을 쳐들거나 발을 움직이지도 않았다. 그녀의 몸은 차디찬 돌이 되어갔다. 살아 있는 것은 눈물뿐이었다. 석상의 눈에서는 줄곧 눈물이 흘렀다. 그때 한바탕 돌풍이 불어와 돌로 변한 니오베를 하늘로 말아 올렸다. 바람은 바다 건너 니오베의 고국 뤼디아의 쓸쓸한 산중으로 그 돌덩이를 날리다 시퓔로스 산의 절벽 아래에 내려놓았다. 니오베는 산마루턱에 대리석 바위가 되어 서 있게 되었다. 그리고 지금까지도 계속 애절하게 울고 있다.

살모네우스

엘리스의 지배자 살모네우스는 부유하지만 마음이 정직하지 못한 교만한 군주였다. 화려한 도시 살모네를 건설하고는 아주 교만해져, 신하들에게 자기를 신으로 경배하고 제물을 바치게 하며 제우스 신을 자처하고 다녔다. 제우스의 전차를 본뜬 전차를 타고 다니고 제우스처럼 자기 나라와 그리스의 여러 민족이 세운 나라들을 두루 돌아다녔다. 그리고 횃불을 하늘에 던지며 제우스 신의 번갯불을, 청동 다리 위를 달리는 거친 말발굽 소리로 제우스 신의 천둥소리를 흉내 냈다. 그는 사람들을 베어 죽이고는 벼락에 맞아 죽은 것이라고 주장했다.

올림포스 산에서 이 어리석은 행동을 본 제우스는 두꺼운 구름 속에서 울리는 진짜 벼락을 손에 들어 광기에 가까운 교만으로 전차를 몰고 있는 살모네우스를 겨냥하여 던졌다. 벼락은 왕과 함께 그가 건설한 마을과 그곳 주민들을 모조리 파괴했다.

4장

Die schönsten Sagen des klassischen Altertums

헤라클레스, 열두 가지 과업을 수행하다

헤라클레스 이야기

탄생과 소년 시절

헤라클레스는 제우스와 알크메네의 아들이다. 알크메네는 페르세우스의 손녀다. 헤라클레스의 의붓아버지는 암피트뤼온이라 불렸다. 그역시 페르세우스의 손자로 티륀스의 왕이었으나, 테바이에서 살려고 이 도시를 떠났다.

제우스의 아내 헤라는 연적 알크메네를 미워하여 그녀가 아들을 낳는 것을 달가워하지 않았다. 제우스가 그녀의 아들은 장차 위대한 영웅이 될 거라고 신들에게 알렸기 때문이다. 그래서 알크메네는 헤라클레스를 낳고도 아이를 궁전에 두었다가는 헤라가 무슨 짓을 할지 모른다는 생각에서 헤라가 찾지 못할 곳에 내다버렸다. 그곳은 나중에 '헤라클레스의 들판'이라 불렸다. 만일 이상한 우연으로 연적인 헤라 여신이 아테네에게 이끌려 그 길로 오지 않았더라면 아이는 틀림없이 죽었을 것이다.

　여신 아테네는 갓난아이의 잘생긴 모습을 보고 감탄했다. 아이가 불쌍하다는 생각이 든 그녀는 헤라 여신에게 젖을 먹여주라고 권했다. 그 아기는 갓난아이라고는 상상도 못할 만큼 센 힘으로 젖을 빨았다. 너무 아파 화가 난 헤라는 갓난아이를 땅에 내던졌다. 불쌍히 여긴 아테네가 다시 아이를 안고 가까운 마을까지 데려갔다. 그리고 여왕 알크메네에게 버림받은 가엾은 아이니 잘 보살펴달라고 부탁했다.

　생모인 알크메네는 여신 헤라가 두려워 어머니로서의 의무를 거부하고 아기를 죽게 내버려두었었다. 그 아기를 미워해야 할 처지인 헤라는 아무것도 모르고 원수의 자식을 구해줘야만 했다. 그뿐만이 아니었다. 헤라클레스는 헤라의 젖을 단 두서너 모금 빨아 먹었을 뿐이다. 하지만 여신에게서 나온 이 몇 방울의 젖은 그에게 불사의 힘을 주기에 충분했다.

　알크메네는 헤라클레스를 보고 첫눈에 자기가 낳은 아이임을 알아차리고 기뻐하며 요람 속에 눕혔다. 그러나 헤라도 자기 젖을 먹은 아기가 누구인지, 그리고 경솔하게도 놓쳐버린 그 복수의 순간을 끝내 알게 되었다. 헤라는 아기를 죽이기 위해 곧바로 무서운 뱀 두 마리를 보냈다.

　뱀 두 마리는 시녀들과 꾸벅꾸벅 졸고 있는 어머니 몰래 열린 문을 통해 알크메네의 침실로 조용히 기어 들어갔다. 그러고는 요람을 휘감고 오르더니 아이의 목을 감았다. 아이는 소리를 지르며 눈을 뜨고 머리를 곧추 세웠다. 지금까지 해보지 않았던 목걸이가 불편했던 것이다. 아이는 신들이 준 힘을 시험해보았다. 양쪽 손으로 각각 뱀의

길가에 버려진 헤라클레스를 발견한 아테네 여신은 잘생긴 갓난아이를 보고 감탄해 마지않았다. 아기가 불쌍한 생각이 들어 그녀는 헤라에게 젖을 먹여주라고 권했다. 아기는 어린아이라고는 상상도 못할 만큼 센 힘으로 젖을 빨았다. 너무 아파 화가 난 헤라는 어린아이를 땅에 내던졌다. 아기 헤라클레스가 너무 힘차게 빨아 흘러나온 헤라의 젖은 하늘에 뿌려져 별이 되었다. 이 별들이 우유의 길, 즉 은하수가 된다. 여신 옆의 공작새가 그 여신이 헤라임을 알려준다. 독수리로 변한 제우스도 와 있다.

〈은하수의 기원〉, 틴토레토, 1575년, 내셔널 갤러리.

목을 잡아 두 마리를 동시에 눌러 죽였다. 시녀들도 뱀을 보았지만 두려움이 너무 커서 멀찌감치에서 바라만 보고 있었다. 아이의 고함소리에 눈을 뜬 알크메네는 침대에서 맨발로 뛰어나가 큰 소리로 도움을 요청하며 달려갔으나 이미 뱀은 아기의 손에 죽어 있었다.

그때 도와달라는 소리를 듣고 달려온 테바이의 지도자들이 무기를 들고 침실로 들어왔다. 헤라클레스를 제우스 신의 선물로 여기고 사랑했던 암피트뤼온 왕도 깜짝 놀라 칼집에서 칼을 뽑아 들고 달려왔다. 요람 앞으로 간 왕은 자초지종을 알게 되었다. 그는 태어난 지 얼마 안 된 아기가 보여준, 생전 들어보지 못한 괴상한 힘에 놀라면서도 기뻐했다. 그리고 이것은 무언가 큰 징조라고 생각해 위대한 제우스의 예언자이며 점쟁이인 테이레시아스를 불렀다.

테이레시아스는 거기 모인 사람들에게 아기가 겪게 될 일생을 예언했다. 그는 이 아기가 장차 땅과 바다의 수많은 괴물을 무찌르고 거인들을 정복할 것이며, 고생 많은 지상에서의 생활 끝에 영원한 생명을 가진 신이 되어 청춘의 여신 헤베와 결혼할 것이라고 말했다.

헤라클레스가 받은 교육

암피트뤼온 왕은 예언자로부터 헤라클레스가 겪을 대단한 운명을 듣고는 그에게 영웅이 되는 데 필요한 훌륭한 교육을 시키기로 결심했다. 어린 헤라클레스에게 모든 학문과 기술을 가르치기 위해 여러 지방에서 영웅들이 모였다. 암피트뤼온은 손수 전차 모는 법을, 에우뤼토스는 활쏘기를, 하르팔뤼코스는 씨름과 권투를 가르쳤다. 코모르코스가 노래와 하프를, 제우스의 쌍둥이 아들 중 하나인 카스토르는 중무장하고 넓은 싸움터에서 싸우는 전법을 가르쳤다. 한편 아폴론의 아들인 백발노인 리노스는 우아하게 칠현금을 타면서 노래하는 법을 가르쳤다.

혜라클레스는 영특한 소년이었다. 그렇지만 그는 어려운 것은 참지 못했다. 리노스 노인은 깐깐하고 불친절한 교사였다. 이 노인이 어느 날 부당하게 매질을 하고 몹시 꾸짖자 소년은 하프를 내던졌다. 머리에 하프를 맞은 노인은 그만 마루에 쓰러져 죽어버렸다. 혜라클레스는 이 일을 깊이 뉘우쳤지만 심판을 받아야 했다. 정의롭기로 유명한 재판관 라다만튀스는 살인이 자기방어를 위한 것일 때는 살인자에 대한 벌은 소멸된다는 조문을 들어 무죄 판결을 내렸다. 그러나 암피트뤼온 왕은 초인적인 힘을 지닌 아들이 이 같은 죄를 또다시 저지를까 두려워, 혜라클레스를 시골에 있는 소 치는 목장으로 보냈다.

혜라클레스는 그곳에서 자랐는데 체격이나 힘에서 따라올 자가 없었다. 그는 제우스의 아들로서 사람들에게 두려운 대상으로 여겨졌다. 키는 아홉 척에 가깝고 눈은 번쩍번쩍 빛났다. 활을 쏘면 과녁을 벗어나는 일이 없었고 창을 던지면 반드시 명중했다. 열여덟이 되자 그는 그리스에서 가장 잘생기고 힘센 사나이가 되었다. 그러던 중 그에게 이 힘을 선한 곳에 쓸 것인지, 아니면 나쁜 곳에 쓸 것인지를 결정할 때가 드디어 왔다.

갈림길에 선 헤라클레스

헤라클레스는 목동과 소 떼를 떠나 낯선 고장으로 가서 어떤 인생행로를 밟을 것인지 골똘히 생각했다. 그가 생각에 잠겨 앉아 있을 때 갑자기 두 키 큰 여인이 다가오는 것이 보였다. 한 여인은 단정하고 기품이 있었으며 살결이 희고 눈매는 겸손했다. 그녀는 조신한 태도에 티 하나 없는 순백색의 긴 옷을 입고 있었다. 또 다른 여인은 매우 풍만했다. 그녀는 외모를 돋보이게 하려고 얼굴에 야한 화장을 하고 있었다. 그러나 그녀의 자태는 어딘지 모르게 부자연스러웠다. 그녀는 눈을 크게 뜨고 있었고 가능한 한 요염해 보이는 옷을 입고 있었다. 그녀는 자극적인 눈길로 헤라클레스를 보다가 이번엔 다른 사람이 자신을 보고 있는지 주위를 둘러보았다. 그리고 가끔 자신의 그림자를 쳐다보고는 했다. 두 여인이 함께 오다가 첫 번째 여인이 조용히 길을 앞서 가자, 두 번째 여인이 그녀를 앞질러 헤라클레스에게 뛰어와 말했다.

"헤라클레스여! 당신은 인생에서 어떤 길을 택할지 결심을 못하고 있군요. 만일 나를 친구로 택한다면 가장 즐겁고 편한 길을 안내해드리지요. 당신은 모든 쾌락을 맛보게 될 것이며, 불쾌한 일이라고는 없을 거예요. 전쟁이나 일 때문에 신경을 쓰지 않아도 되고, 어떤 맛있는 요리를 먹고 어떤 좋은 술을 마실까만 걱정하면 되지요. 또한 어떻게 하면 가장 쾌적한 기분으로 당신의 눈과 귀와 다른 감각들을 즐겁게 할 수 있을까만 걱정하면 됩니다. 안락한 잠자리는 물론, 어떤 수고도 하지 않고 이 모든 것을 즐길 수 있답니다. 모든 향락을 놀면서

훌륭한 청년으로 자라난 헤라클레스는 앞으로 어떤 인생행로를 밟을지 고민하고 있었다. 그가 생각에 잠겨 앉아 있을 때 갑자기 두 키 큰 여인이 다가왔다. 한 여인은 단정하고 기품이 있었으며 살결이 희고 눈매는 겸손했다. 또 다른 여인은 매우 풍만했으며, 외모를 돋보이게 하려고 얼굴에 야한 화장을 하고 있었다. 그러나 어딘지 모르게 부자연스러운 자태였다. 두 여인의 말을 들으며 헤라클레스는 어떤 길을 걸을지 고민하고 있다. 그의 앞에는 지혜와 정의를 상징하는 여인이 손을 들어 길을 가리키고 있고, 그의 무릎에는 위선과 쾌락을 상징하는 여인이 기대어 있다.

〈갈림길에 선 헤라클레스〉, 폼페오 지롤라모 바토니, 1748년, 리히텐슈타인 박물관.

얻게 되는 것이지요. 언젠가 당신에게 그러한 향락을 즐길 수 있는 재산이 다 떨어지더라도, 내가 당신에게 육체적 혹은 정신적 부담을 줄까 봐 걱정할 필요가 없습니다. 당신은 남의 힘으로 얻어진 열매를 맛보고, 당신에게 이익을 주는 것이라면 무엇이든 얻을 수 있을 거예요. 나는 내 친구에게는 어떤 것이든 이용할 권리를 줄 테니까 말이지요."

헤라클레스는 마음을 현혹시키는 이야기를 듣고는 놀라서 물었다.

"낯설고 아름다운 여인이여, 당신은 도대체 누구시오?"

여인이 대답했다.

"내 친구는 나를 '행복'이라 부르고 있어요. 그러나 나를 깔보려는 원수들은 나를 '부덕'이라고 부른답니다."

그러자 또 다른 여인이 다가왔다.

"사랑하는 헤라클레스여! 나도 왔어요. 나는 당신의 양친에 대해 그리고 당신의 소질도, 당신이 받은 교육도 알고 있어요. 만일 그대가 나를 따른다면 선하고 위대한 큰 인물이 될 것입니다. 나는 여러 가지 향락을 미끼로 당신을 유혹하지 않고 신들이 원하는 것을 당신에게 그대로 보여주겠어요. 신들은 좋은 일, 바람직한 것들을 노동과 수고 없이는 사람에게 주지 않는다는 것을 알아야 합니다. 신들의 도움을 바란다면 신들을 섬겨야 합니다. 친구들에게 사랑받고 싶으면 친구들을 도와줘야 해요. 나라 안에서 존경을 받고 싶으면 나라를 위해 봉사해야 합니다. 그리고 모든 그리스가 당신의 공덕을 찬양하게 하려면 그리스의 은인이 되어야 합니다. 수확을 얻고 싶으면 씨를 뿌려야 하고 싸움에서 승리를 원한다면 전술을 배워야 합니다. 자기 몸을 뜻대로 하고 싶으면 노동과 땀으로 몸을 단련해야 합니다."

그러자 '부덕'이 그 말을 가로막았다.

"사랑하는 헤라클레스여! 만족에 이르기 위해 이 여인이 얼마나 긴 고난의 길로 인도하는지 이제 알겠지요? 나는 그대를 행복으로 가는 가장 가깝고도 즐거운 길로 안내하겠어요."

'덕'이 반박했다.

"한심한 자여, 어떻게 그대가 좋은 것을 가질 수 있단 말인가? 어떤 욕망도 일어나기 전에 만족시키고 마는 그대가 무슨 기쁨을 안단 말인가? 그대는 배고프기 전에 먹고 목마르기 전에 마시지. 식욕을 돋우려고 요리사를 구하고, 즐겁게 마시기 위해 좋은 술을 손에 넣고, 더운 여름에는 겨울에나 있을 눈을 찾지. 어떤 잠자리도 그대에게는 부드럽지 않아. 그대는 친구들을 흥청거리게 만들어, 낮 시간은 모두 낮잠으로 보내게 하지. 그러므로 그들은 처음에는 걱정 없이 뛰어다니고 화려한 젊음을 누리지만 늙어서는 힘들고 헝클어진 모습으로 무거워진 몸을 질질 끌며 자신들이 했던 일을 부끄러워하네. 그리고 일상적 용무도 충족할 수가 없게 되지. 부덕이여, 그대는 불사이긴 하지만, 신들에게 배척받지 않았던가? 그리고 착한 사람들은 그대를 멸시하지. 귀를 가장 편안하게 해주는 소리, 즉 올바른 칭찬을 그대는 단 한 번도 들어본 적이 없지 않은가? 눈을 가장 즐겁게 해준 것, 즉 사람들이 스스로 이루어놓은 좋은 일들을 그대는 한 번도 본 적이 없지 않은가? 헤라클레스여, 그와 반대로 나는 신들과 착한 사람들과 사이좋게 지내고 있어요. 예술가에게는 환영받는 조력자이며, 관리자에게는 충실한 파수꾼이고, 종에게는 친절한 협력자이지요. 나는 평화의 일을 이루는 성실한 참여자이며, 전쟁에서는 신뢰할 만한 동맹자이며, 가장 믿을 만한 친구이지요. 나의 친구들은 음식과 음료와 잠을 게으름뱅이들이 느끼는 것보다 훨씬 달게 느낀답니다. 청년은 노인의 칭찬에 기뻐하고 노인은 청년의 존경을 기뻐하지요. 그들은 자기들이 젊었을 때 해놓은 일들을 되돌아보기를 좋아하고, 그들이 행했던 모든 것에 만족하지요. 그리고 나로 인해 신들과 친구들이 그들을 사랑하고, 그들의 고향에서 존경을 받지요. 죽더라도 이름 없이 과거 속으로 사라지지 않습니다. 후손들이 그들을 기리게 되며, 모든 시대에 걸친 추념 속에서 그들은 계속 꽃필 겁니다. 헤라클레스여, 당신은 이런 인생을 보내겠다고 결심하세요. 그러면 당신 앞에는 가장 행복한 운명이 놓여 있을 것입니다."

헤라클레스의 첫 번째 업적

두 여인이 사라지고 헤라클레스는 다시 혼자가 되었다. 헤라클레스는 '덕'의 길을 가기로 결심했다. 그는 좋은 일을 할 기회를 찾아냈다. 당시 그리스는 숲과 늪 천지였고, 피에 굶주린 사자, 광포한 멧돼지, 그 밖의 무서운 맹수가 우글댔다. 맹수들을 땅에서 쫓아내고, 인적이 드문 곳에서 여행자를 기다리는 도둑들을 없애는 것이 옛 영웅들이 이룬 가장 큰 업적이었다. 헤라클레스에게도 이런 소명이 생겼다. 가족에게 돌아왔을 때 그는 암피트뤼온 왕이 가축을 기르고 있는 키타이론 산자락에 무서운 사자가 살고 있다는 말을 들었다. 젊은 영웅은 그 말을 듣고 곧바로 결심했다. 그는 무장을 하고 야생의 거친 산맥으로

가 사자를 잡았다. 사자의 가죽은 어깨에 걸치고 사자 머리는 투구로 썼다.

사자 사냥에서 돌아와 그는 미뉘아이 인의 왕 에르기노스가 보낸 전령들을 만났다. 그들은 테바이 인들에게는 너무도 치욕적이고도 부당한 조공을 받으러 온 것이었다. '덕'에게서 억압받는 사람들의 보호자로 임명되었다고 느낀 헤라클레스는 온갖 종류의 악행을 저지르는 사신들을 붙잡아 목을 밧줄로 묶고 입에 재갈을 물려 에르기노스 왕에게 보냈다. 에르기노스는 그런 짓을 저지른 사람을 당장 내줄 것을 요구했다. 테바이 왕 크레온은 협박이 두려워 그의 요구를 따르기로 했다. 그때 헤라클레스는 용감한 청년들에게 자신과 함께 적과 맞서 싸우자고 설득했다. 그런데 무기를 가진 집이 하나도 없었다.

테바이 인들이 반란은 꿈도 꾸지 못하게 하려고 미뉘아이 인들이 도시에서 모든 무기를 없애버렸던 것이다. 그때 여신 아테네가 헤라클레스를 신전으로 불러 자신의 무기를 주었다. 청년들은 신전에 걸려 있던 무기들을 집어 들었다. 이 무기들은 그들의 조상이 적에게서 노획해 신들에게 바친 것이었다. 무장한 헤라클레스는 쳐들어오는 미뉘아스 인과 싸우기 위해 소수의 청년들을 이끌고 좁은 골짜기로 나아갔다. 그곳에서는 적의 대군도 아무런 쓸모가 없었다. 에르기노스 왕은 이 전투에서 전사하고 군대는 거의 전멸했다. 함께 분전했던 헤라클레스의 의붓아버지 암피트뤼온도 전사했다. 이 싸움이 있은 후, 헤라클레스는 미뉘아이 인의 수도 오르코메노스로 급히 가서 성문을 부수고 왕궁을 불태워 도시를 파괴했다.

그리스 전역이 그가 이룬 업적을 칭송했다. 그리고 테바이 왕 크레온은 헤라클레스의 공적을 기리기 위해 딸 메가라를 아내로 주었다. 메가라는 헤라클레스와의 사이에서 세 아들을 낳았다. 그리고 헤라클레스의 어머니 알크메네는 재판관 라다만티스와 재혼했다. 신들은 무훈에 빛나는 헤라클레스에게 각각 선물을 보냈는데 헤르메스는 칼을, 아폴론은 화살을, 헤파이스토스는 황금 화살통을, 아테네는 갑옷을 보냈다.

헤라클레스, 거인족과 싸우다

그렇게 큰 영예를 내려준 신들에게 훌륭하게 답례할 기회가 헤라클레스에게 주어졌다. 무서운 얼굴에 긴 머리카락과 수염, 발 대신 비늘이 돋친 용의 꼬리를 가진 거인족은 가이아(대지)와 우라노스(하늘) 사이에서 태어난 괴물들이었다. 이 괴물들이 자기들 어머니의 사주로 세상의 새 지배자 제우스에게 반란을 일으켰다. 제우스가 가이아의 옛 아들들을 타르타로스로 쫓아냈기 때문이다. 거인족은 에레보스(하계)로부터 텟살리아의 드넓은 광야 플레그라이에 갑자기 모습을 나타냈다. 그들의 모습에 놀라 별들은 하얗게 질렸고 아폴론은 태양 전차의 방향을 돌렸다. 어머니 가이아가 말했다.

"나와 옛 신들의 자식을 위해 복수하겠다. 프로메테우스는 독수리에게 쪼아 먹히고, 티튀오스는 대머리독수리가 살을 찢고 있고, 아틀라스는 하늘을 짊어지고 있고, 티탄들은 사슬에 묶여 있다. 자! 가서 복수하고 그들을 구해라! 나의 손발인 산들을 사다리로 삼고 무기로

써라. 별이 빛나는 성으로 기어올라라! 너, 튀폰은 저 독재자의 손에서 왕홀과 번개를 빼앗아라. 엥켈라도스, 너는 바다를 점령해 바다의 신 포세이돈을 쫓아내라. 로이토스는 태양신 아폴론의 고삐를 빼앗고, 포르퓌리온은 델포이의 신전을 점령하라!"

이 말에 거인족들은 이미 승리를 거두기라도 한 것처럼 탄성을 질렀다. 그들은 포세이돈과 전쟁의 신 아레스를 의기양양하게 잡아끌고 아폴론의 멋진 곱슬머리를 휘어잡고 다니는 기분으로 환호성을 올렸다. 어떤 거인족은 미의 여신 아프로디테를 아내라 불렀고, 두 번째 거인족은 아르테미스를, 세 번째 거인족은 여신 아테나를 신부로 삼겠다며 큰소리쳤다. 이렇게 기간테스들은 하늘로 쳐들어가기 위해 텟살리아의 산을 향해 갔다.

그동안 신들의 사신인 여신 이리스는 물과 냇가에 사는 모든 신을 모으고 망령들까지 저승에서 불러냈다. 페르세포네는 어둠의 나라를 출발했고 침묵하는 자들, 즉 죽은 사람들의 왕인 그녀의 남편 하데스는 빛을 싫어하는 말을 재촉해 빛나는 올림포스로 달려왔다. 마치 포위된 도시의 주민들이 사방에서 한곳으로 몰려드는 것처럼, 여러 모습을 한 신들이 아버지 제우스의 성으로 모여들었다.

제우스가 그들에게 말했다.

"여러 신이여! 어머니 가이아 여신이 새로운 자식들과 함께 우리에게 대항하겠다고 약속한 것을 알고 있지 않은가! 자, 모두 싸우자. 그리고 가이아 여신이 자식들을 우리에게 보내오는 족족 그들을 시체로 만들어 그녀에게 되돌려주자!"

제우스가 말을 마치자 하늘에서 천둥소리가 울렸다. 그러자 그 아래 있던 가이아가 엄청난 지진 소리로 대답했다. 자연은 마치 천지창조의 날처럼 혼란에 빠졌다. 거인족은 산을 잡고 차례차례 그 뿌리부터 뽑아버렸다. 그들은 옷사, 펠리온, 오이테, 아토스 산들을 끌어당겼으며, 로도페 산을 헤브로스 강의 원천과 함께 뭉개버렸다. 그러더니 이 산들을 사다리로 밟고 신들이 사는 곳으로 기어 올라가 참나무 불덩이와 거대한 바위로 올림포스에 공격을 퍼부었다.

그런데 이 전쟁에는 만일 인간이 함께 싸우지 않으면 신들이 거인족을 한 명도 죽일 수 없다는 신탁이 있었다. 이 사실을 알고 있던 가이아는 자식들이 인간과 맞서더라도 해를 입지 않게 하는 약초를 찾아냈다. 그러나 제우스가 한발 빨랐다. 제우스는 새벽의 여신과 달의 여신 그리고 태양신에게 빛을 내지 말라고 했다. 가이아가 어둠 속에서 헤매는 동안 제우스는 그 약초를 꺾었다. 그런 다음 여신 아테네를 보내 아들 헤라클레스로 하여금 싸움에 참가하도록 했다.

올림포스 산에서는 이미 전쟁이 시작되고 있었다. 전쟁의 신 아레스는 울음소리를 내는 말이 끄는 전차를 적들이 가장 많은 곳으로 몰았다. 그의 황금 방패는 불보다 더 밝았고 투구에서는 깃털이 휘날렸다. 혼전 속에서 아레스는 두 발이 살아 있는 뱀으로 이루어진 거인 펠로로스를 창으로 뚫어버렸고, 곧이어 쓰러져 땅바닥을 기는 그를 전차로 밀어버렸다. 펠로로스는 때마침 인간 헤라클레스가 올림포스 산의 마지막 계단을 올라온 모습을 보면서 숨이 끊겼다.

헤라클레스는 전쟁터를 돌아보더니 활의 과녁을 택했다. 화살이 알퀴오네우스를 맞히자 그 거인은 곧바로 아래로 굴러떨어졌다. 그러나 거인은 고향땅에 닿자 다시 살아나 일어섰다. 여신 아테네의 충고를 들은 헤라클레스가 땅으로 내려와, 거인을 그가 태어난 땅에서 질질 끌어냈다. 낯선 땅에 들어서게 된 거인은 그 자리에서 숨을 거두었다.

그때 거인 포르피리온이 무서운 모습을 하고 헤라클레스와 헤라를 향해 달려왔다. 그러나 제우스가 재빨리 거인의 마음에 여신 헤라의 천상의 얼굴을 보고 싶다는 욕망이 일게 만들었다. 거인이 여신의 베일을 잡아당기는 동안 제우스가 거인에게 벼락을 쳤고 헤라클레스는 화살로 그 숨통을 끊었다. 곧바로 살육을 일삼는 거인들의 대열에서 에피알테스가 거대한 눈을 이글이글 빛내며 달려 나왔다.

"저거야말로 우리가 화살을 쏘기 좋은 과녁이군!"

헤라클레스는 옆에서 싸우고 있는 아폴론에게 웃으며 말했다. 그리고 거인의 왼쪽 눈은 아폴론이, 오른쪽 눈은 헤라클레스가 쏘아 맞혔다. 거인 에우뤼토스는 술의 신 디오뉘소스의 지팡이*에 맞아 죽었다. 클뤼티오스는 불의 신 헤파이스토스의 빨갛게 달아오른 쇠붙이 우박을 맞고 픽 쓰러졌다. 여신 아테네가 도망치려는 엔켈라도스에게 시켈리아 섬을 내던졌다. 거인 폴뤼보테스는 바다의 신 포세이돈 때문에 바다로 쫓겨 코스 섬으로 피했으나, 포세이돈은 이 섬의 일부를 뜯어내 그것을 거인에게 던졌다. 헤르메스는 플루톤(하데스)의 투구를 쓰고 거인 힙폴뤼토스를 때려죽였고, 다른 두 거인은 운명의 여신들의 청동 곤봉에 맞아 넘어졌다. 제우스는 남은 거인들을 향해 벼락을 내리쳤고, 헤라클레스가 그들을 화살로 쏘아 죽였다.

이 일로 인해 반신 헤라클레스는 신들의 총애를 받았다. 제우스는

＊　튀르소스 지팡이라 불리며 술의 신을 상징한다. 담쟁이덩굴과 솔방울로 장식된 기다란 장대다.

전투에 도움을 주었던 신들을 올림피어(올림포스 신들)라고 불러 겁쟁이 신들과 구분했다. 그리고 유한한 인간인 여인들에게서 태어난 두 인간 아들도 그렇게 불렀다. 디오뉘소스와 헤라클레스였다.

헤라클레스와 에우뤼스테우스 왕

제우스는 헤라클레스가 태어나기 전부터 신들의 회의에서 선언한 것이 있었다. 앞으로 태어날 페르세우스의 첫 번째 손자에게 페르세우스의 다른 자손들을 지배할 권리를 주겠다는 선언이었다. 제우스는 이 영예를 자기와 알크메네 사이에서 난 아들에게 주려는 생각이었다. 그러나 헤라는 이 같은 행운을 연적의 아들에게 주고 싶지 않았다. 그녀는 간계를 꾸며 헤라클레스보다 나중에 태어나야 할 페르세우스의 손자 에우뤼스테우스를 오히려 먼저 태어나게 했다. 그래서 에우뤼스테우스가 아르고스 국의 뮈케나이 왕이 되었고, 나중에 태어난 헤라클레스는 그의 지배를 받게 되었다.

에우뤼스테우스 왕은 어린 사촌 헤라클레스의 명성이 날로 높아지는 것이 불안했다. 그래서 헤라클레스를 불러 여러 가지 어려운 과제를 내렸다. 헤라클레스는 이에 복종하지 않으려 했다. 그러자 신들의 회의에서 자기가 내린 결정이 깨질까 걱정한 제우스가 아들 헤라클레스에게 아르고스 왕한테 충성을 다할 것을 명령했다. 반신 헤라클레스는 사람의 신하가 되는 것이 달갑지 않았다. 그는 이 일에 대한 신탁을 받으러 델포이로 떠났다. 거기서 그는 에우뤼스테우스가 가로챈 지배권은 신들에 의해 약해지고 헤라클레스는 왕이 명하는 열 가지 과제를 마치면 신의 반열에 오르게 된다는 신탁을 들었다.

헤라클레스는 신탁을 듣고 깊은 우울감에 빠졌다. 자기보다 못한 자를 섬기는 것은 자존심 상하는 일이었고 명예에도 문제가 되었다. 그러나 아버지 제우스의 명령을 어기면 큰 화를 당할 테고, 또 그럴 수도 없었다. 헤라는 이 기회를 놓치지 않았다. 그녀는 헤라클레스가 신들을 위해 세운 공을 보고도 쌓인 미움을 가라앉힐 수 없었다. 그녀는 침울해진 헤라클레스의 불만을 심한 광기로 변하게 했다.

헤라클레스는 완전히 정신이 나가서는 귀여운 조카 이올라오스를 죽이려 했다. 이올라오스는 도망을 갔고, 그러자 이번에는 자기 활이 거인(기간테스)족들을 겨누고 있다고 착각해, 메가라와의 사이에서 태어난 자기 자식들을 쏘아 죽이고 말았다. 이 정신착란에서 제정신으로 돌아오는 데는 오랜 시간이 걸렸다. 그는 자기가 저지른 잘못을 깨닫고 극심한 불행을 견디지 못해 집에 틀어박혀 사람들과의 관계를 끊어버렸다. 세월이 흘러 겨우 그 슬픔이 아물었을 때 그는 에우뤼스테우스가 위임한 일을 해야겠다는 결심을 하게 되었다. 이윽고 헤라클레스는 에우뤼스테우스에게 속해 있던 티륀스로 떠나갔다.

헤라클레스의 열두 가지 과업

첫 번째 모험, 네메아의 사자 | 에우뤼스테우스 왕이 헤라클레스에게 명령한 첫 번째 일은 네메아의 사자가죽을 가져오라는 것이었다. 당

시 펠로폰네소스 반도 아르고스 지방의 클레오나이와 네메아 사이에 있는 숲속에 거대한 사자가 살고 있었다. 사람의 무기로는 이 사자에게 상처조차 낼 수가 없었다. 어떤 이는 이 사자가 거인 튀폰과 뱀 에키드나의 자식이라고 하고 또 어떤 이는 달에서 땅으로 떨어진 것이라고 했다. 그래서 헤라클레스가 사자를 잡으러 나섰다.

클레오나이로 가던 중 그는 몰로르코스라는 가난한 날품팔이에게서 따뜻한 대접을 받았다. 헤라클레스와 만났을 때 마침 그는 제우스에게 바칠 제물을 잡아 죽이려던 참이었다.

헤라클레스는 이렇게 부탁했다.

"선량한 분이시여, 당신의 동물을 삼십 일 동안만 더 살려두시오. 그때까지 내가 사자 사냥에서 무사히 돌아오면 그것을 구원의 신 제우스를 위해 잡아도 좋소. 그러나 만일 내가 쓰러지면 그때는 내 영전에, 다시 말해 불사의 신이 된 영웅에게 제물로 바쳐주시오."

그렇게 헤라클레스는 등에 화살통을 메고 한 손엔 활을, 다른 손에는 헬리콘 산에서 뿌리째 뽑은 올리브나무 줄기로 만든 곤봉을 들고 길을 떠났다.

네메아 숲에 도착한 그는 우선 들키기 전에 사자부터 찾아내려고 사방을 둘러보았다. 대낮인데도 사자의 흔적은 보이지 않았고 굴로 가는 길도 알 수가 없었다. 헤라클레스는 사자가 어디 있는지 물어보고 싶었지만 단 한 사람도 만나지 못했다. 들판에서 소를 지키는 사람도, 숲에서 나무를 하는 사람도 보이지 않았다. 모두 공포에 떨며 멀리 떨어진 자기 집에 꼼짝 않고 틀어박혀 있었던 까닭이다.

오후 내내 그는 우거진 숲을 헤매고 다니며 사자를 만나면 자신의 힘을 시험해보기로 결심했다. 저녁때쯤 드디어 사냥을 끝낸 사자가 땅이 갈라져 생긴 굴로 숲길을 가로질러 돌아오는 것을 발견했다. 사자는 고기와 피로 배를 채웠는지 머리와 몸털, 가슴에서 피가 뚝뚝 떨어졌고 혀로는 연신 턱을 핥았다.

멀리서 달려오는 사자를 본 헤라클레스는 우거진 풀숲에 몸을 숨긴 채 사자가 가까이 다가오기를 기다렸다. 그는 갈비뼈와 엉덩이 사이 옆구리를 겨냥해 활을 쏘았다. 그러나 화살은 마치 돌에 맞은 것처럼 튕겨 나가 이끼 낀 땅으로 떨어졌다. 사자는 피투성이가 된 머리를 쳐들고 두리번두리번 주위를 돌아보더니 입을 커다랗게 벌려 무서운 이빨을 드러냈다. 그리고 헤라클레스 쪽으로 가슴을 내밀었다. 헤라클레스는 심장 한가운데를 꿰뚫기 위해 두 번째 화살을 쏘았다. 그러나 이번에도 화살은 사자의 가슴에서 튕겨 나가더니 사자의 발밑에 떨어졌다. 세 번째 화살을 쏘려는 순간, 사자는 헤라클레스의 존재를 알아차리고 긴 꼬리를 몸에 바짝 끌어다 붙였다. 잔뜩 화가 난 사자의 목은 부풀어 올랐고, 으르렁대는 소리에 갈기가 거꾸로 섰으며, 등은 활처럼 구부러졌다. 사자가 사납게 달려들었다.

헤라클레스는 손에 들고 있던 화살과 등에 걸친 사자가죽을 내던지고, 오른손으로 방망이를 휘둘러 사자의 목덜미에 일격을 가했다. 사자는 달려들다가 풀썩 땅에 쓰러지더니, 머리를 흔들며 후들거리는 발로 겨우 일어섰다. 헤라클레스는 사자가 한숨 돌리기 전에 선수를 쳤다. 다시 활과 화살통마저 땅에 던져버리고 완전히 홀가분해진 몸으로 등 뒤에서 사자를 덮쳐 두 팔로 목을 감아 졸랐다. 사자는 숨이 끊어졌고 끔찍한 영혼은 하데스에게로 돌아갔다.

헤라클레스는 오랜 시간을 들여 사자가죽을 벗겨보려 했으나 헛수고였다. 칼도 돌도 그 가죽을 뚫지 못했다. 그러다가 죽은 사자의 발톱으로 벗겨보자는 생각이 들었고 그렇게 하자 가죽이 수월하게 잘 벗겨졌다. 나중에 그는 이 사자의 훌륭한 털가죽으로 갑옷을, 그 머리로는 새로운 투구를 만들어 썼다. 헤라클레스는 옷과 무기를 다시 몸에 걸쳤다. 그리고 네메아의 사자 털가죽을 팔에 걸고 티륀스로 돌아갔다.

헤라클레스가 다시 착한 몰로르코스의 집에 들른 것은 이미 삼십일이 지난 후였다. 헤라클레스가 마당에 발을 들여놓았을 때 몰로르코스는 헤라클레스의 영전에 바칠 희생제물을 준비하고 있었다. 두 사람은 함께 제우스에게 동물을 바쳤고 헤라클레스는 정중히 작별인사를 하고 떠났다.

에우뤼스테우스 왕은 사자 털가죽을 가지고 오는 헤라클레스를 보고는 신처럼 강한 그의 힘에 간담이 서늘해져 청동 항아리 속으로 숨어버렸다. 이후 그는 헤라클레스를 자기 앞에 오지 못하게 하고 도시의 성벽 밖에서 펠롭스의 아들 코프레우스를 통해 명령을 받게 했다.

두 번째 모험, 레르나 숲의 휘드라 | 헤라클레스에게 주어진 두 번째 임무는 튀폰과 에키드나의 딸인 휘드라를 물리치는 일이었다.* 휘드라는 아르고스의 레르나 늪에서 자라났는데, 자주 땅으로 올라와 가

---

* 튀폰은 가이아와 타르타로스의 막내아들인 괴물이다. 그는 크뤼사오르와 칼리르로에의 딸인 뱀 에키드나와 결합하여 유명한 괴물들을 낳았는데, 네메아의 사자, 물뱀 휘드라, 키마이라, 지옥의 개 케르베로스, 스핑크스 등이 있다.

축을 잡아먹고 논밭을 휘젓고 다녔다. 휘드라는 머리가 아홉 개 달린 거대한 뱀인데 그중 여덟 개는 죽일 수 있지만 한가운데의 머리는 누구도 죽이지 못했다. 헤라클레스는 이 싸움에도 용감하게 맞서기로 하고 곧바로 전차에 올라탔다. 이복형제 이피클레스*의 아들이자 오랫동안 함께 다닌 사랑하는 조카 이올라오스가 마부석에 앉았고, 그들은 서둘러 레르나로 향했다.

두 사람은 아뮈모네 샘 옆에 있는 어떤 동산에서 휘드라를 발견했다. 휘드라가 사는 동굴이 거기 있었다. 이올라오스는 말을 멈췄다. 헤라클레스는 전차에서 뛰어내리자마자 불화살을 쏘아 머리 많은 뱀이 굴에서 나오게 했다. 휘드라가 긴 혀를 날름거리며 씨익씨익 소리를 내면서 나왔다. 갈퀴를 가진 목을 쳐든 아홉 개의 머리는 폭풍 속 나뭇가지처럼 흔들렸다. 헤라클레스는 무서워하는 기색도 없이 달려들어 휘드라의 목을 꽉 잡아 눌렀다. 뱀은 헤라클레스의 한쪽 발에 감기며 달라붙었으나 별 저항을 하지 못했다. 그는 곤봉을 휘둘러 휘드라의 머리를 작살냈지만 잘되지 않았다. 머리 하나를 작살내면 거기서 두 개의 머리가 생겨났다. 게다가 거대한 가이아가 휘드라를 도우러 와서는 헤라클레스의 발을 마구 깨물었다. 헤라클레스는 곤봉으로 가이아를 때려죽인 다음 이올라오스에게 도움을 청했다. 이올라오스는 횃불을 준비하고 있었는데 그것으로 옆의 숲에 불을 지르고, 불타는 나뭇가지로 뱀 머리를 지져 새로 생겨나지 못하게 만들었다. 헤라클레스는 휘드라의 가운데 머리도 잘라내 길바닥에 묻고 무거운 돌을

※　이피클레스는 헤라클레스의 어머니 알크메네와 암피트뤼온 사이에서 난 이복형제다.

헤라클레스에게 주어진 두 번째 임무는 물뱀 휘드라를 물리치는 일이었다. 휘드라는 머리가 아홉 개 달린 거대한 뱀인데 그중 여덟 개는 죽일 수 있지만 한가운데의 머리는 누구도 죽이지 못했다. 헤라클레스는 이 싸움에도 용감하게 맞서기로 하고 서둘러 레르나로 향했다. 활과 화살통을 메고 손에는 몽둥이를 든 헤라클레스가 휘드라를 노려보고 있다. 휘드라 밑에는 이미 희생된 사람들이 널브러져 있다.

〈헤라클레스와 레르나의 휘드라〉, 귀스타브 모로, 1876년, 시카고 아트 인스티튜트.

그 위에 올려놓았다. 그리고 휘드라의 몸뚱이를 둘로 찢어 독을 품은 피가 흐르게 하고 그 속에 화살을 담갔다. 이때부터 헤라클레스의 화살에 맞은 상처는 낫지 않게 되었다.

세 번째 모험, 케뤼네이아의 암사슴 | 에우뤼스테우스 왕의 세 번째 과제는 케뤼네이아의 암사슴을 사로잡아 오라는 것이었다. 그 암사슴은 황금 뿔과 청동 발을 가진 멋진 사슴인데, 아르카디아의 언덕에서 풀을 뜯고 있었다. 이 사슴은 여신 아르테미스가 처음으로 사냥했던 다섯 마리의 암사슴 중 한 마리였다. 여신은 이 사슴만 다시 숲에다 놓아주었다. 언젠가는 헤라클레스가 힘들여 이 사슴을 쫓도록 운명이 결정되어 있었기 때문이다. 헤라클레스는 꼬박 일 년 동안 이 사슴을 쫓아다녔다. 사냥 도중에 그는 휘페르보레오스 인*이 있는 곳과 이스테르 강의 원천으로까지 왔다. 드디어 아르카디아의 아르테미시온 산기슭, 오이노에 마을에서 그다지 멀지 않은 라돈 강가에서 겨우 사슴을 따라잡을 수 있었다. 그러나 그는 동물 다루는 법을 알지 못했다. 그래서 사슴을 화살로 쏘아 마비시킨 다음 어깨에 메고 아르카디아를 지나갔다. 아르카디아에서 그는 아폴론과 함께 온 여신 아르테미스를 만났다. 아르테미스는 자신에게 바쳐진 암사슴을 헤라클레스가 죽이려 한 것을 나무라며 사슴을 빼앗으려 했다. 그러자 헤라클레스가 자신이 한 일의 정당성에 대해 말했다.

＊　북쪽 땅 끝에 사는 전설의 민족. 시인이 말하기로는 이 나라에선 일 년에 한 번만 태양이 떠오르고 또 진다. 과일은 놀랄 만큼 많이 열리며 폭풍도 불지 않는다. 그들은 아폴론의 가호 아래 싸움도 없고 걱정도 없으며 천 년 동안 행복한 생활을 보낸다고 한다.

"위대한 여신이여, 결코 악의로 그런 것이 아닙니다. 어쩔 수가 없었습니다. 에우뤼스테우스의 명령을 감히 어떻게 거역하겠습니까?"

헤라클레스는 이렇게 여신의 노여움을 달래 암사슴을 산 채로 뮈케나이로 가지고 올 수 있었다.

네 번째 모험, 에뤼만토스 산의 멧돼지 | 곧바로 네 번째 모험이 시작되었다. 네 번째 모험은 에뤼만토스의 멧돼지를 사로잡아 오는 것이었다. 이 멧돼지도 마찬가지로 여신 아르테미스에게 바쳐졌던 것인데, 에뤼만토스 산 부근을 황폐하게 만들고 있었다. 이 모험을 위한 여행 도중에 헤라클레스는 세일레노스의 아들 폴로스한테 들렀다. 모든 켄타우로스들이 그렇듯이 반인반마의 모습을 한 폴로스가 기분 좋게 맞아주었다. 헤라클레스에게는 구운 고기를 내주고 자기는 날고기를 먹었다. 헤라클레스는 이 요리를 안주 삼아 좋은 술이 먹고 싶다고 말했다. 그러자 폴로스가 말했다.

"친애하는 손님! 물론 나의 창고에는 술통이 있지요. 그러나 그 술통은 모든 켄타우로스의 것입니다. 술통을 열어도 될지 생각 중입니다. 켄타우로스들은 손님 접대를 할 줄 모르니까요."

헤라클레스는 말했다.

"용기를 내어 여시오. 모두 달려오면 내가 그대를 지켜주겠소. 목이 말라 죽을 지경이오!"

이 술항아리는 술의 신 디오뉘소스가 한 켄타우로스에게 넘겨주며, 백이십 년 후 헤라클레스가 이 지방으로 찾아올 때까지 결코 열어서는 안 된다는 명령을 내린 것이었다. 폴로스는 창고로 내려갔다. 그러나 폴로스가 술통을 열자마자 오랫동안 숙성된 짙은 술 냄새를 맡은 켄타우로스들이 떼로 몰려와 바윗돌과 전나무 가지를 손에 들고 폴로스의 동굴을 둘러쌌다. 헤라클레스는 밀고 들어오려던 처음 몇 사람에게 횃불을 던지고, 활을 쏘면서 말레아*까지 쫓아갔다.

말레아에는 헤라클레스의 옛 친구이며 선량한 켄타우로스인 케이론이 살고 있었다. 그는 동족 케이론으로부터 도망쳐 왔던 것이다. 헤라클레스는 활을 쏘았다. 화살은 어떤 켄타우로스의 팔을 꿰뚫더니 불행하게도 케이론의 무릎에 꽂혔다. 그때 비로소 헤라클레스는 그가 옛 친구임을 알아차렸다. 놀라서 곧장 달려가 화살을 뽑고 케이론이 만들어둔 약을 발랐지만, 화살에 묻은 휘드라의 독이 퍼진 상처는 나을 길이 없었다. 케이론은 자신을 동굴로 옮겨달라고 했다. 그곳에서 헤라클레스에게 안겨 죽고 싶다고 했다. 그러나 그것은 허망한 소원이었다. 그는 자기가 불사의 몸이기 때문에 언제까지나 고통으로 괴로워해야 한다는 사실을 잠시 잊었던 것이다. 헤라클레스는 눈물로 헤어지며, 어떤 희생을 치르더라도 그를 영원한 고통에서 구해줄 죽음의 신을 데려오겠다고 약속했다. 나중에 헤라클레스는 그 약속을 지켰다.**

헤라클레스가 켄타우로스들을 쫓아내고 폴로스의 동굴로 되돌아왔을 때 폴로스는 이미 죽어 있었다. 폴로스는 켄타우로스의 시체에서 화살을 뽑아들고 이런 작은 물건이 어떻게 저런 커다란 괴물을 죽일

---

* 말레아는 펠로폰네소스 반도의 남동쪽 끝이다.
** 헤라클레스는 헤스페리테스의 사과를 가지러 가다가 바위에 묶여 있던 프로메테우스를 풀어주었다. 그래서 프로메테우스는 케이론에게 자신의 죽음을 양보했다. 1권 1장 '프로메테우스' 이야기에 나온다.

수 있었는가 의아해하다가 그만 손에서 미끄러진 독화살이 발에 꽂혀 그 자리에서 죽은 것이다. 헤라클레스는 이 일을 깊이 탄식했다. 그는 폴로스를 정성껏 산에 묻어주었으며, 그 후부터 이 산은 '폴로에'라고 불렸다. 계속해서 헤라클레스는 멧돼지를 사냥하러 갔다. 그는 큰소리를 질러 멧돼지를 풀숲에서 뛰쳐나오게 한 뒤 눈이 많이 쌓인 눈밭으로 몰아 밧줄로 잡았다. 그는 명령받은 대로 멧돼지를 사로잡아 뮈케나이로 끌고 갔다.

다섯 번째 모험, 아우게이아스의 가축우리 │ 바로 이어서 에우뤼스테우스 왕은 헤라클레스에게 다섯 번째 과제를 내렸다. 그 일은 영웅에게 어울리는 일이 아니었다. 그는 혼자서 아우게이아스의 가축우리를 하루 만에 청소해야 했다. 아우게이아스는 엘리스의 왕으로 가축이 아주 많았는데, 그는 옛 관습에 따라 이 가축들을 궁전 앞 커다란 우리 속에 가두어두었다. 거기엔 삼천 마리나 되는 소가 있어 오랜 세월이 지나면서 엄청난 분뇨가 쌓여 있었다. 명예롭지 못하게도 헤라클레스는 그 분뇨를 치워야만 했다. 그것도 단 하루 동안 해내야 했다. 도저히 불가능한 일이었다.

헤라클레스는 아우게이아스 왕 앞으로 나아가 에우뤼스테우스 왕의 명령이라는 것은 말하지 않은 채 그 일을 하겠다고 말했다. 아우게이아스는 '사자의 모피를 걸친 훌륭한 전사가 저런 천한 일을 하다니.'라는 생각에 웃음이 터져 나와 참을 수 없었다. 그러면서 왕은 속으로 이렇게 생각했다.

'욕심이 지금까지 수많은 전사를 타락하게 했다. 이 사나이도 나에게서 뭔가를 얻어가려는 것이겠지. 그러나 소용없는 짓이다. 가축우리를 완전히 청소하는 조건으로 이자에게 커다란 보수를 약속해도 괜찮겠지. 하루 동안에 다 치울 수는 없을 테니까.'

왕은 헤라클레스를 위로하듯 말했다.

"이방인이여, 만일 하루 동안에 분뇨를 다 치워준다면 저 가축의 십분의 일을 대가로 주겠다."

헤라클레스는 그 조건에 동의했다. 헤라클레스는 우선 아우게이아스 왕의 아들 퓔레우스를 계약의 증인으로 세웠다. 그리고 가축우리의 한쪽 땅을 파서 그 근처를 흐르는 알페이오스 강과 페네이오스 강물을 끌어들였다. 강물은 분뇨를 씻어내리며 다른 입구로 흘러나왔다.

헤라클레스는 불사의 몸을 더럽히지 않은 채 이 불명예스럽기 짝이 없는 일을 완수해냈다. 하지만 아우게이아스 왕은 헤라클레스가 이 일을 한 것이 에우뤼스테우스의 명령에 의한 것임을 알고는 보수를 주지 않았고, 헤라클레스에게 그런 약속을 한 적이 없다고 부인했다. 그는 이 문제를 재판관의 판정에 맡기겠다고 했다.

재판관들이 판결을 내리기 위해 자리에 앉았을 때 헤라클레스의 부탁을 받은 퓔레우스가 등장해 아버지와는 반대로 "부왕은 헤라클레스와 보수에 대해 합의했다."라고 증언했다. 아우게이아스 왕은 판결이 나기도 전에 격분하여 헤라클레스와 아들에게 즉시 이 나라를 떠나라고 명했다.

여섯 번째 모험, 스튐팔로스의 새 | 헤라클레스는 새로운 모험을 겪고 에우뤼스테우스 왕 앞으로 돌아왔다. 그러나 왕은 헤라클레스가

일에 대한 보수를 요구했다는 핑계를 대며 그가 한 일을 인정하지 않았다. 그리고 왕은 헤라클레스에게 여섯 번째 모험으로 스튐팔로스의 새들을 몰아내라는 명령을 내렸다. 이 새들은 크기가 학만 한 커다란 맹금류였다. 쇠로 된 날개와 쇠 부리, 쇠 발톱을 지니고 있었다. 이 새들은 아르카디아의 스튐팔로스 호수 주변에 살았다. 깃털을 화살처럼 쏘았고 부리는 청동 갑옷도 뚫을 만한 힘을 가진 이 새들은 부근의 인간과 가축들에게 크나큰 피해를 주고 있었다.

여행에 익숙한 헤라클레스는 곧 울창하게 우거진 숲 그늘에 가로놓인 호숫가에 다다랐다. 이 숲에는 이상한 새들이 늑대들을 피해 떼를 지어 도망 와 있었다. 헤라클레스는 그저 멍하니 서 있었다. 저렇게 많은 새를 어떻게 몰아내야 할지 알 수 없었다. 그때 누군가가 갑자기 어깨를 톡톡 쳤다. 뒤를 돌아보자 여신 아테네가 서 있었다. 그녀는 헤파이스토스가 만든 커다란 청동 종을 두 개 주더니 이상한 새들에게 써보라고 일러주고는 모습을 감추었다.

헤라클레스는 호숫가 언덕으로 올라가 종을 마주쳐 괴상한 새들을 놀라게 했다. 새들은 땡그렁땡그렁 울려 퍼지는 시끄러운 소리를 견딜 수 없어 숲속에서 몰려나왔다. 헤라클레스는 활을 들어 날고 있는 괴상한 새들을 차례차례 쏘아 떨어뜨렸다. 남은 새들은 그곳을 떠나 두 번 다시 돌아오지 않았다.*

---

* 이 괴상한 새들은 멀리 바다를 건너 아레네 섬으로 날아갔다. 후에 아르고 호의 영웅들이 이 섬에서 이상한 새들을 만났다. 1권 2장 '아르고 호 원정대 이야기'에 나온다.

일곱 번째 모험, 크레테의 황소 | 크레테의 미노스 왕은 바다에서 맨 처음 나타나는 것을 바다의 신 포세이돈에게 바치겠다고 약속했다. 미노스 왕에게는 거룩한 제물로 바칠 만한 짐승이 없었기 때문이다. 이에 포세이돈은 기막히게 멋진 황소 한 마리를 바다에서 올려보냈다.* 그러나 미노스 왕은 멋있는 이 황소를 보고 욕심이 나서 슬그머니 자기 가축우리 안에 넣고, 포세이돈에게는 다른 소를 제물로 바쳤다. 그러자 바다의 신은 벌로 그 황소를 미치게 했고, 그 소는 크레테 섬에 큰 피해를 주고 있었다. 이 황소를 잡아 에우뤼스테우스 왕에게 가져가는 것이 헤라클레스에게 주어진 일곱 번째 과제였다.

헤라클레스가 이 일로 크레테 섬의 미노스 왕을 찾아가자, 미노스 왕은 황소의 피해로부터 벗어날 수 있게 되었다며 매우 기뻐했다. 그리고 왕은 미쳐 날뛰는 황소를 잡는 데 도움을 주었다. 헤라클레스는 초인적인 힘으로 미친 소를 잡아 길들인 다음, 황소의 등에 올라타 바다를 건너 펠로폰네소스 반도까지 먼 길을 왔다.

에우뤼스테우스 왕도 이 일에는 크게 만족했다. 왕은 잠깐 동안 만족스럽게 황소를 바라보더니 곧 다시 놓아주었다. 헤라클레스의 위압에서 벗어난 황소는 다시금 미친 증상이 나타나 라코니아와 아르카디아의 온 나라를 뒤집어놓았다. 나중에야 테세우스가 이 황소를 가까스로 제압할 수 있었다.

---

* 미노스는 에우로페와 제우스의 아들로, 크레테 왕 아스테리온의 손에서 자랐다. 왕이 죽은 뒤 미노스는 형제들을 물리치고 혼자 권력을 차지하고자 했다. 그래서 신들이 자신에게 왕국을 맡겼다는 증거로 무엇이든 하늘에 구하면 이루어진다고 주장했다. 그러고는 포세이돈에게 부탁과 동시에 약속을 한 것이다.

헤라클레스의 과업을 새긴 조각상. 에우뤼스테우스 왕은 일곱 번째 명령으로 크레테의 황소를 가져오게 했다. 헤라클레스가 이 일로 크레테 섬의 미노스 왕을 찾아가자 미노스 왕은 미친 황소의 피해로부터 벗어날 수 있게 되었다고 기뻐하며 미쳐 날뛰는 황소를 잡는 데 도움을 주었다. 헤라클레스는 초인적인 힘으로 미친 소를 잡아 길들인 다음, 황소의 등에 올라타 바다를 건너 펠로폰네소스 반도까지 먼 길을 왔다. 헤라클레스가 사자가죽을 씌운 몽둥이를 짚고 서 있다. 몽둥이 밑에는 헤라클레스가 제압한 황소머리가 깔려 있다.

〈헤라클레스〉, 루브르 박물관.

여덟 번째 모험, 디오메데스의 암말 | 에우뤼스테우스 왕이 헤라클레스에게 여덟 번째 과제를 내렸다. 그것은 트라케 인 디오메데스 왕의 암말을 뮈케나이로 데려오는 것이었다. 디오메데스는 아레스의 아들로 호전적인 비스토네스 족의 왕인데 많은 암말을 기르고 있었다. 암말은 체격이 좋고 사나웠기 때문에 청동으로 만든 구유에 쇠사슬로 매여 있었다. 그들의 먹이는 호밀이 아니라, 불행하게도 왕의 마을로 찾아온 여행객들이었다. 헤라클레스는 이 마을에 도착하자마자 우선 파수꾼을 쳐서 쓰러뜨리고 잔인한 왕을 암말들에게 먹이로 던져주었다. 이 먹이로 암말이 얌전해졌기 때문에 헤라클레스는 말들을 바닷가로 몰고 갔다. 그러자 비스토니아 사람들이 무기를 들고 쫓아왔고, 헤라클레스는 돌아서서 그들과 싸워야만 했다. 그때 그는 헤르메스의 아들이자 사랑하는 동행인 압데로스에게 암말들을 지키도록 했다.

헤라클레스가 가버리자 암말들은 또다시 사람고기가 먹고 싶어졌다. 헤라클레스가 비스토니아 사람들을 쫓아버리고 돌아오니 압데로스가 말들에게 갈기갈기 찢겨 있었다. 헤라클레스는 친구의 죽음을 깊이 슬퍼하고 그의 이름을 딴 '압데라'라는 도시를 세웠다. 그리고 다시 한 번 암말들을 얌전하게 만든 뒤 무사히 에우뤼스테우스 왕에게로 돌아왔다. 왕은 이 암말들을 여신 헤라에게 바쳤다. 암말의 후손은 오래도록 대를 이어, 마케도니아의 알렉산드로스 대왕도 이 암말들의 후손을 타고 다녔다. 여덟 번째 과업을 마친 헤라클레스는 황금 양가죽을 가지러 가는 이아손의 영웅들과 함께 아르고 호를 타고 콜키스로 갔다.

아홉 번째 모험, 아마조네스 족과의 전쟁 | 오랜 표류에서 돌아오자 영웅 헤라클레스는 아홉 번째 모험을 완수하기 위해 아마조네스 족*을 치러 원정을 떠났다. 아마조네스 여왕 힙폴뤼테의 허리띠를 빼앗아 에우뤼스테우스에게 가져오는 일이었다. 아마조네스 족은 폰토스의 테르모돈 강 유역에 사는 키가 큰 여인부족인데 그녀들은 마치 남자들처럼 살았다. 그들은 여자아이들만 키웠으며, 대열을 짜서 싸움터로 나가기도 했다. 여왕 힙폴뤼테는 통치자의 표시로서 전쟁의 신에게서 선사받은 허리띠를 하고 있었다.

헤라클레스는 이 원정에 기꺼이 함께할 전우들을 모아 배를 타고 출발했다. 여러 가지 사건을 겪은 뒤, 그들은 흑해로 들어가 드디어 테르모돈 강의 입구에 있는 아마조네스의 도시 테뮈스키라 항구로 들어갔다. 그곳에 아마조네스 여왕이 헤라클레스를 위해 마중을 나왔다. 헤라클레스의 당당한 모습은 여왕에게 존경심을 불러일으켰다.

헤라클레스가 온 이유를 알게 된 여왕은 허리띠를 주겠다고 약속했다. 그러자 헤라클레스를 미워하는 헤라가 가만있지 않았다. 그녀는 아마조네스 여인의 모습을 하고 사람들 속에 끼어 이방인이 여왕을 납치해 가려 한다는 소문을 퍼뜨렸다. 여장부들은 당장 말을 타고 마을 어귀 숙소에 묵고 있던 헤라클레스를 공격했다. 아마조네스 족 평민들은 헤라클레스와 동행한 용사들과 맞붙었으며, 귀족들은 헤라클레스와 맞서 치열한 싸움을 벌였다.

＊　아마조네스는 그리스어로 '가슴이 없는'이라는 뜻이다. 그들은 활을 쏘기 위해 오른쪽 가슴을 잘랐다고 한다.

맨 처음 그와 싸움이 붙은 이는 '아엘라' 또는 '돌풍'이라 불리는 여인이었다. 그녀가 바람처럼 빨랐기에 지어진 이름이었다. 그러나 그녀는 자기보다 헤라클레스가 더 빠르다는 것을 알고는 바람처럼 도망가다가 헤라클레스에게 잡혀 죽임을 당했다. 두 번째 여인은 첫판에 쓰러졌고, 세 번째로 지금까지 일곱 번이나 결투에서 승리해왔던 프로토에가 또 죽었다. 이어서 여덟 명의 여인이 헤라클레스 앞에 나섰지만 모두 죽임을 당했다. 이들 중 세 사람은 여신 아르테미스의 사냥 친구들로 언제나 정확히 투창을 명중시켰지만, 이번에는 목표를 맞추지 못했다. 그리고 일생을 미혼으로 살겠다고 맹세했던 알키페도 쓰러졌다. 그녀는 비록 맹세를 지켰으나 더는 살지 못했다.

아마조네스 족의 용감한 지휘자 멜라닙페가 사로잡히자 여인들은 모두 도망쳤다. 여왕 힙폴뤼테는 싸움이 나기 전에 약속한 대로 허리띠를 넘겨주었다. 헤라클레스는 그것을 받고 멜라닙페를 석방했다.

귀향 도중 헤라클레스는 트로이아 해안에서 새로운 모험을 겪어야 했다. 이 해안의 바위에는 라오메돈 왕의 딸 헤시오네가 거대한 괴물의 먹이로 묶여 있었다. 바다의 신 포세이돈은 전에 라오메돈을 위해 트로이아의 성벽을 쌓았으나, 그에 대한 대가를 받지 못했다. 그 복수로 바다의 괴물이 트로이아의 영역을 언제까지나 노략질했기 때문에 절망한 라오메돈은 딸을 괴물에게 제물로 바쳤던 것이다. 헤라클레스의 배가 지나가려 하자, 눈물로 범벅이 된 라오메돈이 도움을 청하며 딸을 구해주면 아버지가 제우스에게서 선사받은 멋진 말을 주겠다고 약속했다.*

헤라클레스는 배를 기슭에 대고 괴물을 기다렸다. 괴물이 나타나 헤시오네를 한입에 삼키려 커다란 입을 벌렸을 때, 헤라클레스는 입 속으로 뛰어들어 내장을 찢어내고 마치 살인자의 소굴에서 나오듯 괴물의 몸속에서 모습을 드러냈다. 그러나 라오메돈 왕은 포세이돈에게 그랬듯 이번에도 약속을 지키지 않았다. 그러자 헤라클레스는 두고 보자고 위협한 뒤 그곳을 떠났다.

열 번째 모험, 거인 게뤼오네우스의 소 | 헤라클레스는 힙폴뤼테 여왕의 허리띠를 에우뤼스테우스에게 바쳤다. 그러나 왕은 쉴 틈도 주지 않고 거인 게뤼오네우스의 소를 빼앗아 오라는 명령을 내렸다. 이 괴물은 가데스 만에 있는 에뤼테이아 섬에서 붉은 갈색 털을 가진 아름다운 소 떼를 기르고 있었으며, 다른 거인 그리고 머리 둘 달린 개가 그와 함께 파수를 보고 있었다.

　게뤼오네우스는 무서울 정도로 거대했으며 세 개의 몸뚱이, 세 개의 머리, 여섯 개의 팔과 여섯 개의 발을 가지고 있었다. 그 어떤 사람도 지금껏 이 거인과 맞서보지 못했다. 헤라클레스는 이 어려운 일에 여러 가지 준비가 필요함을 잘 알고 있었다. 게뤼오네우스의 아버지 크뤼사오르는 부유한 까닭에 '황금의 검'이라 불렸다. 그는 전체 이베리아(에스파냐)의 왕이었으며 게뤼오네우스 말고도 세 명의 용감한 아들이 그를 위해 싸우고 있었다. 또한 그 아들들은 저마다 용감한 병사로 구성된 수많은 군대를 지휘하고 있었다. 이미 세상에 잘 알려진 사

＊　제우스는 아름다운 소년 가뉘메데스를 납치해 가면서 그 보상으로 트로스 왕에게 신마를 선물했다. 트로스는 라오메돈의 할아버지이다.

실이었다.

에우뤼스테우스가 헤라클레스에게 이 일을 명령한 것은, 이런 나라로 원정을 보내면 미운 헤라클레스도 결국은 죽게 되리라는 생각에서였다. 그러나 헤라클레스는 지금까지 해왔던 것처럼 이 모험에도 용감하게 맞섰다. 그는 자신의 군대를 크레테 섬에 모은 뒤 우선 리뷔에로 상륙했다. 그리고 가이아의 아들인 거인 안타이오스와 싸웠다. 안타이오스는 그의 어머니인 대지에 몸을 댈 때마다 새로운 힘이 넘쳐났다. 그러자 헤라클레스는 팔로 거인을 안아 공중에 든 채로 목을 졸라 죽였다. 그리고 또 리뷔에를 많은 맹수한테서 구해냈다. 헤라클레스는 맹수와 무도한 인간을 미워했는데, 오랫동안 자기를 지배해온 오만불손한 지배자 에우뤼스테우스 왕의 모습이 떠올랐기 때문이다.

물 없는 지역들을 지나는 긴 여행 끝에 헤라클레스는 드디어 몇 개의 시냇물이 흐르는 비옥한 땅에 이르렀다. 그는 거기에다 커다란 도시를 세우고 '백 개의 문이 있는 도시'라는 뜻의 헤카톰퓔로스라는 이름을 붙였다. 그리고 가데스를 마주보는 대서양 기슭에 도착하여 그 유명한 두 개의 헤라클레스 기둥을 세웠다. 그곳에서는 태양이 이글이글 타올라 더는 견딜 수 없었다. 그래서 헤라클레스는 하늘을 흘겨보고 활을 높이 쳐들어 태양신을 쏘겠다고 위협했다. 태양신은 그 용기에 감탄해 황금 사발을 빌려주었다. 이 황금 사발은 태양신이 일몰에서 일출까지의 밤길을 되돌아올 때 타는 것이었다.

헤라클레스는 자기 곁에서 노를 젓고 있는 함대와 함께 이 사발을 타고 이베리아로 향했다. 그곳에는 세 무리의 대군을 이끄는 크뤼사오르의 세 아들이 있었는데, 헤라클레스는 격투 끝에 두목들을 죽이고 그곳을 정복했다. 그리고 거인 게뤼오네우스가 소 떼와 함께 사는 에뤼테이아 섬으로 갔다.

두 개의 머리를 가진 개는 헤라클레스가 온 것을 알아채고 그를 향해 덤벼들었다. 개를 만난 헤라클레스는 혼자서 곤봉으로 때려죽이고, 개를 도우러 온 소 떼의 파수꾼 거인도 때려죽였다. 그런 다음 그는 급히 소 떼를 몰고 그곳을 떠나려 했다. 그러자 거인 게뤼오네우스가 쫓아와 치열한 싸움이 벌어졌다. 여신 헤라도 거인을 도우려고 모습을 나타냈다. 그러나 헤라클레스가 여신의 가슴을 향해 활을 쏘아 상처 입은 여신은 도망치지 않을 수 없었다. 게뤼오네우스도 세 개의 몸이 하나로 합쳐지는 복부에 치명적인 화살을 맞고 쓰러졌다.

헤라클레스는 육로로 소 떼를 몰고 이베리아와 이탈리아를 통해 찬란한 업적을 안고 귀향했다.[*] 그가 남부 이탈리아의 레기온 근처에 왔을 때 소 한 마리가 도망쳐 해협을 건너 시켈리아 쪽으로 향했다. 헤라클레스는 곧 다른 소들도 바다로 몰아넣고 소뿔을 잡고 헤엄치면서 시켈리아로 건너왔다. 많은 모험을 겪으며 헤라클레스는 이탈리아와 트라케를 지나 무사히 그리스로 돌아가 코린토스 지협에 도착했다.

이리하여 헤라클레스는 열 가지 일을 해냈다. 그러나 에우뤼스테우

---

[*] 나중에 로마가 건설된 지역 부근까지 온 헤라클레스가 지쳐 꾸벅꾸벅 졸고 있었다. 그때 카쿠스라는 불을 토하는 무서운 거인이 다가와 소들 중에서 제일 훌륭한 두 마리를 훔쳤다. 들키지 않도록 소의 꼬리를 잡고 동굴 안으로 끌고 들어갔다. 도둑맞은 소의 울부짖음에 눈을 뜬 헤라클레스는 즉시 그 소가 어디 있는지 알아차렸다. 헤라클레스는 거인의 동굴로 밀고 들어가 치열한 격투 끝에 때려죽였다. 주민들은ㅡ그들 중에는 경건한 아르카디아의 왕 에우안드로스도 있었는데ㅡ감사의 표시로 헤라클레스를 위해 신전을 세웠다.

헤라클레스의 열 번째 모험은 거인 게뤼오네우스의 소를 빼앗아 오는 것이었다. 리뷔에에
상륙한 헤라클레스는 먼저 가이아의 아들인 거인 안타이오스와 싸우게 되었다. 아무리 쓰
러뜨려도 거인은 그의 어머니인 대지에 몸을 댈 때마다 새로운 힘이 넘쳐났다. 그래서 헤라
클레스는 팔로 거인을 안아 공중에 쳐든 채 목을 졸라 죽였다.

〈헤라클레스와 안타이오스〉, 안티코, 15세기경, 빈 미술사 박물관.

스 왕은 그중 두 가지를 승인하지 않았기 때문에 헤라클레스는 두 가지 일을 더 해야만 했다.*

열한 번째 모험, 헤스페리데스들의 사과 | 옛날에 제우스와 헤라가 성대한 결혼식을 올릴 때 신들은 모두 이 고귀한 부부에게 결혼선물을 주었다. 대지의 여신 가이아도 뒤질세라 큰 바다의 서쪽 모래사장에 황금 사과가 열리는 무성한 나무를 자라게 했다. 밤의 딸인 네 명의 처녀 헤스페리데스들이 이 거룩한 동산을 감시했고, 백 개의 머리가 달린 용 라돈이 그들을 도왔다. 라돈은 수많은 괴물의 아버지로서 유명한 포르코스와 대지에서 태어난 케토 사이에 난 후손이다. 이 용은 결코 눈이 감기는 법이 없었고 쉭쉭 하고 무서운 소리를 내며 나무를 지키고 있었다. 라돈은 또 백 개의 목구멍에서 각각 다른 소리를 냈다. 에우뤼스테우스 왕의 명령은 이 괴물에게서 헤스페리데스들의 황금 사과를 빼앗아 오라는 것이었다.

헤라클레스는 멀고도 험한 모험 길에 올랐다. 헤스페리데스들이 어디 사는지 몰라 요행을 바랄 수밖에 없었다. 처음에 그는 텟살리아에 도착했는데, 그곳에는 거인 테르메로스가 살았다. 이 거인은 여행자를 만나면 달려와 딱딱한 머리로 들이받아 모두 죽여버리고는 했다. 그러나 헤라클레스의 머리를 들이받자 오히려 테르메로스의 머리가 박살났다. 한참을 가서 에케도로스 강가에 이르자 또 다른 괴물이 길

---

* 헤라클레스의 과업이 수행된 순서와 과업의 수에 대해서는 수많은 이본이 있다. 아폴로도로스에 따르면 아우게이아스 왕의 축사를 청소한 일은 보수를 받았다는 이유로, 레르나 늪의 휘드라를 물리친 것은 이올라오스의 도움을 받았다는 이유로 승인받지 못했다.

을 막았다. 아레스와 퓌레네의 아들인 퀴크노스였다.

헤라클레스가 그에게 헤스페리데스 동산이 어디냐고 물었다. 괴물은 대답 대신 싸움을 걸어와 헤라클레스에게 맞아죽었다. 그러자 아레스 신이 죽은 아들의 원수를 갚기 위해 모습을 나타냈다. 헤라클레스도 아레스와 싸우는 수밖에 없다고 생각했다. 그러나 제우스는 자기 아들끼리 싸우다 피를 흘릴까 염려하여 이미 싸움에 돌입한 둘을 벼락을 쳐서 떼어놓았다.

헤라클레스는 일뤼리스 나라를 지나 에리다노스 강을 건너 제우스와 테미스의 딸인 요정들이 살고 있는 강기슭으로 왔다. 그리고 요정들에게 헤스페리데스 동산을 물었다. 요정들이 대답했다.

"늙은 강의 신 네레우스에게로 가십시오. 네레우스는 예언자로 뭐든 알고 있습니다. 잠자고 있을 때 달려들어 묶어놓으면 그는 어쩔 수 없이 가르쳐줄 것입니다."

헤라클레스는 그 말을 따랐다. 강의 신이 습관대로 여러 가지 모습으로 몸을 바꾸었지만 헤라클레스는 그를 붙잡아두었다. 그리고 헤스페리데스의 황금 사과가 어디 있는지 알려줄 때까지 강의 신을 놓아주지 않았다. 드디어 그곳이 어디인지 알게 된 헤라클레스는 리뷔에와 아이귑토스를 지나가야만 했다. 이 나라는 포세이돈과 뤼시아낫사의 아들 부시리스가 지배하고 있었다.

부시리스 왕은 아홉 해에 걸친 가뭄과 흉년으로 화를 입게 됐었는데, 퀴프로스의 예언자가 잔인한 신탁을 들려주었다. 제우스 신을 위해 매년 이방인을 한 사람씩 잡아 죽이면 기근이 없어진다는 것이었다. 고마워하면서 부시리스 왕은 먼저 이방인인 그 예언자부터 잡아 죽였다. 그는 이 관례를 점점 재미있어했다. 미개한 야만족의 왕은 아이컵토스에 찾아온 모든 이방인을 죽이기 시작했다. 헤라클레스도 붙잡혀 제우스의 제단으로 끌려갔다. 그러나 헤라클레스는 밧줄을 뚝뚝 끊어버렸고 부시리스의 아들과 위풍당당한 전령을 모두 때려죽였다.

여러 가지 모험을 겪으면서 헤라클레스는 여행을 계속했다.* 이미 앞에서 이야기했던 것처럼, 카우카소스 산에 간 헤라클레스는 사슬로 묶여 있던 티탄 족 프로메테우스를 구해주었다. 그리고 프로메테우스가 가르쳐준 대로 아틀라스가 무거운 하늘을 떠메고 있는 나라에 겨우 도착했다. 여기서 가까운 곳에서 헤스페리데스들이 황금 사과를 지키고 있었다.** 이에 앞서 프로메테우스는 헤라클레스에게 황금 사과를 직접 가지러 가지 말고 아틀라스를 보내라고 충고했었다. 그래서 헤라클레스는 아틀라스에게 하늘은 자기가 떠메고 있을 테니 그동안 사과를 따 와달라고 부탁했다. 아틀라스가 동의하자 헤라클레스는 육중한 두 어깨로 하늘을 떠받쳤다. 아틀라스는 곧 출발해 파수를 보고 있는 헤스페리데스들을 잠재우고 사과 세 개를 따 무사히 헤라클레스에게로 돌아왔다. 그러더니 아틀라스는 이렇게 말했다.

"지금 내 어깨는 너무나 가뿐하다. 청동으로 된 창공이 어깨에 얹혀

---

*　이리하여 헤라클레스는 로도스 섬으로 찾아왔다. 거기서 쟁기에 두 마리 소를 맨 농부를 만났다. 헤라클레스는 몹시 배가 고파 농부에게 먹을 것을 좀 달라고 청했다. 그러나 농부는 무뚝뚝하게 거절하며 아무것도 주지 않았다. 헤라클레스는 화가 나 농부가 퍼붓는 저주의 말 따위는 귓등으로도 듣지 않고, 소 한 마리를 쟁기에서 풀어내 죽인 다음 불에 구워 깨끗이 먹어치웠다. 영웅의 식욕은 큰 몸집과 괴상한 힘만큼이나 굉장했다.

**　헤라클레스 스스로 헤스페리데스들의 동산으로 가서 적을 죽이고 사과를 빼앗았다는 전설도 있다.

있지 않으니 얼마나 상쾌한 기분인지 모르겠어. 두 번 다시 그것을 메고 싶지 않다."

아틀라스는 사과를 잔디밭에 던지더니 무거운 짐을 받치고 있는 헤라클레스에게서 떠나려고 했다. 헤라클레스는 한 가지 꾀를 생각해 냈다.

"이봐, 내 머리에 똬리를 좀 얹게 해주지 않겠나? 너무 무거운 이 짐 때문에 머리가 깨질 지경일세."

아틀라스는 그 정도 요구는 당연하다고 생각했다. 그래서 아주 잠깐이라는 말을 믿고 하늘을 다시 자기 어깨에 메었다. 그러나 아무리 기다려도 헤라클레스는 교대를 해주지 않았다. 그를 속이려던 아틀라스가 다시 속아 넘어간 것이었다. 헤라클레스는 황금 사과를 잔디밭에서 집어 들고 그곳을 떠났다. 헤라클레스는 황금 사과를 에우뤼스테우스에게 가져갔으나, 왕은 그 사과를 선물로 헤라클레스에게 줘버렸다. 헤라클레스를 처치하려던 목적이 이루어지지 않았기 때문이다. 헤라클레스는 사과를 여신 아테네의 제단에 바쳤고, 여신은 이를 다시 헤스페리데스들의 동산으로 돌려보냈다.

열두 번째 모험, 저승의 개 케르베로스 │ 에우뤼스테우스 왕이 지금까지 명령한 일들은 미운 경쟁자 헤라클레스를 파멸시키는 대신 운명이 지시했던 일들을 통해 오히려 그에게 영광을 주었다. 그는 이 세상의 비인간적인 것을 모두 없애버린 자로서 모든 인간의 진정한 은인으로 여겨졌다.

그러나 헤라클레스의 마지막 모험은—간악한 왕이 희망하는 것처럼—초인적인 힘이 미치지 못하는 장소에서 행해져야 했다. 바로 하계의 어두운 힘과 싸움을 벌여야 하는 것이었다. 그것은 지옥의 개 케르베로스를 하계에서 데려오라는 명령이었다.

이 괴수는 개의 머리를 세 개나 지녔고, 입에서는 쉴 새 없이 독거품이 떨어졌으며, 몸뚱이에는 용의 꼬리가 늘어졌고, 머리와 등의 털은 똬리를 튼 뱀이었다. 이 여행에 대비하기 위해 헤라클레스는 이승과 저승의 오묘한 이치에 밝은 노련한 신관이 사는 앗티케의 엘레우시스로 갔다. 신전에서 반인반마인 켄타우로스 살해의 오욕을 씻은 뒤, 신관 에우몰포스에게서 저승의 비밀을 인계받았다. 헤라클레스는 무서운 지옥의 괴수와 맞설 비밀의 힘을 몸에 지니고 저승으로 가는 입구가 있는 펠로폰네소스 반도의 도시 타이나론으로 갔다. 그리고 거기서 망령의 안내자 헤르메스에게 이끌려 땅이 갈라진 깊은 틈을 통해 하계로 내려가 플루톤(하데스) 왕의 도시로 갔다. 저승에는 햇빛을 받고 사는 세계처럼 즐거운 생활이 없기 때문에, 도시의 문 앞을 슬프게 걷고 있던 망령들은 피와 살을 갖춘 살아 있는 사람을 보자 급히 도망쳐버렸다. 오직 메두사와 멜레아그로스의 망령만이 우두커니 서 있었다.

헤라클레스가 칼을 휘둘러 메두사를 베려 하자 헤르메스가 팔을 잡으며, 죽은 사람의 망령은 허무한 환상이라서 칼로는 상처를 입힐 수 없다고 가르쳐주었다. 이와 반대로 멜레아그로스의 망령과는 반갑게 대화를 했는데, 그는 지상에 있는 사랑하는 자기 동생 데이아네이라에게 안부를 전해달라며 간곡히 부탁해 왔다. 하데스의 문에 아주 가까이 가자 친구 테세우스와 페이리토오스의 모습이 보였다. 페이리토오스는 페르세포네와 결혼하기 위해 하계로 내려왔는데 그때 테세우스가 그를 안내했었다. 그러나 두 사람은 대담무쌍한 모험을 한 탓에 플루톤에게 잡혀 바위에 쇠사슬로 묶인 채 앉아 있어야만 하는 신세가 되었다. 두 사람은 헤라클레스가 가까이 다가오자 두 손을 벌리며 애원했고, 그의 힘으로 다시 세상으로 올라갈 수 있으리라는 희망에 불타 몸을 떨었다.

헤라클레스는 테세우스의 손을 잡고 쇠사슬을 풀어주었다. 그러나 페이리토오스를 구해내려는 두 번째 시도는 발밑의 땅이 흔들리는 바람에 실패로 끝났다. 조금 더 가다가 헤라클레스는 아스칼라포스도 알아보았다. 그는 예전에 페르세포네가 하데스의 금지된 석류 열매를 먹은 것을 일러바친 적이 있었다. 헤라클레스는 여신 데메테르가 딸을 잃고 절망한 나머지 아스칼라포스 위에다 얹어놓은 바위를 치워주었다.*

그 근처에서 플루톤의 소 떼가 풀을 뜯고 있었는데 헤라클레스는 그중 한 마리를 죽여 망령에게 피를 먹이려 했다. 소 치는 메노이테스가 이를 막으려고 싸움을 걸어왔다. 그래서 헤라클레스는 그의 갈비뼈를 부쉈지만, 저승의 여왕 페르세포네의 간청으로 놓아주었다.

'죽은 자의 도시' 문 근처에 플루톤 왕이 서 있다가 헤라클레스를

---

* 데메테르의 딸 페르세포네는 하데스에게 납치되어 하계로 끌려갔다. 제우스는 그녀가 하계에 머무는 동안 아무것도 먹지 않았다면 지상으로 올라와도 좋다고 허락했다. 그러나 아스칼라포스는 페르세포네가 석류를 먹었다고 고자질했다. 화가 난 데메테르는 아스칼라포스 위에 커다란 바위를 얹어놓았다. 다른 설에 의하면 올빼미로 만들어 벌을 내렸다고도 한다. 아스칼라포스는 강의 신 아케론과 요정 오르프네의 아들이다.

들어가지 못하게 막았다. 그러나 헤라클레스가 활을 쏘아 플루톤의 어깨를 꿰뚫자 플루톤은 사람과 똑같은 고통을 느껴 더는 막을 수 없었다. 헤라클레스도 이번에는 얌전하게 지옥의 개를 넘겨달라고 말했다. 플루톤은 헤라클레스가 지닌 무기를 쓰지 않는다면 그렇게 하겠다며 조건을 내걸었다. 그래서 헤라클레스는 가슴막이와 사자의 털가죽만 몸에 걸친 채 괴물을 잡으러 떠났다.

괴물 케르베로스는 아케론 강 입구에 웅크리고 앉아 있었다. 세 개의 머리가 짖어대는 소리는 마치 멀리서 들리는 천둥소리 같았다. 그러나 헤라클레스는 조금도 겁내지 않고 괴물을 무릎 사이에 놓고 찍어 누르며 팔로 목을 감았다. 케르베로스가 꼬리에 있는 용의 입으로 넓적다리를 물었으나 그는 놓아주지 않았다. 헤라클레스가 목덜미를 바싹 조르자 괴물도 더는 견디지 못하고 축 늘어졌다. 그는 케르베로스를 사로잡은 채 저승의 다른 출구를 통해 지상으로 나왔다. 아르고스의 도시 트로이젠 근처였다.

햇빛을 본 지옥의 개는 놀라서 입에 거품을 품었다. 그러자 그 거품이 떨어진 땅에서 독풀이 돋아났다. 헤라클레스는 괴물을 쇠사슬로 묶어 티륀스로 데려가 에우뤼스테우스 왕에게 보였다. 왕은 너무 놀라 자기 눈을 의심했다. 그는 마침내 오래전부터 품어온 생각, 곧 제우스의 아들 헤라클레스를 파멸시키려던 것을 단념했다. 그는 자신을 운명에 맡기기로 하고 영웅 헤라클레스를 놓아주었다. 그리고 헤라클레스는 지옥의 개를 저승의 플루톤 왕에게 돌려주었다.

헤라클레스와 에우뤼토스 왕

헤라클레스는 이 모든 고난을 겪은 다음 에우뤼스테우스 왕에게서 해방되어 테바이로 돌아왔다. 그는 아내 메가라와 더는 같이 살 수가 없었다. 미친 상태에서 메가라와의 사이에서 태어난 자식들을 죽여버렸기 때문이다. 대신에 그는 메가라의 뜻을 존중해 그녀가 사랑하는 조카 이올라오스와 함께 살도록 했다. 그리고 자신도 새로 결혼하기로 마음먹었다. 그는 에우보이아 섬 오이칼리아를 다스리는 에우뤼토스 왕의 딸 이올레에게 끌렸다. 에우뤼토스 왕은 어린 헤라클레스에게 활 쏘는 기술을 가르쳐준 적이 있었다. 왕은 자신이나 자기 아들들보다 활을 더 잘 쏘는 사람에게 딸을 주겠다는 약속을 내걸고 있었다. 헤라클레스는 이 소식을 듣고 오이칼리아로 급히 가서 구혼자들 속에서 모습을 나타냈다. 그리고 활쏘기 시합에서 왕과 그 아들들을 이겨 자신이 에우뤼토스 왕의 훌륭한 제자임을 증명했다. 왕은 헤라클레스를 극진하게 대접했지만 마음속으로는 헤라클레스의 승리를 대단히 두려워했다. 메가라의 운명을 떠올리며 딸이 그녀와 똑같은 운명에 빠질까 봐 걱정이 된 것이다. 그래서 그는 헤라클레스의 청혼에 대해 생각할 시간이 필요하다고 말했다.

에우뤼토스 왕의 장남으로 헤라클레스와 같은 연배의 이피토스는 헤라클레스의 강인하고 늠름한 모습에 반해 그의 친구가 되었다. 그래서 정성을 다해 아버지를 설득하고 이 기품 있는 이방인에게 호감을 갖도록 만드느라 애썼다. 그러나 에우뤼토스는 마음을 바꾸려 하지 않았다. 화가 난 헤라클레스는 왕의 궁전을 떠나 오랫동안 낯선 곳을 헤매고 다녔다. 이때 아드메토스 왕한테서 겪은 일이 있는데 이에 관해서는 다음에 이야기하기로 한다.

아무튼 그러는 사이에 사신이 에우뤼토스 왕에게 와서 도둑이 왕의 소 떼를 훔쳐 가려 한다고 알려왔다. 그 도둑이란 도벽으로 소문난 교활하고 간악한 아우톨뤼코스*였다. 왕이 화가 나서 말했다.

"헤라클레스 말고는 그런 짓을 저지를 사람이 없다. 자기 자식을 죽인 놈에게 딸을 주지 않았다고 해서 그런 비열한 복수를 하다니!"

이피토스는 친구를 열심히 변호하고 자기가 헤라클레스와 함께 둘이서 도둑맞은 소를 찾아보겠다고 청했다. 헤라클레스는 이피토스를 따뜻하게 맞아들이고 기꺼이 소를 찾으러 떠났다. 그러나 둘은 목적을 이루지 못하고 돌아왔다. 그리고 그들은 도둑맞은 소를 찾으려고 주위를 둘러보며 티륀스의 절벽으로 올라갔다. 그때 불행하게도 헤라클레스에게 옛날의 광기가 도졌다. 헤라의 노여움에 충동을 받아 미쳐버린 그는 친구 이피토스를 부왕의 공모자로 착각하고는 티륀스의 높은 절벽에서 밀어 떨어뜨린 것이다.

아드메토스의 궁전에 간 헤라클레스

한편, 헤라클레스가 울적한 마음으로 오이칼리아의 에우뤼토스 왕의

---

* 헤라클레스의 씨름 선생으로 헤르메스의 아들이다. 헤르메스에게서 배워 도둑질과 거짓말 대장이 되어 파르낫소스 산에 살고 있었다. 딸 안티클레이아는 이타케의 라에르테스의 아내가 되어 유명한 오뒷세우스를 낳았다. 오뒷세우스는 할아버지의 교활한 성격을 물려받았다.

궁전을 나와 정처 없이 방황하던 때의 일이다.

텟살리아의 페라이에 고결한 왕 아드메토스가 젊고 아름다운 아내 알케스티스*와 살고 있었다. 아내는 왕을 누구보다 사랑했다. 옛날에 아폴론은 제우스를 위해 벼락을 만든 퀴클롭스들을 죽인 일로 올림포스 산에서 도망쳐 사람들 속에서 숨을 곳을 찾아야 했던 적이 있다.** 이때 페레스의 아들 아드메토스가 아폴론을 따뜻하게 맞아주었다. 아폴론은 아드메토스의 소를 지키는 노예로 위장하고 지냈다. 나중에 제우스가 아폴론을 용서하고 다시 맞아들인 후에도 아폴론은 이 일로 인해 특별히 왕을 보호해주고 있었다.

아드메토스 왕의 목숨이 다하고 운명의 신이 내리는 죽음의 판정을 받았을 때 아폴론은 운명의 여신을 설복해 만일 누군가 다른 사람이 왕 대신 하계로 간다면 아드메토스 왕을 살려준다는 약속을 받아냈다. 아폴론은 올림포스 산을 내려와 페라이의 옛 친구 아드메토스 왕에게로 갔다. 그리고 왕과 그 가족에게 아드메토스의 죽음이 결정되었음을 알려주는 동시에 그 운명에서 벗어날 방법을 가르쳐주었다.

아드메토스 왕은 성실한 사람이었고, 삶을 사랑했다. 신하들을 포함해 가족들 모두 집안의 대들보가, 다시 말해 아내와 아이들에게는 그들의 남편이자 아버지이고 백성들에게는 인자한 지배자가 죽어야 한다는 소식을 듣고 놀랐다. 아드메토스는 자기를 위해 죽어줄 사람

---

* 알케스티스는 이아손에게 황금 양가죽을 가져오게 했던 이올코스 왕 펠리아스의 딸이다.
** 아폴론은 자기 아들 아스클레피오스가 벼락에 맞아 죽은 것에 화가 나서 제우스를 위해 벼락을 만든 퀴클롭스들을 죽였던 것이다. 제우스는 아폴론의 아들로서 기적을 행하는 의사 아스클레피오스가 뛰어난 의술로 사람을 불사의 몸으로 만들까 두려워 벼락을 쳐서 죽였었다.

을 찾았지만 왕을 대신하려는 사람은 아무도 없었다. 왕이 죽는다는 예언을 들었을 때는 누구나 한숨지으며 슬퍼했지만, 왕의 목숨을 잇기 위한 조건을 듣자 모두 냉담해졌다. 왕의 늙은 아버지 페레스나 나이 많은 어머니는 죽음이 이미 눈앞에 다가와 있는 늙은이들이었건만, 그들조차 자신의 얼마 남지 않은 목숨을 아들을 위해 희생하려 들지 않았다.

오직 꽃처럼 아름답고 명랑한 왕의 아내, 하루가 다르게 커가는 아이들의 행복한 어머니 알케스티스만이 남편을 위해서라면 언제라도 태양빛을 단념하겠다고 말했다. 알케스티스가 그 말을 하자마자 검은 옷을 입은 죽은 사람의 사제 타나토스는 그 희생을 받아들여 그녀를 저승으로 데려가기 위해 벌써 궁전 문으로 다가왔다. 사신은 아드메토스가 죽을 때를 정확히 알고 있었던 것이다.

사신이 다가오는 것을 보자 생명의 신 아폴론은 그와 마주쳐 몸을 더럽히지 않으려고 서둘러 왕궁을 나왔다. 경건한 알케스티스는 흐르는 물로 몸을 깨끗이 하고 옷장에서 외출복과 장신구를 꺼내놓은 뒤, 제단 앞에 앉아 저승의 여신에게 기도를 올렸다. 그리고 마지막으로 아이들과 남편을 포옹하고, 정해진 시각에 그들의 부축을 받으며 방으로 들어가 저승의 사자를 기다렸다. 알케스티스가 남편에게 말했다.

"제 생각을 솔직히 말씀드리겠어요. 제게는 당신의 목숨이 제 목숨보다 소중하기 때문에 대신해서 죽는 거예요. 당신을 빼앗기고 아이들과 남아서 살고 싶지 않아요. 아버님과 어머님은 당신을 배반하셨어요. 부모님들이 당신을 대신해야 한다고 생각해요. 그래야만 당신이 홀아비가 되어 의지할 데 없는 아이들을 키우지 않아도 될 것 아니겠어요. 그러나 이것도 신의 섭리니까 하는 수 없지요. 다만 한 가지 부탁은 제가 희생되었음을 잊지 말아달라는 거예요. 그리고 아이들을 나와 똑같이 사랑하고 계실 테니 계모는 절대 얻지 마세요. 불쌍한 아이들이 학대를 받을지도 모르니까요."

아드메토스는 눈물을 흘리며 '당신이 살아 있을 때와 마찬가지로 아내는 오직 당신뿐'임을 맹세했다. 알케스티스는 슬프게 우는 아이들을 남편에게 부탁하고 그대로 덜컥 쓰러졌다.

그들이 장례식을 준비하고 있을 때, 방황하고 있던 헤라클레스가 페라이의 왕궁 문 앞에 찾아왔다. 아드메토스는 슬픔을 감추고 기꺼이 손님을 맞아들여 따뜻하게 대접했다. 왕이 상복 차림인 것을 본 헤라클레스는 누가 죽었느냐고 물었다. 왕은 손님이 슬퍼하거나 놀라게 하지 않으려고 말을 얼버무렸다. 그래서 헤라클레스는 왕을 찾아왔던 먼 친척이 죽었나 보다고 여겼다. 그는 즐거운 기분으로 술을 계속 가져오게 했다. 그런데 하인도 너무 슬픈 표정을 하고 있었다. 헤라클레스는 하인에게 울상을 짓지 말라고 나무랐다.

"어째서 그렇게 심각하고 엄숙한 눈으로 쳐다보는 거냐? 하인이면 손님을 잘 대접해야지! 이 궁전에서 방문객이 죽었다 하더라도 죽음은 사람이 벗어날 수 없는 운명임을 몰랐단 말이냐? 불행을 만난 사람에게는 인생이 괴로운 것이다. 자! 나와 함께 화환을 꾸며보자. 그리고 함께 마시자! 술을 마시면 네 이마의 주름살도 모두 펴질 것이다."

헤라클레스가 말했다. 그러나 하인은 슬픈 듯 얼굴을 돌렸다.

"우리를 덮고 있는 불행 속에서 웃고 마시다니 그건 어울리지 않는 일입니다. 인품이 좋으신 왕께서는 깊은 슬픔 속에서도 당신 같은 경솔한 손님을 대접하고 계신 것입니다."

헤라클레스는 불쾌하게 말했다.

"보지도 못한 여인이 죽었다고 내가 울어야 한단 말이냐?"

"보지도 못한 여인이라니요?"

하인은 놀라서 외쳤다.

"당신에겐 보지도 못한 여인일지 모르지만 저희에겐 정말 누구와도 바꿀 수 없는 분입니다!"

헤라클레스는 놀랐다.

"그렇다면 아드메토스는 진실을 말해주지 않았군."

"당신은 기분 좋게 지내셔도 괜찮습니다. 주인님의 불행은 친척과 신하들만이 관계된 일이니까요."

그러나 헤라클레스는 사실을 알고 싶었다. 결국 하인에게서 진실을 듣고 난 다음 헤라클레스가 외쳤다.

"그랬구나! 그런 훌륭한 부인을 잃고도 아드메토스 왕은 이방인인 나를 환대해주었구나! 이 궁전의 문을 들어설 때 웬일인지 마음이 안 내키더니만. 아, 지금 막 상을 당한 집에서 나는 화환으로 머리를 꾸미고 술을 마시며 즐거워했구나! 그 갸륵한 부인을 어디 묻었는가?"

"라릿사로 가는 길에 부인의 묘비가 벌써 서 있습니다."

하인은 눈물을 흘리면서 헤라클레스의 방을 나갔다. 헤라클레스는 결심을 굳혔다.

"어떻게 해서든 도와야지."

그는 혼자 중얼거렸다.

"죽은 부인을 다시 한 번 아드메토스의 궁전으로 데려와야지. 그러

지 않고서야 어찌 왕의 호의에 보답할 수 있겠는가? 우선 묘비가 있
는 곳으로 가서 죽은 사람의 지배자 타나토스를 기다려야겠군. 타나
토스가 와서 무덤 위에 받들어놓은 희생의 피를 마시기 시작하면 숨
어 있다가 재빨리 놈을 붙잡는 거다. 부인을 넘겨줄 때까지는 무슨 일
이 있더라도 절대로 놓아주지 않을 테다."

　이렇게 결심하고 헤라클레스는 왕의 궁전에서 몰래 빠져나갔다.

　아드메토스는 이보다 먼저 쥐죽은 듯 고요한 궁전으로 돌아와 어미
잃은 아이들과 함께 자기 대신 죽은 아내를 슬퍼하면서 상복을 입었
다. 어떤 위로도 그 슬픔을 달래줄 수 없었다. 그때 헤라클레스가 베
일을 쓴 처녀의 손을 끌고 방으로 들어왔다.

　"부인께서 돌아가신 일을 숨기시다니 섭섭합니다. 당신은 자신의
슬픔이 저와는 아무 관계가 없는 것처럼 저를 맞아주셨습니다. 그래
서 아무것도 모르고 불행을 당한 집에서 주책없이 술까지 청해 마셨
으니 무어라 할 말이 없군요. 그러나 당신을 더는 슬프게 놔둘 수 없
었습니다. 제가 다시 온 이유를 들어보십시오. 이 젊은 여인은 제가
어떤 시합에서 이겨 상으로 받았습니다. 제가 나중에 다시 이 집에 들
를 때까지 여인을 당신의 시녀로 맡겨둘 테니 친구의 청으로 여기고
보살펴주십시오."

　아드메토스가 놀라서 말했다.

　"아내의 죽음을 감춘 것은 당신을 결코 무시해서가 아니오. 아내의
죽음을 말하면 당신을 내 집에서 몰아내는 일이 되고 한층 근심이 늘
기 때문이었소. 그리고 그 처녀는 내게 맡기지 말고 페라이의 다른 사
람에게 데려가주시오. 내 괴로움이 너무 커서 이 집에서 저 처녀를 보

아드메토스 왕이 죽음이 가까워졌을 때 아폴론은 운명의 여신을 설득해 만일 누군가가 왕 대신 하계로 가겠다고 하면 왕을 살려준다는 약속을 받아냈다. 그러나 왕을 대신하려는 사람은 아무도 없었다. 오직 꽃처럼 아름다운 왕의 아내 알케스티스만이 남편에 대한 애정으로 목숨을 단념하겠다고 말했다. 그녀가 이렇게 말하자마자 검은 옷을 입은 저승사자 타나토스가 그녀를 저승으로 데려가기 위해 궁전 문으로 다가왔다. 사신은 아드메토스가 죽을 때를 정확히 알고 있었다. 가운데에 흰 옷을 입고 누워 있는 알케스티스를 두고 검은 날개와 검은 옷을 휘날리며 다가오는 죽음의 신과 사자가죽을 입은 헤라클레스가 씨름을 벌이고 있다. 주먹을 꽉 쥔 타나토스가 물러서지 않을 기세로 다가서지만 헤라클레스의 힘을 막을 수는 없었다.

〈알케스티스를 지키려 죽음과 싸우는 헤라클레스〉, 프레드릭 레이튼, 1869~1871년, 섬너 콜렉션 펀드.

면 눈엣가시 같을 거요. 죽은 아내의 방을 이 처녀에게 주란 말이오? 천만의 말씀! 페라이 사람들에게 좋지 못한 소문이 퍼질까 걱정이고, 게다가 죽은 아내의 비난도 무섭소!"

그러나 왕의 눈은 야릇한 동경을 띤 채 베일을 쓴 여인의 모습에 끌린 듯 보였다. 왕은 한숨을 지으며 말했다.

"누군지는 몰라도 키와 몸매가 이상하리만큼 내 아내 알케스티스를 닮았소. 헤라클레스여, 제발 부탁이니 처녀를 여기서 데리고 나가주시오. 괴롭고 슬픈 나를 더는 힘들게 하지 마시오."

헤라클레스는 본심을 감추고 슬픈 듯 시치미를 떼며 말했다.

"제우스의 힘을 빌려 알뜰한 부인을 밝은 이승으로 다시 데려올 수 있다면 좋으련만!"

슬픔에 잠겨 있던 아드메토스는 이 말에 귀가 번쩍 뜨였다.

"당신이라면 분명히 그렇게 할 수 있을 거요."

"그러나 지금까지 죽은 자가 저승에서 되돌아온 일이 있었습니까?"

헤라클레스는 말을 이었다.

"아니지! 그런 일은 있을 수 없으니까, 당신의 괴로움을 달래는 데는 시간이 필요합니다. 슬퍼한다고 해서 죽은 부인이 살아 돌아오는 것도 아니잖습니까. 두 번째 아내가 인생을 밝힐 수도 있음을 생각해야지요. 제발 저를 위해 이 고결한 처녀를 댁에서 맞아주십시오. 말을 잘 듣지 않는다면 다시 쫓아내도 좋습니다!"

아드메토스는 헤라클레스의 감정을 상하게 하기 싫었기 때문에 궁지에 몰렸다. 그래서 마음에도 없이 하인에게 처녀를 다른 방으로 안내하라고 명령했다. 그러나 헤라클레스는 이를 거부했다.

"왕이여, 저의 보물을 하인 따위에게 맡기실 겁니까. 직접 데리고 가십시오!"

"아니, 처녀에겐 손을 대지 않겠소. 그런 짓을 하면 죽은 아내와의 약속을 어기는 거요. 처녀는 방으로 가도 좋지만 절대로 함께는 안 되오!"

그러나 헤라클레스는 아드메토스가 베일을 쓴 여인의 손을 잡을 때까지 주장을 굽히지 않았다.

"그럼 잘 부탁합니다."

헤라클레스는 유쾌한 듯이 말했다.

"이 처녀가 당신 부인과 닮았는지 잘 보십시오. 그리고 그 슬픔에 매듭을 지으십시오!"

그렇게 말하고 헤라클레스는 여인의 베일을 벗겼다. 그리고 놀라서 눈이 휘둥그레진 왕에게 살아 돌아온 아내를 돌려주었다. 왕이 넋이 나간 듯 아내의 손을 잡고 있는 동안 헤라클레스는 무덤에서 사신 타나토스를 잡아 알케스티스를 빼앗아 온 이야기를 들려주었다. 아드메토스는 아내의 팔에 안겼다. 그러나 알케스티스는 남편의 상냥한 부름에도 아무런 대답이 없었다.

"죽음의 속박에서 풀려나는 사흘째 새벽이 지나야만 부인 목소리를 들으실 수 있을 겁니다. 그러니 안심하고 방으로 데려가십시오. 부인은 다시 당신에게 돌아왔습니다. 그것은 당신이 이방인을 진심으로 따뜻하게 대접했기 때문입니다. 그럼 이제 나는 주어진 운명을 쫓기로 하겠습니다."

헤라클레스는 이렇게 말하고 왕에게 작별인사를 했다.

"그럼 안녕히!"

아드메토스는 떠나는 헤라클레스의 뒤에서 소리쳤다.

"당신은 나에게 더 좋은 삶을 되찾아주었소. 나는 백성들에게 일제히 노래와 춤의 향연을 열게 하고 신들의 제단에는 향이 계속해서 피어오르게 하겠소! 위대한 제우스의 아들이여, 당신을 감사와 사랑으로 기억하겠소이다!"

옴팔레 여왕의 시중을 드는 헤라클레스

광기 탓이었지만 에우뤼토스의 아들 이피토스를 죽인 헤라클레스는 마음이 괴로웠다. 그는 죄를 씻기 위해 제사장을 한 사람 한 사람 찾아다녔다. 처음에는 퓔로스의 넬레우스 왕에게로, 그다음에는 스파르테의 힙포코온 왕에게로 찾아갔다. 그러나 두 사람은 헤라클레스의 죄를 씻어주기를 거부했다. 드디어 세 번째로 만난 사람이 아뮈클라이의 왕 데이포보스였다. 그러나 신들은 죗값으로 헤라클레스를 중병에 걸리게 했다. 언제나 힘과 건강이 넘치던 헤라클레스였지만 이 갑작스러운 중병만은 견디지 못했다.

그는 델포이로 가서 여사제 퓌티아의 신탁을 받고 병을 고치려 했다. 그러나 여사제는 헤라클레스가 살인자라는 이유로 그 청을 거절했다. 헤라클레스는 격분하여 신탁을 말하는 세발솥을 들어 바깥에다 내동댕이친 다음 스스로 신탁소를 세웠다. 아폴론은 뻔뻔하게 자기 권리를 침해하려는 헤라클레스에게 화가 나 싸움을 걸었다. 그러나 제우스는 이번에도 형제끼리 피를 흘리는 것이 보기 싫었기 때문에 싸우고 있는 두 사람 사이에 벼락을 던져 싸움을 막았다. 헤라클레스는 그때 겨우 신탁을 받았다. 삼 년간 머슴살이를 하고 거기서 받은 보수를 살인에 대한 대가로 에우뤼토스에게 주면 병이 낫는다는 것이었다. 헤라클레스는 이 가혹한 신탁을 따르기로 했다. 그리고 몇 사람의 동료와 함께 아시아로 향하는 배를 타고 거기서 이아르다노스의 딸 옴팔레에게 노예로 팔려갔다. 옴팔레는 뒤에 뤼디아라고 불린 마이오니아 국의 여왕이다. 헤라클레스는 신탁이 요구한 대로 자신의 몸값을 에우뤼토스에게 보냈다. 에우뤼토스가 돈을 되돌려 보내자 그는 그 돈을 살해된 이피토스의 자식들에게 주었다.

헤라클레스는 곧 다시 건강해졌다. 그는 체력이 충분히 회복되었다고 생각하고, 옴팔레의 노예로서 또 한편 영웅으로서 사람들을 돕는 일을 계속해나갔다. 그는 주인 옴팔레의 나라는 물론 인근 나라까지 불안하게 만들던 도둑들을 모조리 소탕했다. 에페소스 부근에 살면서 약탈로 많은 피해를 끼쳤던 케르코페스들* 중 일부는 때려죽이고 나머지는 사로잡아 옴팔레 앞으로 끌고 왔다. 또한 여행자들을 잡아들여 강제로 포도밭을 갈게 했던 포세이돈의 아들 아울리스의 쉴레우스도 때려죽이고는 포도나무를 뿌리째 뽑아버렸다. 그리고 그는 옴팔레

---

* 다른 전설에 따르면 케르코페스들은 난쟁이처럼 교활한 두 사람의 요괴로, 어느 날 잠자고 있는 헤라클레스의 칼을 훔치려 했다. 그러나 헤라클레스는 곧 눈을 뜨고 이 교활한 도둑들을 잽싸게 붙잡았다. 그리고 두 사람의 손발을 묶어 거꾸로 장대에 매달아 어깨에 메고 상당히 먼 길을 갔다. 그러나 요괴들은 헤라클레스의 등에서 재미있는 농담을 시작했기 때문에 사람 좋은 헤라클레스는 웃으며 놓아주었다.

의 나라를 자주 침략하는 이토네스 족의 도시를 철저히 파괴하고 모든 주민을 노예로 만들어버렸다.

헤라클레스는 뤼디아의 리튀에르세스 왕도 죽였다. 미다스의 사위인 리튀에르세스는 부자였다. 그는 자기 도시를 지나가는 이방인들을 집으로 초대해 친절하게 식사를 대접했다. 식사 후에는 이방인들로 하여금 강제로 자신과 함께 수확을 하게 한 뒤 밤이 되면 그들의 목을 베었다. 헤라클레스는 그를 죽여 마이안드로스 강에 던졌다.

한번은 헤라클레스가 여행 도중 돌리케 섬에 상륙했는데 파도에 떠밀린 시체가 해안에 가로놓여 있는 것이 눈에 띄었다. 가엾은 이카로스의 시체였다. 이카로스는 아버지가 만든 날개를 달고 크레테 섬의 미궁을 빠져나가던 도중 태양에 너무 가까이 간 탓에 바다에 떨어졌었다.* 헤라클레스는 불쌍한 생각이 들어 시신을 묻어주고 그를 추모하는 마음에서 그 섬을 '이카리아 섬'이라 불렀다.

헤라클레스가 한 일이 고마웠던 이카로스의 아버지 다이달로스는 실물과 똑같은 헤라클레스 조각상을 엘리스의 수도 피사에 세웠다. 그 조각상은 마치 살아 있는 듯했다. 어느 날 헤라클레스가 피사에 갈 일이 있었는데 마침 그때가 어두운 밤이라 영웅의 모습을 한 조각상이 헤라클레스에게는 위협하는 적처럼 보였다. 그는 아름다운 조각상을 돌로 때려 부쉈다.

헤라클레스가 칼뤼돈의 멧돼지 사냥에 참가한 것도 옴팔레의 노예로 일하고 있을 때의 일이었다. 옴팔레는 헤라클레스의 용기를 놀라

❋   1권 1장 '다이달로스와 이카로스'를 참조.

위했다. 그리고 자신의 노예가 세상에서 가장 유명하고 굉장한 영웅이라는 사실을 어렴풋이 알아챘다. 헤라클레스가 제우스의 아들이란 말을 듣고 그녀는 헤라클레스의 공로를 인정해 자유를 돌려주었을 뿐 아니라, 곧 그와 결혼했다.

헤라클레스는 이곳 동양의 사치스러운 생활에 빠져들면서 소년 시절 인생의 기로에 있을 때 덕의 여신이 주었던 교훈을 까맣게 잊고 말았다. 나중에는 아내인 옴팔레조차 남편을 모욕할 지경에 이르렀다. 옴팔레는 남편의 사자가죽을 몸에 걸치고 헤라클레스에게는 뤼디아의 부드러운 부인복을 입혔다. 사랑에 눈이 먼 헤라클레스는 아내의 발치에 앉아 털실을 짤 정도였다. 하늘도 무겁지 않았던 헤라클레스의 목에는 여인의 황금 목걸이가 걸려 있었고 울퉁불퉁한 팔에는 보석을 박은 팔찌가 감겨 있었다. 깎지 않은 머리는 허리 아래까지 자랐고 긴 옷은 발등을 덮으며 물결치고 있었다. 헤라클레스는 실을 감은 막대를 앞에 놓고 이오니아의 시녀들과 섞여 뼈마디 굵은 손가락으로 굵은 실을 짜면서, 그날의 일을 다 해내지 못해 아내에게 꾸중을 당하면 어쩌나 걱정하고 있었다. 그러나 아내의 기분이 좋으면, 헤라클레스는 여인의 옷을 입고 아내와 시녀들 앞에서 젊은 시절의 영웅적 모험담을 들려주고는 했다. 뱀을 어린 손으로 눌러 죽인 일, 소년 시절에 거인 게뤼온을 넘어뜨린 일, 물뱀 휘드라의 죽지 않는 목을 잘라버린 일, 지옥의 개를 저승 가장 깊은 곳에서 끌어냈던 일 등 여인들은 옛날이야기라도 듣는 것처럼 흥겹게 모험담을 들었다.

옴팔레를 섬기는 기간이 지나 헤라클레스가 드디어 정신을 차렸다. 그는 혐오스럽다는 듯 여자 옷을 벗어버리더니 순식간에 결단력 있고 힘이 넘치는 제우스의 아들로 되돌아갔다. 자유의 몸이 된 헤라클레스는 무엇보다 먼저 복수를 결심했다.

이후 헤라클레스가 이룬 영웅적 업적

헤라클레스는 제일 먼저 트로이아의 건설자이자 지배자인 폭군 라오메돈을 벌주기 위해 길을 떠났다. 예전에 아마조네스 여인족과 싸우고 돌아오는 도중 헤라클레스는 용에게 위협받고 있는 라오메돈의 딸 헤시오네를 구했으나, 라오메돈은 비겁하게도 약속했던 제우스의 준마를 주지 않았다. 헤라클레스는 화를 내며 그곳을 떠났었다. 헤라클레스는 단지 여섯 척의 배와 얼마 안 되는 전사들과 함께 트로이아로 갔다. 그러나 그 속에는 그리스에서 손꼽히는 영웅 펠레우스, 오이클레스, 텔라몬 등도 함께 있었다.

헤라클레스가 사자의 털가죽을 입고 텔라몬을 찾아갔을 때, 그는 한창 잔치를 벌이고 있었다. 텔라몬은 반가운 손님을 보더니 식탁에서 일어나 술이 철철 넘치는 황금 잔을 내밀면서 자리에 앉아 마시라고 권했다. 헤라클레스는 이 따뜻한 대접이 기뻐서 두 손을 하늘로 쳐들고 기도했다.

"아버지 제우스여! 만일 은총을 내려 나의 기도를 들어주신다면, 자식이 없는 텔라몬에게 용감한 아들을 내려주십시오. 그 아들은 네메아의 사자 털가죽을 입은 저처럼 불사신이 되고, 항상 큰 용기가 함께하는 사람이 되도록 해주십시오!"

기도가 끝나자마자 제우스가 거대한 독수리를 텔라몬에게 내려보냈다. 헤라클레스는 그것을 보고 기뻐 외쳤다.

"텔라몬! 그대가 원하는 아들을 얻게 되었네! 이 독수리처럼 늠름해질 거야. 그 아이를 아이아스라고 부르면 용감한 전사가 될 걸세!"

헤라클레스는 그렇게 말하고 다시 자리로 돌아와 앉았다. 그 후 헤라클레스와 텔라몬은 다른 영웅들과 함께 트로이아로 출정했다.

트로이아에 상륙하자 헤라클레스는 오이클레스에게 배를 감시하게 하고 다른 영웅들과 함께 트로이아의 마을로 향했다. 그사이 라오메돈 왕은 영웅들의 배를 습격해 오이클레스를 죽였다. 그러나 왕이 그곳에서 철수하려 할 때 헤라클레스의 동료들이 그를 살해했다.

왕이 죽은 후에도 영웅들은 도시를 포위하고 치열한 공격을 가했다. 텔라몬은 성벽을 때려 부수고 제일 먼저 쳐들어갔다. 이어 헤라클레스가 뒤따랐다. 헤라클레스가 용맹함에서 뒤진 것은 이번이 처음이었다. 사악한 시기심에 사로잡히자 헤라클레스의 마음에는 나쁜 생각들이 고개를 쳐들었다. 헤라클레스는 칼을 휘두르며 앞서가는 텔라몬을 베어 넘어뜨리려 했다. 뒤를 돌아본 텔라몬은 헤라클레스의 의도를 알아차렸다. 그리고 재빨리 땅에 있는 돌들을 주워 모았다. 헤라클레스가 무엇을 하느냐고 묻자 그는 이렇게 대답했다.

"승리자 헤라클레스를 위해 제단을 세우려는 걸세!"

이 말이 시기심 많은 헤라클레스의 노여움을 달래주었다. 그리고 둘은 다시 힘을 모아 싸웠다. 헤라클레스는 라오메돈 왕의 아들을 한 사람만 남겨놓고 모조리 활로 쏘아 죽였다.

트로이아가 점령되자 헤라클레스는 왕의 딸 헤시오네를 전리품으로 텔라몬에게 주었다. 그리고 헤시오네에게는 그녀가 택한 포로 한 명을 석방해주겠다고 했다. 헤시오네는 남매인 포다르케스를 택했다. 그러자 헤라클레스는 다음과 같은 조건을 붙였다.

"좋아, 포다르케스는 그대의 것이다. 그러나 그보다 먼저 포다르케스는 노예가 되는 굴욕을 맛보아야만 한다. 그대가 몸값을 치르고 가져가라!"

포다르케스가 노예로 팔리게 되었을 때 헤시오네는 머리에서 화려한 장식을 떼어 형제의 몸값으로 내주었다. 그래서 포다르케스는 '프리아모스(다시 산 사람)'라 불리게 되었다.

그러나 헤라는 헤라클레스에게 승리의 기쁨을 허락하지 않았다. 헤라는 트로이아에서 귀항하는 헤라클레스에게 심한 폭풍우를 보냈다. 화가 난 제우스가 당장 그치라고 명령하기 전까지 폭풍우는 계속되었다.

많은 모험을 치른 뒤 헤라클레스는 옛날에 약속한 보수를 치르지 않은 아우게이아스 왕에게 복수하기로 결심했다.* 그는 도시 엘리스를 공격하여 아우게이아스 왕과 자식들을 죽였다. 그런 다음 퓔레우스에게 엘리스 왕국을 넘겼다. 퓔레우스는 헤라클레스와의 우정 때문에 아우게이아스 왕에게 박해를 받았기 때문이다.

이 승리 뒤에 헤라클레스는 올륌피아에서 올림픽 경기를 다시 시작했고, 이 경기의 창설자 펠롭스와 열두 신들을 위한 제단을 각각 쌓았

＊ 헤라클레스는 아우게이아스 왕의 가축우리를 하루 만에 청소했었다. 그러나 왕은 약속했던 가축의 십 분의 일을 주지 않았다.

다.* 그 당시 제우스도 인간의 모습이 되어 헤라클레스와 씨름을 했다. 헤라클레스가 제우스를 이기자, 제우스는 아들의 신과 같은 힘에 축하를 보냈다고 한다.

헤라클레스는 이번에는 넬레우스 왕을 보러 필로스로 갔다. 넬레우스는 예전에 자기 죄를 씻어달라는 헤라클레스의 요청을 거부했었다. 그는 도시를 습격해 넬레우스와 그의 자식 열 명을 죽였다. 마침 게레니아에서 교육을 받고 있던 젊은 네스토르는 화를 면할 수 있었다. 이 살육에서 헤라클레스는 필로스 사람들을 도우러 왔던 하계의 신 하데스에게도 상처를 입혔다.

이제 벌을 받을 사람으로 스파르테의 왕 힙포코온이 남았다. 그는 이피토스를 살해한 헤라클레스의 죄를 씻어주기를 거부한 두 번째 왕이었다. 왕의 아들들도 영웅의 증오를 새롭게 불러일으켰다. 헤라클레스가 자신의 친구이자 사촌인 오이오노스와 함께 스파르테에 도착했을 때였다. 힙포코온의 궁전을 관찰하던 오이오노스를 거대한 포이니케산 셰퍼드 개가 덮쳤다. 오이오노스는 돌을 던졌으나, 그때 왕의 아들들이 달려 나와 이방인을 몽둥이로 패서 죽였다.

친구의 죽음에 복수하기 위해 헤라클레스는 스파르테에 대항할 군대를 모았다. 그는 아르카디아를 통한 진군 도중 케페우스 왕과 그의

---

* 고대의 많은 그리스 인이 올림픽 경기를 펠롭스가 창설했다고 믿었다. 그래서 헤라클레스가 다시 경기를 시작한 것으로 이야기한다. 전설에 의하면 펠롭스는 힙포다메이아를 얻기 위한 오이노마오스 왕과의 경주에서 이기기 위해 마부 뮈르틸로스를 매수했다. 그가 전차의 쐐기를 뽑아내고 밀랍으로 만든 쐐기로 바꿔치기해 펠롭스는 승리했으나, 뮈르틸로스와의 약속을 지키지 않고 그를 죽였다. 이후 펠롭스는 그 일을 후회하고 올림피아 경기장에 뮈르틸로스를 기리는 기념비를 세웠다고 한다.

스무 명의 아들들을 전쟁에 초대했다. 그렇지만 케페우스 왕은 이웃의 아르고스 인들의 침입이 두려워 처음에는 전쟁에 동참하기를 거절했다. 헤라클레스는 아테나이에서 쇠로 만든 항아리에 메두사의 곱슬머리를 얻어 와서 이것을 케페우스의 딸인 스테로페에게 주며 말했다.

"아르고스 군대가 쳐들어오면 너는 이 곱슬머리를 쳐다보지 말고 성벽 밖으로 세 번 내밀어라. 그러면 적들이 도망칠 것이다!"

그리하여 케페우스는 아들들과 함께 전쟁에 나가기로 했다. 그의 딸은 다행스럽게도 아르고스 인들을 물리쳤지만 왕은 원정에서 불행한 일을 당했다. 자기 아들들과 함께 전사한 것이다. 헤라클레스의 형제 이피클레스도 전사했다. 그러나 헤라클레스는 스파르테를 정복했다. 그리고 힙포코온과 그의 아들들을 죽인 다음, 쌍둥이 카스토르와 폴뤼데우케스의 아버지 튄다레오스를 불러다 다시 왕좌에 앉혔다. 헤라클레스는 후손에게 물려주어야 한다는 명분으로 자신이 정복한 나라를 차지하지 않고 튄다레오스에게 넘겨준 것이다.

헤라클레스와 데이아네이라

헤라클레스는 펠로폰네소스에서 수많은 업적을 쌓은 다음, 아이톨리아 지방 칼뤼돈의 왕 오이네우스에게로 갔다. 왕에게는 아름다운 딸 데이아네이라가 있었다. 그녀는 아이톨리아의 어떤 처녀보다 많은 청혼자들에게 시달리고 있었다. 처음에 데이아네이라는 아버지 나라의 다른 중요한 도시인 프로우론에 살고 있었다. 그곳에는 아켈로오스라는 강이 있었는데, 강의 신 또한 그녀를 얻고자 했다.

강의 신은 세 가지 모습으로 변해 왕에게 데이아네이라를 달라고 간청했다. 처음에는 소의 모습으로 찾아왔다. 두 번째는 요상한 색으로 몸을 비비 꼬는 용이었고, 세 번째는 사람의 몸을 하고 왔지만 머리는 소의 모습이었다. 털이 텁수룩하게 자란 턱에서는 신선한 샘물이 흘러내리고 있었다. 데이아네이라는 이렇게 끔찍하게 생긴 구혼자와 결혼해야 한다는 생각에 하얗게 질려 깊은 슬픔에 빠졌다. 오랫동안 그녀는 완강히 거부했지만, 이 청혼자는 점점 다급하고 난폭하게 재촉을 해댔다. 결국 그녀의 아버지도 옛날에는 신들 중에서 귀족이었던 강의 신에게 딸을 넘겨주는 데 반대하지 않게 되었다. 그녀는 끔찍한 구혼자와 결혼하느니 차라리 죽게 해달라고 신들에게 간청했다.

약간 늦긴 했지만 적당한 시기에 두 번째 청혼자가 나타났다. 친구 멜레아그로스가 헤라클레스에게 왕의 딸이 대단한 미인이라고 말해주었던 것이다.[*] 헤라클레스는 치열한 싸움 없이는 그 아름다운 처녀를 얻을 수 없으리라는 생각이 들었다. 그래서 싸움에 나갈 때처럼 중무장을 하고 출발했다. 궁전을 향해 가는 그의 등에는 사자 털가죽이 바람에 휘날렸고, 화살통에서는 화살이 덜거덕거렸다. 헤라클레스는 시험 삼아 공중에서 곤봉을 휘둘러보았다. 머리에 소뿔이 난 강의 신은 헤라클레스가 다가오자 소머리의 혈관이 부풀어 오르는 것 같았다. 그는 헤라클레스를 뿔로 들이받으려 했다. 오이네우스 왕은 두 사람의 구혼자가 금세라도 덤벼들 듯한 무서운 광경을 보고는 어느 쪽

***

[*] 헤라클레스는 저승의 개 케르베로스를 잡으러 하계에 내려갔을 때 멜레아그로스를 만났다.

이건 싸움에서 이긴 자에게 딸을 주겠다고 약속했다. 이 힘센 두 사람 중 어느 쪽에게도 구혼 거절로 인해 화를 입고 싶지 않았다.

곧바로 왕과 왕비 그리고 딸 데이아네이라의 눈앞에서 치열한 싸움이 벌어졌다. 헤라클레스의 주먹이 바람을 갈랐고 활이 소리를 냈다. 그러나 강의 신은 그러한 타격과 화살에 상처를 입기는커녕 오히려 뿔이 나 있는 거대한 소머리로 들이받아 헤라클레스에게 치명적인 상처를 입히려 했다. 결국 두 사람은 엉겨 붙어 씨름을 하게 되었다. 팔과 팔, 발과 발이 뒤엉켜 싸우면서 두 사람의 얼굴과 온몸에서는 땀이 강물처럼 흘렀다. 둘은 끙끙거리며 죽을힘을 다해 싸웠다.

드디어 제우스의 아들 헤라클레스가 압도하더니 강의 신을 바닥에 내동댕이쳤다. 강의 신은 곧 뱀으로 몸을 바꿨다. 헤라클레스가 뱀을 잡아 눌러 죽이려 하자 강의 신은 다시 황소의 모습이 되었다. 그러나 헤라클레스는 당황하지 않았다. 황소의 뿔을 꽉 잡더니 무서운 힘으로 땅바닥에 내동댕이쳤고 뿔은 우지직 소리를 내며 부러졌다. 강의 신 아켈로오스는 패배를 인정하고 헤라클레스에게 공주를 양보했다. 그리고 옛날에 요정 아말테이아에게서 받은 석류 열매와 포도 등 여러 과일을 잔뜩 담은 뿔을 헤라클레스에게 주어 부러진 뿔과 바꾸었다.

데이아네이라와 결혼을 하기는 했지만 헤라클레스의 생활에는 별다른 변화가 없었다. 여느 때와 마찬가지로 그는 갖가지 모험으로 바쁘게 돌아다녔다. 그는 다시 아내와 장인이 있는 집으로 돌아와 식탁에서 손 씻는 물을 자신에게 내민 소년을 실수로 때려죽였기 때문에 또다시 도망치는 신세가 되었다.* 그는 젊은 아내와 어린 아들 휠로스를 데리고 길을 떠났다.

헤라클레스와 넷소스

헤라클레스는 칼뤼돈을 떠나 트라키스에 사는 친구 케윅스에게로 향했다.^{**} 지금까지 겪은 그 어떤 여행보다도 불행한 여행이었다. 그가 에우에노스 강가에 닿았을 때 켄타우로스 족 넷소스가 눈에 띄었다. 넷소스는 돈을 받고 행인을 어깨에 태워 강을 건너게 해주고 있었다. 넷소스는 자기가 정직해서 신들이 이런 특권을 준 것이라고 주장했다. 헤라클레스는 물론 넷소스의 도움이 필요하지 않았으므로 큰 걸음으로 혼자 강을 건넜다. 그러나 그는 돈을 주어 자신의 부인이 강을 건너는 것을 돕게 했다. 넷소스는 헤라클레스의 아내를 어깨에 메고 강물을 힘차게 건넜다. 강 한가운데까지 왔을 때였다. 데이아네이라의 미모에 눈이 먼 넷소스는 뻔뻔스럽게도 그녀를 만지기 시작했다. 헤라클레스가 반대쪽 강가에 도착했을 때 갑자기 아내의 비명소리가 들렸다. 아내가 털북숭이 괴물한테 추행당하는 광경을 본 그는 재빨리 화살통에서 화살을 뽑아 넷소스의 등을 쏘아 맞혔다. 데이아네이라가 괴물의 팔에서 몸을 빼내 남편에게로 달려가려 할 때였다. 넷소스는 복수를 하기 위해 숨이 막 끊어지는 찰나에 데이아네이라를 불렀다.

---

* 소년 에우노모스는 어느 날 오이네우스 왕의 식탁에서 손님들의 시중을 들고 있다가 실수를 저질렀다. 헤라클레스는 그것을 타이르느라 가볍게 쳤는데, 그의 뜻과 달리 투박한 손에 소년은 죽고 말았다. 일부러 그런 것이 아니었으므로 소년의 부친은 용서해주었으나 헤라클레스는 스스로 추방의 형벌을 짊어졌다.

** 케윅스는 헤라클레스의 의붓아버지 암피트뤼온의 조카로, 헤라클레스와는 절친한 친구이자 친척이었다.

강가에 도착하자 켄타우로스인 넷소스가 돈을 받고 강을 건너게 해주고 있었다. 헤라클레스는 큰 걸음으로 스스로 강을 건너갔다. 하지만 아내 데이아네이라는 넷소스가 강을 건너주도록 했다. 넷소스는 헤라클레스의 아내를 어깨에 메고 강물을 힘차게 건넜다. 그런데 강 한가운데까지 왔을 때 그만 데이아네이라의 미모에 눈이 먼 넷소스가 그녀를 만지기 시작했다. 헤라클레스는 반대쪽 강가에서 아내의 비명소리를 들었다. 아내가 털복숭이 괴물한테 추행당하는 광경을 본 헤라클레스가 재빨리 화살통에서 화살을 뽑아 넷소스를 겨냥하고 있다.

〈넷소스에게 납치당하는 데이아네이라〉, 루이 장 프랑수아 라그르네, 1755년, 루브르 박물관.

"이봐요. 내 말을 들어요. 오이네우스의 아가씨여! 그대는 내가 강을 건너게 해준 마지막 사람이니까 한 가지 좋은 것을 일러주지. 내 상처에서 흘러나오는 피를 받아둬요! 그 피는 남편의 마음을 꼭 붙들어놓는 부적이 될 거요. 그것을 남편의 속옷에 발라두면 남편은 결코 다른 여자한테 마음을 두지 않게 되오!"

넷소스는 음흉하게도 이런 말을 남기고는 죽어버렸다.

데이아네이라는 남편의 애정을 의심하지 않았지만 마침 그릇을 갖고 있어 넷소스의 진한 피를 받아두었다. 헤라클레스는 그 사실을 몰랐다. 멀리 있었기 때문에 아내가 하는 일을 보지 못했던 것이다.

두 사람은 두서너 번의 모험을 더 겪은 뒤 트라키스의 왕 케윅스에게 올 수 있었다. 두 사람은 헤라클레스와 어디서든 같이했던 아르카디아의 용사들과 함께 그곳에 머물러 살기로 했다.

헤라클레스의 최후

헤라클레스의 마지막 승리는 도시 오이칼리아의 왕 에우뤼토스를 정복하는 싸움에서였다. 에우뤼토스는 옛날에 딸 이올레를 주겠다는 약속을 지키지 않았었다. 헤라클레스는 그리스 전역에서 대군을 모아 에우보이아로 진군해 오이칼리아에 있는 에우뤼토스와 그의 아들들을 포위했다. 승리는 헤라클레스에게로 왔다. 높은 성곽은 무너져 먼지가 되었고 왕과 그의 세 아들은 죽임을 당했으며 도시는 파괴되었다. 아직 젊고 아름다운 이올레는 헤라클레스의 포로가 되었다.

한편 데이아네이라는 집에서 남편 소식을 걱정스럽게 기다렸다. 드디어 궁전에서 환호하는 소리가 들려왔다. 전령이 달려와 보고했다.

"부군께서는 아직 살아 계시며, 영광스러운 승리를 거두고 돌아오시는 중입니다. 전투에서 처음으로 획득한 것을 지금 고향의 신들에게 가져오고 있습니다. 그의 부하 리카스는 들판에서 백성들에게 승리의 소식을 전하고 있습니다. 주인의 도착이 늦어지는 것은 에우보이아 섬에서 제우스 신에게 감사의 제물을 바치고 있기 때문입니다."

곧 헤라클레스의 전령인 리카스와 그의 감시를 받는 포로들이 모습을 드러냈다. 리카스가 데이아네이라에게 말했다.

"축하드립니다! 신들은 결코 신을 모독하는 일을 좋아하지 않습니다. 헤라클레스 님의 정의로운 싸움이 축복을 받았습니다. 큰소리를 치던 허풍쟁이들은 그들의 불경스러운 입과 함께 하데스에게 보내졌습니다. 도시 오이칼리아는 함락되었습니다. 주인께서는 지금 우리가 데려온 포로를 당신께서 잘 보살펴달라는 말씀을 전하셨습니다. 특히 지금 당신 앞에 엎드려 있는 이 불쌍한 처녀를 말입니다."

데이아네이라는 젊고 아름다운 처녀를 동정에 가득 찬 눈으로 바라보았다. 처녀의 용모는 아름다웠고 눈은 사랑스럽게 빛나고 있었다. 데이아네이라는 처녀를 일으켜 세우며 말했다.

"그대의 사랑스러운 모습을 보니 솟구치는 동정심을 억누를 수가 없네요. 고향을 잃어버린 사람들이 낯선 나라로 끌려다니고 자유인이 노예로 전락하는 것을 너무나 자주 보아왔습니다. 승리자 제우스 신이여, 나의 집을 망하게 않게 하소서! 그런데 불쌍한 아가씨, 그대는 누구인가요? 아직 결혼을 하지 않은 고귀한 집안 출신 같은데! 리카스, 말해주세요. 이 아가씨의 부모는 누구인가요?"

"제가 어떻게 알겠습니까. 어째서 그런 것을 물으십니까?"

리카스가 말끝을 흐렸으나 무언가 감춘 듯한 기색이 역력했다. 그는 한참을 망설이다 말을 이었다.

"오이칼리아의 천한 집안 출신이 아니란 것은 분명하지요."

데이아네이라는 처녀가 그저 한숨만 쉴 뿐 말을 하지 않아 더는 묻지 못하고, 처녀를 집 안으로 데려가 보살피라고 명령했다. 리카스가 명령을 따르자, 데이아네이라에게 맨 처음 도착했던 전령이 곁에 와서 속삭였다.

"부인, 주인의 전령을 믿지 마십시오! 저 사나이는 사실을 숨기고 있습니다. 그가 트라키스 시장 한복판에서 많은 사람에게 자기 입으로 한 말을 들었습니다. 부인의 남편인 헤라클레스는 이 처녀를 얻기 위해 오이칼리아의 높은 성을 쳐부순 것이라 합니다. 부인께서 지금 맞아들인 저 처녀는 에우뤼토스 왕의 딸 이올레입니다. 헤라클레스께서 부인과 만나기 전에 사랑했던 여인입니다. 그녀는 당신의 노예가 아니라 연적이자 첩으로 당신의 집에 들어온 것입니다."

이 말을 들은 데이아네이라가 울음을 터뜨렸으나 곧 정신을 차리고 남편의 부하인 리카스를 불렀다. 처음에 리카스는 진실만 전했을 뿐이라며 최고신 제우스에게 맹세했다. 자기는 처녀의 양친이 누군지 모른다고 시치미를 뗐다. 그러나 데이아네이라는 제우스 신을 더는 모욕하지 말라면서 그에게 부담을 지웠다. 그녀가 울면서 말했다.

"남편에 대한 불신 때문에 남편을 싫어하게 될지도 모르지요. 그렇지만 이 처녀를 미워할 만큼 마음이 비열하지는 않습니다. 나에게 아무런 나쁜 짓도 하지 않았으니까요. 이 처녀를 보니 불쌍한 생각만 들어요. 아름답기 때문에 자기 행복을 송두리째 망쳤을 뿐 아니라 자기가 태어난 나라까지 잃고 노예가 되었으니 말이에요!"

리카스는 데이아네이라의 인정 어린 말을 듣자 모든 사실을 털어놓았다. 데이아네이라는 리카스를 조금도 나무라지 않았다. 그녀는 남편이 자신에게 보내온 수많은 포로에 대해 답례품을 보낼 생각이니 그동안 물러나서 기다리라고 했다.

데이아네이라는 예전에 음흉한 켄타우로스(넷소스)의 말대로 그의 피를 모아 연고를 만들어 빛이 들어오지 않는 비밀 장소에 간직해두고 있었다. 데이아네이라는 이 마법의 약이 생각났다. 그녀는 이 약이 오직 남편의 마음과 성실을 되돌려주는 것이라고만 믿고 있었다. 이제야말로 그 약을 실험할 때가 왔다고 생각한 데이아네이라는 은밀히 방으로 들어가 흰 양털 붓으로 연고를 찍어 남편에게 보낼 훌륭한 속옷에 몰래 발랐다. 그동안 그녀는 양털 붓과 속옷이 햇빛에 닿지 않도록 조심했다. 그리고 빨갛게 물든 속옷을 단정하게 개어 상자에 넣었다. 더는 쓸모가 없게 된 양털 붓을 바닥에 버리고 남편에게 보내는 선물은 리카스에게 넘겨주었다. 데이아네이라가 말했다.

"정성 들여 짠 이 속옷을 남편에게 전해주세요. 내가 손수 짠 것입니다. 이 속옷은 남편 외에는 그 누구도 입어서는 안 됩니다. 남편이라도 엄숙한 제삿날 신들에게 제사를 지내기 전까지는 그 옷을 입고 불이나 햇빛에 드러나서는 안 된다고 전해주세요. 이 인장 반지를 줄 테니 이것으로 그대가 나의 사신임을 남편에게 알리세요."

리카스는 분부대로 하겠다고 약속했다. 그는 제사를 드리고 있을 주인에게 고향의 소식을 전하고자 지체 없이 에우보이아로 떠났다.

며칠이 지났다. 헤라클레스와 데이아네이라의 장남 휠로스는 남편이 돌아올 날만을 초조하게 기다리는 어머니의 심정을 전하고 빨리 집으로 돌아올 것을 권하기 위해 아버지에게로 서둘러 떠났다. 한편 데이아네이라는 남편의 속옷에 마법의 약을 발랐던 방에 우연히 들어갔다. 그런데 바닥에 떨어진 양털 붓이 태양빛에 드러나 있었다. 그것을 본 데이아네이라는 깜짝 놀랐다. 양털 붓은 마치 먼지나 톱밥처럼 가루로 부스러졌고 나머지 부분은 부글부글 독거품이 끓어오르고 있었다. 파랗게 질린 데이아네이라는 불길한 예감에 사로잡혀 무서운 불안감 속에 집 안을 왔다갔다 했다.

마침내 휠로스가 돌아왔다. 그러나 아버지와 함께 오지는 않았다. 휠로스는 증오에 차서 소리를 질렀다.

"어머니! 차라리 태어나지 말지 그러셨습니까. 차라리 제 어머니가 아니었더라면 좋았을 겁니다!"

데이아네이라는 그렇잖아도 몹시 불안했는데 아들의 말을 듣고 더욱 놀랐다.

"휠로스야, 도대체 왜 그렇게도 내가 밉단 말이냐?"

아들은 흐느껴 울었다.

"어머니, 저는 케나이온 반도에서 되돌아왔습니다. 어머니가 아버지를 빼앗아 갔습니다!"

데이아네이라는 죽은 사람처럼 안색이 창백해졌다. 그러나 용기를 내어 물었다.

"누가 그런 말을 하더냐? 누가 그런 무서운 죄를 내게 씌우더냐?"

"내 눈으로 아버지의 비참한 운명을 똑똑히 보았는걸요."

휠로스가 계속 말했다.

"케나이온 반도에서 아버지를 만났는데 마침 제사를 지내기 위해 제단에서 짐승을 죽이려는 참이셨습니다. 그런데 리카스가 어머니의 선물을 가지고 찾아왔습니다. 그 저주받은 무서운 속옷을 들고 말입니다. 아버지는 곧 그 옷을 입고 옷매무새를 매만진 다음 열두 마리의 훌륭한 소를 제물로 바쳤습니다. 처음에는 아주 기분이 좋아서 기도를 하고 있었습니다. 그러나 제물로 바친 소를 굽는 불이 높이 타오르자 아버지는 갑자기 심하게 땀을 흘리셨습니다. 속옷은 마치 대장장이가 백랍으로 이어 맞춘 것처럼 몸에 찰싹 달라붙어 떨어지질 않았고 온몸은 심한 경련을 일으켰습니다. 그리고 독사에게 물린 것처럼 아버지는 괴로워하면서 신음하듯 리카스를 소리쳐 불렀어요. 아무것도 모르고 그 무서운 속옷을 가져왔던 리카스를 말입니다. 리카스가 와서 어머니가 말한 대로 낱낱이 전해주었지요. 아버지는 리카스의 발을 붙잡아 바다의 바위로 내던졌고, 리카스는 산산조각이 나서 거친 파도 속으로 가라앉아 죽었습니다. 사람들은 모두 이 광기에 놀라 소리쳤지만 미쳐버린 아버지에게 가까이 갈 수 없었어요. 아버지는 땅에 뒹굴고 큰 소리로 외치며 날뛰었기 때문에 주위의 바위와 산이 쩡쩡 울렸어요. 그리고 그런 심한 고통을 준 당신과의 결혼을 저주했습니다. 마지막으로 아버지는 제게 소리쳤어요. '휠로스야! 아버지를 불쌍하다고 여기면 곧 나를 데리고 출항해라. 나는 외국 땅에 묻히고 싶지 않다.' 그래서 저는 아버지를 배에 태웠습니다. 아버지는 고통으로 신음하면서 여기 도착하신 겁니다. 살아 계신지 돌아가셨는지는 알 수 없지만 곧 아버지를 만나시게 될 겁니다. 어머니, 이게 당신이 저지른 일입니다. 훌륭한 영웅을 당신은 무참하게 죽였습니다!"

데이아네이라는 이 끔찍한 말을 듣고 아무런 변명도 하지 않았다. 그녀는 말없이 절망에 빠져들어 아들 휠로스의 옆을 떠났다. 데이아네이라에게서 넷소스의 마법 연고를 이용하면 다시 남편의 신뢰를 얻을 수 있다는 비밀을 들었던 하인들이 아들에게 그 사실을 알려주었다.

"어머니에게 성급하게 화부터 낸 것은 잘못된 일입니다."

하인들의 말을 들은 휠로스는 급히 불행한 어머니를 쫓아갔다. 데이아네이라는 남편의 잠자리에서 칼로 가슴을 찔러 죽어 있었다. 휠로스는 울면서 죽은 어머니에게 매달리다가 자신의 성급함을 후회하며 그 옆에 몸을 내던졌다. 나중에 아버지가 도착하자 휠로스는 놀랐다. 헤라클레스가 외쳤다.

"휠로스야 어디 있느냐? 자, 칼을 뽑아 내 목을 쳐서 떨어뜨려다오. 그리고 흉악한 네 어머니가 불러온 분노에서 나를 구해다오!"

그러고는 절망하여 주위에 선 사람들에게 두 손을 펼쳐 부탁하며 소리쳤다.

"너희들은 골수가 빠져버린 이 사지를 아직도 알고 있지 않은가? 목자들의 두려움인 네메아의 사자를 잡았고, 레르나의 휘드라를 목졸라 죽이고, 에뤼만토스 산의 멧돼지를 잡는 데 도움을 주었고, 하계에서 케르베로스를 데리고 왔던 이 사지 말이다. 어떤 창도, 숲의 어떤 사나운 짐승도, 거인족 군대도 나를 제압하지 못했다. 그런데 여자의 손이 나를 멸망케 했다. 휠로스야, 그러니 나를 죽이고 어머니를 벌해다오!"

그러나 아들 휠로스는 어머니가 아버지의 불행을 위해 그런 일을 한 게 아니라는 것과 어머니가 그 일로 자살했다는 사실을 이야기해 주었다. 그 말을 듣자 헤라클레스의 노여움은 슬픔으로 바뀌었다. 그는 한때 사랑했던 포로 이올레가 휠로스와 약혼을 하도록 했다. 델포이의 신탁이 헤라클레스에게 트라키스 영토의 오이테 산에서 생을 끝마치라고 했기 때문에, 헤라클레스는 고통을 참은 채 자신을 오이테 산꼭대기로 데려다달라고 했다. 고통스러운 헤라클레스는 산꼭대기에 장작을 쌓게 하고 그 위에 앉아 부하들에게 불을 지르라고 명했다. 그러나 이 슬픈 일을 맡으려는 부하는 아무도 없었다. 고통에 시달리다 못해 절망에 빠진 헤라클레스의 간절한 소원을 마침내 친구 필록테테스가 들어주기로 결심했다. 헤라클레스는 감사의 표시로 필록테테스에게 무적의 화살과 승리에 빛나는 활을 주었다.

장작더미에 불을 댕기자 하늘에서 벼락이 떨어져 불꽃을 더 활활 타오르게 했다. 그러고 나서 구름이 장작더미로 내려와 천둥소리를 요란하게 울리며 불사의 신이 된 헤라클레스를 올림포스 산으로 데려갔다. 장작이 다 타서 재가 되자 이올라오스와 다른 친구들이 헤라클레스의 뼈를 줍기 위해 모여들었으나 아무것도 발견할 수 없었다. 그들은 신들이 전에 약속한 대로 헤라클레스가 사람의 세계에서 신들의 세계로 옮겨졌다는 것을 의심하지 않고 영웅 헤라클레스의 영전에 제물을 바쳤다. 헤라클레스는 점차 그리스 전역의 사람들에게 신으로 섬겨졌다. 올림포스에서는 헤라클레스의 친구인 여신 아테네가 그를 맞아들여 신의 영역으로 인도했다. 헤라도 헤라클레스와 화해했다. 청춘의 여신인 처녀 헤베는 올림포스 산에서 헤라클레스와의 사이에 죽지 않는 아이들을 낳았다.

5장

Die schönsten Sagen des klassischen Altertums

그리스의 영웅들, 비참한 운명을 맞다

벨레로폰테스[*]

시쉬포스는 아이올로스의 아들이며 인간들 가운데 가장 영악한 자였다. 그는 두 바다와 두 대륙 사이에 있는 좁고 기다란 반도에 중요한 도시 코린토스를 세우고 지배했다. 그러나 그는 살면서 온갖 종류의 사기 행위를 했기 때문에, 무거운 대리석을 온몸으로 굴려 올려 하계로부터 산꼭대기로 가져다 놓아야 하는 벌을 받았다. 그가 산 정상에 도착했다고 생각했을 때 육중한 돌은 다시 미끄러져 떨어졌다. 고통스러운 범죄자는 다시 바위를 위로 굴려야 했고 온몸에서는 식은땀이 흘러내렸다.

벨레로폰테스는 코린토스의 왕 글라우코스의 아들이자 시쉬포스의 손자였다. 그는 뜻하지 않은 사고로 사람을 때려죽이고 프로토이스가 다스리는 티륀스로 도망을 갔다. 프로토이스는 벨레로폰테스를 친절

---

[*] 벨레로폰이라고 하기도 한다.

하게 맞아주었고, 살인죄를 사면해주었다.

신들은 벨레로폰테스에게 아름다움과 용감함을 주었다. 그에게 반한 왕비 안테이아가 그를 유혹했으나 벨레로폰테스는 그 유혹에 넘어가지 않았다. 그러자 안테이아의 사랑은 증오로 변했다. 그녀는 그를 파멸시킬 거짓말을 꾸며내 남편에게 말했다.

"당신이 치욕스럽게 죽기 싫다면 벨레로폰테스를 죽이세요! 그 신의 없는 사람이 나를 갖고 싶다고 고백하면서 당신을 배신하라고 부추겼으니까요!"

이 말을 듣자 왕은 질투심에 눈이 멀었다. 그러나 그는 벨레로폰테스를 매우 사랑했기 때문에 그를 죽인다는 것은 생각만 해도 끔찍했다. 왕은 다른 방법으로 벨레로폰테스를 파멸에 빠뜨리기로 했다.

그는 벨레로폰테스를 장인인 뤼키아의 왕 이오바테스에게 보내면서 봉인한 서신을 진하라고 했다. 그리고 서신에는 벨레로폰테스를 이오바테스 왕에게 추천하는 내용이 적혀 있다고 말해두었다. 그러나 실은 이 편지를 들고 간 자를 처형하라는 글이 적혀 있었다. 하지만 신들이 그를 보호했다.

벨레로폰테스는 바다를 건너 아시아에 도착한 뒤 아름다운 강 크산토스, 즉 뤼키아로 가서 이오바테스 왕에게 갔다. 선하고 이방인에게 친절한 왕은 이름이나 출신 따위는 묻지 않고 그를 맞이했다. 벨레로폰테스의 아름다운 외모와 마치 군주와도 같은 위엄 있는 태도를 보고 왕은 그가 평범한 사람이 아님을 알았다. 그는 손님을 환영하기 위해 나날이 잔치를 베풀고 신들에게 매일 새로운 소를 제물로 바쳤다. 아흐레를 그렇게 지냈다. 그리고 열흘째 되는 날 동이 트자마자 왕은 벨레로폰테스에게 출신과 찾아온 용건을 물었다. 그러자 벨레로폰테스는 당신의 사위인 프로이토스가 보내서 왔다며 지참한 서신을 보여주었다. 편지를 본 이오바테스는 속으로 매우 놀랐다. 그는 이 고상한 젊은이가 아주 마음에 들었기 때문이다. 마찬가지로 사위가 아무 이유도 없이 벨레로폰테스에게 사형을 내렸으리라고는 생각지 않았다. 벨레로폰테스가 뭔가 끔찍한 범죄를 저질렀으리라 여긴 것이다. 그러나 그는 오랫동안 자기 손님이었고 자신의 호의를 살 정도로 행동거지가 훌륭한 사람을 이유도 모른 채 죽이기가 망설여졌다. 그래서 자기가 직접 벨레로폰테스를 죽이는 대신 그가 결코 이길 수 없는 싸움을 시키기로 했다.

그렇게 해서 벨레로폰테스는 뤼키아를 황폐하게 만들고 있는 키마이라를 처치하라는 첫 번째 임무를 부여받았다. 키마이라는 인간 사이에서 태어난 것이 아니라 신에게서 태어난 괴물이었다. 소름 끼치는 괴물 튀폰과 거대한 뱀 에키드나 사이에서 태어난 키마이라는 앞모습은 사자, 뒷모습은 용을 닮았고 옆모습은 마치 염소와 같았다. 숨을 쉴 때마다 입에서는 무서운 불이 뿜어져 나왔다. 신들은 벨레로폰테스가 처한 위험을 짐작했으며 딱한 생각이 들었다. 그래서 그에게 불사의 말 페가소스를 보내주었다. 페가소스는 포세이돈과 메두사 사이에서 태어난 날개 달린 말이다. 그러나 페가소스가 벨레로폰테스에게 어떤 도움을 줄 수 있단 말인가? 신들의 세계에서만 살았던 이 말은 이제까지 인간을 태워본 적이 없었다. 페가소스는 잡거나 길들일 수 있는 말이 아니었다. 그때 벨레로폰테스의 꿈속에 수호신 아테네가 나타났다. 아테네 여신은 그의 앞에 서서 금장식을 한 재갈을 손에 쥔 채 말했다.

"아이올로스의 후손이여, 자고 있느냐? 나에게서 이 재갈을 받아 말을 다스려보아라. 포세이돈 신에게 아름다운 황소를 제물로 바치고 그 말을 사용해라."

아테네 여신은 검은 아이기스 방패를 흔들더니 사라졌다.

잠에서 깨어난 벨레로폰테스는 벌떡 일어나 재갈이 있는지 먼저 살펴보았다. 재갈은 실제로 그의 손에 쥐어져 있었다. 그는 곧 예언자 폴뤼에이도스를 찾아가 자기가 꾼 꿈과 실제로 일어난 기적에 대해 이야기했다. 예언자는 포세이돈에게 황소를 제물로 바치라는 신들의 지시를 지체 없이 행하고 수호신 아테네를 위한 제단을 쌓으라고 벨레로폰테스에게 일러주었다. 그는 지시대로 했고, 곧 별로 힘들이지 않고 페가소스를 붙잡아 길들일 수 있었다. 그는 페가소스에게 재갈을 물린 다음 완전무장을 한 채 올라탔고, 높이 날아오르더니 키마이라를 화살로 쏘아 죽였다.

이 임무를 완수하자 이오바테스는 그를 솔뤼모이 족에게 보냈다. 솔뤼모이 족은 뤼키아 국경에 사는 호전적인 남성 족속이었다. 벨레로폰테스는 예상을 깨고 이 전투에서도 승리했다. 이오바테스는 다시 아마조네스와 싸우라는 임무를 주었다. 이번에도 그는 싸움에서 상처 하나 입지 않고 승리해 돌아왔다.

결국 이오바테스는 사위의 부탁을 들어주기 위해 벨레로폰테스가 귀환하는 길목에 뤼키아 전역에서 선발한 가장 용감한 남자들을 매복시켰다. 그렇지만 그들 중 한 명도 돌아온 사람은 없었다. 벨레로폰테스가 자신을 습격한 자들을 모두 죽여버렸기 때문이다. 비로소 왕은 그가 범죄자가 아니라 신들의 사랑을 받는 사람임을 알게 되었다. 그는 벨레로폰테스를 없애는 대신 자신의 왕국에 머물게 하면서 함께 나라를 통치하기로 했다. 그리고 아름다운 딸인 필로노에를 그의 아내로 주었다. 뤼키아 사람들은 그에게 최고로 좋은 땅과 농장을 주었다. 그는 필로노에와의 사이에서 아들 둘과 딸 하나를 낳았다.

벨레로폰테스의 행복은 종말을 맞았다. 그의 첫아들 이산드로스가 아버지를 닮아 힘 있는 영웅으로 성장했으나, 솔뤼모이 족과의 전투에서 죽고 말았다. 그의 딸 라오다메이아는 제우스와의 사이에서 아들 사르페돈을 낳았다. 그렇지만 그녀는 아르테미스의 화살을 맞고 죽었다. 오로지 그의 둘째아들 힙폴로쿠스만이 영광스러운 나이까지 살았다. 트로이아 전쟁이 일어나자 그는 영웅다운 기백을 지닌 아들을 조카인 사르페돈과 나란히 뤼키아의 군대와 함께 트로이아 인들을 도우러 보냈다.

그러나 벨레로폰테스는 날개 달린 불사의 말을 소유하게 된 뒤로 오만해져 올림포스로 올라가 신들의 자리에 함께 앉으려 했다. 페가소스는 벨레로폰테스의 뻔뻔스러운 계획이 못마땅했다. 하늘 높이 오른 페가소스가 앞발을 위로 들어 올리자 벨레로폰테스는 지상으로 곤두박질쳤다. 떨어지면서 입은 큰 상처는 회복되었지만, 벨레로폰테스는 이때부터 신의 미움을 받았다. 또한 인간들에게도 창피함을 느끼게 되어 마지막 남은 삶을 외롭게 방황하며 불명예스럽고 괴로운 노년을 보냈다.

테세우스 이야기

영웅의 탄생과 소년 시절

아테나이의 위대한 영웅이자 왕이기도 한 테세우스는 아이게우스와
아이트라 사이에서 태어났다. 어머니 아이트라는 트로이젠의 왕 핏테
우스의 딸이다. 아버지 쪽 조상은 에렉테우스 왕과—아테나이의 전설
에 따르면—대지에서 직접 태어난 아테나이 인으로까지 거슬러 올라
간다. 어머니 쪽 조상은 펠로폰네소스의 왕들 가운데 가장 강한 펠롭
스 왕*이다.

아테나이의 왕 아이게우스는 이아손의 아르고 호 원정 이전에 약
이십 년간 아테나이를 다스렸다. 어느 날 그는 펠롭스의 아들 중 하나
이자 작은 도시 트로이젠을 창건한 핏테우스에게 들렀다. 핏테우스가

❋   테세우스의 외할아버지 핏테우스는 바로 펠롭스와 힙포다메이아의 아들이다.

그를 친절히 초대했기 때문이다. 판디온 2세 왕이 낳은 네 아들 중 장남인 아이게우스는 부부 사이에 자식이 없어 몹시 고민하고 있었다. 그는 동생 팔라스가 낳은 쉰 명의 자식들이 자기를 적대시하며 자식이 없다고 멸시하자 그들이 두려웠다. 그래서 그는 아내 몰래 다시 결혼할 생각을 하게 되었다. 늙었지만 나라를 이을 기둥이 될 아들을 얻을 수 있으리라는 희망에서였다. 그는 핏테우스에게 자기 생각을 털어놓았다.

그전에 우연히 핏테우스에게 이상한 계시가 있었다. 딸의 결혼이 칭찬받을 만한 결혼은 못 되지만 장차 유명한 아들을 낳을 것이라는 내용이었다. 이 계시로 트로이젠 왕 핏테우스는 아이게우스에게 이미 고국에 아내가 있는 줄 알면서도 자기 딸과 몰래 결혼시키기로 마음먹었다. 그리하여 그들은 결국 결혼했다. 그러나 아이게우스는 트로이젠에 오래 머물지 못하고 며칠만 지내다 다시 아테나이로 돌아갔다. 해안가에서 새 아내와 이별할 때 아이게우스는 커다란 바위 밑에 샌들과 칼을 넣어놓고 말했다.

"신들께서 우리를 축복하여 아들을 주신다면 그 아들을 몰래 키우고 아이 아버지가 누군지는 아무에게도 발설하지 마시오. 아들이 이 바위를 굴려버릴 정도로 씩씩하게 자라면 이리로 데려와 샌들과 칼을 꺼내게 하고 아테나이에 있는 나에게 보내주시오."

아이트라는 정말로 아들을 낳았고, 그 아이는 테세우스라는 이름으로 불리며 할아버지 핏테우스의 보호 아래 자랐다. 아이 아버지가 누구인지는 물론 비밀이었다. 할아버지는 테세우스가 바다의 신 포세이돈의 아들이라는 소문을 퍼뜨렸다. 트로이젠 사람들은 포세이돈을 도시의 수호신으로 특별히 섬기고 있었다. 그래서 항상 그해에 수확한 첫 과일을 바쳤으며 포세이돈의 삼지창을 트로이젠의 문장으로 삼았다. 왕의 딸이 이렇게 숭배받는 신과의 사이에서 아들을 낳았다고 해서 시비 걸 사람은 없었다.

테세우스는 건장하고 힘 있는 젊은이로 자랐을 뿐 아니라 용감하고 사려 깊으며 굳센 의지를 지닌 사람이었다. 그래서 어머니 아이트라는 아들을 바위로 데려가 출생의 비밀을 알려주고, 아버지 아이게우스가 남긴 징표를 꺼내 아테나이로 떠날 것을 권했다. 테세우스는 바위를 천천히 들어 올려 손쉽게 밀어냈다. 그리고 바위 밑에서 샌들을 꺼내 발에 단단히 묶은 다음 칼을 허리에 찼다.

할아버지와 어머니가 뱃길로 가라고 간곡히 권유했지만 테세우스는 듣지 않았다. 당시 코린토스를 지나 아테나이로 가는 육로는 곳곳에 도적들이 들끓어 몹시 위험했다. 이 시대에는 완력과 주먹을 잘 쓰는 사람이 많았으며, 그들은 그 능력을 인간을 돕기보다는 해롭게 하는 일에 썼다. 그들은 자기 손에 들어오는 모든 것을 죽이거나 괴롭혔다. 그래서 헤라클레스가 원정 중에 몇몇을 때려죽이기도 했다. 당시 헤라클레스는 옴팔레 여왕 밑에서 노예로 일하며 뤼디아에서 도적들을 소탕하고 있었다. 그러나 그리스에는 아무도 이들을 제지할 사람이 없어 폭행이 난무했다. 그 때문에 펠로폰네소스에서 아테나이로 가는 육로는 아주 위험한 길이었다. 할아버지 핏테우스는 젊은 테세우스에게 이 도적과 살인범 들이 이방인에게 얼마나 잔인한 짓을 저질렀는지 자세히 이야기해주었다. 그러나 테세우스는 오래전부터 헤라클레스와 그의 용기를 본받고 싶어했다.

테세우스가 일곱 살 때 영웅 헤라클레스가 할아버지 핏테우스를 찾아왔다. 할아버지와 헤라클레스가 식사할 때 테세우스와 다른 트로이젠의 소년들이 함께 참석해도 좋다는 허락이 떨어졌다. 헤라클레스가 음식을 먹기 위해 입고 있던 사자가죽을 벗자 그 가죽을 본 아이들이 놀라 도망쳤다. 그러나 테세우스는 무서워하는 기색 없이 방을 나와 하인의 손에서 도끼를 빼앗더니 사자가죽을 향해 덤벼들었다. 사자가죽을 진짜 사자로 생각했던 것이었다.

헤라클레스를 만난 뒤부터 테세우스는 밤마다 그가 한 일들에 관한 꿈을 꾸었고, 낮에도 헤라클레스처럼 공적을 세우고 싶다는 생각뿐이었다. 게다가 그는 헤라클레스와 친척이었다. 그들의 어머니들이 한 남매의 자식들이었다.* 열여섯 살의 테세우스는 친척인 헤라클레스가 바다로 육지로 악인을 찾아다니며 무찌르고 있는 모습을 떠올렸다. 반면 자신은 해야 할 싸움을 피하고 있다는 생각이 들어 더는 참을 수 없었다. 테세우스는 기분이 언짢아져서 말했다.

"내가 바다라는 안전한 품에서 비겁하게 여행한다면 아버지로 섬겨온 신 포세이돈이 뭐라고 하겠습니까? 만일 먼지 하나 묻지 않은 샌들과 피가 묻지 않은 칼을 징표로 가져가면 내 아버지는 또 뭐라고 하겠습니까."

이 말은 용감한 영웅인 할아버지의 마음을 흡족하게 했다. 테세우스는 어머니의 축복을 받으며 그곳을 떠났다.

---

* 두 위대한 영웅을 인척관계로 만들기 위해 뤼시디케(펠롭스의 딸)를 알크메네의 어머니로 만든 후대의 전설에 따른 것이다. 그러므로 알크메네의 아들인 헤라클레스는 펠롭스의 손자가 된다. 가장 오래된 전설에서는 알크메네의 어머니가 아낙소(알카이오스의 딸)이다.

테세우스가 길에서 처음 만난 사람은 노상강도 페리페데스였다. 그는 쇠붙이를 박은 몽둥이를 갖고 다니며 지나가는 여행자들을 때려눕혔다. 이 때문에 그에게는 '몽둥이'라는 별명이 따라다녔다. 테세우스가 에피다우로스 근처에 왔을 때, 이 악한이 어두운 숲속에서 뛰쳐나와 길을 가로막았다. 테세우스는 전혀 놀라지 않았다. 그는 당당하게 강도를 향해 외쳤다.

"불쌍한 놈! 때맞춰 잘 나타났구나. 이제 세상에 두 번째 헤라클레스로 알려질 내가 너의 몽둥이를 가져야겠다!"

이렇게 말하면서 그는 짧은 격투 끝에 강도를 때려죽였다. 그러고는 페리페데스의 손에서 몽둥이를 빼앗아 전리품이자 무기로 삼아 지니고 계속해서 길을 갔다.

코린토스 지협에서 테세우스는 또 한 명의 악당을 만났다. 그는 '전나무 굽히기'로 유명한 시니스라는 사나이였다. 커다랗고 힘센 양손으로 두 개의 전나무 가지를 잡아 아래로 잡아당기고, 거기에 사로잡은 사람을 매달아 나무의 반동을 이용해 찢어 죽이기 때문이었다. 테세우스는 이 악당을 똑같은 방법으로 찢어 죽인 다음 몽둥이를 신께 바쳤다. 시니스에게는 페리구네라는 아름다운 딸이 있었다. 아버지의 비참한 죽음을 본 페리구네는 무서워서 도망쳤다. 테세우스는 페리구네를 찾아다녔다. 페리구네는 무성한 나무에 숨어 그 나무가 자기 말을 알아듣기라도 한다는 듯 천진하게 그 앞에서 맹세했다.

"만일 나를 숨겨준다면 이제부터는 너희를 절대로 꺾거나 불태우지

아버지를 찾아 길을 떠나온 테세우스는 코린토스 지협에서 또 한 명의 악당을 만났다. '전
나무 굽히기'로 유명한 시니스라는 자였다. 시니스는 커다랗고 힘센 양손으로 두 개의 전나
무 가지를 잡아 아래로 잡아당기고, 거기에 사로잡은 사람을 매달아 나무의 반동을 이용해
찢어 죽였다. 테세우스가 악당 시니스를 똑같은 방법으로 전나무 가지에 매달아 죽이려 하
고 있다.

〈테세우스와 시니스〉, 그리스 술잔, 기원전 490년경.

않겠다.”

테세우스가 전혀 해를 끼치지 않고 그녀를 최대한 잘 돌봐주겠다고 약속하자 페리구네가 모습을 나타냈고, 그 이후로 페리구네는 테세우스의 보호를 받았다. 나중에 그는 페리구네를 오이칼리아의 왕 에우뤼토스의 아들 데이오네우스에게 아내로 주었다. 페리구네의 자손들은 그녀가 한 맹세를 지켜 자기들의 할머니를 지켜준 나무들을 절대로 불태우지 않았다.

여행길에서 테세우스가 위험한 악당들만 소탕한 것은 아니다. 그는 헤라클레스와 똑같이 끔찍하고 해로운 짐승들과도 싸워야 한다고 믿었다. 그리하여 테세우스는 파이아라고 불리는 크롬뮈온의 멧돼지를 무찔렀다. 이 멧돼지는 너무도 난폭해 붙잡기 어려운 멧돼지였다. 이런 일을 하면서 테세우스는 메가라 국경에 도착했다.

거기서 세 번째로 악명 높은 노상강도 스케이론과 마주쳤다. 스케이론은 앗티케와 메가라 사이의 높은 바위 위에 버티고 있었다. 오만방자한 스케이론은 나그네에게 두 발을 내밀고 발을 씻기라 명령했다. 그러고는 나그네가 발을 씻기는 동안 바다로 걸어차버렸다. 그랬던 스케이론도 이번에는 테세우스를 만나 죽고 말았다. 앗티케 영역인 엘레우시스 마을 근처에서 그는 노상강도 케르퀴온을 만났다. 케르퀴온은 지나가는 나그네에게 씨름을 걸어 이기면 상대방을 죽여버리는 자였다. 테세우스는 그 도전에 응해 케르퀴온을 이겼다. 그렇게 그는 이 무서운 악당에게서 세상 사람들을 해방해주었다.

계속해서 길을 걷던 테세우스는 얼마 지나지 않아 가장 잔인한 도적 다마스테스가 있는 곳에 이르렀다. 사람들은 그를 ‘프로크루스테스(손발을 잡아 늘이는 사람)'라는 별명으로 불렀다. 다마스테스는 침대 두 개를 가지고 있었는데 하나는 아주 짧고 다른 하나는 아주 길었다. 그런데 이 음흉한 도적은 키가 작은 사람이 그물에 걸려들면 잠잘 때 그를 기다란 침대로 이끌었다.

"보시다시피 침대가 당신한테 너무 큰 것 같소. 친구여, 내가 당신에게 잘 맞도록 해주지!"

다마스테스는 이렇게 말하며 손님의 사지를 쭉쭉 잡아 늘려 죽여버렸다. 그러나 키가 큰 손님이 오면 짧은 침대로 데리고 갔다.

"미안하오. 이 침대는 당신을 위해 만든 게 아니라서 너무 작군. 그러나 곧 고쳐주지!"

그러고는 침대 밖으로 나온 두 발을 잘라버리는 것이었다. 테세우스는 이 거인 같은 도적을 작은 침대에 눕혀 몸을 잘라버렸다. 도적은 비참하게 죽었다. 이렇게 악당들은 테세우스의 손에 의해 그들이 써먹었던 악독한 방식으로 벌을 받았다.

이제까지의 여정에서 테세우스는 자기를 친절하게 맞아주는 사람을 한 번도 보지 못했다. 그러나 케피소스 강에 닿았을 때 드디어 퓌탈로스의 자손 퓌탈리다이* 몇 사람을 만나 따뜻한 대접을 받았다. 테세우스의 청을 받아들여 그들은 익숙한 방법으로 정결의식을 치러 테세우스의 유혈의 죄를 깨끗이 씻어준 뒤 집에 머물게 했다. 테세우스는 이 성실한 사람들에게 진심으로 답례하고 가까운 곳에 있는 아버

＊　퓌탈로스는 딸 페르세포네를 찾아 알레우시스까지 온 데메테르를 따뜻하게 대접했기 때문에 여신에게서 무화과나무를 선사받았다. 그 자손이 손님을 친절하게 잘 대접하는 퓌탈리다이이다.

테세우스가 여정에서 겪은 일들이 술잔에 그려져 있다. 맨 위에는 노상강도 케르퀴온과 씨름하는 테세우스가 그려져 있고, 오른쪽 시계 방향으로 다음과 같은 그림이 차례로 그려져 있다. 잔인한 도적 프로크루스테스를 침대에 눕혀서 죽이는 테세우스, 나그네들에게 두 발을 씻기게 하고 바다로 걷어차 죽이던 스케이론을 몽둥이로 내리치는 테세우스, 거칠게 날뛰는 마라톤의 황소를 무찌르는 테세우스, 전나무를 휘어 사람을 찢어 죽이는 시니스를 똑같은 방법으로 죽이는 장면. 마지막으로 왼쪽 위는 크롬뮈온의 난폭한 멧돼지를 잡는 장면이다. 술잔의 한가운데에는 테세우스가 미궁 속 괴물 미노타우로스를 죽이는 장면이 묘사되어 있다.

〈테세우스의 모험〉, 그리스 술잔, 기원전 440년경, 영국 박물관.

지의 나라로 발걸음을 옮겼다.

아테나이로 간 테세우스

아테나이에서 젊은 영웅 테세우스는 기대했던 평화도 기쁨도 찾지 못했다. 시민들은 혼란과 불화에 휩싸여 있었고, 아버지 아이게우스의 집도 슬픔에 빠져 있었다. 이보다 앞서 절망한 이아손과 코린토스를 버려둔 채 용의 전차를 타고 떠난 메데이아가 아테나이로 찾아왔다. 그녀는 교묘한 방법으로 늙은 아이게우스 왕의 총애를 받아 마법으로 청춘의 힘을 되찾아줄 것을 약속했다. 그래서 왕은 메데이아를 믿으며 함께 살고 있었다. 무서운 메데이아는 마법의 힘으로 테세우스가 왔음을 이미 알고 있었다. 메데이아는 시민들의 분쟁 때문에 골머리를 앓고 있던 왕을 꼬드겨 그 이방인은 위험한 적의 첩자이니 손님으로 맞아들인 뒤 그에게 줄 음식에 독을 넣어 죽여버리라고 설득했다.

신분을 감추고 아침 식사에 나간 테세우스는 아버지에게 앞에 앉아 있는 사람이 누구인지 알릴 생각에 기뻐했다. 테세우스 앞에는 벌써 독이 든 잔이 놓여 있었고, 메데이아는 새로 온 손님이 잔에 입을 대기만을 초조하게 기다리고 있었다. 그녀는 테세우스 때문에 집에서 쫓겨날까 봐 두려웠다. 독이 든 술은 경계를 늦추지 않는 이 젊은이의 눈을 영원히 감길 것이었다.

그러나 술잔보다는 아버지의 포옹을 바란 테세우스는 앞에 놓인 고기를 자르는 시늉을 하며 아버지가 바위 밑에 숨겨두었던 칼을 뽑았

다. 왕이 그것을 보고 자기 자식임을 깨닫게 하기 위해서였다. 아이게
우스는 눈에 익은 칼을 보자 당장 독이 든 잔을 뒤엎었다. 그는 몇 가
지 질문을 던져 앞에 있는 영웅의 피가 흐르는 젊은이가 운명이 점지
해준 자기 자식임을 알게 되었다. 왕이 테세우스를 굳게 끌어안았다.
곧바로 그는 시민들을 모아놓고 아들을 소개했다. 테세우스는 그 자
리에서 여정에서 겪은 모험담을 들려주었고 시민들은 온갖 위험을 이
겨낸 영웅을 환호로 맞이했다. 그리고 아이게우스 왕은 살인에 굶주
린 사악한 마녀 메데이아를 추방했다.*

테세우스와 미노스 왕

테세우스가 왕의 아들로서, 그리고 앗티케 왕위를 물려받을 후계자로
서 아버지 곁에서 지내면서 이룬 첫 번째 공적은 숙부 팔라스의 아들
쉰 명을 없애버린 일이었다. 그들은 자식이 없는 아이게우스 왕이 죽
으면 왕위를 차지하려고 기다리고 있었다. 그래서 어디서 굴러 들어
온 이방인이 자기들과 나라를 다스리게 된 것에 격분했다. 사실 아이
게우스 왕도 판디온의 양자였다. 그리하여 팔라스의 아들들은 무기를
들고 숨어 있다가 테세우스를 습격하기로 했다. 그러나 그들의 전령
인 한 이방인이 이 계책을 테세우스에게 고했다. 테세우스는 잠복 장

---

* 아테나이에서 추방된 메데이아는 고국 콜키스로 도망쳤다. 콜키스에서는 아버지 아이에테스가
형제에게 왕위를 빼앗긴 상태였다. 메데이아는 아버지와 화해하고, 마법을 이용해 아버지를 다시 왕
위에 올려놓았다. 메데이아는 죽은 후 콜키스 인들에게 숭배를 받았다고 한다.

소를 급습해 쉰 명의 아들을 전부 베어 죽였다.

어쩔 수 없이 저지른 피비린내 나는 살인으로 시민들의 노여움을 사지 않기 위해, 테세우스는 곧바로 모든 사람에게 이로운 일을 하러 모험을 떠났다. 그는 앗티케의 네 도시 주민들을 위협하는 마라톤의 황소*를 잡아 아테나이로 끌고 다니며 보여주다가, 마지막에는 아폴론에게 제물로 바쳤다.

바로 그때 정해진 공물을 징수하기 위해 크레테 섬에서 미노스 왕의 세 번째 사자가 찾아왔다. 공물을 바치게 된 데는 사정이 있었다. 미노스의 아들 안드로게우스가 앗티케 산중에서 속임수에 빠져 살해 당했다는 소문이 있었다. 이에 미노스는 잔인한 싸움으로 아테나이 주민에게 복수했고, 신들도 가뭄과 질병으로 나라를 황폐하게 만들었다. 그때 아폴론의 계시가 있었다. 만일 미노스 왕의 마음을 풀어주고 허락을 얻는다면 신들의 노여움과 아테나이 인들의 고민은 사라질 것이라는 계시였다. 아테나이 인들은 미노스 왕에게 여러 가지로 탄원한 결과 구 년마다 소년과 소녀 일곱 명씩을 크레테 섬에 공물로 보내는 조건으로 친목할 수가 있었다. 이들 열네 명의 소년 소녀는 미노스 왕의 유명한 미궁에 갇혀 사는 반은 사람이고 반은 소인 괴물 미노타우로스의 밥이 되어 죽어야 했다. 이제 세 번째 공물을 바칠 때가 다가오자 제비뽑기에 뽑혀 공물로 바쳐지게 된 소년과 소녀 들의 부모는 새삼 아이게우스 왕에게 불평을 해댔다. 그들은 이런 재난의 장본

---

* 헤라클레스가 전에 크레테에서 빼앗아 왔으나 에우뤼스테우스의 명령으로 놓아주었던 황소를 말한다.

크레테에는 소와 관련된 전설이 많다. 제우스가 소로 변해 에우로페를 납치해 간 곳도 크레테이고, 괴물 미노타우로스의 전설도 크레테를 무대로 하고 있다. 이 수소 머리 형태의 뿔잔은 크레테 크노소스 궁전에서 출토된 것이다.

〈수소 머리 뿔잔〉, 기원전 1500~기원전 1450년경, 헤라클리온 고고학 박물관.

인인 아이게우스 왕이 어디서 굴러 들어온 부랑자를 후계자로 삼고 자신들의 자식을 빼앗아 간다고 불만을 털어놓았다.

이 일은 함께 사는 시민들의 운명을 자기 것으로 여기는 테세우스의 마음을 아프게 만들었다. 그래서 그는 민회에 나가 스스로 공물이 되겠다고 선언했다. 모인 사람들은 그 의협심과 고귀한 헌신에 감동받았다. 기대하지 않았던 아들과 후손을 얻은 행운을 다시 빼앗길지 모르는 상황에 처한 아이게우스가 애원하며 말렸지만, 테세우스의 결심은 흔들리지 않았다. 그는 미노타우로스를 반드시 처치하고 제비뽑기로 공물이 된 다른 젊은이들과 함께 살아 돌아오겠다는 굳은 약속으로 아버지를 안심시켰다. 지금까지는 불행한 희생자를 크레테 섬으로 나르는 배에다 희망이 없다는 표시로 검은 돛을 달아놓았었다. 그러나 테세우스가 자신에 차서 용감하게 말하는 것을 보고 아이게우스는 조타수에게 흰 돛을 따로 준비하게 했다. 테세우스가 무사히 돌아오면 흰 돛을 올리고 그렇지 못하면 검은 돛을 올려 불행을 미리 알리라는 뜻이었다.

제비뽑기가 끝나자 테세우스는 제비로 뽑힌 소년과 소녀 들을 데리고 먼저 아폴론 신전으로 가서, 흰 양털로 감은 올리브나무 가지를 모두의 이름으로 보호를 청하는 제물로서 신에게 바쳤다. 그런 뒤 마을 사람들의 전송을 받으며 제비뽑기로 결정된 이들과 함께 해안으로 가서 비통에 찬 배를 탔다.

이보다 앞서 델포이의 신탁은 테세우스에게 사랑의 여신을 택해 그들을 인도해달라고 청할 것을 일러주었었다. 테세우스는 이 신탁의 뜻을 알 수 없었지만 아프로디테에게 제물을 바쳤다. 그러나 일이 성공하자 신탁의 뜻을 알 수 있었다. 왜냐하면 크레테 섬에 상륙하여 미노스 왕 앞에 나아갔을 때 테세우스의 젊고 씩씩한 모습이 사랑스러운 공주 아리아드네의 눈길을 사로잡았기 때문이다. 아리아드네는 테세우스에게 사랑을 고백하고 실타래를 건네주었다. 실타래에 묶인 실의 끝을 미궁 입구에 묶어놓은 다음, 반은 사람이고 반은 소인 무서운 미노타우로스가 있는 곳까지 그 실타래를 풀면서 가라는 뜻이었다. 그와 동시에 미노타우로스를 죽일 수 있는 마법의 칼도 주었다. 미노스 왕은 테세우스와 함께 소년 소녀 들을 미궁으로 보냈다. 테세우스는 그들을 이끌고 마법의 칼로 미노타우로스를 죽인 뒤 늘어뜨렸던 실을 따라 미궁에서 무사히 빠져나올 수 있었다. 그런 다음 그는 모두를 데리고 아리아드네의 도움과 안내를 받아 도망쳤다. 이번 싸움에서 뜻밖에 얻어낸 기쁜 상으로, 테세우스는 아리아드네와 함께 도망을 갈 수 있었다. 아리아드네의 충고로 테세우스는 크레테 섬에 있는 모든 배의 밑바닥을 부수어 미노스 왕이 쫓아올 수 없게 해놓았다.

이제는 안심해도 좋다고 생각한 테세우스는 아리아드네와 함께 디아 섬에 들렀다. 이 섬은 뒤에 '낙소스'라 불린 섬이다. 그러자 술의 신 디오뉘소스가 꿈에 나타나 아리아드네는 자기 신부라며 만일 애인을 양보하지 않으면 혼내주겠다고 위협했다. 테세우스는 어릴 때부터 신을 공경하는 분위기에서 자랐기 때문에 술의 신의 노여움을 두려워했다. 결국 그는 절망으로 슬퍼하는 아리아드네를 쓸쓸한 섬에 남겨놓고 떠났다. 밤이 되자 신랑 디오뉘소스가 나타나 아리아드네를 드리오스 산으로 데리고 갔다. 드리오스 산에서 먼저 술의 신이 사라졌고 곧이어 아리아드네의 모습도 보이지 않게 되었다.

테세우스는 애인 아리아드네의 도움을 받아 크레테 섬의 미노스로부터 무사히 도망쳤다. 그가 아리아드네와 그녀의 어린 동생 파이드라를 함께 데리고 나가고 있다. 그러나 낙소스 섬에서 아리아드네를 술의 신 디오뉘소스에게 빼앗겨, 파이드라만 테세우스를 따라 아테나이로 갔다. 나중에 테세우스는 파이드라와 결혼한다. 그러나 파이드라는 늙은 테세우스보다 그의 아들 힙폴뤼토스에게 마음이 끌려 파국을 맞게 된다.

〈미노스에게서 도망치는 테세우스와 여인들〉, 베네디토 제나리, 1702년, 빈 미술사 박물관.

테세우스와 동반자들은 아리아드네를 잃고 몹시 슬퍼했다. 그 슬픔이 너무 컸던 탓에 배가 앗티케 해안을 떠나올 때 달았던 검은 돛을 내리고 아이게우스의 명령에 따라 하얀 돛으로 바꿔 달아야 한다는 것을 그만 잊어버렸다. 배는 검은 상복과도 같은 그 돛을 그대로 단 채 고국 해안을 향해 나는 듯 달렸다. 해안의 높이 솟은 바위 위에서 바다 한가운데를 바라보고 있던 아이게우스 왕은 검은 돛을 달고 오는 배를 보자 아들이 죽은 것으로 여기고 비통한 마음에 그만 산더미처럼 치솟는 바닷물 속으로 몸을 던졌다.*

한편 테세우스는 상륙하자마자 항구에서 신들에게 약속한 제물을 바치고 무사히 돌아온 것을 알리기 위해 도시로 전령을 보냈다. 전령은 마을에서 받은 대접을 어떻게 생각해야 할지 알 수 없었다. 춤추며 환영하고 기쁜 소식의 전달자라고 화환을 장식해주는 사람들이 있는가 하면, 깊은 슬픔에 빠진 탓에 자기 이야기에 귀를 기울이지 않는 사람들도 있었다. 아이게우스 왕이 죽었다는 소식이 전해지면서 그제야 수수께끼는 풀렸다. 전령은 화환을 받았지만 그것으로 이마를 장식하지는 않고 그냥 지팡이에 매단 채 해안으로 되돌아왔다. 테세우스는 아직 신전에서 감사의 제물을 바치고 있었다. 사자는 슬픈 소식으로 신성한 의식을 방해하지 않으려고 잠시 신전 앞에 서 있었다. 그리고 번제의 불이 꺼지자 곧 아이게우스 왕의 죽음을 알렸다. 테세우스는 너무도 슬퍼한 나머지 벼락을 맞은 듯 땅바닥에 쓰러졌다.

---

* 이후부터 그리스와 소아시아 사이의 바다는 그의 이름을 따 아이게우스 해(에게 해)라 불렸다.

왕이 된 테세우스

테세우스와 앗티케의 소년 소녀 들을 태우고 무사히 고국으로 돌아온 것은 노가 서른 개나 달린 배였다. 아테나이 인들은 이 배를 영원히 기념하기 위해 잘 보존하기로 하고 목재는 새것으로 갈았다. 이리하여 옛 영웅시대의 유물은 알렉산드로스 대왕 이후까지도 오래오래 옛일을 사랑하는 사람들의 구경거리가 되었다.

왕이 된 테세우스는 전쟁영웅이었을 뿐 아니라 나라를 세우고 국민을 평화롭게 다스리는 데도 능력이 있었다. 이 점에서는 테세우스가 늘 자신의 모범으로 삼았던 헤라클레스의 위업을 넘어섰다. 그는 거대한 과업을 시작했다. 테세우스가 왕위에 오르기 전까지 앗티케의 주민은 하나의 성이자 작은 도시인 아테나이의 주변 마을에 흩어져 살고 있었다. 그래서 도시의 공통 문제를 함께 모여 의논하기가 어려웠다. 그뿐 아니라 자질구레한 땅 문제로 이웃끼리 다투기도 했다. 그래서 테세우스는 앗티케의 온 국민을 하나로 통합했다. 흩어져 있는 마을과 촌을 하나의 나라로 만든 것이다.

이 커다란 사업을 진행하면서도 그는 조금도 강요하지 않았다. 흩어져 있는 마을 하나하나를 찾아가 설득하고 진심에서 우러나온 동의를 얻는 데 힘썼다. 가난한 사람이나 천한 사람은 설득하지 않아도 되었다. 풍족한 사람들과 함께하는 공동생활이 그들에게 손해를 입힐 리 없었기 때문이다. 그는 유력인들과 부자들에게 지금껏 아테나이 왕들이 무제한 누렸던 왕권을 제한하는 완전히 자유로운 헌법을 약속했다.

테세우스는 말했다.

"나는 전쟁의 지휘자이자 법의 파수꾼이 되고 싶다. 그리고 모든 국민에게 평등한 권리를 줄 것이다."

많은 귀족이 그의 뜻을 이해해주었다. 나라의 변화를 썩 달가워하지 않는 사람들도 있었다. 그러나 이들은 이미 널리 알려진 테세우스의 용맹성과 그를 향한 백성들의 사랑을 두려워했다. 그래서 계속 반대하다가 강제로 이행하기보다는 자진해서 테세우스의 권고를 따르기로 했다.

이렇게 테세우스는 마을에 있던 관공서나 독립기구를 모두 없앤 다음, 도시 한가운데에다 모든 사람을 위한 공동 관청을 세우고 국민을 위한 제전도 열었다. 그리고 이것을 '판아테나이아(전 아테네 제전)'라 부르게 했다. 이 새로운 도시를 더 키우고자 그는 모든 지방 사람들에게 이민을 허락하고 똑같은 시민권을 주겠다고 약속했다. 아테나이에 여러 민족이 모인 커다란 도시를 만들고자 했던 것이다. 그러나 무리지어 모여드는 많은 사람이 새로 세운 나라의 질서를 어지럽히지 않도록 국민을 귀족, 농민, 노동자로 나누고 저마다 계급에 따른 특별한 권리와 의무를 갖게 했다. 귀족은 명망을 얻어 공무를 담당하게 하고, 농민은 풍족하게 살도록 해주고, 노동자는 많은 재산을 갖게 했다. 그리고 테세우스는 약속대로 왕권을 제한하고 귀족회의와 민회의 결정을 따랐다.

테세우스는 신을 공경하는 정신으로 나라의 기초를 튼튼히 하려고 힘썼다. 그래서 그는 여신 아테네를 나라의 수호신으로 삼아 제사를 지내게 했다. 또한 자신의 수호신이자 오랫동안 그의 아들로 자처해온 바다의 신 포세이돈을 위해, 전에 헤라클레스가 제우스를 위해 올림픽 경기를 마련했던 것처럼 코린토스 지협에서 다시 신성한 경기를 거행하려 했다. 그런데 그때 아테나이는 갑자기 이상한 전쟁에 휘말리게 된다.

젊은 시절 테세우스는 원정 도중 아마조네스 해안에 도착했다가 여인족에게서 선물을 받은 적이 있다. 그런데 테세우스가 마음에 든 것은 선물만이 아니라 선물을 가지고 온 아름다운 아마조네스 여인이었다. 그녀는 힙폴뤼테*라는 여인이었는데 테세우스는 힙폴뤼테를 배로 청했고, 테세우스는 이 아름다운 여인을 데리고 돌아와 아테나이에서 결혼했다. 힙폴뤼테는 기쁜 마음으로 영웅이자 훌륭한 왕인 테세우스의 아내가 되었다. 그러나 싸움을 좋아하는 아마조네스 족은 이 대담무쌍한 약탈에 분노했다.

테세우스가 그 일을 까맣게 잊고 있을 때 그들은 복수를 꾀했다. 아마조네스 족은 어느 날 갑자기 함대를 이끌고 상륙하더니 땅을 점령하고 도시를 덮쳐 마을 한가운데에 견고한 진을 쌓았다. 깜짝 놀란 주민들은 성안으로 물러났다. 그러나 모두들 두려움에 감히 공격을 하

❋　다른 설에 의하면 테세우스의 후처는 힙폴뤼테가 아니라 안티오페라고도 한다.

려 들지 않았다. 결국 테세우스가 신탁에 따라 복수의 신에게 제물을 바친 뒤 전쟁을 하기 위해 성 아래로 내려갔다. 처음에 아테나이 남자들은 남자 같은 이방 여자들의 공격을 피해 복수의 신 에리뉘에스의 신전까지 밀려 달아났다. 그러나 다른 쪽에서 새로 전쟁이 시작되었다. 아마조네스의 우측 진영이 진지까지 쫓겨가면서 그 와중에 많은 사람이 죽었다. 왕비 힙폴뤼테는 아마조네스 출신이었지만 이 싸움에서는 남편과 함께 아마조네스 족에 대항해 싸웠다. 그런데 한 자루의 투창이 테세우스 옆에 있던 힙폴뤼테를 맞혀 쓰러뜨리고 말았다. 훗날 그녀를 기념하여 여인상이 세워졌다. 결국 아마조네스 족과 테세우스가 강화를 맺음으로써 싸움은 끝이 났다. 아마조네스 족은 아테나이를 떠나 본국으로 돌아갔다.

테세우스와 페이리토오스

테세우스의 뛰어난 힘과 용감함은 나날이 소문이 자자해졌다. 고대의 가장 유명한 영웅의 한 사람인 익시온의 아들 페이리토오스는 테세우스의 힘을 시험해보기로 마음먹었다. 그래서 테세우스 왕의 소 떼를 마라톤에서 쫓아냈다. 곧 테세우스가 무기를 들고 쫓아온다는 소문이 들려왔다. 페이리토오스가 바라던 바였다. 페이리토오스는 그를 맞을 준비를 하고 기다렸다. 그러나 서로를 알아볼 수 있을 만큼 가까워졌을 때 둘은 상대방의 훌륭하고 씩씩한 모습에 놀라 미리 신호라도 한 듯 무기를 버리고 더욱 가까이 다가섰다. 페이리토오스는 테세우스에게 오른손을 내밀었다. 그러고는 자기가 소를 빼앗았으니 심판자가 되어 판결을 내려달라고 했다. 테세우스는 눈을 빛내며 대답했다.

"내가 요구하는 배상은 단 한 가지요. 그것은 내 친구이자 전우가 되어달라는 거요!"

그리하여 두 영웅은 서로 끌어안고 변함없는 우정을 맹세했다. 그 후 페이리토오스가 라피타이 족인 텟살리아의 왕녀 힙포다메이아와 결혼할 때 그는 의형제 테세우스를 결혼식에 초청했다. 라피타이 족은 텟살리아의 유명한 종족으로 최초로 말을 길들인 사람들이었다. 그들은 동물에 가까운 야생적 삶을 영위하는 종족으로 산에서 살았다. 그러나 신부 힙포다메이아는 애교가 넘치며 상냥하고 정숙한 얼굴을 한 미인이었다. 손님들은 입을 모아 그녀를 얻은 페이리토오스의 행복을 찬양했다. 텟살리아의 모든 왕이 이 축하연에 참석했고 페이리토오스의 친척인 켄타우로스들도 와 있었다. 켄타우로스들은 페이리토오스의 아버지 익시온이 헤라라고 생각하고 품었던 구름*에서 태어난 반인반마의 괴물로 라피타이 인과는 천적이었다. 그러나 신랑과는 친척이었기 때문에 옛 원한을 잊고 축하연에 와준 것이었다. 페이리토오스의 웅장하고 화려한 성은 혼례를 축하하는 노랫소리로 가득했고, 모든 방이 술과 요리가 뿜어내는 열기로 가득했다. 집 안에는 모든 손님이 다 들어갈 자리가 없어 초대받은 라피타이 인과 켄타우

---

* 익시온은 신들의 여왕 헤라에게 무모한 욕망을 품었기 때문에 제우스는 헤라의 모습과 비슷한 구름을 만들었다. 익시온은 이 구름을 안고 켄타우로스들을 낳았다. 그는 또한 결혼 전에 약속한 선물을 주지 않고 있다가, 장인 데이오네우스가 와서 선물을 요구하자 새빨갛게 타오르는 불구멍 속으로 밀어 떨어뜨려 죽였다. 최초의 근친 살해자로 그의 죄는 신성모독으로까지 여겨졌다.

로스들은 우거진 숲그늘에 나란히 앉았다.

축하연은 서로에게 방해가 되지 않게 즐기는 가운데 지나가고 있었다. 그때 갑자기 켄타우로스 중에서 제일 난폭한 에우뤼티온이 과음해 날뛰기 시작했다. 그는 아름다운 힙포다메이아의 모습에 반해 신랑에게서 신부를 빼앗으려는 유혹에 빠졌다. 순식간이라 어떻게 그런 일이 일어났는지 아무도 몰랐다. 갑자기 미쳐 날뛰는 에우뤼티온의 손에 힙포다메이아는 머리채가 잡혀 질질 끌려갔다. 술로 기고만장해진 켄타우로스들에겐 이런 행위가 싸움을 충동질하는 신호가 되었다. 여러 영웅과 라피타이 족 사람들이 그 광경을 보고 자리에서 채 일어나기도 전에, 켄타우로스들은 재빨리 시중드는 처녀들과 손님으로 온 텟살리아의 처녀들을 난폭한 손으로 붙잡았다. 순식간에 성과 정원이 점령당한 도시같이 되어버렸다. 여자들의 비명 소리가 넓은 집을 가득 채웠다. 힙포다메이아의 친구와 친척이 자리에서 벌떡 일어났다.

"에우뤼티온, 미쳤느냐?"

테세우스가 소리쳤다.

"내가 살아 있는데, 무엇에 눈이 멀어 페이리토오스를 모욕하고 우리 둘을 노엽게 하는가!"

이렇게 말하면서 그는 미쳐 날뛰는 에우뤼티온에게서 신부를 빼앗았다. 에우뤼티온은 대답에 궁한 나머지 손을 휘둘러 테세우스의 가슴을 후려쳤다. 무기가 없었던 테세우스는 청동 항아리를 들어 적의 얼굴에 내던졌다. 에우뤼티온은 모래 위로 벌렁 나자빠졌다. 상처 부위에서 피가 튀었다.

"어서 무기를 들어라!"

이렇게 외치는 소리가 사방에 울려 퍼졌다. 먼저 잔이며 물그릇이며 병이 날아갔다. 곧이어 켄타우로스가 제단에서 제물을 내렸고 한 사람은 요리를 비추던 촛농이 가득 붙은 촛대를 내렸다. 또 한 사람은 동굴 벽에 장식 겸 제물로 걸어놓은 사슴뿔을 휘둘렀다.

라피타이 인과 켄타우로스 사이에 무서운 살육전이 벌어졌다. 에우뤼티온 다음으로 광폭한 로이토스는 제단에서 커다란 횃불을 들어 쓰러진 라피타이 인의 찢어진 상처에 찔렀다. 이것을 본 라피타이의 용사 드뤼아스는 새빨갛게 불타오르는 말뚝을 뽑아 로이토스의 목과 어깨 사이를 찔렀다. 로이토스가 쓰러지자 켄타우로스들의 기세가 꺾였다. 드뤼아스는 다섯 명을 차례차례 죽여 복수했다. 그때 영웅 페이리토오스가 던진 창이 나무 기둥을 땅에서 뽑아 싸우려는 거대한 켄타우로스 페트라이오스를 꿰뚫었다. 두 번째 켄타우로스 딕튀스가 그리스 용사에게 맞아 쓰러지는 바람에 굵은 물푸레나무가 꺾였다. 세 번째 켄타우로스가 복수하려 했으나 테세우스가 참나무 말뚝으로 후려쳐 죽였다.

켄타우로스 가운데 퀼라로스는 가장 젊고 아름다웠다. 금빛의 긴 곱슬머리와 수염, 온화한 얼굴, 조각가가 공들여 깎은 듯한 목, 눈썹, 두 손과 가슴, 게다가 말의 몸체를 이룬 하반신도 흠잡을 데 없었다. 앉기 좋은 등, 튀어나온 가슴, 칠흑빛 피부, 거기에 발과 꼬리만 담색을 띠고 있었다. 퀼라로스는 아름다운 애인 휠로노메와 함께 축하연에 와 있었다. 휠로노메는 식사 때 응석을 부리듯 퀼라로스에게 기대고 있었는데, 치열한 싸움이 벌어진 지금도 그의 곁을 떠나지 않고 함께 싸웠다. 그때 어디서 날아온 것인지 화살이 퀼라로스의 가슴을 뚫

올림피아 신전의 벽공을 장식했던 '켄타우로스와 라피타이 인의 싸움'. 페이리토오스의 결혼 축하연은 평화롭게 지나가고 있었다. 그때 켄타우로스 중에서 가장 난폭한 에우뤼티온이 술에 취해 날뛰기 시작했다. 그의 손에 신부의 머리채가 잡혀 질질 끌려갔고, 곧이어 라피타이 인과 켄타우로스 사이에 무서운 살육전이 벌어졌다. 무기가 없는 테세우스는 청동 항아리를 집어 적의 얼굴에 내던졌다. 피가 튀며 에우뤼티온은 모래 위에 벌렁 나자빠졌다. 에우뤼티온 다음으로 광폭한 로이토스는 제단에서 커다란 횃불을 들어 쓰러져 있는 라피타이 인의 상처를 찔렀다. 이것을 본 라피타이 용사 드뤼아스는 불타오르는 말뚝으로 로이토스를 쓰러뜨렸고, 다섯 명을 차례차례 죽였다.

〈켄타우로스와 라피타이 족의 싸움〉, 올림피아 제우스 신전.

었다. 퀼라로스는 애인의 팔에 안긴 채 축 늘어졌다. 힐로노메는 죽어가는 남자에게 몸을 굽혀 입맞춤으로 다가오는 죽음을 막으려 했다. 그러나 퀼라로스의 숨이 끊긴 것을 알자 가슴에서 화살을 뽑아 혼란한 싸움 속으로 뛰어들었다.

치열한 싸움이 계속되자 모조리 기진한 켄타우로스들은 어둠 속으로 도망쳐 살육만은 면했다. 그렇게 해서 페이리토오스는 신부를 되찾았다. 이튿날 아침 테세우스도 페이리토오스에게 고별인사를 했다. 이 싸움은 새롭게 맺은 우정의 끈을 더욱 튼튼하게 만들어주었다.

테세우스와 파이드라

이제 테세우스는 운명의 기로에 서 있었다. 모험을 통해 얻는 행복보다는 가정을 꾸려 행복을 찾고 싶었다. 그렇지만 이러한 시도가 테세우스를 극심한 불행에 빠지게 만들었다. 테세우스가 청년 시절 크레테 섬의 미노스로부터 애인 아리아드네를 데려올 때의 일이었다. 그때 그녀의 어린 동생 파이드라도 함께 있었다. 파이드라는 언니 곁을 떠나려 하지 않았으나, 아리아드네를 술의 신 디오뉘소스에게 빼앗기자 테세우스를 따라 아테나이로 갔다. 포악한 아버지에게 돌아가고 싶지는 않았기 때문이다. 아버지 미노스가 죽자 파이드라는 그제야 겨우 고국 크레테 섬으로 돌아갔다.

미노스 왕의 맏아들로서 섬을 다스리는 오빠 데우칼리온의 집에서 자란 그녀는 어느새 아름다운 처녀가 되었다. 아내 힙폴뤼테가 죽은 후 오랫동안 독신으로 지낸 테세우스는 그녀의 아름다움을 종종 소문으로 듣고는 했다. 그는 그녀의 미모와 우아함이 언니인 아리아드네를 닮았으리라 믿었다. 데우칼리온도 영웅 테세우스에게 호의를 가지고 있었다. 그래서 그는 테세우스가 페이리토오스의 피비린내 나는 결혼식에서 돌아왔을 때 아테나이 인과 동맹을 맺었다.

테세우스는 데우칼리온에게 누이동생 파이드라를 아내로 맞겠다고 청했고, 청혼은 이루어졌다. 얼마 후 테세우스는 파이드라를 크레테 섬에서 맞이했다. 생각대로 파이드라는 옛 애인을 판에 박은 듯 닮아 있었다. 젊은 시절의 소망이 노년에 와서 이루어졌다고 생각될 정도였다.

아무것도 부족하지 않은 행복을 준 데다 결혼 후 파이드라는 두 아들 아카마스와 데모폰을 낳아주었다. 그러나 파이드라는 아름답기는 했지만 선량하지도 정숙하지도 않았다. 파이드라는 노인 테세우스보다 자기와 같은 또래인 테세우스의 젊은 아들 힙폴뤼토스에게 마음이 끌렸다. 힙폴뤼토스는 테세우스에게 잡혀 왔던 아마조네스 여인 힙폴뤼테와 테세우스 사이에서 태어난 아들이었다. 테세우스는 힙폴뤼토스가 아직 어렸을 때 그를 고향 트로이젠으로 보내 어머니 아이트라의 형제들 사이에서 자라게 했다.

어른이 된 이 아름답고 덕 있는 젊은이는 신비적 교의를 행하는 것을 돕기 위해 아테나이와 엘레우시스로 왔다. 힙폴뤼토스는 자기 생애를 여신 아르테미스에게 바치기로 결심했고, 지금껏 어떤 여자에게도 관심이 없었다. 파이드라는 이때 처음 힙폴뤼토스를 보았는데 젊어진 남편을 만난 듯이 느꼈다. 젊은이의 아름다운 모습과 순박함이 그녀의 가슴속에 격렬한 욕망을 일깨웠다. 그러나 파이드라는 이 잘못된 정열을 가슴속 깊이 감추고 있었다. 젊은이가 떠나자, 파이드라는 트로이젠의 도시를 바라볼 수 있는 아테나이 성에 사랑의 여신을 위한 신전을 세웠다. 그것은 나중에 '멀리 바라보는 여신 아프로디테 신전'이라고 불렸다. 파이드라는 며칠이고 그곳에 앉아 바다 쪽을 물끄러미 바라보았다.

테세우스가 친척과 아들 힙폴뤼토스를 찾아보기 위해 트로이젠으로 길을 떠났을 때, 파이드라도 함께 가서 오랫동안 거기 머무르게 되었다. 그곳에서도 파이드라는 그동안 가슴속에 묻어둔 정열과 내내 싸워야 했다. 고독한 그녀는 은매화나무 아래서 비참한 자신의 처지를 생각하며 눈물을 흘렸다. 그러다 결국 파이드라는 늙은 유모에게 자신의 애타는 심정을 털어놓았다.

여주인에게 어리석고 맹목적인 애정을 쏟던 교활한 노파는 계모의 죄 많은 정열을 그 아들에게 알려야겠다는 생각을 했다. 순결한 힙폴뤼토스는 유모의 이야기를 듣고 끔찍한 생각이 들었다. 더구나 부정한 계모와 함께 아버지를 왕좌에서 몰아내고 왕홀과 왕권을 둘이 나눠 갖자고 말했을 때는 아연실색했다. 힙폴뤼토스는 끔찍한 마음에 모든 여인을 저주했다. 이런 수치스러운 이야기를 듣는 것만으로도 몸이 더럽혀진 듯 느꼈다. 테세우스가 트로이젠의 도시를 떠나자—파이드라는 그때를 기다리고 있었다—힙폴뤼토스는 더는 계모와 한지붕 아래 있기가 싫었다. 그는 유모를 쫓아내고는 자신이 사랑하는 여신 아르테미스를 섬기기 위해 급히 들로 나갔다. 그는 여신 아르테미스를 위해 숲에서 사냥을 하면서 아버지가 돌아올 때까지, 그리고 자신의 괴로운 심정을 털어놓을 수 있는 날까지 왕의 집을 떠나 있기로 했다.

파이드라는 자신의 사악한 청이 거절당한 것을 참을 수 없었다. 죄의식과 파렴치한 정열이 가슴속에서 다투었으나, 결국 심한 분노가 승리를 거두었다. 테세우스가 돌아왔을 때 아내의 꼭 쥔 오른손에서는 그녀가 죽기 전에 쓴 편지가 발견되었다.

"힙폴뤼토스는 저의 정조를 빼앗으려 했습니다. 제게 남은 유일한 길은 정조를 잃기 전에 죽는 것입니다."

테세우스는 놀람과 증오로 마치 땅에 뿌리박힌 나무처럼 오랫동안 서 있었다. 그러나 드디어 두 손을 들어 하늘에 기도했다.

"항상 친자식처럼 저를 사랑해주신 아버지 포세이돈이여, 당신께서 전에 세 가지 소원을 이루어주겠다 하셨습니다. 그 약속을 기억해주십시오. 제가 이루고 싶은 소원은 오직 하나, 저주받은 제 자식이 오늘 넘어가는 석양을 살아서 보지 못하는 것입니다!"

아버지의 귀가 소식을 들은 힙폴뤼토스는 이 저주가 채 끝나기 전에 사냥을 끝내고 집으로 돌아왔다. 그리고 통곡소리를 들으면서 아버지와 계모의 시체 앞으로 걸어 나왔다. 아버지의 비난에 아들은 조용히 대답했다.

"아버님, 제 양심은 깨끗합니다. 아무 죄도 저지르지 않았습니다."

그러나 테세우스는 파이드라의 편지를 내민 다음 즉시 힙폴뤼토스를 국외로 추방했다. 힙폴뤼토스는 큰 소리로 수호신 아르테미스를 자신의 결백의 증인으로 부르면서, 제2의 고국 트로이젠에 탄식과 눈물로 고별했다.

그날 저녁, 전령이 급하게 테세우스 왕을 찾아왔다. 그가 왕에게 말했다.

"왕이여, 당신의 아드님 힙폴뤼토스는 이미 태양을 볼 수 없을 것입니다!"

테세우스는 냉담한 태도로 그 소식을 듣더니 비웃으며 말했다.

"아내를 빼앗긴 사나이에게 맞아 죽었겠지? 그놈은 아비의 처마저 욕보이려 했으니까."

"아닙니다. 그렇지 않습니다."

전령이 말했다.

"자신의 전차와 당신의 저주로 살해된 것입니다!"

"오! 포세이돈이여!"

이렇게 외친 테세우스는 하늘을 향해 감사의 의미로 손을 쳐들었다.

"당신은 오늘 진짜 아버지임을 보여주시고 제 소원을 이뤄주셨습니다! 그런데 전령이여, 아들이 어떻게 죽었는지 얘기해보게."

전령은 이야기를 시작했다.

"저희는 해안에서 주인 힙폴뤼토스의 말을 손질하고 있을 때 그분이 추방당했다는 소식을 들었습니다. 곧 주인님이 와서 수레를 마련하고 떠날 준비를 하라 명했습니다. 준비가 되자 주인은 두 손을 하늘로 쳐들고 이렇게 기도했습니다. '제우스여, 만일 제가 나쁜 짓을 했다면 저를 멸망시키셔도 좋습니다. 그러나 부당한 누명을 썼다는 것만은 제가 죽든 살든 상관하지 말고 아버지에게 알려주십시오!' 그렇게 말하고 나서 주인님은 전차를 타고 고삐를 잡은 다음 저희를 이끌고 아르고스의 도시 에피다우로스로 출발했습니다. 오른편엔 바다가 있고 왼편에는 쑥 튀어나온 바위가 있는 적막한 해변가에 왔을 때였습니다. 갑자기 지옥의 천둥이 치는 듯 커다란 소리가 들렸습니다. 말은 귀를 쫑긋 세웠고 우리도 모두 불안해서 소리가 어디서 나는지 주위를 살펴보았습니다. 바다로 눈을 돌렸을 때 끔찍한 것이 보였습니다. 바다의 파도가 마치 탑처럼 높이 하늘까지 치솟더니, 회오리 같은 소리를 내면서 코린토스 지협을 넘어 저쪽 기슭까지 확 덮쳐 온 것입니다. 그리고 미친 듯 날뛰는 파도와 함께 바다는 괴물을 토해냈습니다. 그것은 거대한 황소였는데 울음소리가 기슭과 바위에 메아리쳤습니다. 그 광경을 본 말은 갑자기 공포에 휩싸였습니다. 주인은 두 손으로 고삐를 확 잡아당겼으나 말은 재갈을 물면서 미친 듯 앞으로 달려나갔습니다. 그리고 말이 평탄한 길로 빠져나가려 하면 바다의 괴물이 길을 막았습니다. 말이 옆 쪽으로 바위를 돌아가려 하자 괴물은 바로 옆에서 달리면서 수레바퀴를 밀어냈습니다. 그러자 반대쪽 수레바퀴가 바위에 부딪혔고 불행하게도 주인은 거꾸로 떨어졌습니다. 그러고는 뒤집힌 전차와 함께 모래와 바위 위로 질질 끌려갔습니다. 모든 것이 눈 깜짝할 사이에 일어난 일이라 저희도 주인님을 도울 수가 없었습니다. 게다가 바위 모퉁이라 어떤 일이 일어났는지 잘 보이지도 않았습니다. 저희들이 숨을 헐떡이며 전차 뒤를 따라가는 동안 바다의 괴물은 마치 대지가 삼켜버린 것처럼 갑자기 사라지고 없었습니다. 왕이시여! 저는 아드님의 비참한 운명을 알리려고 이렇게 급히 달려왔습니다!"

테세우스는 오랫동안 아무 말 없이 우두커니 땅바닥만 내려다보고 있었다.

"나는 아들의 불행을 기뻐하지 않거니와 슬퍼하지도 않는다."

테세우스는 의혹에 차서 겨우 말했다.

"다시 한 번 아들을 만나 그가 저지른 죄에 대해 물어보고 서로 이야기할 수 있다면 얼마나 좋겠는가."

이때 백발을 흩날리며 찢어진 옷을 입은 노파가 통곡하면서 달려왔다. 노파는 나란히 서 있는 부하들을 밀치고 왕 앞에 엎드렸다. 그것은 파이드라의 늙은 유모였다. 유모는 양심의 가책으로 더는 잠자코 있을 수가 없었다. 유모는 눈물을 떨구며 힙폴뤼토스가 아니라 여주인 파이드라에게 죄가 있었음을 밝혔다. 불행한 아버지가 그저 멍하니 앉아 있는데, 슬픔에 빠진 부하들이 아들 힙폴뤼토스를 들것에 실어 왕 앞에 날라다 놓았다. 뼈가 부서지며 중상을 입기는 했지만 아직 숨은 쉬고 있었다. 테세우스는 후회와 절망으로 죽어가는 아들을 안았다. 힙폴뤼토스는 주위에 서 있는 사람들에게 가까스로 물었다.

"내겐 죄가 없다는 것을 알았지?"

모두가 끄덕여주었다.

"불쌍한 아버님! 저는 당신을 용서합니다."

겨우 안심한 듯 그렇게 말한 힙폴뤼토스는 숨이 끊어졌다. 힙폴뤼토스는 테세우스의 손으로 은매화나무 밑에 묻혔다. 전에 파이드라가 그 그늘에서 자기 연정을 누르려고 애쓰며 절망으로 잎을 잡아 찢던 그 은매화나무다. 파이드라의 유해도 이 나무 그늘에 묻혔다. 테세우스는 죽은 아내를 욕보이기 싫었던 것이다.

테세우스, 헬레네를 빼앗다

젊은 영웅 페이리토오스와의 우정은 고독한 늙은 영웅 테세우스의 가슴속에 대담무쌍한 모험에 대한 욕망이 되살아나도록 불을 지폈다. 페이리토오스의 아내 힙포다메이아는 결혼 뒤에 곧 죽었고, 테세우스도 이제 독신이라 두 사람은 여인을 빼앗으러 같이 나갔다. 제우스와 레다의 딸인 헬레네는 스파르테의 의붓아버지 튄다레오스의 집에서 자라고 있었다. 나중에 아주 유명해진 헬레네는 당시 어린 나이에도 불구하고 이미 가장 아름다운 처녀였다.

테세우스와 페이리토오스가 헬레네를 빼앗기 위해 스파르테로 왔을 때 그들은 아르테미스의 신전에서 춤추고 있는 그녀를 보았다. 헬레네에 대한 사랑의 정열로 불타오른 두 사람은 난폭하게도 헬레네를 납치해 아르카디아의 도시 테게아로 데리고 갔다. 그들은 여기서 제비뽑기로 헬레네를 차지하기로 했다. 그리고 헬레네를 차지하지 못한 자는 다음에 또 미인을 빼앗을 때 도와주기로 약속했다. 헬레네는 테세우스가 차지했다. 그래서 테세우스는 그녀를 데리고 앗티케의 아피드나로 가서, 거기 있는 어머니 아이트라에게 맡겨 보호하도록 했다.

테세우스는 페이리토오스와 여행을 계속했다. 두 사람은 헤라클레스처럼 어려운 일을 해내겠다고 생각했다. 페이리토오스는 플루톤의 아내 페르세포네를 저승에서 빼앗아 그것으로 헬레네를 잃은 보상을 받겠다고 결심했다. 이 계획이 실패하여 두 사람은 저승의 왕 플루톤으로부터 영원히 지옥에 머무르는 벌을 받았다. 두 사람을 도와주려던 헤라클레스가 테세우스밖에 구출해내지 못했다는 것은 앞에서 말했다.

　테세우스가 저승에 잡혀 있는 동안 헬레네의 형제 카스토르와 폴뤼데우케스는 누이동생 헬레네를 구하기 위해 앗티케로 들어갔다. 아테나이로 온 그들은 처음에는 적대적인 행동을 취하지 않고 온건하게 헬레네를 돌려달라고 청했다. 그러나 마을 사람들은 젊은 공주는 마을 안에 없고 테세우스 왕이 헬레네를 어디에 두었는지도 모른다고 대답했다. 형제는 화가 나서 군대를 일으켜 당장에 전쟁을 일으키려 했다. 아테나이 사람들은 깜짝 놀랐다. 유일하게 테세우스의 비밀을 알고 있던 아카데모스가 헬레네를 아피드나에 숨겨뒀다고 털어놓았다. 카스토르와 폴뤼데우케스는 아피드나로 몰려가 마을을 급습해 점령했다.

　그사이 아테나이 시에서는 테세우스에게 불리한 여러 가지 일이 일어났다. 에렉테우스의 증손이며 페테오스의 아들인 메네스테우스가 비어 있는 왕위를 노리고 있었다. 테세우스는 시민들에게서 가장 사랑받고 있었다. 이에 메네스테우스는 테세우스 왕이 귀족들을 지방 저택에서 도시로 옮기게 하여 자신의 부하이자 노예로 만들었다는 그럴듯한 설명으로 귀족들을 선동했다. 그리고 시민들한테는 자신들의 선량한 영주를 받들지 않고, 신전과 신들을 버린 채 허망한 자유를 위해 이방인 폭군을 받들고 있다고 비난했다. 게다가 아피드나 마을이 카스토르와 폴뤼데우케스에게 점령당해 아테나이 전체가 공포에 사로잡히자, 메네스테우스는 사람들의 공포심을 이용했다. 그는 시민들에게 카스토르 형제가 싸움을 걸어오는 것은 오직 누이동생을 빼앗은 테세우스 때문이므로, 헬레네를 찾아 그들에게 돌려주고 도시를 개방

해 두 사람을 친절하게 맞아들여야 한다고 선동했다. 실제로 메네스
테우스의 말이 거짓말이 아님이 금세 드러났다. 카스토르 형제는 열
린 문으로 아테나이로 들어와 권력을 손에 넣었으나 아무에게도 해를
입히지 않았다. 아테나이 귀족과 헤라클레스의 친척이 요구했던 것처
럼 단지 엘레우시스 밀교를 섬길 것을 요구했을 뿐이다. 카스토르의
형제들은 헬레네를 구한 다음, 마을 사람들의 안내를 받으며 도시를
나와 다시 고국으로 향했다.

테세우스의 최후

그사이 테세우스는 헤라클레스의 도움을 받아 하계에서 해방되어 돌
아와 있었다. 다시 왕좌에 앉았으나 그는 평안하지 못했다. 자신에 대
한 분노가 여기저기서 터져 나왔기 때문이다. 그 분노의 정점에 메네
스테우스가 있었고 그 뒤에는 귀족 일파가 있었다. 이들은 테세우스
의 숙부인 팔라스와 죽임을 당한 그의 아들들을 추모하여 스스로를
'팔란티다이'라고 불렀다.*

　이전에 테세우스를 미워하던 자들은 점차 그에 대한 공포심을 잊어
버렸고, 서민들도 왕에게 복종하는 대신 메네스테우스의 달콤한 말에
귀를 기울였다. 처음에 테세우스는 권력을 휘둘러보았으나 불온한 음

＊　원래 팔란티다이는 팔라스의 아들들 쉰 명을 가리키는 말이다. 귀족들은 테세우스에게 맞서면
서 이 이름을 자청했다.

모와 공공연한 반항으로 모든 노력이 수포로 돌아갔다. 불행한 왕은 복종을 거부하는 도시를 버리기로 마음먹었다. 그는 이미 아들 아카마스와 데모폰을 에우보이아의 엘페노르 왕에게 보냈다. 그리고 앗티케의 가르게토스라는 조그만 시골마을에서 엄숙한 말투로 아테나이인을 저주했다. 사람들은 그 뒤에도 오랫동안 이 저주의 장소를 표시해두었다. 그리고 테세우스는 그곳을 떠나 배를 타고 스퀴로스로 갔다. 테세우스는 이 섬의 주민들을 특별히 자기 친구들로 생각하고 있었다. 이 섬에 아버지에게 상속받은 훌륭한 농장이 있었기 때문이다.

그 당시 스퀴로스 왕은 뤼코메데스였다. 테세우스는 이 섬에 머물고자 하니 농장을 돌려달라고 청했다. 그러나 운명은 테세우스를 가혹한 길로 이끌었다. 뤼코메데스가 테세우스의 명성을 두려워했는지 아니면 메네스테우스와 은밀하게 연통했는지는 알 수 없지만, 뤼코메데스는 자신을 의지하고 온 손님을 아무도 모르게 처치해버리기로 했다. 그래서 그는 테세우스의 아버지가 이 섬에서 소유했던 아름다운 농장을 보여주겠다면서 테세우스를 험준하게 치솟은 섬의 높은 바위 꼭대기로 데리고 갔다. 그리고 푸른 들판을 바라보고 있는 테세우스를 뒤에서 밀어버렸다. 테세우스는 바위에서 떨어졌고 부서진 시체는 바다 밑으로 가라앉았다.

은혜를 모르는 아테나이 사람들은 테세우스를 곧 잊어버렸다. 메네스테우스는 마치 조상한테서 왕위를 물려받은 것처럼 시치미를 떼고 정권을 잡았다. 테세우스의 아들들은 트로이아 전쟁이 벌어졌을 때 영웅 엘페노르 밑에서 평범한 병사로 싸웠다. 메네스테우스가 그곳에서 전사하고 나서야 그들은 아테나이로 돌아와 왕홀을 손에 쥘 수 있었다.

수백 년 뒤 아테나이 인이 마라톤에서 페르시아 인과 싸워야 했을 때, 위대한 영웅 테세우스의 망령이 대지에서 나타나 배은망덕한 부하들의 자손을 이기게 해주었다. 이때 델포이의 계시는 테세우스의 유골을 거두어 잘 묻도록 아테나이 인에게 명령했다. 그러나 도대체 어디에서 그 유골을 찾을 수 있겠는가? 만약 스퀴로스 섬에서 그 무덤을 찾았다 하더라도 테세우스의 유골을 야만스러운 이방인으로부터 어떻게 되찾아올 것인가? 그런데 밀티아데스의 아들이며 유명한 아테나이 인 키몬이 스퀴로스 섬을 차지했다. 그리하여 그는 테세우스의 무덤을 열심히 찾아보았다. 그때 언덕 위에서 너울너울 춤추는 독수리 한 마리를 보았다. 멈춰 서서 보고 있는데 독수리가 사뿐히 내려와 어떤 무덤의 흙을 발톱으로 헤치기 시작했다. 키몬은 분명 신의 계시려니 하고 그곳을 파내려갔다. 그랬더니 깊은 땅속에 커다란 관이 있고 그 옆에 청동의 창과 칼이 보였다. 키몬도 그를 따라간 사람들도 그것이 테세우스의 유해임을 믿어 의심치 않았다. 거룩한 유해는 노 젓는 사람의 자리가 셋이나 있는 훌륭한 군함으로 옮겨졌다. 그리고 화려한 행진과 봉헌식이 있은 뒤 환호성이 요란한 가운데 아테나이로 들어왔다. 마치 테세우스 자신이 아테나이로 되돌아오는 것 같았다. 이리하여 수백 년이 지난 뒤에야 아테나이의 자유와 시민법의 창설자 테세우스에게 자신들의 비열한 조상이 저질렀던 과오를 보상하고 감사하는 뜻을 전할 수 있었다.

오이디푸스 이야기

출생과 어린 시절, 도주와 아버지 살해

카드모스의 후손인 랍다코스의 아들 라이오스는 테바이의 왕이었다. 그는 테바이의 귀족 메노이케우스의 딸 이오카스테와 결혼했지만 오래도록 아이를 갖지 못했다. 라이오스는 자식을 얻고 싶어 델포이의 아폴론에게 물었는데 다음과 같은 신탁을 받았다.

"랍다코스의 아들 라이오스여! 너는 아들을 얻고 싶구나. 너는 아들 하나를 얻게 될 것이다. 그러나 자식의 손에 생명을 잃는 운명이라는 것을 알아라. 그것은 옛날에 너에게 자식을 빼앗긴 펠롭스의 저주를 들으신 크로노스의 아들 제우스의 명령이니라."

젊었을 때 라이오스는 고국에서 도망쳐 펠로폰네소스를 찾아간 적이 있었다. 그는 펠롭스 왕의 궁전에서 손님으로서 대접을 잘 받았다. 그런데 라이오스는 은혜를 원수로 갚았다. 왕의 아름다운 아들 크뤼

십포스*를 네메아 경기 축제 때 납치했던 것이다.

이 죄를 알고 있던 라이오스는 신탁을 믿고 오랫동안 아내와 떨어져 지냈다. 그렇지만 둘은 서로를 진심으로 사랑했다. 그래서 운명의 경고에도 불구하고 두 사람은 다시 같이 살았다. 그 후 이오카스테는 아들을 낳았다. 아이가 태어났을 때 양친은 문득 저주받은 신탁이 떠올랐다. 그래서 신의 말씀에서 벗어나기 위해 낳은 지 사흘 밖에 안 된 갓난아기를 발에 구멍을 뚫어 붙들어 맨 뒤 험한 키타이론 산에 내다 버리게 했다. 그러나 이 잔인한 명령을 받은 목동은 죄 없는 아이를 보자 가엾은 생각이 들었다. 그는 키타이론 산에서 코린토스 왕 폴뤼보스의 가축을 지키던 다른 목동에게 아기를 넘겨주었다. 그러고는 궁전으로 돌아와 왕과 왕비한테 임무를 완수했다고 거짓 보고를 했다. 두 사람은 아이가 지쳐 죽든 짐승에게 물려서 찢겨 죽든 간에 신탁은 이루어질 수 없게 되었다고 믿었다. 그들은 자식을 희생시킴으로써 아버지를 살해하는 범죄로부터 구했다는 생각으로 양심을 달랬다.

한편 아이가 누구인지 어떻게 자신에게 오게 되었는지 알지 못하는 폴뤼보스의 목동은 발에 구멍을 뚫어 함께 묶어놓은 아이의 발뒤꿈치를 풀어주고 상처 난 곳을 치료해주었다. 그는 아이의 발에 상처가 나 있으므로 '부은 발(오이디푸스)'이라는 이름을 지은 다음, 아이를 코린토스의 폴뤼보스 왕에게 데려갔다. 왕은 버림받은 아이를 불쌍히

---

* 펠롭스와 요정의 아들로 그는 뛰어난 미모에도 불구하고 몹시 불행한 운명이었다. 아버지 펠롭스는 전쟁을 일으켜 라이오스의 손에서 아들을 되찾아 왔으나, 그 뒤 펠롭스의 질투심 많은 아내 힙포다메이아(페이리토오스의 아내와 동명이인)의 교사를 받은 배다른 형제 아트레우스와 튀에스테스의 손에 암살되었다.

여겨 아내인 메로페와 함께 자기 아들로 키웠다. 오이디푸스가 청년이 되자 사람들은 그를 최고의 시민으로서 섬겼고, 그 자신도 폴뤼보스 왕의 아들이자 후계자임을 굳게 믿으며 행복하게 지냈다. 그런데 이때 오이디푸스를 갑자기 절망의 구렁텅이로 떨어뜨리는 사건이 일어났다.

오래전부터 오이디푸스를 시기하던 한 코린토스 인이 잔치 자리에서 술에 취해 오이디푸스에게 폴뤼보스의 친자식이 아니라고 말한 것이었다. 오이디푸스는 잔치가 끝나기도 전에 자리에서 물러났다. 가슴이 미어졌다. 그날은 일단 의심을 다독이며 가까스로 마음속에 묻어두었다.

다음 날 아침, 오이디푸스는 부모에게 가서 진실을 얘기해달라고 청했다. 물론 그의 부모는 양부모였다. 폴뤼보스와 그의 아내 메로페가 그 말을 듣고는 몹시 화를 냈다. 그들은 오이디푸스의 의심을 풀어주려 했지만 분명한 대답은 하지 못했다. 오이디푸스는 부모의 말 속에서 자신에 대한 사랑을 느껴 기뻤으나 의심은 계속해서 마음을 파고들었다. 자신의 적이 내뱉은 말이 너무나도 가슴 깊이 꽂혔기 때문이다. 마침내 그는 부모에게 알리지 않고 몰래 여행을 떠났다. 델포이 신탁으로 자신에 대한 중상모략적인 발언을 반박하고 싶었던 것이다. 그러나 아폴론은 그의 질문에 대답하지 않고 앞으로 그에게 닥쳐올 새롭고도 엄청난 불행을 암시해주었다.

"너는 아버지를 죽이고 어머니와 결혼하여 사람들에게 미움을 받는 자손을 남길 것이다."

오이디푸스는 이 말을 듣자 말할 수 없는 불안에 사로잡혔다. 그렇지만 그는 마음속으로 자신을 사랑하는 폴뤼보스와 메로페가 친부모라는 믿음을 버리지 않았다. 그래서 그는 고국으로 돌아갈 수 없었다. 운명에 쫓겨 사랑하는 아버지 폴뤼보스를 해치거나 신들에 의해 광기에 사로잡힌 나머지 어머니 메로페와 결혼을 하게 될까 봐 두려웠기 때문이다. 그는 델포이를 떠나 보이오티아로 가기로 했다.

델포이와 다울리스 사이에 난 길로 접어들자 갈림길에서 마차 한 대와 마주쳤다. 마차에는 모르는 노인이 전령과 마부 그리고 두 명의 시종과 함께 타고 있었다. 마부는 좁은 길을 걸어오는 오이디푸스를 난폭하게 길에서 몰아내려 했다. 욱하는 성격인 오이디푸스는 이 거만한 마부에게 일격을 가했다. 두려워하는 기색도 없이 마차를 향해 성큼성큼 다가오는 젊은이를 보자, 노인은 손에 들고 있던 가시나무를 이중으로 엮어 만든 몽둥이로 그의 정수리를 세게 후려쳤다. 이성을 잃은 오이디푸스는 자기도 모르게 신들에게서 받은 초인적 힘을 휘둘렀다. 그가 여행용 지팡이를 휘두르자 노인은 곧바로 마차 뒤로 넘어져 떨어졌다. 그러고 나서는 격투가 벌어졌다. 오이디푸스는 세 사람을 상대로 싸워야 했다. 결국 젊은 혈기의 오이디푸스가 이겼다. 오이디푸스는 세 사람 중 도망간 한 사람을 빼고 모두 때려죽인 후 그 곳을 떠났다.

그는 자기가 죽인 사람이 평범한 포키스 인 또는 보이오티아 인이라고 생각했다. 그가 만났던 노인은 높은 관직을 나타내는 표식 같은 것이 없었다. 자기를 죽이려 했기 때문에 그의 노예들과 함께 어쩔 수 없이 죽인 거라고 믿었다. 그러나 살해된 노인은 퓌티아의 신탁을 받으러 가던 오이디푸스의 친아버지, 곧 테바이의 왕 라이오스였다. 이리하여 아버지와 아들에게 주어진, 그러나 그들 모두가 피하고자 했던 예언은 현실이 되었다. 플라타이아이 마을의 남자 다마시스트라토스가 맞아 죽은 사람들의 시신을 네거리에서 발견하고 불쌍히 여겨 묻어주었다. 많은 세월이 지난 뒤에도 그 지방을 여행하는 사람은 네거리 한가운데에 돌로 쌓아올린 그 무덤을 볼 수 있었다.

테바이로 간 오이디푸스, 어머니와 결혼하다

이런 일이 있고 얼마 지나지 않아 보이오티아 지역에 있는 테바이 시의 문 앞에 스핑크스라는 괴물이 나타났다. 앞은 처녀, 뒤는 사자 형태를 하고 있는 날개 달린 괴물이었다. 스핑크스는 뱀의 몸을 가진, 많은 괴물을 낳은 무서운 어머니 에키드나와 아버지 튀폰의 딸이었다. 그리고 지옥의 개 케르베로스, 레르나 늪에 사는 휘드라, 불을 토하는 괴물 키마이라와는 남매가 된다.

괴물 스핑크스는 바위 위에 자리 잡고 앉아 테바이 주민에게 무사 여신들에게서 배운 여러 가지 수수께끼를 냈다. 그래서 수수께끼를 풀지 못하면 그 자리에서 찢어 먹어버렸다. 이런 재앙이 테바이를 덮쳤을 때, 이 도시 사람들은 여행 중 살해된 왕의 장례를 치르는 중이었다. 왕비 이오카스테의 오빠 크레온이 왕을 대신해 정권을 잡았다. 그런데 크레온의 아들마저 스핑크스의 수수께끼를 풀지 못해 잡아먹힐 궁지에 몰렸다. 이 재앙을 만난 크레온은 다음과 같은 포고를 내렸다. 도시를 스핑크스로부터 구해내는 자에게 테바이를 양보하고, 누이 이오카스테를 아내로 주겠다는 것이었다.

　이러한 포고가 공표되었을 때 오이디푸스가 여행 지팡이를 쥐고 테바이 시로 들어왔다. 위험과 그에 따른 보상이 오이디푸스의 마음을 자극했다. 그는 불안한 예언에 위협받고 있는 자신의 목숨을 그다지 아깝게 생각하지 않았다. 그는 곧 스핑크스가 앉아 있는 바위로 갔다. 스핑크스는 이 용감한 남자가 도저히 풀 수 없을 어려운 수수께끼를 내고 싶었다. 그녀는 이렇게 말했다.

　"아침에는 네 발, 낮에는 두 발, 밤에는 세 발을 가졌다. 모든 생물 가운데 그것만이 발의 수를 바꾼다. 그러나 가장 많은 발을 움직이고 있을 때 힘과 속도가 가장 떨어진다."

　오이디푸스는 그 수수께끼를 듣고 어렵지 않은 문제라 생각하면서 빙긋 웃었다.

　"그 수수께끼의 답은 사람이다. 사람은 인생의 아침에는 나약하고 힘이 없는 아이라 두 개의 발과 두 개의 손으로 기어간다. 그러나 자라서 힘이 생기면, 즉 인생의 낮에는 두 발로 걷는다. 마지막으로 노인이 되면 인생의 밤에 도달하고 의지할 것이 필요해지는데, 그래서 제3의 발 지팡이의 도움을 받는다."

　다행히도 수수께끼는 풀렸다. 스핑크스는 부끄러움과 절망으로 바위에서 몸을 던져 죽었다. 오이디푸스는 상으로 테바이 왕국과 전왕(前王)의 미망인 이오카스테를 얻었다. 바로 그의 친어머니였다.

　이오카스테는 그 후 오이디푸스와 살면서 네 명의 아이를 낳았다. 우선 쌍둥이 형제 에테오클레스와 폴뤼네이케스를, 다음에는 두 딸인 안티고네와 동생 이스메네를 낳았다. 그러나 이 네 사람은 오이디푸

오이디푸스는 신탁이 걸린 자기 목숨을 그다지 아깝게 생각하지 않았다. 그래서 스핑크스가 앉아 있는 바위를 찾아갔다. 오이디푸스가 수수께끼를 낸 스핑크스를 당당히 마주보면서, 한 손으로는 스핑크스를 또 다른 손으로는 자신을 가리키고 있다. 그러나 스핑크스는 이미 자신감을 잃은 표정이다. 스핑크스의 희생양이 된 사람들의 유골이 바닥에 뒹굴고 있으며, 오른쪽 구석에는 스핑크스를 보고 겁에 질린 사람의 모습도 보인다. 스핑크스는 이 용감한 남자가 도저히 풀지 못할 것이라 생각하며 수수께끼를 냈다. 그러나 오이디푸스는 너무도 쉽게 문제를 풀었다. 스핑크스는 부끄러움과 절망으로 바위에서 몸을 던져 죽었다.

〈오이디푸스와 스핑크스〉, 장 오귀스트 도미니크 앵그르, 1808년, 루브르 박물관.

스에게 자식이면서 또한 형제자매이기도 했다.

오이디푸스의 비밀이 드러나다

끔찍한 비밀은 오랫동안 드러나지 않았다. 오이디푸스는 결점이 있기는 했지만 정의롭고도 훌륭한 왕이었다. 그는 이오카스테의 사랑을 받으며 행복하게 테바이를 다스렸다. 그러나 신들은 그 나라에 전염병을 보내 사람들에게 재앙을 내렸다. 그 어떤 약도 소용이 없었다. 테바이 인들은 전염병을 신이 내린 벌이라 생각하고 신들의 총아라고 여기는 오이디푸스에게 보호해줄 것을 요청했다. 남자나 여자, 노인과 아이 들이 올리브나무 가지를 든 사제를 앞세우고 왕궁 앞으로 와서, 제단의 계단에 앉아 왕이 나오기를 기다렸다. 오이디푸스가 밖으로 나와 어찌하여 온 도시가 제물을 바치는 연기와 통곡소리로 가득차 있는지 물었다. 모두를 대신하여 가장 나이 많은 사제가 대답했다.

"왕이여, 아시다시피 우리들은 심한 재앙을 겪고 있습니다. 목장과 밭은 견디기 어려운 더위로 타버리고, 집집마다 무서운 병이 휩쓸고 갑니다. 왕이여! 이런 고난 때문에 우리들은 당신에게 의지하러 온 것입니다. 당신은 이전에 무서운 스핑크스로부터 우리를 구해주셨습니다. 그런 일은 신들의 보호 없이는 아무도 할 수 없는 일입니다. 그렇기 때문에 우리는 당신을 믿고 있으며, 이번에도 당신이 신의 도움이든 인간의 도움이든 우리를 도와주리라 믿습니다."

"불쌍한 사람들이여, 그대들이 간청하러 온 이유는 잘 알고 있다.

너희 괴로움도 알고 있다. 그러나 나만큼 괴로운 사람도 없을 것이다. 내가 걱정하는 것은 여러분 한 사람 한 사람뿐 아니라 도시 전체다. 그래서 나는 오랫동안 도시를 구할 방법을 생각했다. 그러다가 드디어 그 해결책을 찾아서, 어떻게 해야 이 도시를 구할 수 있을까를 묻기 위해 처남 크레온을 델포이의 아폴론 신전으로 보냈다."

왕의 말이 끝나기도 전에 크레온이 군중 속에서 모습을 나타냈다. 그는 백성들도 들을 수 있게 자신이 들은 신탁을 왕에게 보고했다. 물론 신탁은 위안을 주는 말이 아니었다.

"이 나라에 머물고 있는 패륜적인 범죄를 몰아내고, 어떤 제물을 바쳐도 정화될 수 없는 나쁜 짓을 더는 하지 말라고 명령하셨습니다. 이 나라는 라이오스 왕을 죽인 살인죄가 무겁게 짓누르고 있다는 것입니다."

오이디푸스는 길에서 만나 죽인 그 노인이 라이오스 왕이며, 그 때문에 신들이 노여워 자신의 백성에게 벌을 내렸음을 전혀 알지 못했다. 오이디푸스는 왕의 죽음에 대해 설명하라고 했지만 정작 자신은 여전히 장님처럼 아무것도 몰랐다. 그는 죽은 왕의 사연을 밝히는 것이 자기 사명이라고 말한 다음 그곳에 모였던 사람들을 해산시켰다. 그러고 나서 온 나라 안에 다음과 같은 포고를 내렸다.

"라이오스 왕의 살해에 대해 조금이라도 알고 있는 자는 모든 것을 당국에 알려야 한다. 이방인이 이 점에 대해 알고 있다면, 테바이 시가 보상과 감사를 할 것이다. 만일 우정 때문에 고발을 하지 않고 공모의 죄를 짓는 자는 모든 종교행사, 희생제사, 시민생활로부터 추방될 것이다."

오이디푸스는 끝으로 범인은 한평생 고뇌와 재앙으로 고통을 받다가 결국 망하게 되리라는 소름 끼치는 맹세를 하며 범인을 저주했다. 이뿐 아니라 그는 두 사람의 사신을 눈먼 예언자 테이레시아스에게 보냈다. 테이레시아스는 감추어진 것을 꿰뚫어 보기로는 아폴론과 견줄 정도였다. 얼마 지나지 않아 테이레시아스가 소년의 손에 의지해 민회와 왕 앞에 섰다. 오이디푸스는 자신과 온 백성을 괴롭히고 있는 불안을 말한 다음, 예언자의 눈으로 살인범을 잡을 단서를 알려달라고 청했다. 그러자 테이레시아스는 갑자기 슬픈 외마디 비명을 지르고 두 손을 왕에게로 뻗으면서 말했다.

"그 사실을 알게 되는 사람에게 불행을 가져올 뿐인 일을 아는 것은 끔찍한 일이오. 왕이여! 나를 돌려보내주시오. 당신은 당신의 책임을, 나는 나의 책임을 지게 해주십시오!"

그러나 오이디푸스는 더욱 강경하게 예언자를 독촉했고 모여 있던 시민들도 그 앞에 무릎을 꿇고 애원했다. 그래도 테이레시아스는 대답하려 하지 않았다. 성질 급한 오이디푸스 왕이 화를 벌컥 냈다. 그리고 테이레시아스가 라이오스의 살해에 가담하지 않았더라도 그 비밀을 알고 있는 한 공범자이며, 그가 눈이 멀지 않았더라면 그 일을 저질렀을 것이라고 비난했다. 욕설을 견디지 못한 눈먼 예언자가 입을 열었다.

"오이디푸스여! 당신의 신탁을 들어보시오. 나나 당신 백성 중 다른 누구에게도 더는 아무 말도 하지 마시오. 왜냐하면 이 도시를 더럽힌 무서운 사람은 바로 당신이기 때문이오! 당신이 왕을 죽인 사람이고 어머니와 저주받을 관계를 맺은 사람이오."

그러나 이미 마음의 문이 닫힌 오이디푸스에게는 아무 소리도 들리지 않았다. 그는 오히려 테이레시아스를 마술사에다 음모를 꾸미는 협잡꾼이라 욕했다. 더욱이 처남 크레온까지 의심해 두 사람을 왕위에 대한 반역죄로 내몰고자 했다. 도시를 구해낸 자기를 간교한 책동으로 왕위에서 몰아내려는 음모라고 비난한 것이다. 그러자 테이레시아스는 또다시 오이디푸스가 아버지를 죽인 범인이요, 어머니를 아내로 삼았다고 말하고 다가올 불행을 예언했다. 그는 화를 내면서 자기를 이끌고 왔던 소년의 도움을 받아 떠나갔다. 한편 왕에게 반역죄로 몰린 크레온이 달려왔다. 크레온과 오이디푸스 사이에 격한 말다툼이 벌어졌다. 이오카스테가 말려보았으나 헛수고였다. 크레온은 화해하지 않고 분노를 느끼며 오이디푸스와 결별했다. 왕보다도 더 마음의 눈이 닫힌 것은 아내 이오카스테였다.

"자, 보세요. 예언자라고 하지만 아무것도 몰라요. 제 말을 들어보면 알 수 있을 거예요! 전 남편 라이오스는 아들 손에 죽는다는 신탁을 받았는데 갈림길에서 누군가에게 맞아 죽었어요. 또 아들은 발을 묶어 쓸쓸한 산중에 버려져 낳은 지 사흘도 못 되어 죽었지요. 그러니까 예언자의 말은 다 엉터리예요."

왕비 이오카스테가 크게 비웃으며 했던 이 말에 오이디푸스는 기대와는 전혀 다른 반응을 보였다.

"갈림길에서?"

불안한 목소리로 그가 물었다.

"라이오스가 갈림길에서 맞아 죽었다고 했소? 이봐요, 라이오스가 어떻게 생겼지? 그때 그의 나이는 얼마나 되었소?"

오이디푸스가 어떤 상태인 줄도 모르고 이오카스테가 대답했다.

"라이오스는 키가 컸고 흰머리를 땋았었지요. 키도 얼굴도 당신과 비슷한 것 같아요."

오이디푸스가 깜짝 놀라며 외쳤다.

"테이레시아스는 소경이 아니라 모든 것을 보는 사람이야!"

칠흑같이 깜깜하던 마음에 번갯불이 내리쳐 환해지는 느낌이었다. 그러나 그는 이 소름 끼치는 사실이 거짓임을 밝히고자 하는 희망으로 더욱 자세히 물어보았다. 그러나 모든 상황이 딱 맞아떨어졌다. 게다가 그는 라이오스 왕이 죽을 때 도망쳐 왕의 죽음을 낱낱이 보고했던 시종에 대해서도 듣게 되었다. 이 시종은 오이디푸스가 왕좌에 앉은 것을 보자, 자신을 될 수 있는 한 도시에서 멀리 떨어진 목장으로 보내달라고 애원했다는 것이다. 오이디푸스는 그를 불러오라고 했다. 그러나 그 시종이 도착하기도 전에 코린토스에서 사자가 찾아왔다. 사자는 오이디푸스에게 아버지 폴뤼보스의 죽음을 전하고 코린토스의 왕위를 계승해달라고 요청했다.

이 소식을 듣자 왕비는 의기양양하게 말했다.

"고귀한 신의 말씀이라고? 오이디푸스가 죽일 것이라던 그 아버지는 늙어서 죽었다지 않는가."

경건한 오이디푸스 왕에게 이 소식은 또 다른 생각을 불러일으켰다. 오이디푸스는 아직도 폴뤼보스가 친아버지라고 믿고 싶었지만, 어째서 여전히 신탁이 실현되지 않는지 그 까닭을 이해할 수 없었다. 그리고 그는 다른 이유에서도 코린트로 돌아가고 싶지 않았다. 그곳에는 아직 어머니 메로페가 살아 있었고, 신탁대로 자신이 어머니와 결혼하게 될지도 모르기 때문이었다. 그러나 의심들은 사자에 의해 곧 풀렸다. 이 사자는 바로 오래전에 키타이론 산에서 라이오스의 시종에게서 양발이 묶인 아기를 넘겨받아 그 발을 풀어준 사람이었다. 그는 코린토스 왕 폴뤼보스의 후계자인 오이디푸스가 양자라는 사실을 분명하게 말해주었다. 오이디푸스는 진실을 알고 싶은 충동에서 갓난아기였던 자신을 코린토스 인에게 넘겨준 시종이 누구인지를 물었다. 그는 신하로부터 그 시종이 라이오스 왕의 살해 현장에서 도망친 자이며 지금은 국경 지대에서 양을 치고 있다는 소리를 들었다.

이오카스테는 그 말을 듣자 슬픈 외마디 비명을 지르며 남편과 모여 있는 시민들 사이를 달려 나갔다. 어떻게든 진실에 대해 눈감고 싶어했던 오이디푸스는 아내가 달아나는 것을 이렇게 설명했다.

"아내는 내가 천한 혈통이라고 밝혀질까 봐 부끄러운 것이다. 그러나 나는 스스로를 행운아라 생각하고, 이 혈통을 부끄럽게 생각하지 않는다."

그때 멀리서 불려온 늙은 목동이 모습을 드러냈다. 코린토스의 사자는 곧 그가 키타이론 산에서 갓난아기를 넘겨주었던 남자임을 알아보았다. 그러나 늙은 목동은 두려움에 새파랗게 질려 아무것도 모른다고 했다. 그러나 오이디푸스가 그를 묶어놓고 위협하자 하는 수 없이 이 진실을 털어놓았다. 오이디푸스는 라이오스와 이오카스테의 아들이며, 라이오스 왕은 이 아이가 아버지를 죽이게 될 것이라는 무서운 신탁 때문에 아이를 갖다 버리라는 명령을 했었다. 그러나 자신은 불쌍한 생각이 들어 아이를 죽이지 않았다는 것이었다.

모든 의혹이 풀려 이제 끔찍한 일은 사실로 드러났다. 미친 듯 소리치면서 오이디푸스는 자리에서 뛰쳐나갔다. 그는 어머니이며 아내인 무서운 사람을 세상에서 없애기 위해 왕궁을 헤매며 칼을 찾았다. 그러나 미쳐버린 그를 모두 다 피했기 때문에 오이디푸스는 큰 소리로 통곡하면서 침실로 갔다. 그는 닫혀 있던 두 겹의 문을 때려 부수고 안으로 뛰어들었다. 그러나 무서운 광경을 보고 그 자리에 멈춰 섰다. 이오카스테가 머리를 풀어 헤친 채 목을 매고 죽어 있었던 것이다.

오이디푸스는 고통에 못 이겨 신음소리를 내면서 죽은 아내를 오랫동안 멍청히 바라보았다. 이윽고 그가 높이 매달린 밧줄을 풀어 시신을 바닥으로 내렸다. 오이디푸스는 아내의 옷에서 황금으로 만든 옷핀을 떼어냈다. 그리고 오른손으로 아내를 안아 일으켰다. 그는 자신이 한 일과 앞으로 참아내야 할 일을 더는 보지 않기 위해 운명을 저주하며 황금 옷핀으로 자기 두 눈을 찔렀다. 두 눈에서 피가 쏟아져 나왔다. 그는 신하에게 소경이 된 자기를 밖으로 데리고 나가 테바이의 모든 사람에게 자신이 아버지를 죽인 범인이며, 어머니와 결혼한 아들이며, 하늘의 벌을 받고 땅의 저주를 받았음을 알리라고 했다. 신하들은 그의 말을 따랐다. 그러나 백성들은 이전에 사랑하고 존경하던 지배자를 증오의 눈으로 보지 않고 마음속으로 동정했다. 오이디푸스에게 부당한 의심을 받았던 처남 크레온도 급히 달려와 저주받은 오이디푸스를 태양 빛과 사람들의 눈에서 떼어내 아이들이 있는 곳으로 데려갔다.

오이디푸스는 자신이 아버지를 살해하고 어머니와 결혼했음을 알게 되었다. 그는 자신이 이미 한 일과 자신이 앞으로 참아내야 할 일을 보지 않기 위해 운명을 저주하며 제 눈을 찔러 장님이 되었다. 두 눈에서 피가 쏟아져 나왔다. 그는 이제 눈먼 거지와도 같이 고국을 뒤로하고 국경을 헤매야 했다. 쫓겨난 아버지를 동정한 것은 딸뿐이었다. 딸 안티고네만이 눈먼 아버지의 길잡이가 되어주었다.

〈눈먼 오이디푸스와 안티고네〉, 안토니 브로도프스키, 1828년, 바르샤바 국립 미술관.

이런 친절은 슬픔에 잠긴 오이디푸스를 감동시켰다. 그는 아들들에게 돌아가야 할 왕위를 크레온에게 내주고, 자신의 불행한 어머니를 장사 지내줄 것과 버려진 딸들을 잘 돌보아줄 것을 부탁했다. 그리고 이중의 죄로 더럽혀진 자신을 옛날에 부모가 자신을 버렸던 키타이론 산으로 추방하라고 요구했다. 자신은 거기서 살든 죽든 어느 쪽이건 신의 뜻에 따를 작정이라고 했다. 그리고 다시 한 번 목소리가 듣고 싶으니 딸들을 만나게 해달라고 청해서 죄 없는 딸들의 머리에 손을 얹었다.

그는 크레온에게 지금껏 베풀어준 커다란 호의에 대해 감사하고, 자기가 받은 것보다 몇 갑절 큰 신들의 가호가 그와 온 백성에게 있기를 기도했다. 그러나 크레온은 오이디푸스를 다시 집으로 데려갔다. 바로 조금 전까지도 테바이에서 찬양받던 구원자이자 수천 명의 시민을 다스린 강력한 지배자였던 오이디푸스는 아주 어려운 수수께끼를 풀어냈지만 자기 일생의 무서운 수수께끼는 너무나 늦게 풀었던 것이다. 이제 그는 눈먼 거지와도 같이 고국의 문을 뒤로하고 국경을 헤매야만 했다.

오이디푸스와 안티고네

비밀이 드러나자 오이디푸스는 당장 죽고 싶었다. 아니 온 국민이 반란을 일으켜 자신에게 돌을 던진다면 오히려 달게 받고 싶었다. 그래서 처음에는 추방도 고마운 선물이라 생각했다. 그렇지만 영원한 어둠 속에서 집에 앉아 있자니 노여움이 점차 가라앉고 생각이 변했다. 소경으로 추방되어 외국 땅을 헤매고 다녀야 한다 생각하니 무서웠다. 자기가 바라지도 않았으며 알지도 못한 채 저지른 죄였다. 이오카스테의 죽음과 스스로 눈을 찔러 소경이 된 것으로 이미 벌을 받고 죄를 보상하지 않았던가. 고향에 대한 애정이 되살아났다. 그리하여 크레온과 자신의 아들들인 에테오클레스와 폴뤼네이케스에게 이대로 집에 남아 여생을 보냈으면 한다는 희망을 말했다. 그러나 크레온 왕에게서는 이미 동정을 바랄 수 없었고 아들들도 아버지를 냉혹하고 이기적으로 대했다.

크레온은 불행한 오이디푸스에게 처음에 스스로 정한 대로 할 것을 강요했고 아들들도 도와주지 않았다. 그리고 오이디푸스의 손에 거지 지팡이를 들려주며 테바이 왕궁에서 쫓아냈다. 쫓겨난 아버지를 동정한 것은 딸들뿐이었다. 동생 이스메네는 가능한 한 아버지의 일을 도와주고 아버지를 대신하고자 오빠의 집에 남아 있었다. 언니 안티고네는 소경인 아버지의 길잡이가 되었다.

그리하여 괴로운 떠돌이 생활이 시작되었다. 두 사람은 제대로 먹지도 못하고 쓸쓸하게 숲을 헤맸다. 뜨거운 태양열도 폭풍우도 가냘픈 딸은 참아냈다. 왕궁에서 오빠들과 함께 지낸다면 얼마나 안락하겠는가! 그러나 그녀는 퍼붓는 폭우도 묵묵히 참았다. 아버지만 배불리 먹게 해드릴 수 있다면 아무리 슬퍼도 괜찮았다. 오이디푸스의 첫 계획은 키타이론 산의 쓸쓸한 곳에서 슬픈 나날을 보내든가 아니면 죽어버리는 것이었다. 그러나 신앙심이 두터운 사람이었기 때문에 신의 뜻을 거스르면서까지 그렇게 하고 싶지는 않았다. 그래서 그는 먼저 아폴론 신전으로 갔다.

오이디푸스는 그곳에서 위안이 되는 신탁을 받았다. 자연과 사람의 가장 신성한 계율을 범한 오이디푸스의 죄는 고의가 아니었음을 신들도 인정했다. 그러나 그런 큰 죄를 저지른 이상 처벌을 받음으로써 죄를 씻어야만 했다. 그러나 그 처벌이 영원한 것은 아니었다.

신은 오이디푸스에게 다음과 같이 말했다.

"오랜 세월이 흐른 뒤이긴 하지만, 그대가 운명이 미리 정해준 나라에 도착해 존경하는 여신, 즉 엄격한 에우메니데스들에게 피난처를 구한다면 구원을 받으리라."

'자비로운 자들'이라는 뜻을 지닌 에우메니데스는 복수의 여신 에르니에스 혹은 푸리아이의 다른 이름이었다. 사람들이 복수의 여신들에게 이러한 이름을 붙인 것은 무서운 여신들에게 경의를 표하고 달래기 위함이었다. 이 신탁은 수수께끼 같았고 무섭기도 했다. 오이디푸스가 자연의 섭리를 거스른 자기 죄를 벗으려면 복수의 여신에게서 구원을 받아야 하기 때문이었다. 그러나 오이디푸스는 신의 약속을 믿었다. 그리하여 자신에 대한 처벌을 운명에 맡긴 채 그리스를 떠돌아다녔다. 그는 딸 안티고네의 부축을 받으며 동정심 있는 사람들이 베푸는 음식을 먹었다. 오이디푸스는 항상 조금만 원했고 또 조금밖에 받지 않았다. 그러나 언제나 그것으로 만족했다. 오랜 추방 생활과 곤궁한 생활 그리고 그의 고상한 기질이 만족하는 법을 알려준 것이었다.

그리스 전역을 헤매는 괴로운 떠돌이 생활이 시작되었다. 두 사람은 제대로 먹지도 못하고 쓸쓸하게 숲을 헤맸다. 뜨거운 태양도 거센 폭풍우도 가냘픈 딸은 묵묵히 참았다. 오이디푸스는 신의 약속을 믿었다. 그리하여 처벌에 대해서는 자기 운명에 맡기고 그리스를 떠돌아다녔다. 높은 바위 위에서 스핑크스가 포효하고 음습하며 바람이 부는 날씨는 눈먼 오디세우스와 딸 안티고네에게 닥쳐온 운명을 나타낸다.

〈테바이를 떠나 유랑에 나선 오이디푸스〉, 앙리 레비, 1840년, 랭스 미술관.

콜로노스에 간 오이디푸스

오이디푸스와 안티고네는 어느 때는 사람이 사는 곳으로, 어느 때는 황량한 땅으로 오랫동안 헤매고 다녔다. 그러던 어느 날 밤 기후가 온화한 아름다운 마을에 닿았다. 그들이 도착한 곳은 밤꾀꼬리가 숲속을 날아다니며 아름다운 소리로 노래하고 포도는 감미로운 냄새를 풍기며, 울퉁불퉁한 바위는 올리브나무와 월계수로 뒤덮여 그 주변을 아름답게 꾸민 마을이었다. 눈먼 오이디푸스도 귀나 코로 마을의 아름다움을 느꼈지만, 딸의 설명을 듣고는 이 마을은 성지가 틀림없다고 생각했다. 멀리 도시의 탑이 우뚝 솟아 있었다. 안티고네는 그들이 아테나이 근처에 왔음을 마을 사람들에게 들어서 알았다. 하루 종일 걸어 피곤한 오이디푸스가 바위에 걸터앉았다. 그러나 지나가던 마을 사람이 오이디푸스에게 그곳은 성스러운 장소이니 일어나서 가라고 말했다. 그러자 두 사람은 콜로노스의 땅에 그리고 모든 것을 감시하는 에우메니데스들의 숲에 와 있다는 것을 알았다. 아테나이 인들은 이곳에서 '에우메니데스'라는 이름으로 복수의 여신들을 숭배하고 있었던 것이다.

오이디푸스는 이제 방황이 끝나고 자신의 운명이 나아지리라는 것을 깨달았다. 콜로노스 마을 사람은 그의 말을 듣고 곰곰이 생각했으며, 왕에게 이 사건을 보고하기 전에는 거기서 오이디푸스를 감히 쫓아낼 수가 없었다.

"이 나라는 누가 다스리고 있소?"

오랫동안 비참한 방랑생활로 세상이 어떻게 돌아가는지 아무것도 몰랐던 오이디푸스가 물었다. 마을 사람이 말했다.

"당신은 저 위대한 영웅 테세우스를 모른단 말입니까? 세상이 온통 그의 명성으로 가득한 걸요!"

"아, 그렇소? 당신네 왕이 그렇게 훌륭한 분이라면 내 말을 좀 전해 주시오. 왕에게 가서 이곳에 오실 수 있는지 여쭈어볼 수 없겠소? 왕의 호의에는 충분히 답례하겠소."

"소경인 당신이 우리 왕에게 무슨 답례를 할 수 있단 말입니까?"

농부는 웃으면서 동정의 눈빛으로 딱한 이방인 남자를 바라보았다. 그러다가 이런 말을 덧붙였다.

"보아하니 당신은 소경이 아니었다면 분명히 훌륭하고 위엄 있는 인물로 존경받았겠군요. 당신의 청을 마을 사람들과 왕에게 전하겠습니다."

딸과 단둘이 있게 되자 오이디푸스는 대지에 엎드려 이 고요한 작은 숲에 거주지를 정한, 어둠과 어머니 대지의 딸인 여신들에게 열심히 기도했다.

"무섭지만 또한 자비로운 여신들이여! 아폴론의 계시를 따라 여기까지 온 저에게 앞으로 갈 길을 보여주소서. 이런 심한 고통을 겪었는데 아직도 모자라는 것입니까? 어둠의 딸들이여, 자비를 베푸소서! 존경하는 아테네의 도시여, 자비를 베푸소서! 당신들 앞에 서 있는 오이디푸스 왕의 그림자를 보지 말고 저를 불쌍히 여겨주소서! 더는 옛날의 오이디푸스가 아닙니다."

오이디푸스와 안티고네 둘만 남겨진 지 얼마 지나지 않아. 사람이 발을 들여놓아서는 안 되는 복수의 여신들의 숲에서 경외심을 불러일으키는 모습을 지닌 소경이 쉬고 있다는 소식을 듣고 마을의 원로들이 성스러운 숲을 지키고자 모여들었다. 그러나 소경이 자신을 운명에 쫓기고 있는 사람이라고 밝히자 원로들은 더욱 크게 놀랐다. 원로들은 신의 벌을 받는 사람을 신성한 곳에 두었다가 신의 노여움을 살까 두려워 그들에게 곧 떠나라 명령했다. 오이디푸스는 신의 말씀을 따라 이곳 순례의 목적지까지 찾아온 자신을 쫓아내지 말아달라고 애원했다. 안티고네도 아버지의 간청을 거들었다.

"여러분께서 백발이 성성한 제 아버님이 불쌍하지 않으시다면, 버림받은 저를 봐서라도 여기 있게 해주세요. 저는 아무런 죄도 짓지 않았잖아요!"

마을 사람들이 동정심과 복수의 여신들에 대한 공포 사이에서 당황하는 동안 안티고네는 햇빛으로부터 얼굴을 보호하기 위해 여행 모자를 쓴 한 소녀가 작은 말을 타고 급히 달려오는 것을 보았다. 시종 한 사람이 말을 타고 그 뒤를 따르고 있었다.

"내 동생 이스메네!"

안티고네가 너무 기뻐 외쳤다.

"사랑스러운 동생의 눈이 빛나는 것으로 봐서 고향에서 새 소식을 가져온 게 틀림없어요!"

오이디푸스의 막내딸 이스메네는 그들 앞에 도착하자마자 말에서 뛰어내렸다. 그녀는 믿을 만한 충복 한 사람만을 데리고 테바이에서 벌어지는 일들을 아버지에게 알리기 위해 이곳으로 온 것이다. 테바이에서 오이디푸스의 아들들은 자신들이 불러들인 커다란 곤경에 처했다. 처음에 형제는 외삼촌 크레온에게 왕위를 양보할 작정이었다.

그들의 눈앞에서 벌어진 가족의 저주가 너무나 두려웠기 때문이다. 그러나 시간이 흐르고 점차 아버지에 대한 기억이 희미해지면서, 지배욕과 왕위에 대한 욕망이 일어나 형제들 사이에 불화가 싹텄다. 형 폴뤼네이케스가 우선 왕위에 올랐다. 그러나 아우 에테오클레스는 형이 제안했던 것처럼 번갈아가며 왕위에 오르는 데 만족하지 않았다. 에테오클레스는 백성들을 부추겨 형을 국외로 추방했다. 폴뤼네이케스는 펠로폰네소스 반도의 아르고스로 도망쳐 거기서 아드라스토스 왕의 사위가 되었다. 그는 거기서 동료와 동맹자들을 모으더니 고국을 정복하고 복수하겠다고 위협했다. 그러나 그때 다음과 같은 새로운 신탁이 내려졌다. 오이디푸스의 아들들은 오이디푸스 없이는 아무것도 할 수 없으리라는 신탁이었다. 행복을 바란다면 생사를 가리지 말고 오이디푸스를 찾아야 한다는 것이었다.

콜로노스 사람들은 그 말을 듣고 놀랐다. 오이디푸스가 벌떡 일어나면서 말했다. 소경의 얼굴에서 왕의 위엄이 풍겼다.

"추방당한 이 거지에게 도움을 청하다니? 보잘것없는 내가 지금 남을 도울 처지란 말이냐? 나는 아무것도 아닌데 그들이 내게 도움을 청하러 온단 말이냐."

이스메네가 계속 말했다.

"네, 크레온 외삼촌이 곧 이리로 올 겁니다. 외삼촌보다 빨리 오려고 서둘러 왔습니다. 외삼촌은 아버지를 설득하든지 아니면 사로잡든지 해서 테바이 국경으로 데려가려 합니다. 신탁이 외삼촌이나 오빠 에테오클레스에게 좋게 이루어지도록 하기 위해서지요. 아버지가 와도 도시가 더럽혀지지 않을 겁니다."

아버지가 물었다.

"그 말을 누구에게 들었느냐?"

"델포이로 참배하러 가는 순례자에게서 들었어요."

"그곳에서 죽으면 나를 테바이 땅에 묻어줄까?"

오이디푸스가 계속해서 물었다.

"아니요. 그건 살인죄 때문에 허락할 수 없답니다."

이스메네가 대답했다.

"그렇다면 그놈들이 나를 마음대로 할 수 없을 거다. 자식들이 효도 보다 권세에 더 눈이 멀었구나. 하늘은 절대로 그들 사이의 운명적인 싸움을 막아주지 않을 것이다. 그리고 나에게 그런 싸움의 결정권이 있다면, 지금 왕권을 가진 에테오클레스도 왕위에서 물러나야 하고 쫓겨난 형 폴뤼네이케스도 고국에 돌아와서는 안 된다! 이 딸들만이 나의 진정한 자식이니까. 딸들 덕분에 나는 죄를 깨끗이 씻었다. 하늘의 축복이 딸들에게 내리도록 기도하겠다. 동정심 많은 사람들이여! 제발 이 두 딸을 지켜주십시오! 딸과 저를 도와주신다면 여러분의 마을은 강력한 신의 보호를 받게 될 것입니다!"

오이디푸스와 테세우스

콜로노스 사람들은 추방된 몸이지만 아직도 위엄을 잃지 않은 눈먼 오이디푸스를 두려워했다. 그들은 그에게 신주(神酒)로 여신의 숲을 더럽힌 죄를 씻으라고 권했다. 그렇게 하고 나서야 비로소 원로들은

오이디푸스가 운명의 수레바퀴에 묶여 돌고 있다. 오이디푸스 이야기는 인간의 의지로 어쩔 수 없는 운명의 힘을 보여준다. 바로 얼마 전까지도 테바이에서 찬양받던 구원자이자 수천 명의 시민을 다스리던 강력한 지배자, 스핑크스의 수수께끼까지 풀어낸 오이디푸스이건만 자기 일생에 얽힌 무서운 수수께끼는 너무 늦게 풀고 말았다.

〈운명의 바퀴〉, 에드워드 번 존스, 1883년, 오르세 미술관.

오이디푸스의 이름과 부당한 죄에 대한 이야기를 들었다. 만일 그때 그들의 왕 테세우스가 당도하지 않았더라면, 원로들이 오이디푸스의 죄에 대한 이야기를 듣고 또다시 화를 냈을지도 몰랐다. 테세우스가 친절하게 경의를 표하며 눈먼 오이디푸스에게 다가와 따뜻한 말을 건넸다.

"불쌍한 오이디푸스여, 당신의 슬픈 운명을 알고 있습니다. 내가 지금 보고 있는 장님이 된 두 눈이 그것을 말해주고 있지요. 당신의 불행이 내 마음 깊은 곳을 아프게 합니다. 말해보세요. 이 마을이나 내게 무엇을 원하시는지. 만일 내가 거절해야 할 부탁이라면 그것은 필연코 무서운 일일 겁니다. 나 역시 당신처럼 다른 나라에서 자라며 많은 위험을 겪어왔으며, 그것을 잊지 않고 있습니다."

"그 짧은 말씀으로도 당신의 인격을 엿볼 수 있구려. 내 소원이란 실은 하나의 선물을 드리고 싶은 거요. 그건 고뇌에 지친 이 몸이오. 몹시 초라하지만 실은 굉장한 보물이지요. 곧 나를 묻어주시면 당신은 그 친절에 대한 보상으로 신의 은총을 얻을 수 있을 것이오!"

테세우스는 놀라워하며 말했다.

"그런 소원이라면 쉬운 일이지요. 좀 더 좋은 것, 좀 더 커다란 부탁이라도 괜찮으니 말씀하십시오. 어떤 일이라도 들어드리겠습니다."

오이디푸스가 계속해서 말했다.

"그러나 그 일이 생각처럼 쉽지만은 않다오. 나의 비참한 몸을 위해 그대가 싸움에 나서야 하기 때문이오."

오이디푸스는 자신이 추방된 일과 이제 와서 다시 자기를 찾아 나선 처남과 자식들의 요구사항을 말해주고 테세우스의 도움을 청했다.

테세우스가 주의 깊게 듣더니 엄숙히 말했다.

"나의 집은 모든 손님에게 열려 있습니다. 당신이 나와 이 나라에 커다란 행운을 약속하고, 또한 신들의 손이 당신을 이곳까지 이끌어 주셨는데 내가 어찌 당신을 모른 체하겠습니까?"

그는 오이디푸스로 하여금 아테나이 시로 가든지 아니면 이곳 콜로노스에 남든지 자유롭게 선택하게 했다. 오이디푸스는 후자를 택했다. 그것은 콜로노스에서 적을 쳐부수고 명예롭게 일생을 마치고 싶어서였다. 테세우스는 최선을 다해 그를 보호할 것을 약속하고 아테나이 시로 되돌아갔다.

오이디푸스와 크레온

얼마 지나지 않아 테바이의 크레온 왕이 무장한 병사들을 이끌고 콜로노스로 쳐들어왔다. 그들은 오이디푸스가 있는 마을로 급히 달려왔다. 크레온이 마을 사람들에게 말했다.

"내가 앗티케 영토에 쳐들어와서 놀랐을 거요. 그러나 걱정하지 마시고 화를 푸시오. 나는 그리스에서 가장 강한 나라와 전쟁을 벌일 만큼 어리석은 사람이 아닙니다. 나는 여기 이분을 잘 설득해 고국으로 돌아가도록 하려고 테바이 시에서 보낸 노인일 뿐입니다."

그는 오이디푸스를 돌아보면서 오이디푸스와 딸들의 불행을 동정하는 양 말했다. 그러나 오이디푸스는 크레온이 옆으로 다가오지 못하게 지팡이를 휘저으며 말했다.

"뻔뻔스러운 사기꾼아, 그렇게 괴롭히고도 아직 모자라느냐? 나를 잡아가겠다니! 날 이용해 너희가 받을 벌에서 도시를 구하려는 생각은 버려라. 죽어도 가지 않겠다. 오히려 너희들에게 복수의 악마를 보내주겠다. 불효막심한 두 아들은 테바이에서 죽을 때 누울 땅밖엔 차지하지 못하리라!"

그러자 크레온이 눈먼 오이디푸스를 억지로 끌고 가려 했고, 콜로노스 사람들은 허락하지 않았다. 그사이 크레온의 신호를 받은 테바이 인들은 혼란을 틈타 이스메네와 안티고네를 아버지로부터 빼앗았다. 그들은 콜로노스 인들의 저항을 물리치고 두 사람을 질질 끌다시피 데려가버렸다.

크레온은 비웃으며 말했다.

"당신이 지팡이와 기둥처럼 의지하는 딸들을 빼앗겼소. 자, 장님이여! 더 방황해보시지!"

일이 성공하자 기분이 좋아진 크레온은 다시 오이디푸스에게 다가가 손을 내밀었다. 그때 테바이 군이 쳐들어왔다는 소식을 듣고 콜로노스로 되돌아온 테세우스가 나타났다. 테세우스는 테바이 인들이 두 딸을 인질로 끌고 갔다는 방향으로 보병과 기마대를 급히 보냈다. 그는 오이디푸스의 딸들을 돌려주지 않는 한 크레온을 석방하지 않겠다고 했다. 크레온은 겁이 났다.

"아이게우스의 아들이여, 진심으로 말하건대 나는 당신과 당신 마을을 치러 온 게 아닙니다. 내 친척인 이 장님에게 좋은 일을 하려는 건데, 왜 당신네 나라 사람들은 아버지를 죽이고 자기 어머니를 아내로 삼은 인간을 본국으로 돌려보내지 못하게 하고 이렇게 흥분하는지 모르겠군요!"

테세우스는 크레온에게 입 다물고 지체 없이 두 딸을 돌려보내라고 명령했다. 잠시 후 테세우스는 딸들을 오이디푸스에게 데려다주었고, 오이디푸스는 가슴 깊이 감동했다. 크레온과 그 부하들은 그곳을 떠났다.

오이디푸스와 폴뤼네이케스

그러나 오이디푸스는 여전히 안심할 수 없었다. 테세우스가 짧은 원정에서 돌아와 소식을 전했다. 테바이에서 온 것 같지는 않은데 오이디푸스의 가까운 혈연으로 보이는 이가 콜로노스로 찾아왔다는 것이다. 게다가 그는 조금 전에 테세우스가 제사를 드렸던, 이곳 가까이 있는 포세이돈 제단에서 신의 보호를 기원하고 있다는 것이다.

오이디푸스는 화가 나서 소리쳤다.

"그놈은 내가 미워하는 아들, 폴뤼네이케스다! 그놈 이야기를 듣고 있으려니 참을 수가 없구나!"

그러나 작은오빠보다는 부드럽고 친절한 폴뤼네이케스를 사랑하는 안티고네는 아버지의 화를 누그러뜨려 일단 그의 말이라도 들어보라고 설득했다. 오이디푸스는 폴뤼네이케스가 억지로 자기를 데려가려 할 경우 테세우스가 보호해주기를 청한 뒤에야 아들을 만났다.

폴뤼네이케스는 태도부터 외삼촌 크레온과 달랐다. 안티고네가 아버지에게 말했다.

"오빠는 부하도 없이 혼자 오고 있어요. 눈물을 흘리면서요."

"폴뤼네이케스냐?"

오이디푸스는 그렇게 말하고 얼굴을 돌렸다.

"네, 아버님."

착한 안티고네가 대답했다.

"앞에 선 사람이 아버지 아들 폴뤼네이케스예요."

폴뤼네이케스는 아버지 앞에 무릎을 꿇고 앉았다. 그리고 슬픔에 젖은 눈으로 아버지의 거지 행색, 쑥 들어간 눈, 빗질도 하지 않은 채 바람에 휘날리는 백발을 우두커니 바라보았다. 그러다가 폴뤼네이케스가 소리쳤다.

"아! 이런 상황인 줄은 꿈에도 몰랐습니다! 아버님, 저는 아버님께 몹쓸 짓을 했습니다. 저를 용서해주십시오, 아무 말씀도 안 하시는군요! 그리운 누이여, 제발 아버님의 기분을 풀어주오!"

상냥한 안티고네가 말했다.

"폴뤼네이케스 오빠, 무슨 일로 왔지요? 직접 말씀드리세요. 오빠가 이야기하면 아버님께서 무슨 말씀을 하시겠지요."

그러자 폴뤼네이케스는 아우에게 추방당한 일과 아르고스의 왕 아드라스토스의 딸을 아내로 얻은 일, 왕의 도움을 받아 군대를 거느린 일곱 영주를 정의의 싸움에 끌어들인 일, 자신의 동맹자들이 이미 테바이를 에워싸고 있는 일 등을 말했다. 그리고 함께 가서 저 교만한 아우를 쓰러뜨리고, 그의 손에서 다시 테바이의 왕관을 받아달라고 오이디푸스에게 눈물로 호소했다. 그러나 폴뤼네이케스의 뉘우침도 아버지의 분노로 뒤틀린 마음을 풀어줄 수 없었다.

"네가 왕위와 왕홀을 쥐고 있을 때 이 애비를 나라에서 몰아냈다. 너나 네 아우 두 놈 다 내 자식이 아니다. 너희들 말대로 했다면 나는 벌써 죽었을 거다. 나는 딸들이 돌봐준 덕에 살아 있다. 신들의 복수가 이미 너희를 노리고 있다. 아버지의 나라를 망하게 하지는 못할 것이다. 너나 네 아우도 자기 피에 범벅이 되어 죽을 것이다. 이것이 나의 대답이다. 네 동맹자들에게도 그렇게 전해라."

폴뤼네이케스는 아버지의 저주에 흠칫 놀라 일어서더니 서너 걸음 뒤로 물러났다. 안티고네가 그런 오빠에게 다가가 애원했다.

"폴뤼네이케스, 제발 소원이에요. 군대와 함께 아르고스로 돌아가세요. 고국과의 전쟁을 그만두세요!"

"그건 안 돼."

폴뤼네이케스는 화를 내며 말했다.

"그만두다니, 수치스러운 일이다. 아니, 내 자신의 파멸이 될 거다! 우리 형제는 둘 다 망하게 되더라도 결코 화해할 수 없다!"

폴뤼네이케스는 그렇게 말하고 안티고네의 팔을 뿌리치더니 절망하며 그곳을 떠났다.

오이디푸스는 이렇게 자식과 처남의 유혹을 뿌리치고 그들을 복수의 신에게 맡겼다. 이제 오이디푸스의 운명은 끝이 났다. 천둥이 차례차례 하늘에서 울려 퍼졌다. 그 천둥의 의미를 아는 오이디푸스는 테세우스를 만나고 싶어했다. 주위는 폭우로 어두워졌다. 눈먼 오이디푸스는 살아서 정신이 분명할 때 테세우스의 여러 가지 호의에 대한 감사를 표할 수 없게 될까 봐 큰 불안에 휩싸였다. 드디어 테세우스가 나타나자 오이디푸스는 도시 아테나이를 위해 엄숙한 기도를 올렸다.

그리고 나서 테세우스에게 신들이 부르는 소리를 따라 사람 손이 닿지 않는 곳, 그대 눈앞에서 죽을 수 있는 곳으로 자신을 인도해달라고 청했다. 그리고 오이디푸스는 자기가 묻힐 장소를 아무에게도 말해서는 안 된다고 했다. 자기가 묻힐 성스러운 무덤을 감춰두면 그 무덤은 아테나이의 모든 적으로부터 안전한 굳센 보루가 될 것이라고 말했다. 창이나 방패나 또 어떠한 동맹자보다 나을 것이라고도 했다.

두 딸과 콜로노스의 주민들이 따라오는 것을 허락했기에 그들은 모두 여신의 숲인 무시무시한 나무 그늘 속으로 들어갈 수 있었다. 그런데 아무도 오이디푸스에게 가까이 갈 수 없었다. 지금까지 그저 딸한테 이끌려 다니던 눈먼 오이디푸스가 갑자기 눈이라도 뜬 것 같았다. 그는 놀랄 만큼 힘차게 앞장서서 걷더니 운명이 정해놓은 길을 사람들에게 가리켰다.

복수의 여신들의 숲 한가운데에는 깊은 동굴이 있었다. 그 갈라진 곳에 청동으로 만든 입구가 있었다. 여러 개의 길이 그곳으로 통했다. 이 동굴은 옛날부터 저승으로 가는 문 중 하나라는 소문이 있었다. 오이디푸스는 그 여러 개의 길 가운데 하나에 발을 들여놓았다. 그는 사람들이 동굴까지는 따라오지 못하게 했다. 그는 나무 밑에서 발걸음을 멈추고 돌에 앉더니 더러운 거지 옷의 띠를 풀고 시냇가로 가서 오랜 여행에 찌든 때를 깨끗이 씻어낸 다음, 딸들이 가까운 인가에서 가져온 아름다운 옷을 몸에 걸쳤다. 옷을 갈아입고 다시 태어난 듯 거기서 있자 저승의 천둥이 우르르 쾅쾅 하고 땅 위로 울려 퍼졌다. 오이디푸스는 딸들을 안고 입을 맞추며 말했다.

"얘들아, 부디 잘 지내라! 오늘로 너희들과 영원한 이별이구나!"

하늘에서인지 아니면 저승에서인지 모를 천둥 같은 소리가 아버지와 딸들을 떼어놓았다. 그 목소리가 외쳤다.

"오이디푸스야, 왜 머뭇거리느냐? 왜 갈 길을 주저하느냐?"

눈먼 왕은 딸들의 팔을 떼어놓고 테세우스를 불렀다. 그러고는 딸들을 절대로 버리지 말고 책임져달라는 표시로 두 딸의 손을 테세우스에게 쥐어주었다. 그는 여러 사람에게 뒤돌아보지 말고 떠나가라 명했다. 단 테세우스에게만은 같이 갈 것을 허락했고 둘은 나란히 붙어 열린 문 쪽으로 걸어갔다.

두 딸과 같이 나간 사람들은 꽤 많이 걸어 나온 뒤에야 비로소 뒤를 돌아보았다. 그러나 오이디푸스 왕의 모습은 이미 그림자도 볼 수 없었다. 번갯불도 보이지 않았고 천둥소리도 들리지 않았다. 미풍마저 불지 않는 깊은 고요가 하늘을 채웠다. 어두운 저승의 문이 소리 없이 조용히 열렸다. 대지의 갈라진 틈을 통해 죄를 씻은 늙은 오이디푸스는 신음소리나 고통 없이 영혼의 날개를 단 것처럼 깊은 땅속으로 날아갔다. 그들은 엄청난 광경에 눈이 부신 듯 한 손을 들어 눈을 가린 테세우스의 모습만 볼 수 있었다. 짧은 기도를 마친 테세우스는 오이디푸스의 딸들에게 되돌아와 아버지로서 보호해주겠다는 약속과 함께 두 사람을 데리고 아테나이로 돌아갔다.

6장

Die schönsten Sagen des klassischen Altertums

영웅의 후예들, 펠로폰네소스 일대를 정복하다

테바이를 공격하는 일곱 영웅들

아드라스토스 궁성의 폴뤼네이케스와 튀데우스

아르고스 왕 탈라오스의 아들 아드라스토스는 자식이 다섯 명 있었다. 그중에는 아르게이아와 데이퓔레라는 아름다운 두 딸도 있었다. 아드라스토스는 이 딸들에 대해 이상한 신탁을 받았다. 언젠가는 두 딸을 사자와 멧돼지에게 아내로 주어야 한다는 것이었다. 이해할 수 없는 이 신탁이 어떤 의미인지 왕은 여러모로 궁리해봤지만 전혀 알 수가 없었다. 왕은 두 딸이 어른이 되면 빨리 결혼시켜 마음에 걸리는 이 예언이 실현되지 못하게 하리라 생각했다. 그러나 신들의 계시를 막아서는 안 되는 것이었다.

각각 다른 방향에서 두 망명자가 아르고스를 찾아왔다. 테바이에서는 동생 에테오클레스에게 추방된 폴뤼네이케스가, 칼뤼돈에서는 오이네우스의 아들 튀데우스가 사냥을 하다 실수로 친척을 죽이고 도망쳐 왔다. 이 두 망명자는 아르고스 왕의 궁성 앞에서 마주쳤다. 깜깜한 밤이었던 탓에 두 사람은 서로를 적으로 착각하고 싸우기 시작했다. 아드라스토스는 궁성 밑에서 무기 부딪치는 소리가 들리자 횃불을 들고 내려가 싸우는 두 사람을 떼어놓았다.

싸우던 용사들이 아드라스토스의 좌우에 섰을 때 왕은 유령을 만난 듯 깜짝 놀랐다. 왜냐하면 폴뤼네이케스의 방패에는 사자 얼굴이, 튀데우스의 방패에는 멧돼지 얼굴이 새겨져 있었기 때문이다. 폴뤼네이케스는 헤라클레스에 대한 경의를 표하기 위해 사자의 문장(紋章)을 붙였고, 튀데우스는 칼뤼돈의 멧돼지 사냥과 멜레아그로스를 기념하기 위해 멧돼지 문양을 새겨 넣었다. 이제야 아드라스토스는 이해할 수 없었던 신탁의 뜻을 분명히 알게 되었다. 아드라스토스는 두 망명자를 사위로 삼았다. 폴뤼네이케스는 언니 아르게이아와, 튀데우스는 동생 데이퓔레와 결혼시켰다. 그와 동시에 왕은 두 사위에게 그들을 쫓아냈던 나라로 돌아갈 수 있게 해주겠다고 약속했다.

우선 테바이 출정이 결정되었다. 아드라스토스는 자신을 포함해 일곱 명의 영주와 일곱 군대를 불러 모았다. 그들의 이름은 아드라스토스, 폴뤼네이케스, 튀데우스, 아드라스토스의 매제 암피아라오스, 조카 카파네우스, 그리고 두 형제 힙포메돈과 파르테노파이오스다. 그러나 예언자이자 오랫동안 왕의 적이었던 매제 암피아라오스는 이 출정이 불행한 결과를 낳으리라 예견했다. 그는 아드라스토스와 영웅들에게 출정 계획을 보류하자며 설득해봤지만 별 소용이 없었다. 그래서 암피아라오스는 아드라스토스의 누이동생이며 자기 아내인 에리퓔레만 아는 곳으로 가서 몸을 숨겼다. 아드라스토스는 '군대의 눈'이라 불리는 암피아라오스 없이는 출정할 용기가 나지 않았다. 그래서 영웅들을 시켜 오랫동안 찾아 헤맸으나 실패했다.

폴뤼네이케스는 테바이에서 도망칠 때 목걸이와 페프로스를 가지고 나왔다. 그것은 전에 하르모니아가 테바이의 창설자 카드모스와 결혼할 때 여신 아프로디테에게서 받은 선물이었다. 이 선물은 그것을 몸에 지닌 자에게 죽음을 부른다고 했으며 이미 하르모니아와 디오뉘소스의 어머니 세멜레, 오이디푸스의 어머니 이오카스테를 파멸로 이끈 적이 있었다. 마지막으로 이것을 몸에 지닌 사람은 폴뤼네이케스의 아내 아르게이아였다.

폴뤼네이케스는 이 목걸이로 에리퓔레를 매수하여 그녀의 남편 암피아라오스가 숨은 곳을 알아내려 했다. 에리퓔레는 전부터 조카 아르게이아가 이방인 남편에게서 받은 훌륭한 목걸이를 부러워하고 있었다. 그녀는 찬란하게 빛나는 보석과 황금 목걸이를 보자 유혹을 이겨내지 못하고 폴뤼네이케스에게 남편 암피아라오스가 숨어 있는 곳을 가르쳐주었다. 이로써 암피아라오스는 출정을 하지 않을 수 없게 되었다. 왜냐하면 암피아라오스는 예전에 아드라스토스와 갈등이 불거졌을 때 다시 화해하면서 그의 여동생과 결혼한 것인데, 이후 아드라스토스와 분쟁이 있을 경우에는 부인의 뜻을 따르겠다고 약속했기 때문이다. 암피아라오스는 갑옷을 걸치고 부하 병사들을 모았다. 그러나 출정하기 전에 아들 알크마이온을 불러 자기가 죽으면 신의를 저버린 어머니에게 복수할 것을 신들에게 맹세하도록 했다.

일곱 영웅들, 원정을 떠나다

다른 영웅들도 갑옷으로 무장했다. 아드라스토스는 강력한 군대를 불러 모으게 되었다. 이 군대는 일곱 팀으로 나뉘어 일곱 영웅의 지휘를 받았다. 이들은 호적(胡笛)과 나팔을 울리면서 의기양양하게 아르고스를 떠났다. 그러나 일찍부터 불행이 닥쳤다. 처음에 도착한 네메아 숲에서는 모든 샘과 강, 연못이 말라 물을 얻을 수 없었다. 한낮의 폭염은 타는 듯한 목마름으로 병사들을 괴롭혔고, 그 때문에 무거운 갑옷과 방패는 더욱 주체하기가 어려웠다. 군대가 행진할 때마다 일어나는 자욱한 먼지가 바짝바짝 말라붙은 입에 쌓여갔다. 말이 토하는 거품마저 입가에서 말라버릴 정도였다.

아드라스토스가 몇 명의 병사와 함께 숲에서 이리저리 샘을 찾아다니다 슬픔에 잠겨 있는 미인을 만났다. 여인은 아이를 가슴에 안고 나무 그늘에 앉아 있었다. 그녀의 머리카락이 물결치듯 너울거렸고 비록 옷차림은 초라했지만 왕족 같은 기품이 엿보였다. 놀란 왕은 그녀가 분명 숲의 요정이리라 생각했다. 그래서 여인 앞에 무릎 꿇고 자기와 부하들을 이 목마름의 고통에서 구해달라고 애원했다. 그러나 여인은 눈을 내리깔고 조용한 목소리로 대답했다.

"이방인이시여, 저는 신이 아닙니다. 훌륭한 모습으로 보아 당신은 신들의 자손인 것 같군요. 만일 저에게 사람을 뛰어넘는 무엇이 있다면, 그것은 저의 불행 탓일 겁니다. 사실 저는 사람으로서 견딜 수 없는 괴로움을 참아왔으니까요. 저는 위대한 토아스의 딸이고 전에는 렘노스 여인족의 여왕이었던 휩시필레입니다. 지금은 말할 수 없는 고난 끝에 해적에게 유괴된 뒤 이곳으로 팔려 와서 네메아 왕 뤼쿠르고스의 종이 되었습니다. 이 아이는 제 자식이 아닙니다. 저는 주인의 아들 오펠테스를 돌보아주고 있습니다. 그러나 당신이 저에게 원하시는 것을 기꺼이 들어드리겠어요. 이런 막막하고 인적 없는 곳에도 샘이 솟는 곳이 한 군데 있습니다. 그곳으로 가는 비밀의 길은 저만 알지요. 이 샘에는 물이 아주 풍부하니 당신 병사들의 갈증을 해소할 수 있을 겁니다. 어서 저를 따라오십시오!"

여인은 일어나 젖먹이를 풀 위에 살짝 뉘어놓고 자장가를 불러 재웠다. 영웅들은 동료들을 불렀다. 곧이어 군대 전체가 휩시퓔레의 뒤를 따라 무성한 숲속에 감춰진 작은 길로 몰려갔다. 얼마 지나지 않아 그들은 바위 사이로 난 협곡에 도착했다. 폭포가 떨어지면서 뿜어내는 차가운 물안개가 여인과 선두 병사들의 뺨을 식혀주었다. 동시에 쏴 하고 힘차게 떨어지는 폭포 소리가 여러 사람의 귀에 들려왔다.

"물이다!"

"물이다, 물이야!"

병사들이 한목소리로 외쳤다. 그들의 환호성이 폭포소리를 누르고 협곡을 둘러싼 이산 저산에 메아리쳤다. 모두들 새파란 작은 냇가에 엎드려 마음껏 물을 마셨다. 드디어 오랫동안의 갈증을 풀 수 있었다. 사람들은 전차와 말이 갈 수 있는 길도 발견했다. 물가로 이어진 숲속 길이었다. 마부들은 뿜어져 나오는 물속으로 뛰어들었고, 물속에서 몸을 식히는 말들은 마구를 풀어주기도 전에 갈증을 달래느라 바빴다.

모두가 원기를 되찾자 휩시퓔레는 렘노스 여인들이 당한 일과 수

난에 대해 이야기하면서 아드라스토스 왕과 영웅들을 넓은 길로 다시 인도했다. 그들 뒤에서는 멀찌감치 군대가 따라오고 있었다. 그녀가 조금 전에 어린 아기와 함께 앉아 있던 아치형 나무가 있는 곳으로 돌아오는 길이었다. 그곳에 도착하기 전 휩시퓔레는 멀리서 나는 비명을 들었다. 다른 사람은 알아채지 못했으나 그녀는 그 소리가 오펠테스의 울음소리임을 알 수 있었다. 휩시퓔레에게도 자식이 있었다. 그러나 해적에게 유괴된 그녀는 하는 수 없이 아이들을 렘노스에 남겨놓고 왔다. 그녀는 노예로서 갓난아기를 돌보고 있었지만, 자신의 못다 한 모성애를 그 아기에게 다 쏟아 붓고 있었다. 예민해진 그녀의 마음에 불안한 예감이 스쳐 지나갔다.

휩시퓔레는 영웅들을 앞질러 갓난아기가 있던 자리로 급히 뛰어갔다. 그러나 슬프게도 갓난아기의 모습은 보이지 않았고 울음소리도 들리지 않았다. 그녀는 좀 떨어진 곳까지 둘러보다가 영웅과 병사 들을 물 있는 곳으로 인도하는 동안 아기에게 끔찍한 일이 생긴 것임을 알아차렸다. 나무 근처에 무서운 뱀 한 마리가 자신의 불룩한 배 위에 가만히 머리를 얹은 채 똬리를 틀고 있었던 것이다. 불행한 유모 휩시퓔레는 깜짝 놀라 비명을 질렀다. 뱀을 맨 먼저 본 힙포메돈은 잽싸게 땅에서 바위를 들어 무서운 뱀에게 내던졌다. 그러나 굳은 비늘로 덮인 뱀의 등은 바위를 흙덩이처럼 튕겨냈다. 그러자 그가 창을 던졌고 이 창은 뱀에게 꽂혔다. 창끝은 뱀의 아가리를 뚫고 들어가 머리를 부순 다음 반대쪽으로 빠져나왔다. 뱀은 창에 꽂힌 채 팽이처럼 빙빙 돌며 씩씩 소리를 내다가 마침내 숨이 끊어졌다.

뱀이 죽자 불쌍한 휩시퓔레는 갓난아기의 행방을 찾아 헤맸다. 조금 떨어진 곳에서 피로 물든 풀을 본 그녀는 그곳에서 갓난아기의 뼈를 찾았다. 절망한 휩시퓔레는 슬픔에 잠겨 뼈를 주워 모아 영웅들에게 넘겼다. 영웅들은 자신들 때문에 목숨을 잃은 불행한 아이를 묻어주며 엄숙한 장례식을 치렀다. 그리고 이 아이를 기리기 위해 네메아 제전을 열었으며, '요절한 자'*라는 이름으로 아이를 반신으로서 제사 지내주었다.

아이 어머니인 뤼쿠르고스의 아내 에우뤼디케는 휩시퓔레를 무서운 감옥에 가두고 무참하게 죽이라고 명령했다. 그러나 운명의 여신은 휩시퓔레의 아들들에게 어머니의 뒤를 쫓게 했다. 그리하여 그들은 네메아로 가 어머니를 감옥에서 구해냈다.

영웅들, 테바이에 도착하다

"이것은 이번 출정의 끝을 암시하는 전조다!"

예언자 암피아라오스가 어두운 표정으로 말했다. 그러나 그를 제외하고는 영웅들 모두가 뱀을 물리친 것은 좋은 징조라며 기뻐했다. 무엇보다 병사들은 고통스럽던 갈증을 해결했다는 점에서 만족했다. 예언자의 불길한 한숨에 아랑곳하지 않고 그들은 기분 좋게 행군을 계

---

* 그리스어로 아르케모로스(Archemoros)라고 하는데, '죽음의 시작' 또는 '맨 먼저 죽는'이라는 뜻이다. 예언자 암피아라오스는 테바이 출정이 불행한 결과를 가져오리라 예견했기 때문에, 이 아이의 불쌍한 운명이 바로 자기와 영웅들의 운명을 암시하는 징조라 보았다. 그래서 이 아이에게 그런 이름을 붙여준 것이었다.

속했다. 며칠 뒤 그들은 테바이의 외곽에 다다랐다.

테바이에서는 에테오클레스가 외삼촌 크레온과 함께 완강한 방어 태세를 갖추며 시민들을 불러 모았다.

"시민 여러분, 이제야말로 여러분을 키워주고 용감한 전사로 만들어준 고향, 이 테바이 시의 은혜를 돌이켜볼 시기가 왔소. 여러분은 젊은이나 늙은이나 다 함께 도시를 위해, 이 나라의 신들을 위해, 조상을 위해, 아내와 아이들을 위해, 여러분들의 자유의 땅을 위해 싸워야만 하오! 새점을 치는 사람이 나에게 말하기를, 내일 밤 적군이 도시를 공격한다고 했소. 모두들 서둘러 성루와 성문으로 가시오! 성채를 지키고, 화살을 챙겨 성루로 가시오! 출입구를 단단히 지키시오. 적군이 많다고 두려워할 필요 없소! 마을 외곽에 척후병을 매복시켰소. 그들이 가져오는 정확한 정보에 따라 나는 행동할 것이오."

에테오클레스가 기마병들에게 이렇게 말할 때 가장 높은 성루에서는 안티고네가 할아버지 라이오스의 부관이었던 노인과 함께 서 있었다. 안티고네는 아버지가 돌아가신 후 아테나이 왕 테세우스의 따뜻한 보호를 받았지만 거기 오랫동안 머무르지는 않았다. 그녀는 동생 이스메네와 함께 고국으로 돌아오고 싶었다. 오빠 폴뤼네이케스를 도울 수 있으리라는 막연한 희망과 고향에 대한 사랑이 그녀를 움직이게 했다. 그녀는 형제들에게 포위된 도시를 외면할 수 없었기에 도시와 운명을 같이하기로 했다. 안티고네는 영주 크레온과 오빠 에테오클레스의 환영을 받았다. 그들은 안티고네가 자진해서 온 인질이자 자신들이 바라던 중재자라고 생각했기 때문이다.

그녀가 왕궁의 오래된 계단을 올라가 성루에 서자 노인이 적의 상황에 대해 설명했다. 도시 주변 들판에, 이스메노스 강가에 그리고 예로부터 유명한 디르케 샘 주위에 적의 대군이 진을 치고 있었다. 그런데 그때 갑자기 부대가 움직이더니 제각각 흩어졌다. 푸른 들판은 병사들의 갑옷으로 마치 물결치는 바다처럼 번쩍였다. 곧이어 보병과 기병 대군이 포위된 도시의 문을 향해 함성을 지르며 밀려왔다. 그 광경을 본 안티고네는 깜짝 놀랐다. 그러나 노인이 그녀를 위로했다.

"우리 성곽의 벽은 높고 튼튼하며 참나무 문에는 무거운 쇠 빗장이 걸려 있습니다. 또 마을 안쪽에서 문을 단단히 잠그고 용감한 병사가 지키고 있으니 괜찮을 겁니다."

안티고네가 용감한 적군의 장수들을 일일이 물어보자 노인이 대답했다.

"저 번쩍번쩍 빛나는 투구를 쓰고 번쩍이는 청동 방패를 가볍게 흔들며 선두에 선 사람이 힙포메돈 왕입니다. 그는 뮈케나이의 레르나 늪 근처에 살지요. 그의 몸집은 땅에서 솟아난 거인족만큼이나 큽니다. 그리고 저기 오른쪽 디르케 샘터 위에 말을 세우고 마치 야만인처럼 이상한 갑옷을 입고 있는 사람이 보이지요? 그 사람이 당신 오빠의 동서이자 오이네우스의 아들인 튀데우스입니다."

안티고네가 물었다.

"그럼 무장한 병사들을 이끌고 있는 저 젊은 영웅은 누굽니까?"

"그 사람은 파르테노파이오스입니다."

노인이 가르쳐주었다.

"사냥의 여신 아르테미스의 여자친구인 아탈란테의 아들입니다. 그런데 저기 니오베의 딸들이 묻힌 무덤이 있는 곳에 영웅들이 보이지요? 나이 든 쪽이 원정군의 지휘관 아드라스토스입니다. 젊은 쪽은 누군지 아시겠지요?"

안티고네는 슬픈 마음으로 말했다.

"가슴과 허리의 윤곽밖에 안 보이지만 그가 누군지 알아요. 오빠 폴뤼네이케스지요. 구름을 타고 사랑하는 오빠에게 날아가 안아줄 수 있으면 얼마나 좋을까요! 그의 갑옷은 마치 아침 햇살처럼 빛이 나는 것만 같군요. 그런데 한 손으로 말고삐를 쥐고 흰 전차를 몰면서 채찍을 휘두르는 사람은 누구입니까?"

"그는 예언자 암피아라오스입니다!"

"외곽 성벽 앞을 이리저리 거니는 이가 있네요. 혹시 외곽 성벽의 높이를 재며 습격할 만한 곳이 있는지 살피고 다니는 것은 아닌가요?"

"저건 이 도시를 쑥대밭으로 만들고 당신을 레르나 늪가에서 노예로 삼으려 하는 교만한 카파네우스지요."

안티고네는 새파랗게 질려 이제 그만 돌아가자고 했다. 노인은 그녀의 손을 잡고 아래로 내려왔다.

메노이케우스의 죽음

그러는 동안 크레온과 에테오클레스는 작전 회의를 갖고, 테바이의 일곱 개 성문에 지휘관 일곱 명을 각각 배치하고 같은 수의 병사로 적과 대치하기로 결정했다. 그러나 그들은 전쟁이 시작되기 전에 새점을 쳐 징조를 살피고 전쟁의 결과를 알아보려 했다. 그런데 테바이에는 '오이디푸스 이야기'에서 이미 말한 것처럼 에우에레스와 요정 카리클로의 아들인 예언자 테이레시아스가 살고 있었다. 테이레시아스는 젊었을 때 여신 아테네 때문에 눈이 멀었다. 어머니 카리클로는 친구인 아테네에게 아들의 시력을 돌려달라고 청했으나, 여신도 그 일만은 해줄 수가 없었다. 그 대신 여신은 테이레시아스의 청각을 예민하게 해주어 어떤 새의 소리라도 알아들을 수 있게 해주었다. 이리하여 테이레시아스는 그때부터 테바이 시의 예언자가 되었던 것이다.

크레온은 젊은 아들 메노이케우스를 보내 어느덧 노인이 된 이 예언자를 왕궁으로 데려왔다. 곧바로 늙은 예언자가 자기 딸 만토와 소년에게 의지해 힘겹게 크레온에게로 걸어왔다. 왕은 노인에게 새의 비행이 도시의 운명을 어떻게 말해주는지 알려달라고 다그쳤다. 테이레시아스는 오랫동안 잠자코 있다가 슬픈 듯 말했다.

"오이디푸스의 아들들은 자기 아버지에게 무거운 죄를 지었소. 그들은 테바이에 커다란 불행을 가져왔소. 아르고스 인과 테바이 인은 서로를 죽이고 죽을 것이며 아들들 또한 죽이고 죽을 것이오. 마을을 구할 길은 하나뿐인데 너무도 가혹한 방법이라 말해줄 수가 없소. 그럼 나는 이만 가보겠소!"

노인이 일어나 나가려 했다. 그러나 크레온이 끈질기게 간청하자 노인도 발을 멈췄다. 예언자는 엄숙한 말투로 말했다.

"정녕 듣고 싶소? 그렇다면 말해드리겠소! 그러나 그 전에 묻겠는데 나를 이리로 데려온 그대의 아들 메노이케우스는 어디 있소?"

"당신 옆에 서 있습니다."

크레온이 대답했다. 그러자 노인은 말했다.

예언자 테이레시아스가 의자에 앉아서 눈을 감은 채 점을 치고 있다. 의자 옆에 있는 황금
지팡이는 아테네에게 선물받은 것으로 그 덕분에 길을 찾아갈 수 있었다. 테바이의 예언자
테이레시아스는 젊었을 때 여신 아테네 때문에 눈이 멀었다. 아테네는 대신에 그가 새의 소
리를 알아들을 수 있게 해주었다. 그때부터 테이레시아스는 테바이 시에서 새점을 치는 예
언자가 되었다. 가장 현명한 예언자 테이레시아스는 죽은 뒤에도 예언의 능력을 계속 지녀
오뒷세우스에게 앞날을 예언해준다.

〈예언자 테이레시아스〉, 《고대 그리스·로마 사전》에 실린 삽화, 1891년.

"그렇다면 내 예언을 듣지 못하도록 가능한 한 멀리 떨어져 있게 하시오!"

"왜 그래야 합니까? 메노이케우스는 내 아들입니다. 발설할 일이 아니라면 그는 침묵을 지킬 것입니다. 게다가 우리를 구할 방법을 듣는다면 아들도 기뻐할 것입니다!"

"그럼 새의 날개가 알리는 것을 들으시오."

테이레시아스가 말했다.

"구원이 온다. 그러나 그것은 잔인한 문을 넘어서야 한다. 용의 이에서 태어난 자손 가운데 가장 젊은 사람이 죽어야 한다. 반드시 그래야만 승리할 수 있다!"

크레온이 외쳤다.

"아 슬프구나! 오 늙은이여, 도대체 무슨 말을 하는 건가? 도시를 구하기 위해 카드모스의 가장 젊은 자손이 죽어야 하다니! 그대는 내 사랑하는 아들 메노이케우스의 죽음을 요구하는 게 아닌가? 당장 꺼지시오! 그 따위 예언은 필요 없소!"

왕은 몹시 화가 나 일어났다. 테이레시아스가 진지하게 물었다.

"그대에게 슬픔을 안겨준다고 해서 이 진실이 틀렸단 말인가?"

크레온은 눈먼 예언자 앞에 몸을 내던져 그의 무릎을 껴안고 제발 예언을 취소해달라고 애원했다. 그러나 테이레시아스는 청을 들어주지 않았다.

"이 요구는 어쩔 수 없는 것이오. 전에 용이 살던 디르케 샘가에서 메노이케우스는 자신을 제물로 바쳐 그 피를 뿌려야 하오. 대지는 옛날에 용의 이에서 태어난 인간 종족을 카드모스에게 내보낸 적이 있소. 이제 다시 대지가 인간 종족을, 더욱이 자신이 내보냈던 인간 종족과 가까운 인간의 피를 받게 되면, 그대들은 대지를 친구로 삼을 수 있소이다. 메노이케우스가 도시를 위해 희생한다면 그는 죽어서 도시의 구원자가 될 것이오. 크레온이여! 둘 중 어느 것을 택하겠소?"

그렇게 말한 뒤 예언자는 딸에게 이끌려 떠나갔다. 크레온은 침묵 속에 빠져들었다. 그러다 그는 불안에 가득 차 외쳤다.

"내가 제물이 되어야 한다면 조국을 위해 기쁘게 죽겠다! 그러나 아들아, 너를 제물로 바쳐야 한다니? 도망가거라, 아들아! 아무런 죄도 없는 너에게 너무나 나쁜 이 나라에서 될 수 있는 한 멀리 도망쳐라. 델포이, 아이톨리아, 테스프로토이 족이 사는 곳을 지나 도도나 신전으로 가서 보호를 청해라!"

"네, 그러겠습니다!"

메노이케우스가 눈을 반짝이며 말했다.

"그렇게 하지요. 여행에 필요한 물품만 챙겨주세요. 그곳까지 무사히 갈 수 있습니다. 믿어주세요, 아버지!"

아들의 태도에 크레온은 다시 안심하고 자기 위치로 급히 되돌아갔다. 그러나 혼자 남게 된 소년은 곧 대지에 엎드려 신들에게 간절히 기도했다.

"하늘의 신들이여! 제가 거짓말을 해서 공포에 떠는 늙으신 아버지를 안심시킨 것을 용서하소서. 신들이시여, 부디 제 맹세를 들으시고 받아주십시오! 노인인 아버지가 공포에 사로잡힌 것에 대해서도 용서를 빕니다. 그렇지만 저를 낳아준 조국을 배반한다면 저는 겁쟁이가 될 것입니다. 신들이시여, 제 맹세를 듣고 은혜를 베풀어 그것을 받아주시옵소서. 저는 죽어서 조국을 구하겠습니다. 성벽 꼭대기로 올라가 용이 사는 깊고 어두운 늪으로 몸을 던져 예언자가 알려준 대로 나라를 구하겠습니다."

소년 메노이케우스는 기쁜 마음으로 뾰족한 성루로 서둘러 올라가 자신이 맹세한 대로 했다. 그는 성벽의 가장 높은 곳에 서서 적의 진영을 내려다보며 짧고도 엄숙한 어조로 적을 저주했다. 그리고 옷 밑에 감췄던 단도를 꺼내 단번에 자기 목을 찌른 다음 높은 성벽에서 디르케 샘터로 뛰어내려 산산조각이 났다.

테바이 공격

예언은 이루어졌다. 크레온은 비통한 심정을 애써 눌렀다. 에테오클레스는 적의 공격으로부터 성벽을 지키기 위해 일곱 개 문 앞에 일곱 개 부대를 각각 배치했다. 아르고스 군대도 이제 막 행동을 개시하여 성벽을 공격해오기 시작했다. 군가가 드높이 울려 퍼졌다. 적군 쪽에서도 테바이 성벽 쪽에서도 동시에 나팔소리가 울렸다.

선두에 여자 사냥군 아탈란테의 아들 파르테노파이오스가 군대를 이끌고 방패를 나란히 하여 성문 한 곳으로 쳐들어왔다. 그 방패에는 그의 어머니가 폭포 앞에서 아이톨리아의 멧돼지를 잡는 모습이 그려져 있었다. 제사에 쓰일 동물을 전차에 싣고 예언자 암피아라오스가 두 번째 성문을 향해 갔다. 그는 간단한 무기만 들었을 뿐 문장이 새겨진 방패나 그 밖에 화려한 무기는 갖고 있지 않았다. 세 번째 성문을 향해 돌진한 것은 힙포메돈이었다. 그는 헤라 여신의 질투 때문에 암소가 된 이오를 지키는 백 개의 눈을 가진 아르고스의 모습이 새겨진 방패를 들고 있었다. 네 번째 성문을 향해 가면서 튀데우스는 자신의 군대를 지휘했다. 그는 털이 부스스 붙어 있는 사자가죽을 댄 방패를 들고 있었고, 오른손에는 횃불을 들고 있었다. 테바이에서 쫓겨난 폴뤼네이케스 왕은 자신의 군대에 다섯 번째 문을 향해 돌진하도록 명령했다. 그의 방패에는 화가 나 뒷발로 선 한 떼의 말이 그려져 있었다. 여섯 번째 성문으로는 아레스 신과 겨룰 수 있다고 자부하는 카파네우스의 군대가 돌진했다. 그의 방패 한가운데에는 도시 전체를 송두리째 뽑아 어깨에 멘 거인의 모습이 새겨져 있었다. 그는 테바이를 그런 운명에 몰아넣으려 마음먹고 있었던 것이다. 마지막이자 일곱 번째 성문을 향해 온 것은 아르고스 왕 아드라스토스였다. 그의 방패에는 테바이의 아이들을 입에 문 수백 마리 뱀이 그려져 있었다.

아르고스 군대가 성문 바로 앞까지 몰려오자 처음에는 투석전이 벌어졌고, 그다음에는 활과 창의 전쟁이 시작되었다. 그러나 테바이 인은 첫 번째 공격을 물리치고 승리했다. 그래서 아르고스 군은 후퇴하지 않을 수 없었다. 그때 튀데우스와 폴뤼네이케스가 냉정하게 소리쳤다.

"형제들이여, 어째서 화살이 너희를 쓰러뜨리기 전에 힘을 모아 성문을 향해 돌진하지 않는가? 보병, 기병, 전차병 모두 힘을 모아 성문을 향해 돌진하라!"

고함소리가 퍼지자 아르고스 군대가 다시 용기를 냈다. 그리하여 더 강력한 힘으로 돌진했으나 첫 번째 공격과 마찬가지로 이번에도 실패로 돌아갔다. 피로 물든 공격군은 수비병의 발밑에 쓰러졌다. 그리고 모든 대열의 병사들이 전사했다. 성문 앞 마른 땅에는 피의 강이 흘렀다.

그때 아르카디아 인 파르테노파이오스가 바람처럼 달려와 돌로 된 성문을 때려 부수게 횃불과 도끼를 가져오라고 외쳤다. 성루에 있던 테바이의 페리클리메노스는 그 모습을 보고 성벽에서 수레만 한 돌덩이를 던졌다. 커다란 돌은 파르테노파이오스의 곱슬거리는 금발머리를 맞추어 뼈를 박살냈고, 아래로 떨어진 그는 온몸이 산산조각 났다. 네 번째 성문에선 튀데우스가 마치 태양 볕을 따가워하는 용처럼 날뛰고 있었다. 그는 깃털 달린 투구를 쓴 머리를 흔들어댔고, 머리를 가린 그의 방패 끝에 달린 방울에서는 '쨍쨍' 소리가 울렸다. 그가 오른손에 잡은 창을 성벽 위로 날려 보내자 방패 뒤에 몸을 숨기고 있던 군사들도 일제히 높은 성벽 위로 창을 날려 보냈다. 성벽에 서 있던 테바이 인들은 우박소리를 내며 날아오는 창들을 피해 도망갈 수밖에 없었다.

바로 그 순간에 에테오클레스가 나타났다. 그는 마치 사냥꾼이 뿔뿔이 흩어진 사냥개를 모으듯 테바이 병사들을 다시 모아 성루에 세웠다. 그렇게 그는 성문에서 성문으로 황급히 오갔고, 그러다 광포한 카파네우스와 부닥쳤다. 카파네우스는 도시의 성벽을 기어오를 기다란 사다리를 나르고 있었다. 그는 "제우스의 벼락도 나를 막을 수 없다. 도시를 가루로 만들어버리겠다."라고 소리를 질렀다. 그는 욕설을 퍼부으면서 사다리를 성벽에 세운 다음 비처럼 쏟아지는 돌멩이를 방패로 막으며 미끄러지기 쉬운 사다리를 기어오르기 시작했다. 그러나 제우스 신은 자신을 모욕한 이 사나이를 벌하기 위해 그가 성벽 위에 이르렀을 때 벼락을 쳤다. 대지를 진동시키는 벼락이었다. 카파네우스의 사지는 사다리에서 멀리 흩어졌고 불타는 머리카락이 하늘에 너울거렸다.

아드라스토스 왕은 이 징조를 보고 자기 계획이 제우스의 미움을 사고 있음을 알았다. 그는 곧바로 군대를 후퇴시켰다. 테바이 군은 제우스가 보낸 운수 좋은 징조를 보자 도시의 보병을 총동원해 걷거나 전차를 타고 적군 한가운데로 들어갔다. 전차와 전차가 맞부딪쳤다. 승리는 테바이 군에 돌아갔다. 테바이 군은 도시에서 멀리 떨어진 곳으로 적을 쫓아내고 나서야 비로소 성으로 돌아왔다.

폴뤼네이케스와 에테오클레스 형제의 결투

도시 테바이에 대한 공격은 이렇게 끝났다. 크레온과 에테오클레스가 군대와 함께 도시로 돌아가자 후퇴했던 아르고스 군은 전열을 정비해 다시 테바이를 공격해 왔다. 테바이 인들도 적들의 재공격을 곧 알아차렸지만 두 번째 방어의 희망은 거의 없었다. 첫 번째 방어에서 힘을 다 소진했기 때문이다. 이에 에테오클레스 왕은 큰 결심을 했다. 왕은 또다시 테바이 성을 에워싸고 도시의 공동묘지 근처에 진을 친 아르고스 군에 전령을 보내 휴전을 청했다. 그리고 성에서 가장 높은 곳에 올라가 자신의 군대와 도시를 둘러싼 적을 향해 큰 소리로 말했다.

"여기까지 쳐들어온 모든 그리스 인과 아르고스 인, 그리고 테바이

인 여러분! 폴뤼네이케스와 그 아우인 나를 위해 귀중한 생명을 걸지 마시오! 전쟁의 위험은 내가 떠맡도록 해주시오. 형 폴뤼네이케스와 결투를 하게 해주시오. 내가 형을 이기면 나를 왕위에 오르게 하고, 만일 내가 형의 손에 쓰러진다면 형에게 왕홀을 주겠소. 그러니 아르고스의 여러분은 성벽 앞에서 귀한 피를 흘리지 말고 본국으로 돌아가시오."

그러자 아르고스 인 진영에서 폴뤼네이케스가 나타나 성을 향해 아우의 도전을 받아들이겠다고 외쳤다. 병사들은 둘 중 한 사람에게만 좋을 이 피비린내 나는 싸움에 싫증이 난 상태였다. 양쪽 군대 모두 좋은 생각이라며 박수를 쳤다. 결투에 대한 조건이 정해지고, 양쪽 진영 사이의 넓은 들판에서 전쟁 지휘자들이 서약을 했다. 오이디푸스의 아들들은 단단히 무장을 했다. 테바이의 귀족들은 테바이 왕을 무장시켰고, 추방된 폴뤼네이케스는 아르고스 귀족들이 무장시켰다. 그렇게 해서 번쩍번쩍하게 무장한 두 사람이 서로를 강렬하게 노려보며 마주 섰다.

친구들이 폴뤼네이케스에게 말했다.

"제우스가 그대에게서 아르고스를 위한 승리의 기념탑을 얻고 싶어 한다는 것을 잊지 말게!"

그리고 테바이 인들은 그들의 왕인 에테오클레스를 격려했다.

"고국과 왕홀을 지키기 위해 싸우십시오. 그 생각이 당신을 승리로 이끌 겁니다."

숙명적인 결투를 시작하기 전 두 진영에서 나온 예언자들은 결과를 점치고자 제물에서 피어오르는 불꽃의 모양을 해석하고 있었다. 그러나 그 징표가 알쏭달쏭했다. 두 사람에게 똑같이 승리를 알리는 것 같기도 하고 또 둘 모두의 파멸을 알리고 있는 것 같기도 했다. 곧 폴뤼네이케스는 머리를 아르고스 나라로 향한 채 두 손을 들어 기도했다.

"아르고스의 수호신 헤라여! 전 당신의 나라에서 아내를 얻고 살아왔습니다. 부디 당신의 시민인 제가 이 결투에서 이기게 해주십시오!"

테바이 군 쪽에서는 에테오클레스가 아테네 신전을 향해 기도했다.

"제우스의 딸이여! 조국을 망치려고 찾아온 사나이의 가슴팍에 내가 던지는 창을 꽂아주시옵소서!"

이 말이 끝나자마자 결투 시작을 알리는 나팔이 울려 퍼졌다. 형과 아우는 힘차게 달려 나갔다. 투창이 소리 내며 날았으나 양쪽 다 서로의 방패에 맞고 튕겨 나갔다. 그래서 둘은 서로 창으로 상대편 얼굴과 눈을 겨누었으나 그 역시 잽싸게 방패로 막아 양쪽 모두 실패로 돌아갔다. 이 치열한 결투를 지켜보던 사람들의 손에 자기도 모르게 땀이 뱄다. 그때 흥분한 에테오클레스가 실수를 했다. 창으로 찌를 때 걸리적거리는 돌을 오른발로 걷어차려고 발을 방패 밖으로 내놓고 만 것이다. 그 순간을 놓치지 않은 폴뤼네이케스의 창이 에테오클레스의 정강이를 꿰뚫었다. 아르고스 병사들은 이것으로 승리가 판가름 났다고 환성을 올렸다. 그러나 에테오클레스는 상처를 입었음에도 당황하지 않았다. 상대편 어깨가 드러난 것을 보고는 재빨리 그 어깨를 겨냥해 창을 내던졌다. 이번엔 테바이 병사들이 환성을 질렀다. 에테오클레스는 뒤로 물러나 바위를 붙잡고 상대편 창을 두 동강이 냈다.

승부는 원점으로 돌아갔다. 둘은 재빨리 칼을 뽑아들고 다가갔다. 방패와 방패가 부딪치고 칼이 마주치는 소리가 높이 울렸다. 그때 에테오클레스가 텟살리아에서 배운 숨은 솜씨를 발휘했다. 갑자기 자세를 바꿔 왼발을 뒤로 당겨 아랫배를 신중히 가리면서 오른발을 앞으로 내디뎠다. 상대가 갑자기 자세를 바꾸자 어리둥절해진 폴뤼네이케스는 하반신을 방패로 가리지 못했다. 그때 에테오클레스가 몸 한가운데를 찔러 창이 엉덩이 쪽으로 뚫고 나왔다. 폴뤼네이케스는 고통으로 얼굴을 일그러뜨린 채 몸을 옆으로 기울이더니 피를 폭포처럼 흘리며 쓰러졌다.

에테오클레스는 이겼다고 생각해 칼을 내던지고는 죽어가는 형한테 몸을 굽혀 그가 가진 물건을 빼앗으려 했다. 그러나 그것이 그의 파멸을 불렀다. 쓰러진 폴뤼네이케스는 칼을 손에 꼭 쥐고 있었다. 숨을 헐떡거렸지만 자기 위로 몸을 구부린 에테오클레스의 배를 찌를 만한 힘은 아직 남아 있었다. 에테오클레스는 죽어가는 형 바로 옆에 무너지듯 쓰러졌다. 아버지 오이디푸스의 저주는 이렇게 실현되었다.

테바이 성문이 열리고 여인과 부하들이 달려와 에테오클레스의 죽음을 슬퍼하며 울부짖었다. 안티고네는 사랑하는 오빠 폴뤼네이케스의 몸을 부둥켜안고 오빠의 마지막 말을 들으려 했다. 에테오클레스의 임종이 더 빨랐다. 그는 부글부글 가래 끓는 가슴에서 깊은 한숨을 내쉬더니 곧바로 숨이 끊겼다. 그러나 폴뤼네이케스는 아직 숨이 남아 있는 흐릿한 눈으로 누이동생을 올려다보며 입을 열었다.

"누이야, 비극적 운명이로구나. 죽은 아우의 운명도 그렇다. 피로 이어진 형제가 원수가 되었으니 그럴 수밖에 없지. 죽음이 임박한 지금에야 아우에 대한 사랑을 깨달았다. 사랑하는 누이야, 나를 고향 땅에 묻어다오. 그리하여 고향의 노여움을 달래게 해다오. 나는 그 도시

에서 많은 은혜를 입었다. 어서 네 손으로 이 눈을 감겨다오. 죽음의
어둠이 나를 덮치고 있다."

이렇게 폴뤼네이케스는 누이동생에게 안긴 채 죽었다. 테바이 사
람들은 자신들의 주인 에테오클레스가 이겼다고 했고, 아르고스 사람
들은 폴뤼네이케스가 이겼다고 주장했다. 지휘관과 죽은 사람의 친구
사이에서도 똑같이 싸움이 일어났다. 누군가가 말했다.

"맨 처음 창으로 찌른 것은 폴뤼네이케스다!"

다른 쪽에서 누군가가 외쳤다.

"그러나 먼저 쓰러진 것도 폴뤼네이케스다!"

다행히도 테바이 병사들은 두 사람이 결투하는 동안 모두 무장을
갖춘 상태로 정렬하고 있었지만, 아르고스 병사들은 승리를 확신하며
무장을 푼 채 구경하고 있었다. 테바이 군은 아르고스 군이 다시 무장
을 갖추기 전에 재빨리 적진으로 쳐들어갔다. 테바이 군은 아무런 저
항도 받지 않았다. 미처 무기를 챙기지 못한 아르고스 병사들은 들판
가득 대열을 흐트러뜨리며 도망쳤다. 테바이 군의 투창이 도망가는
적을 몇 백 명인지 모를 정도로 수없이 많이 쓰러뜨려 피가 폭포처럼
흘렀다.

아르고스 군이 도망칠 때 테바이의 영웅 페리클리메노스는 이스메
노스 강의 기슭까지 예언자 암피아라오스를 쫓았다. 전차를 타고 도
망가던 암피아라오스의 앞을 강이 가로막았고, 페리클리메노스는 바
로 뒤까지 추격해 왔다. 절망한 예언자는 수심이 얕은 곳을 찾아 말이
건널 수 있게 해보라고 마부에게 명령했다. 그러나 미처 강으로 들어
가기도 전에 페리클리메노스가 강가에 도착해 예언자의 목에 창을 겨

났다. 제우스는 그가 불명예스럽게 도주하다가 비참한 최후를 마치게 하는 것이 안타까웠는지, 벼락을 쳐 대지를 갈라놓았다. 대지가 검은 동굴처럼 열리더니 얕은 내를 찾던 말과 전차, 예언자와 마부를 모두 집어삼켰다.

얼마 지나지 않아 테바이 주변의 모든 적병이 소탕되었다. 테바이 인들은 사방에 쓰러져 있는 적으로부터 방패와 전리품 등을 챙겨 의기양양하게 테바이 시로 돌아왔다.

크레온의 결정

결투가 끝나자 죽은 사람들에 대한 장례가 문제였다. 테바이의 왕위는 두 형제가 죽은 뒤 외삼촌 크레온에게로 넘어갔다. 그래서 크레온이 조카들을 묻었다. 즉시 그는 왕으로서 영예를 갖춰 에테오클레스를 엄숙하게 장사지냈고, 테바이 사람들 모두 장례식 행렬을 따랐다. 반면 폴뤼네이케스는 묻지도 않고 불명예스럽게 그대로 내버려두었다. 크레온은 온 도시로 전령들을 보내 이런 포고령을 내렸다.

"도시를 불바다로 만들어 파괴하러 왔던, 지금 자신이 흘린 피를 실컷 먹고 있는 이 조국의 원수는 나라의 신을 쫓아버리고 남은 사람들을 노예로 만들려 했다. 이 저주받은 폴뤼네이케스의 죽음을 한탄하거나 무덤을 마련해주지 말고 새나 개의 먹이가 되도록 내버려두라."

크레온 왕은 시민들에게 왕의 명령이 완전히 지켜지도록 시신을 감시하라면서 시체에 특별 파수꾼을 붙여 훔치거나 묻지 못하게 감시했다. 만일 그런 짓을 하는 자가 있으면 가차 없이 도시 광장에서 돌을 던져 죽여버릴 것이라고 했다.

경건한 안티고네도 이 잔인한 포고를 들었다. 그녀는 죽어가는 오빠와 한 약속을 잊지 않고 있었다. 가슴이 미어진 안티고네는 여동생 이스메네를 얼러 모험을 해서라도 오빠의 시신을 적으로부터 빼앗아 올 생각이었다. 그러나 이스메네는 마음이 약한 처녀라 그런 영웅적 용기가 없었다.

"언니는 아버님과 어머님의 저 무서운 파멸을 벌써 잊으셨나요? 그뿐 아니라 오빠들이 돌아가신 지 얼마 안 됐다는 것도 다 잊고 나까지 죽음의 운명으로 끌어들이는 건가요?"

안티고네는 겁 많은 동생한테서 차갑게 얼굴을 돌렸다.

"알았어. 이젠 네 도움을 바라지 않겠다. 나 혼자 오빠를 묻으러 갈 거야. 그런 다음에는 기꺼이 평생 사랑하던 오빠 곁에서 잠들겠다!"

이런 일이 있고 얼마 안 되었을 때 파수꾼 하나가 겁에 질려 왕에게 고했다.

"감시하라고 명령하신 시체가 어느 사이엔가 땅에 묻혔습니다. 그리고 범인은 눈 깜짝할 사이에 도망쳐버렸습니다. 어떻게 그렇게 됐는지 알 수 없습니다. 낮에 보초를 서던 첫 파수병이 그것을 알려줬지만 도무지 이해가 되지 않았습니다. 시체는 저승의 신들에게 매장을 겨우 인정받을 만큼 얇게 덮여 있었습니다. 땅을 판 자리도, 삽을 쓴 자국도, 수레바퀴의 자국도 없었습니다."

보고를 들은 크레온이 크게 화를 냈고, 범인을 찾지 못하면 파수꾼들을 모두 죽이겠다고 위협했다. 파수꾼들은 크레온의 명령으로 다시 시체에서 흙을 완전히 털어내고 이전처럼 그대로 버려둔 채 계속 감시를 해야 했다. 이렇게 그들은 뙤약볕 아래에서 아침부터 낮까지 시신을 감시했다. 그때 갑자기 폭풍이 일어나 하늘을 온통 먼지로 뒤덮었다. 파수꾼들이 뜻밖의 이변에 놀라고 있을 때 한 처녀가 보금자리가 텅 빈 것을 알게 된 어미 새처럼 슬퍼하며 다가왔다. 처녀는 갖고 있던 구리 물통에 급히 흙을 가득 채우더니 조심스럽게 시체로 다가섰다. 그리고 시신을 묻는 대신 그 위에다 세 번 흙을 뿌렸다. 파수꾼들은 꽤 먼 언덕 위에 있었다. 그들은 망설이지 않고 급히 달려가 현장에서 그녀를 붙잡아 화가 난 왕에게로 끌고 갔다.

안티고네와 크레온

크레온은 범인이 조카 안티고네라는 것을 알게 되었다. 그가 안티고네를 향해 큰소리로 물었다.

"어리석은 계집아, 네가 시신을 묻은 걸 인정하겠느냐 부인하겠느냐?"

"인정합니다."

안티고네는 이렇게 대답하고 머리를 꼿꼿이 쳐들었다. 왕은 계속해서 물었다.

"겁도 없이 법을 위반했다는 것도 알고 있겠지?"

"물론 알고 있습니다."

안티고네는 단호하고도 침착하게 말했다.

"그러나 그 법은 불사의 신들에게서 나온 것이 아닙니다. 저는 다른 법을 알고 있습니다. 그 법은 어제오늘에 생긴 것이 아니라 영원히 지켜야 할 법입니다. 어떠한 사람도 그 법을 어기면 신들의 노여움을 살 수밖에 없습니다. 바로 그 법이 제 어머니가 낳은 오빠 폴뤼네이케스를 묻어주어야 한다고 명했던 것입니다. 제가 한 짓이 어리석다고 하셨지만, 사실 저에게 어리석다고 하는 당신이 더욱 어리석은 겁니다."

안티고네의 항변에 크레온은 한층 더 화를 내며 말했다.

"너의 완강한 고집을 못 버리겠다는 거냐? 가장 다루기 어려운 쇠가 제일 먼저 부러지는 법이다. 잡혀 와서도 그렇게 대들다니!"

그 말에 안티고네가 대답했다.

"저를 죽이는 것 말고 그 밖에 뭘 하실 수 있겠습니까? 무엇을 망설이십니까? 저를 죽이더라도 제 이름은 더럽혀지지 않을 겁니다. 시민들은 무서워서 아무 말도 못하지만, 마음속으로는 제가 한 일이 옳다고 생각할 겁니다. 왜냐하면 오빠를 사랑하는 것은 누이동생으로서 당연한 의무니까요."

왕이 격분해서 외쳤다.

"폴뤼네이케스를 꼭 사랑해야겠다면 저승에서나 실컷 사랑해라!"

그러면서 부하에게 안티고네를 붙잡으라 명령했다. 그때 언니의 운명을 들은 이스메네가 달려왔다. 이때의 이스메네는 여자의 나약함과 인간에 대한 공포를 완전히 떨쳐버린 것처럼 보였다. 무서워하는 기색도 없이 잔인한 외삼촌 앞으로 나아가 자기도 공모자이니 언니와 함께 죽여달라고 요구했다. 동시에 그녀는 안티고네가 크레온의 조카일 뿐 아니라 왕자 하이몬의 약혼자라는 사실을 기억하라고 말했다.

크레온은 대답 대신 자매를 체포하라고 명령했다. 두 사람은 형리의 손에 이끌려 성 안쪽으로 끌려갔다.

하이몬과 안티고네

황급히 달려오는 아들을 본 크레온은 아들이 자기 신부에게 내린 판결에 대해 화를 낼 줄 알았다. 그러나 아버지의 의심스러운 물음에 하이몬은 착한 아이처럼 고분고분 대답했다. 그는 자신이 진심으로 아버지를 사랑하고 있음을 이야기한 뒤에야 비로소 사랑하는 신부를 위해 변호했다.

"백성들이 뭐라고 말하는지, 그리고 뭐라고 비난하는지 아버님은 모릅니다. 백성들이 아버님 귀에 거슬리는 말을 하지 않는 것은 아버님의 눈이 두렵기 때문입니다. 그러나 저는 그들이 몰래 하는 말을 여러 번 들었습니다. 그래서 드리는 말씀인데, 지금 이 도시 전체가 안티고네의 일을 슬퍼하고 있습니다. 안티고네가 한 일을 모든 시민이 칭찬하고 있습니다. 자기 오빠를 개나 새의 먹이로 만들지 않으려 했던 신앙심 깊은 누이를 사형시키리라고 믿는 사람은 어디에도 없습니다. 아버님, 그러니까 부디 백성의 소리에 귀를 기울여주십시오. 숲속을 흐르던 물이 불어났을 때 세찬 물결을 거스르지 않는 나무는 남지만 그 물결을 거스르는 나무는 송두리째 뽑히고 맙니다."

크레온이 비웃듯 소리쳤다.

"네가 나를 가르치려 드는 거냐? 그 여자와 한패가 되어 싸우겠다는 것 같구나!"

아들이 재빨리 웃으면서 말했다.

"여자처럼 왜 그러세요! 오직 아버님을 위해 드리는 말씀입니다"

"잘 알았다."

아버지가 노하여 말했다.

"너는 저 나쁜 계집에게 맹목적인 사랑의 포로가 된 것이다. 그러나 저 여자가 살아 있는 동안에는 결혼을 할 수 없을 것이다. 그녀는 닫힌 바위의 무덤 구멍에 산 채로 들어가게 될 거야. 최소한의 음식만 제공될 것이다. 그렇게 하면 이 도시가 그녀를 죽였다는 죄는 짊어지지 않아도 될 테지. 안티고네는 저승의 신에게 간청하여 구원을 받는 것이 좋을 거다. 죽은 폴뤼네이케스보다도 살아 있는 내 말을 들었어야지. 그러나 지금 깨달았다 해도 이미 때는 늦었다."

크레온은 이렇게 말하며 아들에게서 등을 돌렸다. 곧 폭군의 무서운 결정을 집행하기 위한 만반의 준비가 갖춰졌다. 테바이의 모든 시민이 보는 앞에서 안티고네는 자신을 기다리는 아치형 무덤으로 끌려 들어갔다. 그녀는 신들과 자신이 함께하고 싶었던 사랑하는 사람들의 이름을 부르며, 무서워하는 기색도 없이 무덤으로 내려갔다.

죽은 폴뤼네이케스의 썩어가는 시체는 여전히 버려져 있었다. 개나 새가 시신을 헤쳐 먹고 그 나머지는 이리저리 끌고 다녀 마을 사람들의 눈살을 찌푸리게 했다. 그때 늙은 예언자 테이레시아스가 옛날 오이디푸스 앞에 모습을 나타낸 것처럼 크레온 왕에게 찾아왔다. 그는 새의 비행과 제물이 된 동물의 모양을 보고는 크레온 왕에게 재난이 닥쳐올 것이라고 예언했다. 예언자는 탐욕스러운 나쁜 새가 시끄럽게 울어대는 소리를 듣고, 제단의 제물이 힘차게 불타오르지는 않고 검은 연기를 내며 그을리는 것을 보았기 때문이다.

"죽은 폴뤼네이케스에게 심한 짓을 한 탓에 분명 신들이 노하고 있다. 왕이여! 언제까지 고집을 부릴 작정인가? 죽은 사람을 다시 죽이는 것이 무슨 명예가 있겠는가?"

예언자가 그렇게 말하고 예언을 끝맺었다.

그러나 크레온은 오이디푸스와 마찬가지로 모욕적인 말로 예언자에게 돌아가라 명했으며 예언자가 욕심쟁이며 거짓말쟁이라고 욕을 퍼부었다. 테이레시아스도 몹시 화가 나 미래를 덮고 있는 베일을 왕의 눈에서 거침없이 벗겨버렸다.

노인 예언자가 말했다.

"잘 보라! 태양이 지기 전에 그대는 그대의 핏줄에서 나온 시체로 두 시신을 보상해야 할 것이다. 그대는 이중의 죄를 저질렀다. 마땅히 저승에 넘겨야 할 폴뤼네이케스를 저승에 넘겨주지 않았고, 이 세상에서 살아야 할 안티고네를 땅 위에 내주지 않았기 때문이다! 소년아, 나를 여기서 어서 급히 데려가다오! 이 사나이는 자기 자신의 불행에 넘겨주도록 하자!"

노인은 소년의 손을 잡고 예언자의 지팡이에 의지하면서 떠났다.

크레온이 벌을 받다

왕은 분노한 예언자를 전율하면서 내보냈다. 그는 도시의 원로들을 불러모아놓고 어떻게 해야 할지를 물었다.

"안티고네를 무덤에서 꺼내주고 버려둔 폴뤼네이케스를 묻어줘야
합니다!"

원로들이 입을 모아 충고했다. 고집 센 왕은 이 충고를 받아들이기
어려웠다. 그러나 마음이 착잡했다. 그는 불안에 떨면서 예언자가 알
려준 왕가의 파멸을 피하기 위한 유일한 방도를 취하는 데 동의했다.
그리고 부하와 시종 들을 데리고 우선 폴뤼네이케스의 시체가 있는
들판으로 갔다가 그다음에 안티고네의 무덤으로 갔다. 왕궁에는 아내
에우뤼디케가 홀로 남아 있었다.

얼마 뒤 그녀는 거리에서 슬피 울부짖는 소리를 들었다. 그 소리가
점점 커지자 에우뤼디케는 방에서 나와 궁전 앞마당으로 나왔다. 그
때 그녀를 향해 전령이 달려왔다. 이 전령은 크레온을 조카의 시신이
들판에 버려져 무참하게 찢겨져 있는 고원으로 안내해주던 사람이었
다. 전령이 설명했다.

"우리는 저승의 신들에게 기도드리고, 죽은 사람을 신성한 샘에서
깨끗이 씻은 뒤 시체의 나머지를 불태워 재를 만들었습니다. 그리고
고향의 흙으로 봉토를 쌓은 다음, 안티고네가 무참하게 굶어 죽었으
리라 생각되는 무덤으로 향했습니다. 그러자 부하 한 사람이 멀리서
찢어지는 목소리를 먼저 들었습니다. 크레온 왕은 이 슬픈 목소리의
주인이 누구인지 알고 있었습니다. 그것은 하이몬의 목소리였던 것입
니다. 부하들은 왕의 명령으로 급히 그쪽으로 달려가 바위틈으로 들
여다보았습니다. 우리들이 거기서 무엇을 보았겠습니까? 무덤 구석
에 안티고네가 옷으로 끈을 만들어 목을 매단 채 죽어 있었습니다. 그

리고 당신의 아드님 하이몬이 안티고네의 몸을 끌어안고 그 옆에 누워 애인의 운명을 한탄하며, 약혼녀를 빼앗아 간 아버님을 저주하고 있었습니다. 그러는 사이에 크레온 왕이 무덤으로 와 열린 문 안으로 발을 들여놓았습니다. '불쌍한 애야, 무슨 생각을 하는 거냐? 왜 그렇게 우리를 노려보는 거냐? 어서 나와 아버지에게 오너라! 무릎을 꿇고 제발 이렇게 부탁한다.' 그러나 하이몬은 절망스러운 눈빛으로 왕을 노려보더니 아무 말도 않고 칼집에서 쌍날의 칼을 뽑았습니다. 왕은 무덤에서 뛰어나와 그 칼을 피했습니다. 그러자 불행한 하이몬은 그 칼로 자기 가슴을 찔렀습니다. 그리고 넘어지면서도 두 팔로 애인의 몸을 꼭 껴안고 무덤 속에서 숨을 거두었습니다."

에우뤼디케는 조용히 그 이야기를 다 들었고 아무 말 없이 있었다. 절망한 크레온 왕은 비통한 마음으로 집에 돌아왔다. 뒤이어 부하들은 왕의 하나밖에 없는 아들의 시신을 날라왔다. 그리고 그때 크레온은 왕궁 안쪽에서 아내 에우뤼디케가 칼에 가슴이 찔린 채 피로 물들어 죽어 있다는 소식을 들었다.

테바이 영웅들의 장례식

오이디푸스의 자손은 이제 죽은 형제의 두 아들 이외에 딸 이스메네만이 남아 있었다. 이스메네에 관한 전설은 별로 없다. 이스메네는 미혼으로 자식 없이 죽었다. 그리고 그녀의 죽음으로 이 불행한 일족의 이야기는 끝난다. 테바이로 출정한 일곱 영웅 가운데서는 실패로 끝난 공격과 마지막 전투에서 아드라스토스 왕 한 사람만 살아남았다. 포세이돈과 데메테르 사이에서 태어난 불사의 말인 아레이온이 그를 태우고 날아가 목숨을 구해주었던 것이다. 다행스럽게도 그는 아테나이에 무사히 도착해 자비의 제단에 몸을 의지했다. 그리고 테바이에서 전사한 영웅과 시민 들을 되찾아 영예로운 장사를 지낼 수 있도록 도와달라고 아테나이 인들에게 청했다.

아테나이 인들은 그의 소원을 들어주기 위해 아드라스토스 왕과 함께 테세우스의 지휘하에 출정했다. 테바이 인들은 매장을 허락할 것을 강요받았다. 아드라스토스는 그곳에서 전사한 영웅들을 화장하기 위해 장작더미를 일곱 개 쌓아 올렸고, 아폴론 신을 위해 아소포스 강가에서 경기를 열었다. 카파네우스의 장작더미가 타오르기 시작하자 이피스의 딸이자 그의 아내 에우아드네가 불속으로 뛰어들어 남편과 함께 타 죽었다. 대지가 삼켜버린 암피아라오스의 시체는 보이지 않아 묻지 못했다. 왕은 친구를 매장해 마지막 경의를 표하지 못한 것이 슬펐다.

"군대의 눈이자 뛰어난 예언자이며, 동시에 가장 용감한 전사였던 이 사람을 나는 잊지 못하리라."

성대한 장례식이 끝나자 아드라스토스는 여신 네메시스를 위해 테바이 교외에 훌륭한 신전을 세웠다. 그리고 동맹자인 아테나이 인들과 함께 테바이에서 철수했다.

일곱 영웅의 후예들

십 년 뒤 테바이에서 전사한 영웅들의 자식들은 아버지의 복수를 하고자 다시 테바이로 원정을 떠나기로 결심했다. 그들은 일곱 영웅의 후손들, 즉 '에피고노이'라고 불렸다.* 그들은 암피아라오스의 아들 알크마이온과 암필로코스, 아드라스토스의 아들 아이기알레우스, 튀데우스의 아들 디오메데스, 파르테노파이오스의 아들 프로마코스, 카파네우스의 아들 스테넬로스, 폴뤼네이케스의 아들 테르산드로스, 메키스테우스*의 아들 에우뤼알로스 등 여덟 명이다. 이전의 전쟁에서 유일하게 살아남은 늙은 왕 아드라스토스도 함께했지만 총사령관직을 맡지는 않았다. 그는 그 자리를 젊고 혈기왕성한 영웅에게 양보하고 싶어했다.

그래서 동맹자들은 누구를 총사령관으로 뽑아야 좋을지 아폴론의 신탁을 묻기로 했다. 아폴론은 암피아라오스의 아들 알크마이온을 지명했다. 그러나 알크마이온은 아버지의 복수를 하기도 전에 그런 자리를 맡아도 되는지 확신이 서질 않아 다시 신탁을 구했다. 아폴론은 양쪽을 다 이행하라는 대답을 내렸다.

그의 어머니 에리퓔레는 그때까지도 위험한 목걸이를 지니고 있었을 뿐만 아니라, 파멸을 가져오는 아프로디테의 선물인 페프로스도

---

* 에피고노이(Epigonoi)는 '뒤에 태어난 자'라는 뜻이지만, 일곱 영웅의 아들들을 가리키는 고유명사로 사용되었다.

* 메키스테우스는 원래 일곱 영웅 중 한 사람이 아니고 아드라스토스의 형제다. 그 때문에 다른 사람들은 에우뤼알로스 대신 에우리퓔로스나 힙포메돈의 아들인 폴뤼도로스를 거론하기도 한다.

결국 손에 넣었다. 당시 페프로스를 유산으로 가지고 있던 사람은 폴뤼네이케스의 아들 테르산드로스였다. 그리고 그는 자기 아버지가 목걸이를 가지고 그랬던 것처럼, 이 페프로스로 에리퓔레를 매수해 아들 알크마이온의 테바이 출정 참가를 설득하게 만든 것이다.

신탁에 따라 알크마이온은 총사령관직을 맡았고, 아버지의 복수는 귀향하는 날까지 늦추기로 했다. 아르고스에서 꽤 많은 군대를 소집했을 뿐 아니라 이웃 도시에서도 용감한 병사가 많이 모였기 때문에, 알크마이온은 대군을 이끌고 테바이 성문으로 향했다. 테바이에서는 십 년 전, 그들의 아버지가 싸웠던 것과 똑같은 치열한 싸움이 되풀이되었다. 그러나 아들들은 아버지들보다는 행운이 함께했다. 승리는 알크마이온에게 돌아왔다. 이 전투에서 일곱 영웅의 자손 가운데 전사한 사람은 아드라스토스 왕의 아들 아이기알레우스뿐이었다. 그는 테바이 인들의 사령관 에테오클레스의 아들 라오다마스 손에 살해되었다. 그러나 라오다마스도 일곱 영웅 후손들의 사령관인 알크마이온에게 맞아 죽었다.

지휘자와 많은 시민을 잃은 테바이 인들은 전쟁터를 버리고 성안으로 도망쳐 돌아갔다. 그리고 그들은 눈먼 예언자 테이레시아스에게 의견을 물었다. 테이레시아스는 이미 백 살이나 됐지만 여전히 테바이에 살아 있었다. 늙은 예언자는 적군에게 강화를 제의하는 사자를 보낸 뒤 그사이 도시를 버리고 떠나는 것이 유일한 구원의 길이라고 말했다. 이 제안에 모든 사람이 동의하고 사자가 담판하는 동안 아이들과 여자들을 마차에 태워 도시에서 도망쳤다.

그들은 어둠을 틈타 보이오티아의 틸풋사라는 도시에 닿았다. 함께 도망쳐 온 소경 테이레시아스는 차가운 샘물을 너무 많이 마셔서 죽었다. 이 현명한 예언자는 저승에서도 대우받았다. 딸 만토는 아버지와 함께 도망가지 않고 있다가 적의 손에 붙잡히고 말았다.

침입자들은 테바이 시에서 가장 좋은 전리품을 아폴론 신에게 바칠 것을 맹세했다. 그래서 아버지로부터 뛰어난 예언의 재능을 이어받은 만토가 전리품 중 가장 신의 마음에 들 것이라고 생각했다. 그래서 일곱 영웅의 후손들은 만토를 델포이로 데려가 신에게 여사제로 바쳤다. 만토는 여기서 예언의 재주와 지혜를 더욱 닦았고, 얼마 지나지 않아 당대의 가장 유명한 예언자가 되었다. 한 노인이 그녀에게 여러 가지 훌륭한 노래를 배우러 왔는데, 이 노래들이 나중에 그리스 전역에 퍼졌다. 이 노인이 바로 마이오니아의 음유시인 호메로스다.

알크마이온과 목걸이

테바이에서 돌아온 알크마이온은 두 번째 신탁을 이행하기 위해 아버지를 죽게 한 어머니에게 복수하기로 결심했다. 집으로 돌아온 그는 어머니 에리퓔레가 선물을 받고 자신마저 배신했음을 알고서는 어머니에 대한 분노가 더욱더 커졌다. 더는 어머니에 대한 믿음이 남아 있지 않았던 그는 칼을 들어 어머니를 죽였다. 그리고 목걸이와 페프로스를 들고 집을 나섰다.

신탁에 의한 아버지의 복수를 행한 것이지만, 그래도 어머니를 죽인 것은 천륜에 어긋나는 범죄였으므로 신들은 그를 벌하지 않을 수 없었다. 알크마이온은 복수의 여신에게 쫓기게 되었고, 급기야 미치고 말았다. 미친 상태에서 알크마이온은 우선 아르카디아의 오이클레스*에게로 갔다. 그러나 여기서도 복수의 여신은 그를 괴롭혔다. 그의 방랑은 계속되었다.

마지막으로 그는 아르카디아의 프소피스를 다스리는 페게우스 왕 밑에서 드디어 피난처를 찾았다. 왕은 그의 죄를 씻어주고 딸 아르시노에를 주었다. 그렇게 해서 불길한 선물인 목걸이와 페프로스는 그의 아내의 소유가 되었다. 알크마이온의 광기가 이미 사라지긴 했지만 저주까지 모두 없어진 것은 아니었다. 알크마이온 때문에 장인의 나라는 심한 기근에 시달렸던 것이다. 알크마이온은 신탁을 구했다. 그러나 신탁은 다음과 같은, 위로가 안 되는 말을 보내왔다.

"어머니가 살해될 때 존재하지 않았던 땅으로 가면 너는 안식을 얻을 것이다."

어머니 에리퓔레가 죽으면서 자기를 죽인 자를 맞아주는 모든 땅을 저주한 탓이었다.

아무런 희망도 없이 알크마이온은 아내와 어린 아들 클뤼티오스를 떠나 넓은 세계로 갔다. 오랫동안 떠돌아다닌 뒤 드디어 그는 신탁이 약속한 땅을 찾아냈다. 아켈로오스 강가로 왔을 때 바로 얼마 전에 생겨난 섬이 있음을 알게 된 것이다. 알크마이온은 그곳에 정착했고 자신이 받은 천벌로부터 완전히 벗어났다.

＊　　암피아라오스의 아버지이므로 곧 알크마이온에게는 할아버지가 된다. 일설에 따르면 오이클레스는 헤라클레스의 전우로서 트로이아에서 전사했다고 한다. 다른 전설에서는 반대로 그가 나이 들어 아르카디아에서 죽어 그곳에 무덤이 있었다고 한다.

저주에서 해방되어 새롭게 맞은 행복은 그의 마음을 부풀게 했다. 그래서 그는 아내 아르시노에와 어린 아들도 잊고 강의 신 아켈로오스의 아름다운 딸 칼리르로에와 결혼했다. 칼리르로에는 그에게 곧 두 아들 아카르난과 암포테로스를 낳아주었다. 그런데 알크마이온이 귀중한 보물을 갖고 다닌다는 소문이 가는 곳마다 따라다녔기 때문에, 젊은 아내도 점차 화려한 목걸이와 페프로스에 대해 묻기 시작했다. 그러나 이 두 보물은 전처에게 주고 온 상태였다. 그는 자신이 결혼했었다는 사실을 알리고 싶지 않았기 때문에 그 보물을 어떤 먼 곳에 간직해두었다고 거짓말을 했다. 그리고 자청해서 그녀에게 이 선물을 가져다주겠다고 약속했다.

알크마이온은 프소피스로 되돌아가 이전의 장인과 그가 버리고 떠난 아내 앞에 모습을 드러냈다. 그는 광기 때문에 나라를 뛰쳐나갔고 아직도 자신에게 그 광기가 남아 있다며 핑계를 늘어놓았다. 거짓말쟁이 알크마이온이 말했다.

"신탁에 따르면 저주에서 구원받고 다시 이곳으로 돌아오려면 한 가지 방법밖에 없소. 그대에게 준 목걸이와 페프로스를 델포이로 가져가 신에게 바치는 것이오."

페게우스와 아르시노에는 이 거짓말에 속아 목걸이와 페프로스를 그에게 넘겨주었다. 알크마이온은 보물을 가지고 기쁘게 그곳을 떠났다. 그러나 그는 이 불길한 선물이 결국은 자기에게 파멸을 가져다주리라는 건 전혀 예상하지 못했다. 비밀을 알고 있던 부하들 중 한 사람이 페게우스 왕에게 알크마이온에게는 다른 아내가 있으며, 보물을 가져간 것은 그 아내에게 주기 위해서라고 비밀을 털어놓았기 때문이다. 그러자 버림받은 아내 아르시노에의 형제들이 알크마이온을 앞질러 달려가 숨어 있다가 태평하게 다가오는 그를 찔러 죽였다. 그들은 목걸이와 페프로스를 누이에게 돌려주었으며 누이를 위한 자신들의 복수를 자랑했다. 그러나 비록 거짓말쟁이였지만 아르시노에는 여전히 남편을 사랑했다. 그래서 그가 살해되었다는 이야기를 듣고 오히려 형제들을 저주했다.

이때 파멸을 일으키는 선물이 아르시노에에게도 그 힘을 드러냈다. 격분한 형제는 누이의 배은망덕이 매우 괘씸했고, 아무리 심하게 혼내줘도 시원치 않다고 생각했다. 그래서 그들은 아르시노에를 궤짝에 가둔 다음 테게아의 아가페노르 왕에게 데려가서 그녀가 알크마이온을 죽였다고 거짓말을 했다. 그렇게 아르시노에는 불쌍하게 최후를 마쳤다.

그사이 칼리르로에는 남편 알크마이온이 비참한 최후를 맞았다는 것을 알게 되었다. 가슴이 찢어지는 고통 속에서 그녀는 하루 빨리 복수해야겠다는 생각이 들었다. 그녀는 바닥에 엎드려 제우스 신에게 간청했다.

"기적을 행하시어 제 어린 자식 아카르난과 암포테로스를 당장 어른으로 만들어 아버지를 죽인 두 놈을 벌해주소서."

칼리르로에는 아무 죄가 없었으므로 제우스는 그 소원을 들어주었다. 침대에서 잠자던 어린아이들은 곧 아버지의 복수를 할 만큼 용감한 수염 난 어른들로 변했다. 두 사람은 집을 떠나 우선 테게아로 갔다. 테게아에 이르렀을 때 마침 페게우스의 아들 프로노오스와 아게노르가 불쌍한 누이동생 아르시노에를 넣은 궤짝을 가지고 왔다가,

아프로디테의 파멸을 일으키는 페프로스를 아폴론 신전에 바치기 위해 델포이로 떠나려던 참이었다. 프로노오스와 아게노르는 수염 난 두 젊은이가 아버지의 복수를 위해 자신들을 덮쳤을 때 그들이 누군지 몰랐다. 그러나 까닭을 물을 사이도 없이 그들은 맞아 죽었다. 아버지의 복수를 한 알크마이온의 두 아들은 아가페노르 왕 앞에서 자신들의 행위는 정당하다는 것과 어떻게 된 일인지를 자세히 이야기했다.

그들은 이어서 아르카디아의 프소피스로 향했고, 왕궁으로 들어가 페게우스 왕과 그의 아내를 죽였다. 추격으로부터 벗어난 두 사람은 어머니에게 돌아가 완벽한 복수를 하고 왔노라고 말했다. 그들은 할아버지 아켈로오스의 충고에 따라 델포이로 가서는 목걸이와 페프로스를 아폴론 신전에 바쳤다. 그 후 암피아라오스 집안에 걸렸던 저주는 사라졌다. 그의 손자 아카르난과 암포테로스는 에페이로스로 가서 이주자들을 모아 아카르나니아라는 나라를 세웠다. 알크마이온과 아르시노에의 아들 클뤼티오스는 아버지가 살해된 뒤 어머니 쪽 친척들이 무서워 엘리스로 도망갔다.

헤라클레스의 후예들

헤라클레스의 후예들, 아테나이로 가다

헤라클레스가 하늘나라로 가자 그의 사촌 아르고스의 왕 에우뤼스테우스도 더는 그를 두려워할 필요가 없어졌다. 그래서 그는 헤라클레스의 어머니 알크메네와 아르고스의 수도 뮈케나이에 사는 헤라클레스의 아들들에게 복수의 손길을 뻗쳤다. 그러자 이들은 에우뤼스테우스의 박해를 피해 트라키스 케윅스 왕의 보호를 받기 위해 떠났다. 에우뤼스테우스는 그들을 넘겨줄 것을 요구하며 작은 나라의 왕 케윅스를 전쟁으로 협박했다. 헤라클레스의 어머니와 아들들은 케윅스의 보호가 안전하지 못하다고 느껴 그리스를 돌아다니며 피난처를 구했다. 이때 이피클레스의 아들이며, 헤라클레스의 조카이고 친구이기도 한 유명한 이올라오스가 아버지 역할을 했다. 이올라오스는 젊었을 때 헤라클레스와 함께 고난과 모험을 함께했으나, 백발노인이 된 지금은 의지할 데 없는 친구의 자식들 여럿을 키우느라 세상의 거친 물결과 싸우고 있었다. 그들의 목적은 아버지가 빼앗았던 펠로폰네소스를 지키는 것이었다.

일행은 끊임없이 에우뤼스테우스에게 쫓기면서 테세우스의 아들 데모폰이 지배하는 아테나이로 갔다. 아테나이에서는 마침 데모폰이 불법으로 왕위를 빼앗은 메네스테우스를 몰아낸 상황이었다.[*] 일행은 아테나이 마을에서 제우스 제단 옆의 아고라, 즉 시장에 자리 잡고 앉아 아테나이 사람들의 보호를 청했다. 그러나 에우뤼스테우스 왕의 전령이 나타나는 바람에 그곳에서도 오래 앉아 있을 수 없었다. 전령은 늙은 이올라오스 앞에 오만하게 버티고 서서 비웃으며 말했다.

"그대는 확실한 보호를 받을 수 있으리라는 생각에 동맹을 맺은 이 도시로 왔겠지! 어리석은 이올라오스여! 그러나 강대한 에우뤼스테우스 왕과의 동맹을 그대와의 동맹으로 바꾸려는 자는 없을 것이다. 그러니까 네 일족을 이끌고 아르고스로 가거라. 판결과 법에 의한 돌팔매 사형이 너희를 기다리고 있을 것이다!"

이올라오스가 태연하게 대답했다.

"나는 그럴 생각이 없다. 이 제단이 무력한 너뿐 아니라 네 주인의 군대로부터 나를 지켜줄 것이다. 우리가 피난 온 이 나라는 자유의 땅이다."

코프레우스라고 불리는 전령이 대답했다.

[*] 메네스테우스는 테세우스가 하계에서 하데스에게 억류되어 있는 동안 왕위를 차지했다. 테세우스는 헤라클레스에 의해 구출되어 돌아올 수 있었지만, 메네스테우스는 그가 헬레네를 납치해 그녀의 오빠들에게 아테나이로 침략해 올 빌미를 제공했다는 이유로 테세우스를 추방했다.

"그렇다면 말해두겠는데 나는 혼자 온 게 아니다. 내 뒤에는 그대가 보호하고 있는 자들을 이 거짓된 자유의 나라에서 당장 빼앗을 수 있는 충분한 힘이 있다."

그러자 이올라오스가 큰 소리로 아테나이 주민들에게 호소했다.

"신앙심 깊은 시민들이여! 제우스의 보호를 받는 우리를 폭력으로 끌어가고, 간청하는 사람들로서 우리 머리에 쓴 화관을 짓밟아 신들을 모욕하고, 당신들의 도시를 욕보이려 하는 것을 그냥 내버려둘 작정입니까?"

이 호소를 들은 아테나이 시민들이 사방팔방에서 광장으로 몰려왔다. 그러고는 제단 주위에 앉아 있는 망명자 무리를 보더니 제각기 소리쳤다.

"저 고귀한 노인은 누구지? 저 훌륭한 젊은이들은 누구야?"

그들이 헤라클레스의 자손들이며 아테나이의 보호를 청하고 있다는 말을 듣자, 시민들은 그들에 대한 동정심뿐 아니라 경외심도 생겼다. 그리고 망명자들을 붙잡으려는 전령에게 제단에서 물러나 그의 요구를 겸손히 왕에게 전하라고 요구했다. 전령 코프레우스는 시민들의 단호한 의지에 주눅이 들어 물었다.

"이 나라 왕이 누구요?"

시민들이 대답했다.

"그분의 판결이라면 당신도 흔쾌히 따를 수 있을 만한 사람이오. 불멸의 테세우스의 아들 데모폰, 그가 우리들의 왕이오."

헤라클레스의 후예들을 보호하는 데모폰

얼마 지나지 않아 성 안에 있던 왕은 망명자들이 아고라를 점거하고 있고, 전령과 함께 온 이국의 군대가 망명자들을 다시 데려가려 한다는 보고를 받았다. 왕은 몸소 그 장소로 나가 전령의 입을 통해 에우뤼스테우스의 요구를 들었다.

코프레우스가 말했다.

"나는 아르고스 사람이며, 우리가 데려가려는 자들도 우리 주인의 지배를 받는 아르고스 사람입니다. 테세우스의 아들이여! 당신은 설마 망명자들을 위해 그리스에서 홀로 에우뤼스테우스 왕의 군대와 싸우려 할 정도로 어리석지는 않겠지요!"

생각이 깊고 현명한 데모폰은 전령의 거친 말에 신중히 대답했다.

"양쪽의 말을 다 들어보기도 전에 내가 어떻게 사건을 올바르게 보고 분쟁을 조절하겠소? 이 젊은이들의 어른이여! 당신의 권리를 주장할 말이 있습니까?"

이올라오스는 제단의 계단에서 일어나 왕 앞에 공손히 인사를 하고 말했다.

"왕이시여, 저는 비로소 제 자신이 자유의 도시에 와 있다는 것을 깨달았습니다. 왜냐하면 여기서는 의견을 말하게 하고 귀를 기울여주기 때문입니다. 다른 도시에서는 제 말에 귀를 기울여주지도 않았고, 이 젊은이들과 함께 나를 쫓아냈습니다. 아르고스에서 에우뤼스테우스는 우리들을 잠시도 그 땅에 머물지 못하게 하며 몰아냈습니다. 우리에게서 신하의 권리와 아르고스 인이라는 이름마저 모두 빼앗아 갔으면서, 어째서 아직도 우리를 자신의 신하라 부르고 나를 아르고스인이라 부르는 겁니까? 도대체 아르고스의 망명자는 그리스 어느 곳에도 발을 붙이지 못한단 말입니까? 아니, 적어도 아테나이만은 그렇지 않을 겁니다. 이 용감한 시민들은 헤라클레스의 아들들을 국외로 추방하지 않을 것이며, 왕께서는 보호를 청하는 자를 신들의 제단에서 몰아내지 않을 것입니다. 헤라클레스의 아들들이여, 안심하라! 우리들은 자유의 나라에 있다. 우리들은 우리의 친척에게 온 것이나 다름없다. 데모폰 왕이시여! 당신이 우리에게 거처를 제공해주는 것은 남을 위한 일이 전혀 아닙니다. 당신의 아버님 테세우스와 박해받는 이 아이들의 아버지 헤라클레스는 둘 다 펠롭스의 증손으로 전쟁터에서는 친구였습니다. 그뿐 아니라 이 아이들의 아버지는 당신의 아버지를 저승에서 구출한 일도 있었습니다."

이올라오스는 그렇게 말하면서 보호를 요청하는 자가 그러듯 왕의 무릎을 잡고 이어 그의 손과 턱을 잡았다. 왕은 이올라오스를 일으켜 세우며 말했다.

"오, 영웅이여. 세 가지 이유로 나는 그대의 청을 거절할 수 없소. 첫째는 제우스와 이 신성한 제단 때문이고, 둘째는 친척 관계 때문이며, 마지막으로는 아버지가 헤라클레스에게 진 빚을 내가 갚아야 하기 때문이오. 만일 그대들을 제단 앞에서 잡혀가게 한다면, 이 나라는 이미 자유와 신을 존경하는 덕의 나라가 아닐 거요. 전령은 뮈케나이로 돌아가 그 뜻을 왕에게 전하시오. 이 망명자들을 데려가는 것은 절대로 허락할 수 없다고."

"가지요, 가고말고요."

코프레우스는 이렇게 말하며 위협하듯 전령의 지팡이를 쳐들었다.

"그러나 아르고스의 군대를 이끌고 다시 올 겁니다. 방패를 든 만 명의 군사가 에우뤼스테우스 왕의 신호를 기다리고 있습니다. 왕이 손수 지휘할 것입니다. 왕의 군대가 벌써 이 국경에 진을 쳤습니다."

데모폰이 멸시하면서 말했다.

"지옥으로 가라! 나는 너도, 너의 아르고스도 두렵지 않다!"

전령이 물러가자 헤라클레스의 아들들, 즉 이제 꽃피기 시작한 젊은이들과 소년들은 모두 뛸 듯이 기뻐하며 자신들을 구원해준 친척 아테나이 왕 데모폰에게 경의를 표했다. 감격에 겨워 이올라오스는 다시 그들을 대신해 왕과 시민들에게 감사했다. 그가 말했다.

"우리에게 언젠가 다시 귀향이라는 선물이 주어진다면, 또한 너희 헤라클레스의 자식들이 아버지 헤라클레스의 집과 위엄을 되찾게 된다면, 구원자이자 친구인 이분들을 결코 잊지 마라. 그리고 우리를 손님으로 맞아준 이 도시와 전쟁할 생각은 영원히 해서는 안 된다. 앞으로 이 도시에서 가장 사랑스러운 친구와 동맹자를 찾아라!"

데모폰 왕은 새로운 적의 군대와 맞붙기 위해 모든 군비를 갖추고 예언자들을 불러 신들에게 바치는 봉헌식을 하도록 명했다. 이올라오스와 헤라클레스의 아들들에게는 궁에 거처를 마련해주도록 지시했다. 그러나 이올라오스는 제우스의 제단에서 떠나지 않고 거기서 일행과 함께 마을의 무사를 빌고 싶다고 했다. 그가 말했다.

"신들의 도움으로 승리하게 되면 그때 피로한 몸을 왕의 궁 안에서 쉬게 했으면 합니다."

한편 데모폰 왕은 높은 성루로 올라가 몰려오는 적의 군대를 바라보고 아테나이의 군사들을 전투 대열로 배치했다. 그런 다음 그는 예언자들과 의논해 제사를 올릴 준비를 했다.

그런데 왕이 갑자기 난처한 얼굴로 이올라오스 일행이 있는 곳으로 왔다. 근심스러운 표정으로 왕이 말했다.

"친구여, 이것이 어찌 된 일인지 모르겠소. 아르고스를 맞아 싸우기 위해 우리 군대는 모두 준비를 끝냈소이다. 그런데 예언자들이 말하기를 승리의 조건이 너무나 불가능한 일과 결부되어 있다는 거요. 예언자들이 들려준 신탁에는 송아지나 황소가 아니라 귀족의 딸을 제물로 바치라고 되어 있소. 그래야만 이 도시가 승리하고 구원받을 희망도 있다고 말이오. 그러나 어떻게 그런 일을 할 수 있겠소? 내게도 꽃같은 딸들이 있소. 어느 누구에게 딸을 제물로 내놓으라 요구할 수 있겠소! 만일 내가 그런 요구를 하더라도 귀족들 중 누가 자기 딸을 내놓겠소? 아마 전쟁을 치르기도 전에 내란이 일어날 거요."

불안에 가득 찬 왕의 말을 듣고 헤라클레스의 아들들은 놀랐다. 이올라오스가 외쳤다.

"아! 안타깝구나. 우리들은 이미 해안에 닿았으나 폭풍에 다시 바다 한가운데로 떠밀려가는 난파선 같은 신세구나! 허무한 희망이여, 너는 어째서 우리들을 속이고 꿈꾸게 했느냐? 얘들아, 이제는 마지막이구나. 왕은 우리를 넘겨줄 것이다. 그러나 어찌 왕을 원망하겠는가?"

그 순간 갑자기 노인의 눈이 희망으로 빛났다.

"데모폰 왕이여! 들어보십시오. 우리 모두를 구할 방법이 생각났습니다. 헤라클레스의 아들들 대신 나를 에우뤼스테우스에게 넘겨주는 것입니다. 나는 저 위대한 헤라클레스와 항상 같이 있었으니까 에우뤼스테우스는 틀림없이 나를 심하게 다루고 죽일 겁니다. 나는 늙었습니다. 이 젊은이들을 위해 기꺼이 목숨을 버리겠습니다."

데모폰이 슬픈 목소리로 대답했다.

"그대의 청은 고귀하지만 그것은 도움이 되지 않소. 에우뤼스테우스가 노인 한 사람을 죽이는 것에 만족하리라 생각하시오? 아니요. 에우뤼스테우스는 헤라클레스의 혈통인 이 꽃다운 젊은이들을 송두리째 멸망시키고 싶은 거요. 또 다른 방책을 이야기하시오. 지금 그 방법은 소용이 없소."

스스로 제물이 된 마카리아

잔인한 신탁을 듣고 헤라클레스의 후손뿐 아니라 아테나이 시민들도 탄식했다. 그 탄식의 소리가 왕성까지 들렸다. 성 안에는 망명자들이 아테나이로 들어왔을 때 데모폰 왕이 곧바로 호기심 많은 사람들의 눈을 피해 숨겨둔 헤라클레스의 어머니 알크메네와, 헤라클레스와 데이아네이라가 낳은 꽃 같은 딸 마카리아가 있었다. 그들은 밖에서 무슨 일이 일어났는지 몰라 조용히 기다렸다. 알크메네는 오랜 세월과 많은 고뇌로 허리가 굽은 늙은이였고, 더구나 생각에 잠겨 있었던 탓에 밖에서 무슨 일이 일어나는지 전혀 알지 못했다. 그러나 소녀는 성 밑에서 들려오는 탄식소리에 귀를 기울였다. 그녀는 형제들의 운명에 대한 불안에 사로잡힌 나머지 홀로 뛰쳐나갔다. 그녀는 단숨에 사람들이 뒤끓는 광장으로 내려갔다. 왕과 함께 모여 있던 시민들과 이올라오스 일행은 그들 가운데에서 그녀가 나타나자 적잖이 놀랐다.

처음에 그녀는 군중 속에 숨어 아테나이와 헤라클레스의 후손이 어떤 곤경에 처했는지 그리고 운명의 신탁을 따르지 않으면 승리의 길이 막막하다는 이야기를 엿들었다. 그녀는 자신 있는 발걸음으로 데모폰 왕 앞으로 나가서 말했다.

"왕께서는 싸움의 승리를 보증하고 우리 불쌍한 형제를 폭군의 노여움으로부터 지켜줄 제물을 찾고 계십니다. 그렇다면 여기 있는 사람들 중 가장 귀족인 헤라클레스의 딸을 왜 생각지 않으시나요? 제가 그 제물이 되겠습니다. 제가 스스로 제물이 된다고 하면 신께서 더욱 기뻐하실 것입니다. 이 도시는 고결하게도 헤라클레스의 후손을 위해 위험천만한 전쟁을 치러 수많은 아들을 희생제물로 바치려 하고 있습니다. 자신의 목숨을 바쳐 수많은 사내에게 전쟁의 승리를 확실히 안겨줄 수 있다면, 헤라클레스의 후손인 제가 어찌 목숨을 바치지 않겠습니까? 우리 중에 그런 생각을 하는 이가 하나도 없다면 우리는 도움을 받을 가치도 없습니다! 어서 저를 제단으로 데려가주세요. 제 혼은 기꺼이 이 세상을 떠날 것입니다!"

이올라오스와 주변에 있던 사람들은 오랫동안 아무 말도 하지 못했다. 드디어 헤라클레스 후손의 우두머리가 입을 열었다.

"너는 아버지 헤라클레스의 딸답게 말했다. 나는 네 운명을 한탄할지언정 네 말을 부끄러워하지 않는다. 그러나 나는 우리 일족의 딸들이 모두 모인 자리에서 누가 형제를 위해 죽을 것이냐를 제비뽑기로 결정하겠다!"

마카리아가 기쁜 마음으로 대답했다.

"제비뽑기로 죽는 신세가 되고 싶진 않습니다. 시간을 끌지 마세요. 적이 쳐들어오면 신탁의 말씀도 소용이 없습니다."

이리하여 고결한 마카리아는 아테나이 귀족 부인들의 인도를 받으며 스스로 죽음을 택했다.

구원의 전투

왕과 아테나이 시민들은 놀란 눈으로, 헤라클레스의 자손과 이올라오스는 애통한 마음으로 마카리아를 떠나보냈다. 그러나 운명은 그들이 언제까지나 그녀에 대한 생각과 감동에만 잠겨 있게 내버려두지 않았다. 마카리아의 모습이 보이지 않게 되자 한 전령이 기쁘게 소리치며 급히 제단 쪽으로 달려오더니 외쳤다.

"헤라클레스의 아드님들에게 인사를 드립니다! 어느 분이 이올라오스이십니까? 반가운 소식을 가져왔습니다!"

이올라오스가 제단에서 일어났으나 얼굴에는 침통한 빛이 어려 있었다. 전령이 말했다.

"저를 잊으셨습니까? 헤라클레스와 데이아네이라의 아들 휠로스의 옛 시종입니다! 아시다시피 주인 휠로스는 망명하던 길에 동맹군을 모으려고 여러분과 헤어졌습니다. 적절한 때에 마침 그가 강한 군대를 이끌고 왔습니다. 지금 에우뤼스테우스 왕과 대치하고 있습니다."

제단을 둘러싸고 있던 망명자 일행이 환호했고 아테나이 시민들도 기쁨을 함께했다. 늙은 알크메네를 규방에서 나오게 할 정도로 기쁜 소식이었다. 늙은 이올라오스는 모두가 말렸음에도 끝내 자신의 무기를 가져오게 하여 갑옷을 입었다. 그는 아테나이에 남은 원로들에게 헤라클레스의 아들들과 그의 어머니를 잘 보호해달라고 부탁했다. 그리고 젊은 병사들, 데모폰 왕과 함께 휠로스 군대와 합류하기 위해 도시를 떠났다.

동맹군이 전투 대열을 유지했고 번쩍이는 무기들은 들판 전체를 빛냈다. 돌팔매를 할 정도로 가까운 거리에 에우뤼스테우스 왕이 선두에 선 강력한 군대가 진을 치고 있었다. 헤라클레스의 아들 휠로스가 전차에서 내렸다. 그리고 적이 아직 점령하지 못한 두 진영 사이로 나와 에우뤼스테우스 왕에게 소리쳤다.

"에우뤼스테우스 왕이여, 겨우 몇 사람 때문에 불필요한 피를 흘리면서 두 커다란 도시가 싸워 전멸하기 전에 내 제안을 들어보시오! 우리 두 사람이 결투를 해서 결판을 지읍시다. 만일 내가 그대의 손에 죽으면 내 형제자매인 헤라클레스의 자식들을 데리고 가서 마음대로 하시오. 하지만 만일 당신이 진다면, 내 아버지의 명예와 펠로폰네소스에 있는 그의 성과 주권을 나와 내 동족에게 넘겨주시오!"

동맹군은 큰 소리로 찬성을 표했고 적도 투덜거리며 마지못해 동의했다. 그러나 에우뤼스테우스는 그 제의를 들은 척도 하지 않고 전열의 선두에 계속 서 있었다. 옛날 헤라클레스가 살았을 때에도 비겁했던 에우뤼스테우스는 지금도 목숨을 걱정하고 있었다. 그래서 휠로스도 동맹군에게 되돌아왔다. 예언자들이 제물을 바쳤고 곧 전쟁의 함성이 울렸다. 데모폰 왕은 군사들에게 소리쳤다.

"시민들이여, 여러분은 가정을 위해, 또 자신을 낳고 키워준 도시를 위해 싸운다는 것을 잊지 말라!"

또한 에우뤼스테우스도 아르고스와 뮈케나이를 욕되게 하지 말고 이 강한 나라의 명성이 퍼지게 하자며 부하들을 격려했다. 튀르레니아의 나팔소리가 울렸다. 방패가 부딪치는 소리, 전차 소음, 찌르는 창과 칼이 서로 부딪치는 소리, 거기에 쓰러진 병사들의 신음소리가 뒤섞였다. 동맹군은 진영을 뚫으려고 몰려온 적군의 돌격에 한순간 주춤했다. 그러나 곧 적을 물리치며 전진했다. 그리하여 싸움은 혼전 양상으로 언제 끝날지 알 수 없었다. 그러다 마침내 적의 진영이 무너지고 중무장한 적병과 전차가 도망치기 시작했다.

이올라오스는 자신이 비록 늙었으나 전투에서 한몫할 수 있다는 생각에 기뻤다. 휠로스가 도망가는 적의 군대를 뒤쫓기 위해 전차로 그의 곁을 지나가려 할 때 이올라오스가 오른손을 들어 전차에 태워달라고 청했다. 휠로스는 아버지의 친구이며 형제의 보호자인 노인에게 경의를 표하고 자리를 양보하기 위해 전차에서 내렸다. 이올라오스는 가볍게 전차로 뛰어올라 그를 대신해 자리에 앉았다.

노인의 손힘으로 네 마리 말이 끄는 전차를 몰기란 쉬운 일이 아니었다. 그러나 멀리서 먼지를 일으키며 도망가는 에우뤼스테우스의 전차를 본 이올라우스는 자신의 전차를 앞으로 몰아 팔라스 아테네 신전이 있는 곳까지 갔다. 노인이 전차에서 일어나 제우스와 헤베에게 헤라클레스의 원수를 갚기 위해 오늘 하루만 다시 한 번 청년 시절의 힘을 달라고 기도했다. 헤베는 올륌포스 산으로 올라간 친구 헤라클레스의 죽지 않는 아내이며 청춘의 여신이었다. 그러자 큰 기적이 일어났다.

두 개의 별이 하늘에서 내려와 말의 멍에에 머물더니 전차가 짙은 안개에 휩싸였다. 순간적으로 벌어진 일이라 곧 별과 안개도 사라졌다. 전차에는 젊어진 이올라오스, 곧 갈색 곱슬머리와 곧은 목, 씩씩한 팔뚝을 드러낸 이올라오스가 네 마리 말이 끄는 전차의 고삐를 손에 꼭 쥐고 있었다. 그가 재빨리 달려 어느덧 스케이론의 바위들을 뒤에 둔 에우뤼스테우스를 따라잡았다. 그곳은 아르고스 병사들이 퇴각하고 있던 계곡의 입구였다. 에우뤼스테우스는 추적자가 누구인지 모르고 전차로 맞섰다. 그러나 이올라오스는 신들에게 받은 청춘의 힘으로 승리했다. 그는 에우뤼스테우스를 전차에서 끌어내려 자신의 전차에다 단단히 붙들어 맨 다음, 승리의 선두를 달리는 주자로서 동맹군이 있는 곳으로 돌아갔다. 전투에서 승리한 것이다. 지휘관을 잃고 패배한 아르고스 군대는 달아났다. 에우뤼스테우스의 모든 자식과 헤아릴 수 없이 많은 병사가 죽어 앗티케 땅에는 한 사람의 적도 남아 있지 않았다.

에우뤼스테우스와 알크메네

승리한 군대는 아테나이로 돌아갔다. 다시 노인이 된 이올라오스는 자존심을 구긴 에우뤼스테우스의 손발을 묶어 헤라클레스의 어머니 앞으로 끌고 갔다. 알크메네는 자기 눈앞에 서 있는 에우뤼스테우스에게 말했다.

"추악한 자가 이제야 왔구나! 오랜 시간이 걸렸지만 너도 신들의 처벌을 받아야 할 것 아닌가? 자, 고개 숙여 땅만 보지 말고 얼굴을 들어 네 적의 눈을 똑바로 쳐다보아라. 너는 내 아들에게 오랜 세월 동안 힘들고 수치스러운 일을 시켰던 자가 아닌가? 아들을 죽이려고 독사나 무서운 사자를 사냥해 오라며 보내지 않았더냐? 하계에서 파멸하도록 그를 어두운 하데스의 나라로도 보내지 않았더냐? 그리고 이번에는 그의 어머니인 나와 그의 자식들을 그리스에서 몰아내고 우리를 보호해주는 신들의 제단에서도 쫓아낼 작정이었지? 그러나 너를 두려워하지 않는 사람들과 자유의 도시와 부닥친 것이다. 이제는 네가 죽을 차례야. 죽음으로 끝나는 것을 다행으로 알아라. 너는 온갖 악행을 저질렀으니 여러 번 죽어도 시원찮다!"

그러나 에우뤼스테우스는 두려워하는 기색이 없었다. 그는 기운을 내서 짐짓 냉정하게 말했다.

"나는 죽음을 두려워하지 않소. 그러나 진실을 밝히기 위해 이것만은 말하고 싶소. 헤라클레스와 원수가 된 것은 내가 원해서가 아니오. 여신 헤라가 헤라클레스와 싸우라고 명했기 때문이오. 나는 헤라의 명령을 따랐을 뿐이오. 나의 의지에 반해 힘센 반신인 헤라클레스를 적으로 삼은 이상, 그의 노여움으로부터 안전하게 벗어나려면 다른 무슨 방법을 생각할 수 있었겠소? 헤라클레스의 자식들이 나를 아버지의 원수이자 복수의 대상으로 여기며 자라는 것을 알고 있는데 내가 그들을 가만둘 수 있겠소? 자! 어서 마음대로 하시오. 나는 죽음을 바라지 않소. 그러나 내가 목숨을 잃는다 해도 그것이 나를 아프게 하지는 않을 것이오."

이렇게 말한 에우뤼스테우스는 조용히 자신의 운명을 기다리는 듯 보였다. 휠로스는 자기 포로인 이 왕을 변호했다. 아테나이 시민들도 싸움에 진 죄인에게 은혜를 베푸는 관습에 따라 관대한 처리를 요구했다. 그러나 알크메네는 냉정했다. 그녀는 불사의 자식 헤라클레스가 잔인한 왕의 부하로 있으면서 온갖 고난을 견디던 때를 떠올리고 있었다. 에우뤼스테우스에게서 승리를 빼앗기 위해 스스로 죽어간 귀여운 손녀딸의 모습도 눈에 아른거렸다. 그리고 에우뤼스테우스가 만약 포로가 아니라 승리자로서 앞에 서 있었다면, 자기와 손자들이 어떤 운명에 처하게 되었을지를 마음속에 그려보았다. 알크메네가 소리쳤다.

"아니다. 왕은 죽어야 한다!"

에우뤼스테우스는 아테나이 인들을 돌아보며 말했다.

"아테나이 시민 여러분! 여러분은 나를 친절히 대해주었소. 그러나 나의 죽음은 여러분에게 아무런 화도 입히지 않을 거요. 만일 여러분이 나를 흉하지 않게 묻어도 좋다고 생각해 운명이 나를 붙잡히게 한 팔라스 아테네 신전 옆에 묻어준다면, 나는 행복을 가져다주는 자로서 이 나라의 국경을 지키고 어떤 군대도 이 나라를 침범하지 못하도록 하겠소. 이것만은 알아두시오. 당신들이 보호해준 이 젊은이들이나 어린이들의 자손이 군대를 이끌고 이 나라로 쳐들어와 여러분이 그들의 조상에게 베풀어준 은혜를 원수로 갚을 날이 반드시 올 거요. 그때에는 헤라클레스의 자손과 풀 수 없는 원수가 된 내가 구원의 신이 될 거요."

이렇게 에우뤼스테우스는 태연하게 죽음에 임했고 살아 있을 때보다도 훌륭한 모습으로 죽었다.

헤라클레스의 자손들은 그들의 보호자 데모폰의 은혜를 영원히 잊지 않겠다고 맹세하고, 형제 휠로스와 아버지의 친구 이올라오스의 인도 아래 아테나이를 떠났다. 그들은 가는 곳마다 동맹자를 얻었으며, 아버지의 유산이라 할 펠로폰네소스로 들어갔다. 꼭 일 년 동안 그들은 도시에서 도시로 싸움을 이어나가 마침내 아르고스만 제외하고 모두 정복했다.

이 시기에 펠로폰네소스 반도 전역에는 무서운 질병이 계속 번져나갔다. 결국 헤라클레스의 자손들은 신탁을 통해 이 재앙의 책임이 자신들에게 있음을 알았다. 아직 귀환할 권리가 없는데도 돌아왔기 때문이다. 그래서 그들은 이미 정복한 펠로폰네소스를 버리고 다시 앗티케 땅으로 가 마라톤 들판에서 살았다. 휠로스는 아버지의 임종 시 유언을 따라 이전에 아버지가 청혼했던 아름다운 이올레와 결혼했다. 그는 전해 내려오는 아버지의 유산을 얻을 방법을 늘 생각해왔는데, 다시 델포이의 신탁을 구해보니 그 대답은 이러했다.

"세 번째 수확 때까지 기다려라. 그러면 너희들의 귀환이 가능할 것이다."

휠로스는 이 신탁을 삼 년째 거둘 곡식이라는 가장 자연스러운 의미로 풀이했다. 그래서 참을성 있게 삼 년째 되는 여름을 기다렸다. 그리고 군대를 이끌고 다시 펠로폰네소스로 쳐들어갔다.

에우뤼스테우스가 죽고 난 후 뮈케나이에서는 탄탈로스의 손자이며 펠롭스의 아들인 아트레우스가 왕이 되어 다스리고 있었다. 헤라클레스의 자손이 쳐들어왔을 때 아트레우스는 테게아와 이웃 도시의 주민과 동맹을 맺고 적에게 대항했다. 코린토스 지협에서 두 군대가 맞섰다. 그러나 항상 그리스를 소중히 생각했던 휠로스는 두 사람의 결투로 이 전투를 끝내려 했다. 그는 결투를 원하는 적들 중 한 사람에게 결투를 요청한 뒤, 신탁을 믿고 다음과 같은 조건을 내놓았다. 만일 휠로스가 이기면 헤라클레스의 자손이 에우뤼스테우스의 옛 나라를 싸움 없이 점령한다. 반대로 휠로스가 지면 헤라클레스의 자손은 오십 년간 펠로폰네소스 반도에 발을 들여놓지 않는다.

이 조건이 적진에 알려지자 대담한 전사이자 한창나이인 테게아의 왕 에케모스가 그 도전에 응했다. 두 사람 다 드물게 용감했지만 결국 휠로스가 패배했다. 그가 얻었던 애매한 신탁에 대한 잘못된 해석이 죽어가는 휠로스의 주름진 이마 위에 떠돌았다. 그러나 약속에 따라 헤라클레스의 자손은 코린토스 지협으로 되돌아가 다시 마라톤 부근에서 살았다.

오십 년이 지났다. 헤라클레스의 자손들은 약속을 어기면서까지 조상의 땅을 빼앗을 생각은 없었다. 한편 휠로스와 이올레 부부의 아들 클레오다이오스는 이미 쉰 살을 넘기고 있었다. 약속 기한이 지나자 클레오다이오스는 헤라클레스의 자손들과 함께 펠로폰네소스로 출정했다. 이는 트로이아 전쟁이 끝난 지 삼십 년이 된 때였다. 그러나 그는 아버지처럼 불행하게도 전군과 함께 전쟁터의 이슬로 사라졌다.

다시 이십 년이 지난 후 휠로스의 손자요, 헤라클레스의 증손인 클레오다이오스의 아들 아리스토마코스가 두 번째 공격을 시도했다. 그때는 오레스테스의 아들 타사메노스가 펠로폰네소스 반도를 다스리고 있었다. 아리스토마코스도 애매한 신탁 때문에 망설였는데, 신탁은 이렇게 말하고 있었다.

"신들은 좁은 통로의 길을 통해 네게 승리를 줄 것이다."

그는 코린토스 지협을 넘어 쳐들어갔으나 전쟁에 져서 아버지나 할아버지와 똑같이 목숨을 잃었다.

다시 삼십 년이 지났다. 트로이아 시가 잿더미로 돌아간 지 팔십 년이 되던 때였다. 그때 클레오다이오스의 손자이며 아리스토마코스의 아들 테메노스, 크레스폰테스, 아리스토데모스가 마지막 원정을 시도했다. 신탁이 애매하여 믿을 것이 못 되었지만, 세 사람은 신들에 대한 신앙을 잃지 않았기 때문에 델포이로 가서 여사제에게 신탁을 구했다. 그러나 신탁은 조상에게 주어졌던 것과 한마디도 다르지 않고 꼭 같았다.

"세 번째 수확 때까지 기다려라. 그러면 너희들의 귀환이 가능할 것이다."

그리고 다음 신탁도 같았다.

"신들은 좁은 통로의 길을 통해 네게 승리를 줄 것이다."

그 소리를 듣자 장남 테메노스가 한탄하며 말했다.

"아버지도 할아버지도 그 계시를 따랐습니다. 그리고 모두 죽었습니다!"

신들도 불쌍히 여겼다. 그래서 여사제의 입을 통해 신탁의 참뜻을 밝혀주었다. 여사제가 말했다.

"너희 조상의 불행은 신의 뜻에 따라 신탁을 해석할 줄 몰랐기 때문에 스스로 불러들인 재난이다. 그 신탁의 뜻은 땅의 세 번째 수확이 아니고 혈통의 삼 대째를 가리킨 것이니, 삼 대를 기다려야 했다. 첫 번째 수확은 클레오다이오스, 두 번째 수확은 아리스토마코스, 세 번째 수확은 바로 승리의 예언을 받은 너희들이다. 승리로 이끄는 험준한 좁은 길이란 너희 아버지가 잘못 해석했던 지협이 아니라, 지협의 오른쪽에 있는 바다를 말하는 것이다. 너희가 하려는 것에 신들의 행운이 함께하리라!"

테메노스는 이 해석을 듣자 눈을 덮고 있던 비늘이 떨어진 느낌이었다. 그는 형제들과 함께 급히 군대를 조직하고 로크리스라는 지역에서 배를 건조했다. 이 지역은 배를 건조하는 이 일로 인해 조선소를 뜻하는 나우팍토스라는 이름을 얻었다.

그러나 헤라클레스의 자손들에게 출정은 쉽지 않았다. 그들은 슬픔과 눈물이라는 큰 대가를 치러야만 했다. 군대가 모였을 때 막내동생 아리스토데모스가 벼락을 맞았다. 폴뤼네이케스의 손녀인 그의 아내는 과부가 되었으며, 그의 쌍둥이 아들들인 에우뤼스테네스와 프로클레스는 고아가 되었다.

막내동생의 장례를 치르고 곡을 한 뒤 함대가 나우팍토스에서 출항하려 하자, 이번에는 한 예언자가 나타나서 신의 계시를 받은 신탁을 들려주었다. 그러나 모두들 이 예언자를 마법사이거나 자신들의 군대를 염탐하기 위해 보낸 첩자라고 여겼다. 그래서 헤라클레스의 증손이며 퓔라스의 아들인 힙포테스가 창을 던져 예언자를 죽였다. 이를 본 신들이 헤라클레스의 자손에게 노여움을 품었다. 함대는 폭풍을 만나 침몰했고 육군은 굶주림에 시달렸으며, 곧 모든 군대가 힘을 잃었다.

테메노스가 이 불행에 대하여 신탁을 물으니, 신이 알려주었다.

"너희들이 예언자를 죽였기 때문에 재난을 만난 것이다. 그러니 그 범인을 십 년 동안 나라 밖으로 몰아내고 군대의 지휘권은 세 눈을 가진 사내에게 넘겨야 한다."

신탁의 첫 부분은 속히 이행되어, 힙포테스가 군대에서 제명되고 추방되었다. 그러나 신탁의 나머지 부분은 헤라클레스의 자손을 절망에 빠뜨렸다. 어디서 어떻게 세 눈 가진 사내를 찾을 수 있단 말인가? 그러나 그들은 신들의 말을 믿고 그런 사람을 쉼 없이 찾아다녔다. 때마침 아이톨리아의 왕족이며 하이몬의 아들인 옥쉴로스를 만났다. 헤라클레스의 자손이 펠로폰네소스로 쳐들어왔을 당시에 옥쉴로스는 사람을 죽였었다. 그래서 하는 수 없이 조국 아이톨리아에서 펠로폰네소스의 작은 나라 엘리스로 도망쳤다.

일 년 뒤 그는 당나귀를 타고 고국으로 돌아가는 길에 헤라클레스의 자손을 만났다. 옥쉴로스는 젊었을 때 한쪽 눈을 화살에 맞아 애꾸눈이었다. 그래서 당나귀 눈의 도움을 받아야 했다. 그러므로 옥쉴로스의 눈과 당나귀 눈을 합치면 그는 눈이 세 개였다. 헤라클레스의 자손은 이상한 신탁에 따라 옥쉴로스를 군대의 지휘자로 삼았다. 이리하여 운명의 조건이 충족되자 그들은 새로 모집한 군대와 새로 만든 함대로 적을 공격해 대장 티사메노스를 죽였다.

헤라클레스의 자손들은 펠로폰네소스 반도를 모두 정복하고 나서 아버지의 조상 제우스를 위해 세 개의 제단을 쌓고 제비뽑기로 도시를 나누기로 했다. 첫 번째 제비에 이름이 적힌 사람은 아르고스를 갖고, 두 번째는 라케다이몬, 세 번째 제비의 몫은 멧세네였다. 제비는 물을 가득 채운 물독에 넣었다가 뽑기로 했다. 각각 자기 이름을 쓴 제비를 물독 속에 넣었다. 테메노스와, 죽은 아리스토데모스의 쌍둥이 아들들인 에우뤼스테네스와 프로클레스가 자기 이름을 적은 돌을 독 속에 넣었다. 그러나 멧세네를 갖고 싶었던 교활한 크레스폰테스는 물독에 흙덩어리를 몰래 넣었다. 먼저 아르고스를 차지할 사람의 제비를 뽑았다. 그러자 테메노스의 돌이 나왔다. 다음 라케다이몬으로 뽑은 제비에는 아리스토데모스 아들들의 돌이 나왔다. 그런 다음 세 번째 제비는 찾을 필요도 없다고들 했으므로 크레스폰테스가 멧세네를 손에 넣게 되었다.

그런데 신들을 위해 제단에다 제물을 바칠 때 이상한 일이 일어났다. 제단에 각각 다른 동물이 나타난 것이었다. 제비를 뽑아 아르고스를 차지한 자에게는 두꺼비가, 라케다이몬을 얻은 자에게는 용이, 멧세네를 얻은 자에게는 여우가 나타났다. 이상한 징조가 마음에 걸린 그들은 고향의 예언자에게 물었고, 다음과 같은 풀이를 얻었다.

"두꺼비를 받은 자는 나라 안에 가만히 머물러 있어야 좋다. 두꺼비는 이동하는 동안 숨을 곳을 못 찾기 때문이다. 제단에 용이 있던 자는 강한 침략자가 될 것이다. 그러니 대담하게 나라 밖으로 밀고 나가는 것이 좋다. 제단에 여우가 나타난 이는 국내에 웅크리고 있든 위력을 밖으로 떨치든 다 좋지 않다. 여우의 무기는 간계다."

이들 동물은 후에 아르고스 인, 스파르테 인, 그리고 멧세네 인의 방패 문장이 되었다. 헤라클레스의 자손들은 외눈박이 옥쉴로스의 공을 잊지 않고 그에게 지휘를 맡아준 보답으로 엘리스 왕국을 주었다. 펠로폰네소스 반도 안에서 헤라클레스의 자손에게 정복되지 않은 곳은 산이 많은 땅 아르카디아뿐이었다.

그들이 이 반도에 세운 세 개의 왕국 가운데 비교적 오래 지속된 것은 스파르테뿐이었다. 아르고스에서는 테메노스가 헤라클레스의 증손 데이폰테스에게 가장 귀여워하던 딸 휘르네토를 아내로 주고 무슨일에서나 그의 조언을 구했다. 그래서 사람들은 테메노스가 데이폰테스 부부에게 왕권을 넘겨주리라 생각했다. 그러자 화가 난 왕의 아들들이 반란을 일으켜 아버지를 죽였다. 아르고스 인들은 맏아들을 왕으로 추대했다. 하지만 아르고스 인들은 자유와 평등을 무엇보다 중시하여 왕의 권력을 대폭 제한했다. 왕과 그 자손에게 남겨진 것은 단지 왕이라는 이름뿐이었다.

메로페와 아이퓌토스

멧세네의 왕 크레스폰테스의 운명도 그의 형 테메노스의 운명보다 과히 좋지는 않았다. 크레스폰테스는 아르카디아 왕 퀍셀로스의 딸 메로페와 결혼했다. 그들은 많은 자녀를 두었는데 아이퓌토스가 막내였다. 왕은 자신과 자녀를 위해 웅장하고 화려한 왕궁을 세웠지만 언제나 서민들 편이었고 나라를 다스릴 때도 될 수 있는 한 서민을 보호했다. 그것을 못마땅하게 생각한 귀족들이 막내 아이퓌토스 외에는 왕과 자식들을 모조리 죽였다. 아이퓌토스는 다행히 어머니의 도움을 받아 외할아버지인 아르카디아의 왕 큅셀로스에게 도망갈 수 있었다. 그리고 그곳에서 남몰래 자랐다.

그러는 동안 멧세네에서는 역시 헤라클레스의 자손인 폴뤼폰테스가 왕위를 빼앗고, 살해된 크레스폰테스 왕의 부인과 억지로 결혼했다. 그때 전왕의 왕위 계승자 아이퓌토스가 아직 살아 있다는 소문이 들려왔다. 새로운 지배자 폴뤼폰테스는 그의 목에 막대한 상금을 걸었다. 그러나 누구도 상금을 노리지 않았으며, 설령 노린다 해도 성공을 장담할 수 없었다. 소문만 무성할 뿐 추방당한 사람을 어디서 찾아야 할지 몰랐기 때문이다.

어느새 청년이 된 아이퓌토스는 몰래 외할아버지의 왕궁을 나와 아무도 모르게 멧세네로 돌아왔다. 그는 불행한 자기 목에 엄청난 상금이 걸려 있다는 이야기를 들었다. 마음을 가다듬고, 어머니에게조차 알리지 않은 채 마치 이방인처럼 폴뤼폰테스 왕의 궁전으로 들어갔다. 왕과 왕비 메로페 앞에 선 그가 말했다.

"오! 왕이시여, 저는 상금을 받을 준비가 되어 있습니다. 크레스폰테스의 아들로서 당신의 왕좌를 위협하는 자의 목에 걸린 상금 말입니다. 그자에 대해서는 마치 제 자신처럼 잘 알고 있습니다. 당신에게 그자를 곧 넘겨드리겠습니다."

어머니는 그 말을 듣자 낯빛이 창백해졌다. 그리고 황급히 믿을 만한 늙은 시종을 부르러 보냈다. 이 노인은 옛날에 어린 아이퓌토스에게 도움을 주었으나, 지금은 새 왕을 두려워하여 궁전에서 멀리 떨어져 살고 있었다.

메로페는 이 늙은 시종을 비밀리에 아르카디아로 보냈다. 아들에게 사정을 알리고 불러들일 생각이었다. 온 국민이 폴뤼폰테스의 폭정 때문에 그를 미워하고 있었다. 그래서 아들에게 그 시민들을 이끌고 궐기하여 아버지의 왕위를 되찾게 하려던 것이었다.

노인이 아르카디아에 닿았을 때 큅셀로스 왕과 그의 궁전은 매우 혼란스러워졌다. 손자 아이퓌토스의 모습이 보이지 않았고, 그에게 무슨 일이 일어났는지 아무도 몰랐기 때문이다. 늙은 시종은 절망감에 휩싸여 급히 멧세네로 돌아와 왕비에게 전말을 보고했다. 두 사람은 상금을 얻기 위해 왕 앞에 나타난 그 이방인이 아르카디아에서 불쌍한 아이퓌토스를 납치해 죽이고, 멧세네로 시신을 가지고 왔다고 생각할 수밖에 없었다.

두 사람의 망설임은 오래가지 않았다. 이방인은 마침 폴뤼폰테스의 환대를 받으며 성에 머물고 있었다. 복수에 목말라하던 왕비는 밤에 몰래 도끼를 들고 그녀가 믿는 그 늙은 시종의 안내를 받으며 곤하게 자는 이방인을 쳐 죽이기 위해 방으로 들어갔다. 젊은이는 평화롭고 편안하게 잠들어 있었고 달빛이 그 얼굴을 비추었다. 두 사람은 자는 사람을 내려다보았다. 메로페가 도끼를 치켜들었을 때, 젊은이 옆에 가까이 서 있던 시종이 그 얼굴을 정확히 보고는 갑자기 비명을 지르며 왕비의 팔을 잡았다. 그가 소리쳤다.

"잠깐만요. 당신이 죽이려 하는 자가 바로 당신의 아들 아이퓌토스입니다!"

메로페는 도끼를 치켜든 손을 내리고는 아들의 침대로 쓰러져 흐느꼈고 그 울음소리에 아이퓌토스가 눈을 떴다. 그들은 한참을 서로 껴안은 채 있었다. 이윽고 아들이 말문을 열었다. 그는 자신을 살인자에게 넘겨주려고 온 것이 아니라 그 살인자를 처벌해 어머니를 저주스러운 결혼에서 구해내고 시민들의 도움을 받아 아버지의 왕위를 되찾기 위해 온 것이라고 말했다.

이어서 그와 어머니 그리고 늙은 시종 셋은 가증스럽고 극악무도한 폴뤼폰테스에게 복수할 방법을 상의했고, 각자 맡아야 할 일에 대해서도 약속했다. 메로페는 상복을 입고 남편에게 가서 말했다.

"방금 전에 유일하게 남아 있던 아들이 죽었다는 슬픈 소식을 들었습니다. 이제는 당신과 의좋게 지내며 지금까지의 슬픔을 잊을 작정입니다."

폭군이 올가미에 걸려들었다. 그는 가장 큰 근심거리가 없어졌다는 생각에 마음이 느긋해졌다. 자기 원수가 이 세상에서 모두 사라졌으니 신들에게 감사제물을 바친다고 선언했다. 도시 사람들이 마지못해 ─백성들은 항상 인자했던 전왕 크레스폰테스의 편이었으며, 지금도 그 아들 아이퓌토스가 죽은 것을 슬퍼했다─시장 광장에 모여들었을 때, 아이퓌토스가 나타나 제물을 바치고 있는 왕을 덮쳐 그의 가슴을 칼로 찔렀다. 그리고 메로페가 늙은 신하와 함께 달려와 백성들에게 이 이방인 청년이야말로 죽은 것으로 알았던 왕위 계승자라고 가르쳐주었다. 백성들은 환호하며 그를 맞았다.

그날이 다 가기 전에 아이퓌토스는 자기 아버지 크레스폰테스의 왕

위를 계승해 어머니의 인도를 받으며 왕궁으로 들어갔다. 아이퓌토스
는 아버지와 형제를 죽인 모든 살인자와 살인에 협조한 자들을 처벌
했다. 그 밖에도 그는 공손한 태도를 갖추어 멧세네 귀족의 신임을 얻
었다. 또한 관대함을 베풂으로써 그의 자손은 사람들에게 헤라클레스
의 자손이라는 뜻의 '헤라클레이다이'라고 불리는 대신, 아이퓌토스
의 자손을 뜻하는 '아이퓌티다이'라고 불리는 명망을 얻었다.

지은이 후기

    고대 그리스 로마의 신화와 영웅 이야기에는 아주 특별한 것이 있다. 각자 느끼는 바는 다르겠지만 학자들이나 일반 독자들이나 똑같이 굉장한 매력을 느끼게 된다. 학자들은 그 이야기 속에서 모든 지식의 출발점과 종교와 철학의 기초가 된 사고, 역사의 시작을 찾아내려 할 것이다. 반면에 일반 독자들은 아주 다채롭게 등장하는 신과 인간들의 모습에, 이제 막 창조되는 듯한 자연과 정신세계가 펼치는 웅장한 광경에 도취될 것이다. 카오스 속에서 신들과 신들의 자식들과 함께 대지가 떠오른다. 그리고 빠르게 등장하는 일련의 신들과 인물들을 통해 프로메테우스의 불—인간의 지혜—이 야만과 싸우기 시작한다. 또 문화가 미개함에 대해, 교양이 야만에 대해, 이성이 어쩔 수 없는 격정에 대해 승리를 거둔다. 이 모든 것을 독자들은 즐거움과 놀라움 속에서 지켜볼 수 있을 것이다.

    고대의 위대한 시인들은 이러한 신과 인간의 형상들 중 훌륭한 부분을 예술로 완성시켜놓았다. 그러나 이러한 신과 인간이 보여주는 살아 있는 내적인 힘은 굳이 예술 형태를 빌리지 않아도 될 정도로 위대하다. 또한 예술이라는 형식이 이해를 돕기보다는 방해가 된다고 생각하는 사람들에게 오히려 그 위대함을 보여줄 것이다. 특히 막 고전을 접하기 시작한 청소년들에게 더욱더 그러하다. 영웅 이야기는 청소년들의 마음을 사로잡을 것이다. 이 신화 이야기들과 좀 더 친숙해지는 것은 보다 높은 교양을 쌓기 위한 예비 교육으로서, 일찍부터 가르치거나 이야기를 전해주는 형식 등 온갖 종류의 해설서를 통해 그런 필요를 채우려 해왔다.

이 책은 그리스 로마라고 하는 고전 시대의 아름답고 중요한 신화 이야기를 전해주고자 한다. 특히 고대 시인들의 예술적 표현을 벗겨내 단순하게 만들고자 노력했다. 그럼에도 그들의 이야기를 가능한 한 원래대로 전달해주고자 했다. 신화적 지반에서 일어나는 설화들과 신화로 서로 얽힌 이야기들이 역사적·지리적·자연과학적 지식을 전달해주는 수단이 될 수 있으며, 더 나아가 도덕을 가르치는 매체가 될 수 있다고 생각한다. 고대 그리스 로마의 세계관에 존재했던 도덕을 이 책에서 느낄 수 있을 것이다. 고대의 도덕이 가진 일방적인 측면이나 본질적 오류, 그리고 기독교의 계시에 비해 불충한 점에 대해서는 부모나 선생님 들이 어린 독자들에게 설명해줄 수 있을 것이다.

나는 이 책을 통해 우선 편안하면서 가치 있는 읽을거리를 청소년들에게 마련해주고 싶었다. 그래서 혐오감을 일으키는 요소는 배제하려고 신경 썼다. 이 책에서 비인간적인 잔혹한 신화 이야기는 주저 없이 제외했다. 잔혹한 이야기는 어느 정도 상징적인 이유로 설명할 수가 있다. 그러나 그러한 이야기를 읽고 불쾌하고 혐오스런 인상을 받을 수 있을 것이다. 이 책은 전체적으로 높은 윤리적 수준을 지향하는 방향을 유지했다. 그럼에도 우리의 도덕 개념에 반하거나 고대에서도 비도덕적이고 자연을 거스르는 행위라고 이미 인정된 관계, 예를 들어 오이디푸스 이야기는 생략하지 않고 언급했다. 다만 저급한 호기심을 갖고 천착하지 않게 하는 방식으로 다루었다.

이 책을 통해 그리스 로마 신화와 고대에 관한 가장 일반적인 지식을 얻게 될 것이다. 이 책의 1권에는 비교적 규모가 작은 다양한 신화와 이야기를 수록했다. 2권에는 트로이아에 관한 이야기만을 담았다. 트로이아 전쟁 이야기는 고대에 있었던 가장 웅장한 전설이다. 이 책에서는 트로이아 도시의 건설부터 몰락까지의 과정을 소상히 다루었다. 여러 원전에서 나온 이야기들 중 완전한 형태를 갖춘 이런 이야기는 아직 없었다. 내가 이렇게 전체 이야기를 보여줌으로써 트로이아 전쟁 이야기를 새롭고 재미있게 읽게 되기를 바란다. 나아가 영원한 서사시의 정신에 따라서 시도한 이런 보완작업이 《일리아스》를 읽은 독자들에게도 환영받았으면 하는 마음이다. 꼭 밝히고 싶은 것은, 여기에 실린 모든 이야기를 자의적으로 쓴 것이 아니라 고대인의 이야기를 충실하게 이용해 만들었다는 점이다. 각기 다른 시인들이 쓴 서사적 이야기들도 고대인의 원래 이야기를 원자료로 삼고 있다.

2권의 첫 사분의 일은 이야기의 흐름을 위해 훨씬 후대에 딕티스 크레텐시스(Dictys Cretensis)와 다레스 프리기우스(Dares Phrygius)의 이름으로 전해진 의심쩍고 뚜렷하지 않은 원자료로 메울 수밖에 없었다.* 이 작품들은 수사학적으로 졸작임에도 불구하고 항상 호메로스와 일치하는 부분을 쉽게 찾아낼 수 있었다. 또한 역사의 기초를 만들고 사건들의 연결고리를 형성하도록 도와주었다. 반면에 고대 그리스 로마의 소포클레스, 에우리피데스, 호라티우스, 오비디우스 같은 유명 시인들은 허구적 신화에 그들의 다채로운 환상을 첨가해주었다.

호메로스의 《일리아스》는 트로이아 전쟁 이야기의 핵심을 이룬다. 이 책의 다른 두 부분을 서술하는 기조도 호메로스에 의지했다. 그리고 산문체나 간결한 대화체의 형식을 띠고 있어 필자가 유일하게 서술하게 된 부분에서도 대담하게 호메로스의 색채를 유지하고자 노력했다. 이런 방식으로 호메로스의 《일리아스》 이야기가 2권의 절반을 이루고 있다. 이 책에서 기대하는 것은 시의 형식을 포기하더라도 호메로스의 서사시가 지닌 내면의 형태가 사라지지 않고, 신들의 모습이 소박한 산문의 옷을 걸치더라도 광채를 잃지 않는다는 것이다.

2권의 마지막 사분의 일 역시 많은 시인에게서 빌려온 것이다. 핀다로스, 소포클레스, 베르길리우스 등을 참고했다. 호메로스의 이야기를 계속 진행하는 동안 시인 퀸투스(Quintus)를 통해 이야기의 진정한 시적 토대와 형식 및 재료를 발견할 수 있었던 것은 나에게 큰 행운이었다. 퀸투스의 이름과 나라, 그가 살았던 시대는 이미 잊혀서 불확실하다. 단지 학자들만이 그를 칼라베르(Calaber) 또는 스뮈르나우스(Smyrnaus)라고 불러왔을 뿐이다. 그러나 이 시인의 《Parlipomenon》

＊　　딕티스 크레텐시스는 전설상의 인물이다. 이 이름으로 4세기에 트로이아 전쟁에 관해 쓴 《Ephemerie Belli Troiani》가 여섯 권으로 발간되었다. 다레스 프리기우스 역시 밝혀지지 않은 인물이다. 이 이름으로 트로이아 전쟁에 관한 소설 《Acta Diurna Belli Troiani》를 발표했다. 이 소설은 분명 지금은 사라진 그리스 원전으로 거슬러 올라가서 그리스의 관점에서 동일한 소재를 다루었던 딕티스 크레텐시스의 책에 대항하는 성격을 띠고 있다. 괴테도 《아킬레우스의 노래(Achilleis)》를 기획할 때 이 두 사람을 참조했다.

은 고전적인 예술 작품이다. 이 작품의 아름다움과 위대함은 다른 시인들의 작품들처럼 모든 참된 문학 애호가들에게 인정받게 될 것이다. 나는 책을 쓰기 위해 베르트하임의 플라츠(Platz) 교수의 탁월한 번역 사본을 참고했다. 이 책의 색채와 생동적인 표현은 퀸투스에게 크게 빚진 셈이다. 여기서 퀸투스에게 감사의 뜻을 전달하고자 하니, 부디 그가 물리치지 않기를 바란다.

2권에서 이야기를 다룰 때 적용했던 일반적인 원칙에 관해 말하자면, 1권을 집필할 때 지켰던 원칙과 같다. 그리고 나는 이 책의 집필방식이 정당하고 통찰력 있는 독자들로부터 박수를 받아서 기쁘다.

3권은 작품의 마지막을 형성하고 있다. 나는 우리 시대에 전승되어 시나 소설로 쓰이는 이야기의 본질적 요소가 무시되어서는 안 된다고 확신한다. 처음에는 그중 무엇을 수용할 것인가를 구상하면서 '탄탈로스의 마지막 자손들'을 생략할까 고민했다. 여성과 청소년 독자층을 배려하기 위함이었다. 그러나 이 책을 완전한 것으로 만들겠다는 욕심이 그 고민을 해결해주었다. 1권과 2권에서 여리고 상처 입기 쉬운 어린 독자들을 보호하려는 마음을 인정해준 것처럼, 3권 작업에 대해서도 공정하게 판단해주시길 바란다. 비극 시인들의 작품을 될 수 있는 대로 어울리게 다시 조화시킬 때도 특히 도덕적인 문제를 고려했다. 이 점은 가장 자유로운 미적 감정의 소유자라도 인정해줄 것이다.

《오뒷세이아》를 다룰 때에는 그런 배려가 불필요했다. 여기서는 고대의 예술 작품을 가능한 한 충실하게 따름으로써 죄를 짓지 않은 순결한 상태와 순수한 도덕에 대한 가장 감동적인 인상을 주려고 했다. 스스로는 완전한 선에 도달할 수 없는 것이 인간의 본성이라 할지라도, 인간이 선을 행할 수 있는 능력을 완전히 상실하지는 않았을 것이다. 이렇게 믿는 사람은 아득한 옛날인 고대 그리스 로마의 작품을 읽으면서 기독교의 종교적 신념과 모순되지 않는 인류에 대한 믿음을 더욱 굳건하게 가질 것이다.

나는 《아이네이스》 때문에 무척 고생을 했다. 책의 목적을 훼손하지 않는 한도 내에서 긴 이야기를 줄이는 데 애를 썼다. 《아이네이스》는 시 문학사의 한 부분을 구성하고 귀중한 에피소드를 형성하는, 가장 원천적이고 사랑받는 창작물이다. 원래 이야기를 알 수 없게 만들지 않으려고 노력했다. 이를 위해 《일리아스》와 《오뒷세이아》를 흉내내어 어린이들이 읽도록 새로 창작된 민담은 일절 배제했다.

이러한 일은 결코 쉬운 작업이 아니었다. 게다가 현대 작가 중 그리스 로마 신화를 이런 방식으로 이야기하고자 시도한 사람이 없었다. 나는 고대 로마 시인의 뛰어난 예술 작품이 지닌 본질적인 아름다움을 보여줌으로써, 청소년들이 원작에서는 찾기 어려웠던 새로움과 재미를 느낄 수 있도록 노력했다.

고전 시대의 영웅 신화들의 내용을 충실하게 재현하고 있는 이 책의 이야기들은 신화를 처음 접하는 사람들에게 많은 도움을 줄 것이다. 나는 이러한 기원을 담아 20년 동안의 결실이라고 할 수 있는 이 작업을 마치고자 한다.

슈투트가르트에서
구스타프 슈바브

옮긴이 해제

신과 인간이 벌이는 거대한 파노라마

구스타브 슈바브는 독일의 유명한 시인이자 교육자이며 고전문헌학자이다. 이 책은 구스타브 슈바브가 평생 동안 자료를 수집해 쓴 결과물이다. 1권에 실린 신화들은 그리스 신화 중 가장 오래되고 가장 잘 알려진 것들이다. 원래 이 신화들은 따로따로 전해온 탓에 함께 모아 읽기 어려웠다. 모아 읽어도 서로 어떻게 연결되는지 흐름을 제대로 파악하기 쉽지 않았다. 구스타브 슈바브는 헤시오도스, 아폴로도로스, 소포클레스, 오비디우스 등에 기초해 이 신화들을 대하소설처럼 읽어나갈 수 있도록 새롭게 구성했다.

1권에서는 프로메테우스가 인간을 만드는 이야기부터 헤라클레스의 후예들 이야기에 이르는 신화들이 거대한 파노라마처럼 전개된다. 이렇게 전개되는 1권의 이야기는 크게 세 시기로 정리될 수 있다.

첫째는 인간의 탄생과 관련된 신화의 시기라 할 수 있다. 여기에는 인간의 기원뿐만 아니라 인간 세계에 어떻게 고통과 악이 발생했는가에 대한 설명도 함께 들어 있다. 프로메테우스가 흙으로 빚어 만든 인간은 황금시대, 은시대, 청동시대를 거치면서 점점 악해지고, 그 때문에 매번 멸망당하고 다시 새롭게 태어난다.

그리스 신화에서는 인간들을 왜 이렇게 악하게 묘사했을까? 신화는 대홍수 사건이 벌어지는 데우칼리온과 퓌르라 이야기를 통해 이 물음에 천착한다. 타락한 청동시대의 인간은 자신의 근원과 본분을 잊고 최고신인 제우스를 시험하고 모독한다. 제우스는 신들조차 더 이상 견디기 어려울 만큼 사악해진 인간을 벌하기 위해 대홍수를 일으킨다. 그러나 프로메테우스의 아들 데우칼리온은 아버지의 예언을 받아 대홍수에서 아내 퓌르라와 함께 가까스로 살아남은 뒤, 여신 테미스의 도움으로 새로운 인간들을 탄생시키게 된다. 대홍수는 실상 거대한 자연재해다. 그런데 고대 사람들은 대홍수를 인간의 악에 대한 신의 징벌로 여겼다. 자연재해를 인간의 도덕과 관련해 해석했기 때문이다. 즉, 자연재해는 인간이 사악해지고 교만해졌기 때문에 발생하는 것으로 이해했다.

고대 그리스 시인 헤시오도스(Hesiodos, ?~?)도《신들의 계보》,《노동과 나날》에서 대홍수 사건을 인간의 도덕과 관련짓는다. 그는 자기가 살던 시대를 황금시대, 은시대, 청동시대, 영웅의 시대에 이은 다섯 번째 시대인 철의 시대로 해석했다. 그는 인간이 또다시 멸망하지 않기 위해 대홍수 신화를 통해 인간의 타락과 악에 대해 경고하려 했다. 헤시오도스는 인간이 신의 벌을 받지 않기 위해서는 폭력보다는 정의를 따라야 하며, 게으름이나 사치보다는 부지런하게 노동해 행복한 삶을 살 것을 권유하고 있다. 슈바브는 이 신화 부분을 재구성할 때 헤시오도스에게 가장 크게 의지했다.

둘째는 지역이나 지역 시조와 관련된 신화의 시기라 할 수 있다. 이 책에 등장하는 이오, 파에톤, 에우로페, 카드모스, 페르세우스, 이온, 다이달로스, 이카로스 등은 모두 지역과 관련이 있다. 예를 들어 제우스의 사랑을 받은 이오는 이집트를 다스렸고 죽어서는 이시스라는 여신이 되었으며, 그의 자식 에파포스는 '리비아'라는 나라의 기원이 되는 딸 리뷔에를 낳는다. 그리고 에우로페가 정착한 크레테는 그녀와 제우스 사이의 태어난 자식 미노스가 다스리는 나라가 된다. 누이 에우로페를 찾아다닌 카드모스는 테바이라는 도시 국가의 시조가 된다. 아르고스 왕의 외손자인 페르세우스는 괴물 메두사를 처치하고, 바다 괴물로부터 아름다운 처녀 안드로메다를 구원해서 아내로 삼은 후 티륀스와 뮈케나이의 왕이 된다. 파에톤 신화는 지역이나 시조와 별로 관련이 없어 보이지만, 고대 사람들은 파에톤 신화를 통해 왜 사막이 생겨나고 왜 검은색 피부를 가진 흑인이 존재하는지를 알 수 있었다. 그리고 다이달로스와 이카로스 신화는 크레테와 시켈리아 섬 그리고 이카리아 섬과 관련이 있다. 이카리아 섬은 하늘을 너무 높이 날다 떨어진 이카로스의 이름에서 기원한 것이다.

시조 신화는 시조의 탄생과 이름을 얻는 과정을 통해 그리스 주요 민족과 도시국가 건설의 기원을 설명한다. 시조 신화는 그 신화를 공유하는 집단으로 하여금 집단의 정체성을 확보해주는 역할을 하며, 도시국가 건설에서 통합의 역할을 하게 된다. 이오나 에우로페와 같은 신화는 고대 도시국가를 건설하기까지 힘든 정착 과정과 이방인과 원주민 사이의 결합을 통한 새 국가 탄생 과정이 반영되어 있다. 이들 신화에서 공통적으로 제우스가 빈번하게 바람을 피우는 이유는 각 지역의 시조를 최고신인 제우스와 관련지었기 때문이다. 그러니 제우스는 바람둥이가 될 수밖에 없지 않은가!

셋째는 신과 인간 사이에서 태어난 반신(半神) 영웅의 시기라 할 수 있다. 주로 영웅 이야기는 탄생에서 시작해 고난과 역경을 뚫고 활약하다가 죽음을 맞는 구조로 되어 있다. 그리스 신화의 대표적인 영웅은 이아손, 헤라클레스, 테세우스, 오이디푸스 등인데, 이들의 이야기는 전형적인 그리스 영웅 신화다. 영웅은 엄밀하게 말해 신이 아니기에 영웅 신화가 아니라 영웅 설화라고 표현하기도 한다.

그리스 신화 속 영웅의 특징은 다음과 같다. 첫째, 영웅은 신의 혈통을 타고나 초인적 능력을 가지고 있으며 신과 인간 사이의 중재적 역할을 한다. 이러한 능력을 지닌 영웅은 모험을 하면서 괴물을 퇴치하고, 인간들에게 새로운 문명이나 제도를 만들어준다. 둘째, 신과 달리 영웅은 지리적 제약을 받기 때문에 영웅 이야기는 지역의 역사와 지리와 관련이 있다. 그래서 영웅 이야기는 실제 역사와 중복되는 경향을 보인다. 셋째, 신과 달리 영웅은 죽을 수밖에 없는 존재이기에 탄생에서부터 죽음까지 일관성이 있는 줄거리를 가진다. 황금 양가죽을 얻으러 가는 이아손, 미노타우로스를 해치우고 돌아오는 테세우스, 열두 가지 과업을 수행하는 헤라클레스, 트로이아 전쟁을 마치고 귀향하는 오이디푸스 등은 모두 이런 영웅의 특징들을 가지고 있다. 이 영웅들의 무용담은 매우 흥미로워 영화나 드라마로 만들어지기도 한다.

영웅 신화에는 단순한 재미만 있는 것이 아니라, 오늘날에도 우리가 생각해볼 인생이나 사회의 문제들을 던져 준다. 대표적인 것이 안티고네의 이야기다. 안티고네 이야기는 헤겔의 《법철학강의》에서 양심 및 인륜과 실정법 사이의 충돌에 관한 근본 문제로 다루어졌다. 나라를 배신했던 오빠를 장사 지내 국법을 어기고 천륜이 부여한 양심을 지킨 안티고네를 처벌하는 것이 옳은가? 안티고네 이야기는 인간의 법을 넘어서 신의 정의가 무엇인가를 고민하게 한다.

이렇게 신화에는 인간이 부딪히는 근본 문제와 수많은 생각거리가 들어 있다. 그러나 독자들은 신화의 의미를 따지면서 읽기보다는 먼저 즐겁게 이 책을 읽어나가기 바란다. 신화의 매력은 무엇보다 재미있고 흥미진진한 이야기라는 데 있다. 슈바브도 원래 이 책의 제목을 '고전 시대의 가장 아름다운 이야기'라고 붙였다. 신과 인간이 벌이는 거대한 파노라마를 즐겁게 읽어가다 보면, 인간의 고뇌를 넘어서는 신의 지혜에 대해서도 많은 것을 생각하게 될 것이다.

지도
계보도
찾아보기

이베리아

이탈리아

시켈리아

헤라클레스의 기둥

리비아

헤스페리데스 동산

지도 1 그리스 신화의 세계

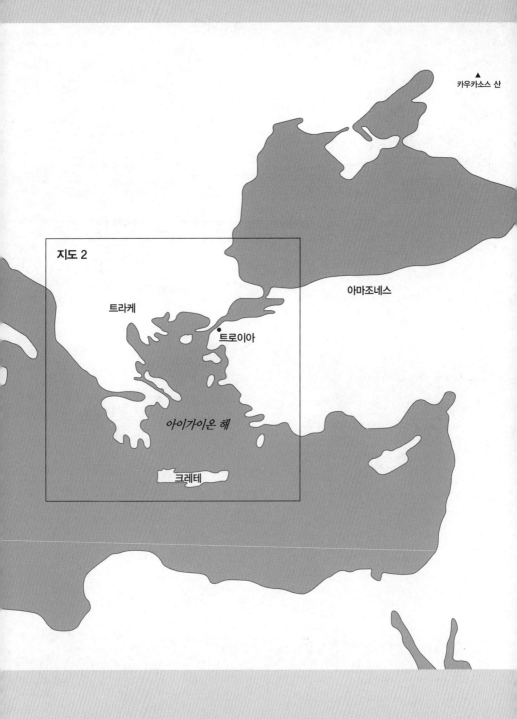

카우카소스 산 ▲

지도 2

트라케

● 트로이아

아마조네스

아이가이온 해

크레테

파이오니아

일뤼리쿰

마케도니아

스트뤼몬 강

네스토스 강

로도페스 산

팡가이온 산

필립포이
압

아드리아 해

펠라

파에리아

스타게이라

칼키디케

에페이로스

카오니아

올륌포스 산

팔레네 반도

아토스 산

부트로톤

케르퀴라

도도네

트릭케

라리사

옷사 산

펠리온 산

케르퀴라

테스프로티아

핀도스 산

페라이

아울코스

파르살로스

파가사이

스퀴로스

파르낫소스 산

이오니오스 해

뮈르토온 해

귀클라데스 군도

지도 3

지도 2 아이가이온 해

퀴도니아

크레테

폰토스 에우크세이노스
(흑해)

트라케

보스포로스 해협

마로네이아

뷔잔티온

프로폰티스 해

사모트라케

케르소네소스 반도

람프사코스

퀴지코스

임브로스

비튀니아

아뷔도스

그라니코스 강

헬레스폰토스 해협

트로이아

렘노스

테네도스

트로아스

▲이데 산

아이올리스

뮈시아

프뤼기아

아드라뮛테이온

뮈틸레네

페르가몬

레스보스

카이코스 강

헤르모스 강

키오스

포카이아

퀴메

▲시퓔로스 산

사르데이스

스뮈르나

▲트몰로스 산

클라조메나이

카위스트로스 강

에 게 해

콜로폰

클라로스

에페소스

뤼디아

사모스

마이안드로스 강

사모스

이카리아

밀레토스

낙소스

카리아

할리카르낫소스

뤼키아

코스

코스

아모르고스

니쉬로스

크니도스

크산토스 강

텔로스

크산토스

아스튀팔라이아

로도스

로도스

린도스

카르파토스

고르튀스

카르파토스 해

스토스

암브라키아

암필로키아

코로네이아

스페르케이오스 강

악티온

아카르나니아

트라키스

레우카스

도리스

로크리

포키스

로크리스

아이톨리아

카이로네

델포이

플레우론

칼뤼돈

나우팍토스

이타케

케팔레니아

파트라이

아카이아

크린토스 만

에뤼만토스 산

자퀸토스

엘리스

퀼레네 산

시퀴온

엘리스

페네이오스 강

스튐팔로스 호

코린토

네메

아르카디아

오르코메노스

뮈케나이

아르골리

이오니오스 해

올륌피아

만티네이아

아르고스

티륀

레르나

나우플

알페이오스 강

테케아

뤼카이온 산

펠로폰네소스 반도

스트로파데스 섬들

타위게토스 산맥

멧세네

멧세니아

에우로타스 강

스파르테/라케다이몬

아뮈클라이

필로스

스팍테리아

멧세니아 만

레욱트라

지도 3 그리스

라코니케 만

타이나론 곶

아르테미시온 곶

스퀴로스

아이가이온 해

푸스

에우보이아

이오티아

아울리스

칼키스

에레트리아

스크라

테바이

테스피아이

플라타이아

아소포스 강

파르네스 산

마라톤

엘레우시스

앗티케

카뤼스토스

메가라

아테나이

페이라이에우스

살라미스

브라우론

모스

사로니코스 만

휘멧토스 산

아이기나

안드로스

라우레이온 산

테노스

에피다우로스

수니온 곶

케오스

뮈코노스

트로이젠

칼라우레이아

델로스

헤르미오네

퀴트노스

뮈르토온 해

퀴클라데스 군도

세리포스

르골리스 만

파로스

낙소스

시프노스

에피다우로스 항

멜로스

이오스

말레아 곶

테라

테라

계보도 1 이오

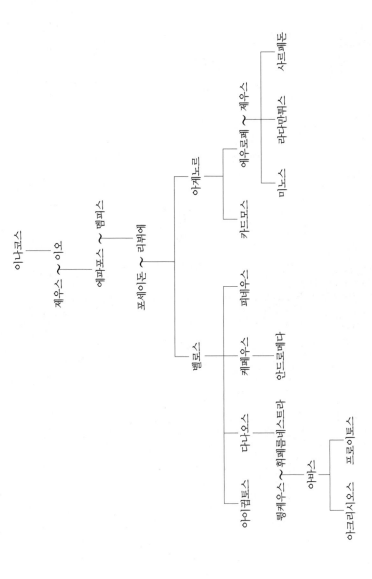

계보도 2 카드모스

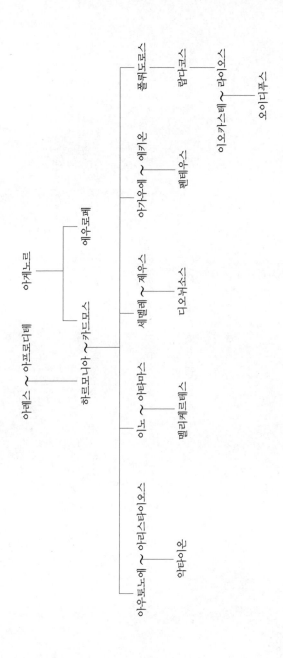

계보도 3 페르세우스

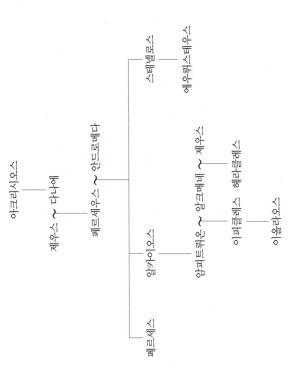

아크리시오스
제우스 〜 다나에
페르세우스 〜 안드로메다

페르세스

알카이오스
암피트뤼온 〜 알크메네 〜 제우스
이피클레스 헤라클레스
이올라오스

스테넬로스
에우뤼스테우스

계보도 4 이아손과 메데이아

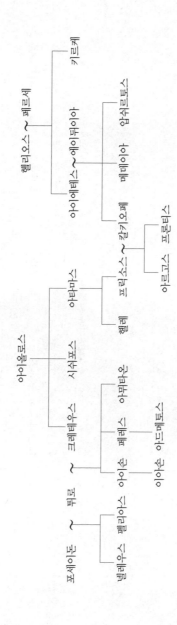

계보도 5 탄탈로스

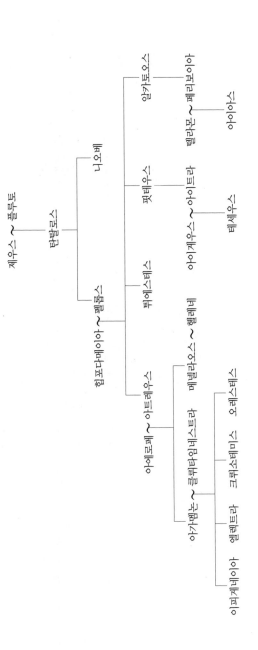

계보도 6 벨레로폰테스

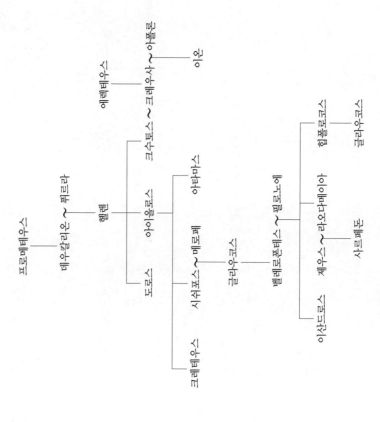

프로메테우스
메우칼리온 ～ 퓌르라
헬렌

에렉테우스
크수토스 ～ 크레우사 ～ 아폴론
이온

도로스
아이올로스
시쉬포스 ～ 메로페
글라우코스
벨레로폰테스 ～ 필로노에
제우스 ～ 라오다메이아
사르페돈
이산드로스
힙폴로코스
글라우코스

크레테우스
아타마스

계보도 7 테세우스

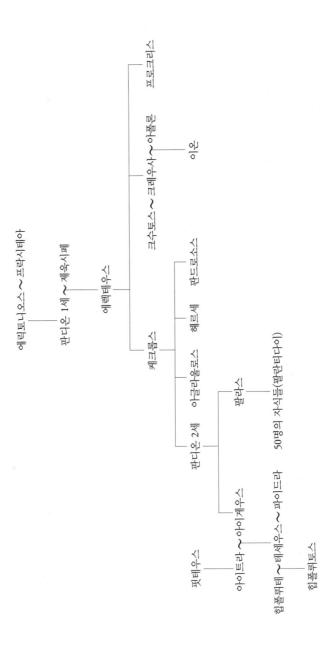

에릭토니오스 ～ 프락시테아

판디온 1세 ～ 제욱시페

에레크테우스

케크롭스

크수토스 ～ 크레우사 ～ 아폴론

판드로소스

헤르세

아글라울로스

이온

프로크리스

판디온 2세

팔라스

50명의 자식들(팔란티다이)

아이트라 ～ 아이게우스

필라스

힙폴뤼테 ～ 테세우스 ～ 파이드라

힙폴뤼토스

계보도 8 오이디푸스

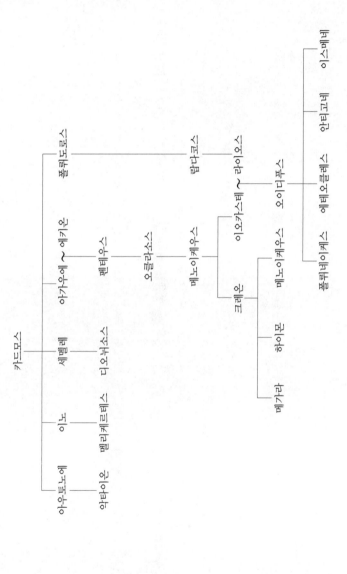

계보도 9 아르고스 동맹군

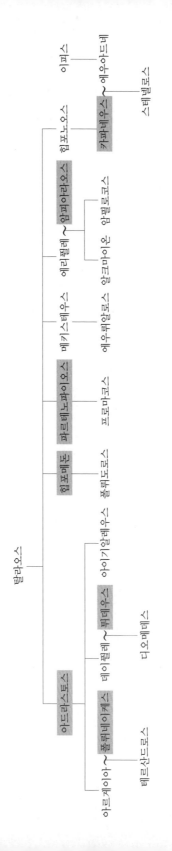

테바이를 공격한 일곱 영웅

계보도 10 헤라클레스

찾아보기

Die schönsten Sagen des klassischen Altertums

구스타프 슈바브의 그리스 로마 신화 1
신과 영웅의 시대

1판 1쇄 발행일 2015년 2월 9일
1판 8쇄 발행일 2024년 1월 22일

지은이 구스타프 슈바브
옮긴이 이동희

발행인 김학원
발행처 (주)휴머니스트출판그룹
출판등록 제313-2007-000007호(2007년 1월 5일)
주소 (03991) 서울시 마포구 동교로23길 76(연남동)
전화 02-335-4422 **팩스** 02-334-3427
저자·독자 서비스 humanist@humanistbooks.com
홈페이지 www.humanistbooks.com
유튜브 youtube.com/user/humanistma **포스트** post.naver.com/hmcv
페이스북 facebook.com/hmcv2001 **인스타그램** @humanist_insta
편집주간 황서현 **기획** 전두현 **편집** 남미은 **디자인** 김태형 유주현 구현석
용지 화인페이퍼 **인쇄** 청아디앤피 **제본** 민성사

ⓒ 이동희, 2015

ISBN 978-89-5862-770-8 04210
    978-89-5862-769-2 (세트)

• 이 책은 저작권법에 따라 보호받는 저작물이므로 무단 전재와 무단 복제를 금합니다.
• 이 책의 전부 또는 일부를 이용하려면 반드시 (주)휴머니스트출판그룹의 동의를 받아야 합니다.